中宣部资助项目"西北民族地区边疆安全治理研究"

甘肃政法学院重点学科资助项目

高校国家认同教育研究

王瑞萍 赵国军 董捷 著

中国社会科学出版社

图书在版编目(CIP)数据

高校国家认同教育研究/王瑞萍，赵国军，董捷著.—北京：中国社会科学出版社，2017.5
ISBN 978－7－5203－0702－4

Ⅰ.①高… Ⅱ.①王…②赵…③董… Ⅲ.①高等学校—思想政治教育—教学研究—中国 Ⅳ.①G641

中国版本图书馆CIP数据核字(2017)第163804号

出版人	赵剑英
责任编辑	田　文
特约编辑	李钊祥
责任校对	张爱华
责任印制	王　超

出　版	中国社会科学出版社
社　址	北京鼓楼西大街甲158号
邮　编	100720
网　址	http://www.csspw.cn
发行部	010－84083685
门市部	010－84029450
经　销	新华书店及其他书店
印　刷	北京君升印刷有限公司
装　订	廊坊市广阳区广增装订厂
版　次	2017年5月第1版
印　次	2017年5月第1次印刷
开　本	710×1000　1/16
印　张	25
字　数	385千字
定　价	99.00元

凡购买中国社会科学出版社图书，如有质量问题请与本社营销中心联系调换
电话：010－84083683
版权所有　侵权必究

序

中共中央总书记、国家主席、中央军委主席习近平于2016年12月7日至8日在北京召开的全国高校思想政治工作会议重要讲话强调指出，高校思想政治工作关系高校培养什么样的人、如何培养人以及为谁培养人这个根本问题。要坚持把立德树人作为中心环节，把思想政治工作贯穿教育教学全过程，实现全程育人、全方位育人，努力开创我国高等教育事业发展新局面。习近平强调，我国有独特的历史、独特的文化、独特的国情，决定了我国必须走自己的高等教育发展道路，扎实办好中国特色社会主义高校。

在高校开展国家认同教育理由很简单。这就是对大学生的教育要同我国发展的现实目标和未来方向紧密联系在一起，为人民服务，为中国共产党治国理政服务，为巩固和发展中国特色社会主义制度服务，为改革开放和社会主义现代化建设服务。我们的高校是党领导下的高校，是中国特色社会主义的高校。办好我们的高校，必须坚持以马克思主义为指导，全面贯彻党的教育方针。要坚持不懈传播马克思主义科学理论，抓好马克思主义理论教育，为学生一生成长奠定科学的思想基础。要坚持不懈培育和弘扬社会主义核心价值观，引导广大师生做社会主义核心价值观的坚定信仰者、积极传播者、模范践行者。要坚持不懈促进高校和谐稳定，培育理性平和的健康心态，加强人文关怀和心理疏导，把高校建设成为安定团结的模范之地。

国家认同教育是高校的大局、大事。高校通过国家认同教育可以进一步引导大学生树立正确的国家观、民族观、文化观和价值观，增强大学生的道路自信、理论自信、制度自信和文化自信，创新高校的人才培养工作。

高校国家认同教育研究

我国正处于全面建设小康社会的关键时期。实现中华民族的伟大复兴，加快建设小康社会的步伐，推进社会主义现代化建设事业，最关键、最核心的问题就是培养合格的中国特色社会主义事业的建设者和接班人。国家认同教育，对高校人才培养工作意义重大，影响深远。今天的人才基本素质就是政治合格、道德高尚、思想过硬。这是建设中国特色社会主义时代对人才提出的基本要求，也是人才的基本素质。高校思想政治工作从根本上说是做人的工作，必须围绕学生、关照学生、服务学生，不断提高学生思想水平、政治觉悟、道德品质、文化素养，让学生成为德才兼备、全面发展的人才。习近平总书记强调指出："要教育引导学生正确认识世界和中国发展大势，从我们党探索中国特色社会主义历史发展和伟大实践中，认识和把握人类社会发展的历史必然性，不断树立为共产主义远大理想和中国特色社会主义共同理想而奋斗的信念和信心。"通过国家认同教育，可以引导大学生通过认识中国特色和国际比较，全面客观认识当代中国、看待外部世界；正确认识时代责任和历史使命，用中国梦激扬青春梦，点亮理想的灯、照亮前行的路，激励大学生自觉把个人的理想追求融入国家和民族的事业中，勇做走在时代前列的奋进者、开拓者。通过国家认同教育，也可以引导大学生正确认识远大抱负和脚踏实地，珍惜韶华、脚踏实地，把远大抱负落实到实际行动中，让勤奋学习成为青春飞扬的动力，让增长本领成为青春搏击的能量。

国家认同教育通过学生喜闻乐见、容易接受的方式，进一步改进和加强高校的思想政治教育的内容和方法，突出思想政治教育的时代特色，创新思想政治教育的理念和思维，推进高校人才培养工作上水平，出效果。

国家认同教育抓住了当前高校思想政治教育的关键问题和热点问题，有针对性地提出了大学生成人成才应该解决好的重大理论是非、思想是非和行为是非问题，进一步增强高校思想政治教育的实效性和凝聚力，有效释放正能量，保证高校青年学生能够沿着正确的方向成人成才。现在，大学生面临的最大问题就是怎样正确处理红与专、理想与现实、个人与社会、自我与集体的关系。国家认同教育对大学生处理好这些人生成长成才过程中经常遇到的大是大非问题，具有重要指导意义。

序

  《高校国家认同教育研究》是西北师范大学、甘肃省社会科学院、甘肃政法学院从事马克思主义理论教学和研究的教师和研究人员在《西北地区高校"五个认同"教育研究》一书的基础上，结合高校育人的实际情况推出的又一部具有重要理论和现实意义的著作，是我省思想政治理论教育和马克思主义教育的又一个重大收获，可喜可贺。全书逻辑清晰、主题明确，观点正确，结构严谨，是一部集教材与学术研究为一体的精品。

甘肃省社会科学联合会党组书记、副主席 冯湖

2016 年 12 月 27 日

目 录

第一章 国家认同、民族认同与社会心态 (1)
第一节 民族认同、国家认同与社会心态的健全 (1)
一 民族认同与国家认同 (1)
二 社会心态的健全与民族认同、国家认同的关系 (5)
三 社会认同理论与民族认同和国家认同 (9)

第二节 国家认同的文化解释 (14)
一 国家认同的文化解释是一个"深描"过程 (14)
二 国家认同是认知—情感反应模式的构建 (18)
三 认知—情感反应模式中符号体系的构建 (22)

第三节 从民族认同到国家认同的实质和秩序 (26)
一 社会认同理论成为认识和理解中国民族问题的重要话语 (26)
二 从民族认同到国家认同的关键是形成中华民族认同的国家秩序 (26)
三 以知觉行为主义理论为基础的社会认同类型和秩序 (29)

第四节 重视和加强国家认同教育中的心态教育 (34)
一 心态教育在国家认同教育中的重要性 (34)
二 心态教育在国家认同教育中的重点 (36)
三 心态教育在国家认同教育中的方法 (37)

第二章 宗教认同和国家认同关系 (40)
第一节 国家认同的话语构建 (40)

一　国家认同话语构建的前提乃是一个话语预设 …… (41)
　　二　社会生活的性质和结构 …………………………… (42)
　　三　国家和民族共同体 ………………………………… (46)
　第二节　"初级群体""国家群体""文化适应" ……………… (49)
　　一　"初级群体"和"国家群体" ……………………… (49)
　　二　宗教认同向国家认同的转变与"文化适应" ……… (50)
　　三　"文化适应"作为中国特色的重要理论创建 ……… (52)
　第三节　宗教认同和国家认同的人类生命体本源研究 …… (54)
　　一　从人类生命体本源揭示宗教认同与国家认同关系 … (54)
　　二　对宗教认同源于人类生命体本源的检测 ………… (58)
　　三　宗教认同和国家认同是人类生命体本源的发展 … (61)

第三章　高校国家认同教育与高校育人 ……………………… (66)
　第一节　高校国家认同教育的重要性 ……………………… (66)
　　一　高校国家认同教育的意义 ………………………… (66)
　　二　高校国家认同教育的紧迫性 ……………………… (71)
　　三　国家认同教育与大学教育 ………………………… (73)
　第二节　高校国家认同教育与人才培养的关系 …………… (73)
　　一　高校国家认同教育与社会主义核心价值体系 …… (74)
　　二　高校国家认同教育与社会主义核心价值观 ……… (74)
　　三　高校国家认同教育与全面提高大学生道德素质 … (76)

第四章　高校国家认同教育与思想政治教育育人 …………… (77)
　第一节　国家认同教育与思想政治理论课育人 …………… (77)
　　一　国家认同教育是思想政治理论课育人的核心
　　　　内容 …………………………………………………… (78)
　　二　国家认同教育对思想政治理论课育人的中国特色
　　　　要求 …………………………………………………… (89)
　　三　国家认同教育与思想政治理论课育人的中国梦
　　　　要求 …………………………………………………… (92)

目 录

第二节　国家认同教育与日常思想政治教育育人 …………… （94）
　一　国家认同教育是日常思想政治教育育人的主题 ……… （94）
　二　国家认同教育是日常思想政治教育育人的基本
　　　内容 ……………………………………………………… （95）
　三　国家认同教育是日常思想政治教育育人的基本
　　　要求 ……………………………………………………… （97）
第三节　国家认同教育与校园文化建设育人 ………………… （99）
　一　国家认同教育是校园文化建设育人的主题 …………… （99）
　二　国家认同教育是校园文化建设育人的基本内容 ……… （100）
　三　国家认同教育是校园文化建设育人的基本要求 ……… （102）

第五章　高校国家认同教育中的祖国认同教育与大学生的国家观培养 …………………………………………… （105）

第一节　高校的祖国认同教育 ………………………………… （105）
　一　祖国认同教育的意义 …………………………………… （106）
　二　祖国认同教育的内容 …………………………………… （109）
　三　祖国认同教育的目的 …………………………………… （111）
第二节　人才培养与国家观 …………………………………… （114）
　一　国家观概述 ……………………………………………… （114）
　二　国家观与中国发展 ……………………………………… （118）
　三　国家观与人才培养 ……………………………………… （121）
第三节　高校祖国认同教育与大学生国家观的培养 ………… （123）
　一　大学生国家观培养的重要意义 ………………………… （123）
　二　大学生国家观培养的紧迫性 …………………………… （125）
　三　大学生国家观培养的四个坚持 ………………………… （127）

第六章　高校国家认同教育中的中华民族认同教育与大学生的民族理论培养 …………………………………… （132）

第一节　高校的中华民族认同教育 …………………………… （132）
　一　中华民族认同教育的重要意义 ………………………… （133）

二　中华民族认同教育的紧迫性 …………………………（135）
　　三　中华民族认同教育与大学教育 ………………………（139）
　第二节　社会主义民族关系的巩固和发展 …………………（142）
　　一　社会主义民族关系的建立 ……………………………（143）
　　二　民族地区的社会主义改造 ……………………………（152）
　　三　进行民族识别，确认56个民族成分 …………………（155）
　第三节　人才培养与马克思主义民族理论教育 ……………（156）
　　一　民族理论概述 …………………………………………（156）
　　二　马克思主义民族理论五次巨大飞跃 …………………（172）
　　三　马克思主义民族理论教育与人才培养 ………………（189）
　第四节　大学生马克思主义民族理论教育 …………………（190）
　　一　大学生马克思主义民族理论教育的重要意义 ………（191）
　　二　大学生马克思主义民族理论教育的紧迫性 …………（192）
　　三　中华民族认同教育与大学生马克思主义民族理论
　　　　教育 …………………………………………………（196）

第七章　高校国家认同教育中的中华文化认同教育与大学生文化自觉和文化自信培养 …………………………………（201）
　第一节　高校的中华文化认同教育 …………………………（202）
　　一　中华文化认同教育的重要意义 ………………………（202）
　　二　中华文化认同教育的紧迫性 …………………………（205）
　　三　中华文化认同教育与大学教育 ………………………（209）
　第二节　高校人才培养与中国特色社会主义文化观 ………（211）
　　一　文化观概述 ……………………………………………（211）
　　二　中国特色社会主义文化观 ……………………………（213）
　　三　中国特色社会主义文化观与人才培养 ………………（214）
　第三节　大学生中国特色社会主义文化观培养 ……………（218）
　　一　大学生中国特色社会主义文化观培养的重要意义 …（218）
　　二　大学生中国特色社会主义文化观培养的紧迫性 ……（221）

目 录

　　三　中华文化认同教育与大学生中国特色社会主义文化观
　　　　培养 ………………………………………………………（222）

第八章　高校国家认同教育中的中国特色社会主义道路认同
　　　　教育与大学生道路自信培养 ……………………………（224）
　第一节　中国特色社会主义道路认同教育 …………………（224）
　　一　中国特色社会主义道路认同教育的重要意义 …………（225）
　　二　大学生中国特色社会主义道路认同的问题及原因 ……（228）
　　三　中国特色社会主义道路认同教育与大学教育 …………（231）
　第二节　高校人才培养与中国特色社会主义道路认同 ……（233）
　　一　中国特色社会主义道路认同概述 ………………………（233）
　　二　中国特色社会主义道路认同与中国发展 ………………（236）
　　三　中国特色社会主义道路认同与人才培养 ………………（239）
　第三节　大学生中国特色社会主义道路自信的培养 ………（242）
　　一　大学生道路自信培养的重要意义 ………………………（243）
　　二　大学生中国特色社会主义道路自信培养的紧迫性 ……（245）
　　三　中国特色社会主义道路认同教育与大学生道路自信
　　　　培养 ………………………………………………………（246）

第九章　高校中国共产党领导执政认同教育与大学生制度自信
　　　　培养 ………………………………………………………（249）
　第一节　高校中国共产党领导执政认同教育 ………………（249）
　　一　中国共产党领导执政认同教育的重要意义 ……………（250）
　　二　中国共产党领导执政认同教育的紧迫性 ………………（252）
　　三　中国共产党领导执政认同教育与大学教育 ……………（260）
　第二节　高校人才培养与中国特色社会主义制度自信 ……（262）
　　一　中国特色社会主义制度自信概述 ………………………（262）
　　二　大学生中国特色社会主义制度自信培养 ………………（265）
　　三　中国特色社会主义制度自信与人才培养 ………………（269）

· 5 ·

第三节　高校中国共产党执政认同教育与大学生制度自信
　　　　培养 …………………………………………………（272）
　　一　大学生中国特色社会主义制度自信培养的重要意义 …（272）
　　二　大学生中国特色社会主义制度自信培养的紧迫性 ……（273）
　　三　大学生中国特色社会主义制度自信培养 ………………（275）

第十章　高校中国特色社会主义理论认同教育与大学生理论
　　　　自信培养 ………………………………………………（278）
第一节　中国特色社会主义理论认同教育 ………………………（278）
　　一　中国特色社会主义理论认同教育的重要意义 …………（279）
　　二　中国特色社会主义理论认同教育的紧迫性 ……………（282）
　　三　中国特色社会主义理论认同教育与大学教育 …………（285）
第二节　高校人才培养与中国特色社会主义理论认同 …………（287）
　　一　中国特色社会主义理论认同概述 ………………………（287）
　　二　中国特色社会主义理论的形成和发展 …………………（291）
　　三　中国特色社会主义理论认同与人才培养 ………………（294）
第三节　高校中国特色社会主义理论认同教育与大学生理论
　　　　自信培养 ………………………………………………（294）
　　一　大学生中国特色社会主义理论自信培养的重要意义 …（295）
　　二　大学生中国特色社会主义理论自信培养的紧迫性 ……（296）
　　三　大学生中国特色社会主义理论自信培养 ………………（297）

第十一章　高校国家认同教育应该处理好的三个关系 …………（301）
第一节　国家认同教育与"三观"教育的关系 ……………………（301）
　　一　国家认同教育与"三观"教育的一致性 ………………（302）
　　二　国家认同教育与"三观"教育的相互配合 ……………（305）
　　三　以国家认同教育促进"三观"教育 ……………………（306）
第二节　国家认同教育与社会主义核心价值体系教育的
　　　　关系 ……………………………………………………（310）

一　国家认同教育与社会主义核心价值体系教育的
　　　　一致性 ………………………………………………（311）
　　二　国家认同教育与社会主义核心价值体系教育的
　　　　配合关系 ………………………………………………（312）
　　三　以国家认同教育促进社会主义核心价值体系
　　　　教育 ……………………………………………………（314）
　第三节　国家认同教育与社会主义核心价值观教育的
　　　　　关系 ……………………………………………………（317）
　　一　国家认同教育与社会主义核心价值观教育的
　　　　一致性 …………………………………………………（318）
　　二　国家认同教育与社会主义核心价值观教育的
　　　　配合 ……………………………………………………（320）
　　三　以国家认同教育促进社会主义核心价值观教育 ………（322）

第十二章　道德与民族认同、国家认同 ……………………（324）
　第一节　道德释义 ……………………………………………（324）
　　一　道德的含义 ……………………………………………（324）
　　二　道德的本质 ……………………………………………（325）
　　三　道德对社会的作用 ……………………………………（326）
　　四　道德与法律 ……………………………………………（328）
　第二节　社会公德建设背景下法德结合的参与型建设者 ……（330）
　　一　法德结合的参与型建设者与道德旁观者 ……………（332）
　　二　法德结合的参与型建设者的法律和道德特征 ………（335）
　　三　法德结合的参与型建设者的三个方面特点 …………（339）
　第三节　道德对民族认同、国家认同的表现 ………………（344）
　　一　道德支持民族认同 ……………………………………（344）
　　二　道德支持国家认同 ……………………………………（344）
　　三　道德对民族认同的表现 ………………………………（346）
　　四　道德对国家认同的表现 ………………………………（347）
　第三节　道德对民族认同和国家认同的构建 ………………（348）

一　道德对民族认同和国家认同的构建原因 ………………（348）
　　二　道德构建民族认同、国家认同的条件 ………………（349）
　　三　道德构建民族认同、国家认同的感情 ………………（350）
　　四　道德构建民族认同、国家认同要求的个人完善………（352）

第十三章　在国家认同教育中积极培育和践行社会主义核心价值观 ………………………………………………（354）

第一节　社会主义文化强国建设与社会主义核心价值观 ……（355）
　　一　文化强国建设需要提炼社会主义核心价值观 ………（355）
　　二　文化强国建设需要凝练社会主义核心价值观 ………（359）
　　三　文化强国建设离不开社会主义核心价值观的作用 …（363）
第二节　社会主义核心价值体系与社会主义核心价值观 ……（366）
　　一　社会主义核心价值体系与社会主义核心价值观的关系 ………………………………………………………（366）
　　二　积极培育和践行社会主义核心价值观的四个有利于 …（369）
　　三　培育和践行社会主义核心价值观应注意的问题 ……（371）
第三节　全面提高公民道德素质与社会主义核心价值观 ……（372）
　　一　社会主义核心价值观与公民道德建设的关系 ………（373）
　　二　公民道德建设必须倡导社会主义核心价值观 ………（378）
　　三　公民道德建设与社会主义核心价值观的一致性 ……（381）

后　记 ……………………………………………………………（384）

第一章　国家认同、民族认同与社会心态

一般而言，民族认同与国家认同既相互联系又相互区别，民族认同与国家认同相辅相成，互相促进。在现代社会，每个个体一定隶属于某个民族，同时也一定隶属于某个国家，民族认同与国家认同共存于个体的观念和意识中，有机地统一在一起。本章主要从文化的角度解释国家认同，阐述从民族认同到国家认同的实质和秩序，提出重视和加强国家认同教育中的心态教育。

第一节　民族认同、国家认同与社会心态的健全

民族认同、国家认同是建设团结、平等、互助、和谐的中国特色社会主义民族关系的前提和必备条件，也是解决当代中国民族问题的必由之路。本章通过探讨民族认同、国家认同与社会心态的健全关系，认为中国各民族有两个根，一个根是自己的民族，一个根是自己的国家。民族和国家就是各民族的归属。仅仅归属自己的民族还不够，还要归属自己的国家。仅仅有民族的归属，仅仅是民族认同，还必须有第二个归属，这就是国家认同。民族认同与国家认同需要社会心态的健全为其基本条件。

一　民族认同与国家认同

民族认同与国家认同形成于个人自我的社会本性和社会需求。人生来是社会动物。自我的社会本性和社会需求表明所有的人都希望获得安全、爱和尊严直至自我实现。这些基本需要和高级需求以个体自身的能力和活动范围很难成功获取。因此，自我必须归属一个更大、更强的群

体，才能满足和实现自我的愿望，获得心理的依靠。自我归属到某个民族就是民族认同，自我归属到某个国家就是国家认同。

（一）民族认同

"民族认同主要是指一国内各个民族的内部认同，即通常所说的族群认同。"① 民族认同就是对"我是谁"这个看起来十分简单问题的回答。每个人作为个体的存在，不是孤立和单一的存在，而是处于一定社会的政治、经济和生活等关系之中的存在。人和人结成的各种关系使人形成互相依存、互相联系的群体。民族就是这个群体的共同体存在形式。如果离开了人与人的关系谈我是谁，就会离开人的社会性和社会需求去研究人，导致费尔巴哈的把人看成孤立的、单个人固有的抽象物的错误结论。民族认同的第一个前提就是人是现实的人。正因为人是现实的人，人才能表现自己的社会性和社会需求，产生归属的愿望。我们也才能就此来谈民族认同、国家认同。马克思、恩格斯在其经典性的著作《德意志意识形态》中指出：全部历史的第一个前提就是有生命的个人存在。马克思、恩格斯特别强调："我们不是从人们所说的、所设想的、所想象的东西出发，去理解有血有肉的人。我们的出发点是从事实际活动的人，而且从他们的现实生活的过程中还可以描绘出这一生活过程在意识形态上的反射和反响的发展。"② 现实的人处于各种社会关系之中，对这些社会关系需要认同。对所在的民族关系的认同，表现为对自己生活的民族共同体的认同，因此产生民族认同。

现实的人的民族认同表现在四个方面：其一，对民族族源的认同。所谓族源是指这个民族的起源，包括民族起源的地理环境、居住环境和生活环境。其二，对民族族体的认同。所谓族体是指这个民族形成后作为一个民族的整体存在和发展情况，包括这个民族发展的程度、发展的水平和发展的规模。族体的标志是民族形象，包括经济、政治、文化和社会建设的水平。其三，对族际的认同。所谓族际就是这个民族与别的民族相处的关系中的位置。一个民族的族际代表了一个民族的地位和影

---

① 贺金瑞：《中国民族发展：概念、途径和理论体系》，社会科学文献出版社2012年版，第160页。

② 余培源、吴晓明：《马克思主义哲学经典文本导读》，高等教育出版社2005年版，第158页。

响。跨越族际的民族如果不仅在族体的构成方面拥有世界性的人口分布，而且能够代表世界文明的方向和潮流，或者依靠自己民族的努力跻身世界强大民族之林。那么，这个民族在族际方面就拥有了自己的一席之地。其四，族神。所谓族神就是这个民族的宗教信仰。信仰什么和不信仰什么对于各个民族来说绝不是可有可无的小事。宗教信仰所具有的功能对民族的生存、发展具有重要影响。一般认为，宗教具有五大功能：宗教的心理调节功能、宗教的社会调节功能、宗教的社会整合功能、宗教的社会控制功能、宗教的社会教化功能。宗教就是通过这五个功能维系民族共同体的生存和发展，使民族共同体产生凝聚力和吸引力。

民族认同的族源、族体、族际和族神，如果对于一个人来说是一致的，就会使这个人产生完整的民族意识。这个人与他其他民族相处和交往就会设定族际边界，划定族际界限，区分自己所在民族与别人所在民族的不同，产生社会认同理论提出的"内群"与"外群"的意识。如果民族认同的四个方面出现不一致，其中的某个因素缺失或者没有达到一定要求，这个人的民族意识相对就会淡薄。与其他民族相处和交往就不大注重表现本民族的民族意识。对于某个民族来说自身的一致性就是族源、族体、族际和族神的一致性。对于中华民族来说，各个民族的一致性不仅要突破一个民族自身的一致性，还要在各个民族的大家庭之间达到一致性，这个一致性就是在保持自身民族一致性的同时，承认各民族是中华民族的一个成员。各个民族在这个大家庭之中不仅能够团结和谐相处和交流，也能够互相学习，取长补短，共同进步。中华民族的各个民族的不可分割性表明，各个民族从古至今具有同种、同根和互相影响、互相促进的特点。藏族与其他民族的关系就是证明。人类学的最新研究表明，西藏人与其他地区的汉族和少数民族都源于北京的以山顶洞人为代表的中国北部的晚期智人。中国科学院古脊椎动物与古人类研究所的研究人员通过对西藏林芝地区发现的新石器时代的人骨、现代西藏人骨特征以及对西藏现代藏族体征的连续研究发现，藏族的体质特征与中国的华北、西北地区的少数民族和汉族最接近。2008年中国科学院古脊椎动物与古人类研究所的张振彪副研究员通过对西藏发现的新石器文化及1957年雅鲁藏布江和尼洋河汇流处的林芝村发现的新石器时代的人骨研究推论，人类早在新石器时代已经劳动、生活于西藏地区。林芝人颅骨属于蒙古人种的现代类型。张振彪研究员说："西藏藏族是由新石器时代的古代居民为主体发展而来的。但是后来随着历史的发展和人群的迁移，北部地区古代蒙古人种逐渐向南部和西南部扩展，其中有一部分进入西藏，并与当地居民不断混血，最后形成今日藏族。"①2005年复旦大学的老师和同学对咸阳西藏民族学院的1542名学员进行了体质测量。这些学员来自西藏各地，代表了西藏藏族的基本体质特征。经过这次体质测量分析表明，藏族应该属于蒙古人种，其体质特征如下：身材中等，肤色较深，为黄褐色，发型多为直发，眼色一般呈褐色，眼裂较宽，眼裂倾斜度外角略高于内角，具有蒙古褶。额倾斜度多直立，男性略较倾斜。眉脊略显，面宽中等，属中面型，女性稍阔。鼻根高度介于低与中等之间，女性偏低。鼻梁直，而鼻尖鼻基略向上翘，鼻孔大多为卵圆形，鼻型属中鼻型。唇厚中等，但大多为凸唇。头型属中等型。根据以上体质特征来看，现代藏族的体质特征与蒙古人种中的东亚人种最接近。格勒认为：中国、朝鲜、日本的绝大多数人口都属于东亚种族类型。因此，藏族在种族上与我国绝大多数人口属于同一个种族类型。②

(二) 国家认同

"每个人都一定属于某个民族，从而形成自己的民族认同，而国内各民族的整体认同，可以称其为国家认同。"③ 国家认同就是在回答了第一个"我是谁"之后，还要继续回答第二个"我们是谁"。第一个"我是谁"是民族认同的回答；第二个"我们是谁"是国家认同的回答。这就是说，中国的各少数民族有两个根，一个根是自己的民族，一个根是自己的国家。民族和国家就是少数民族的归属。仅仅归属自己的民族还不够，还要归属自己的国家。仅仅有民族的归属，仅仅是第一个

---

① 张振彪：《西藏自古以来就是中国的一部分》，《光明日报》2008年5月5日，第3版。

② 格勒：《略论藏族古代文化与中华民族文化的历史渊源关系》，《中国藏学》2002年第4期。

③ 贺金瑞：《中国民族发展：概念、途径和理论体系》，社会科学文献出版社2012年版，第160页。

归属，还必须有第二个归属，这就是国家认同。民族认同是自我归属的开始，国家认同是自我认同的归宿。

国家认同是指对于国家的四个方面的认同。其一，对国家的历史的认同。其二，对国家疆域的认同。其三，对国家文化的认同。其四，对国家核心价值体系的认同。关于国家认同有两点需要注意。一是国家认同是通过比较实现的。也就是说，对国家的认同要通过国家与国家的比较而定，如果通过比较，产生了国家认同，那就表明自己所在的国家有凝聚力和吸引力。通常来说，这样的国家不仅历史悠久，文化灿烂，而且国力强盛，发展迅速，前程光明。如果看不到自己国家的优势就会产生对国家的疏离，乃至产生对国家的反感和厌恶，就会希望脱离这个国家，谋求另外的出路。二是要注意"相对剥夺"产生的问题。这个概念是由美国社会心理学家斯托佛等人在1949年提出的。"相对剥夺理论"一方面指"个人相对剥夺"，即一个人同另一个与他条件相似之人比较产生被剥夺感；另一方面指"集体相对剥夺"，指一个人同另一个与他条件不相似之人比较产生所在集体被剥夺感。"相对剥夺理论"是强调平等的理论。如果每个人在国家的政治、经济、文化等各项生活领域中，都能够享受平等的权利，就不会出现相对剥夺的问题。总体看来我国各个民族平等的民族关系受到宪法的保护，但实际上存在的不平等会导致相对剥夺问题的出现。

二 社会心态的健全与民族认同、国家认同的关系

民族认同、国家认同是通过社会心态的健全实现的。社会心态的健全是民族认同、国家认同的基础和条件。

（一）社会心态健全的含义

1. 社会心态。社会心态是20世纪初叶由法国年鉴学派所创立的心态史学提出的，用来概括一个社会普遍存在的心理、精神、情感状态的概念。社会心态的意思是指由认知、情感、意志和行为构成的心理反应机制，是心理活动中的没有表现出来的判断是非曲直的立场和观点。

2. 社会心态的健全。社会心态的健全包括两个方面。其一，认知表现为许可、认可。通过正确判断和识别真善美和假恶丑，认知给行动以正确的指导。其二，情感表现为爱憎分明。一个人的民族认同、国家

认同既是认知的认同，也是情感的认同，更是认知和情感的双重统一。这个双重统一就是社会心态的健全。社会心态的健全不仅仅指认知的正确，即对现实反映的客观和真实，而且指情感体验的正确，情感来自社会实践并且正确反映社会实践的规律和特点。这个意义上的社会心态就能够通过整合认知、情感、意志和行为，构建完整的心理反应机制，产生感觉和感受的一致性。

（二）社会心态的健全与民族认同、国家认同的关系

社会心态的健全与民族认同、国家认同的关系表现为自我的四个新变化和新进展，即其一，自我开始民族认同、国家认同的历程。其二，自我产生民族认同、国家认同的心理需求。其三，自我产生民族认同、国家认同的社会需求。其四，自我产生民族认同、国家认同的完善自我的需求。

1. 社会心态的健全是自我民族认同与国家认同的开端。社会心态是人以赞成什么、反对什么的态度形式作出的心理反应，是行为的开始。人从反应开始就进入一个连续的行为过程链。美国社会学家米德第一次明确提出了态度是行为开端的观点，他写道："人们必须坚持的是，可以客观地观察的行为在个体内部得到表达，其含义并非指它存在于另一个世界、一个主观世界，而是指——行为的开端——的东西表现出来。现在我们如果回过头看这些态度，我们就会发现，是它引起各种反映。"[①] 社会心态的健全意味着从态度开始民族认同的历程。

当社会心态健全开启民族认同、国家认同之时，也意味着社会心态开始民族认同、国家认同的心理表现过程。这个过程分为社会分类心态、社会比较心态、民族和国家归属心态三个阶段。通过社会分类心态可以进行民族和国家的心理识别，从心理上区别自己所在的民族和国家与他人所在的民族和国家。其结果常常对自己所在的民族和国家情有独钟，赞誉有加。久而久之，这种心态就成为我们认识和理解自己所在的民族和国家的固定标准，导致我们总是在不知不觉之间赞美自己所在的民族和国家，看低别人所在的民族和国家。通过社会比较心态会产生所谓的"内群"和"外群"的区别，即自己所在的民族和国家是内群，

[①]《米德文选》，丁东红等译，社会科学文献出版社2009年版，第6页。

第一章　国家认同、民族认同与社会心态

自己之外的民族和国家是外群。通过社会分类和社会比较，人们的群体归属心态将强化"内群"和"外群"的意识。进一步确立自我对所在民族和国家的归属。

2. 社会心态的健全产生民族认同、国家认同的自我心理需求。"某个人心态"和"其他人心态"是英国哲学家艾耶尔提出的社会心态健全的表现，原意是这个结合可以产生自我的道德感。在民族认同、国家认同方面，这个结合产生了自我的主动和积极的需求。这就是说，民族认同、国家认同对自我来说不是外在的强迫和引诱的结果，而是自我的内在需求和强烈愿望，是自我的主动性、自觉性产生的结果。之所以如此就在于社会心态的构成要素的组合产生新的变化。"某个人的心态"和"其他人心态"由认知、情感、意志和行为构成。当这两个方面结合时，认知就不以个人的认知为转移，情感也会走出个人的限制。自我不仅在认知和情感方面注意了他人的认知和情感，不再固执己见，而且认知和情感的客观性与主观性、自我评价与他人评价出现较好结合。民族认同、国家认同方面的自我心理需求的"其他人心态"和"某个人心态"的结合标志着个人已经把社会所要求的价值观内化为自我的需求。相比较之下，个人的自我的价值不如民族的价值，民族的价值低于国家价值。所以，黑格尔认为国家就是地上行走的神。

3. 社会心态的健全产生民族认同、国家认同的自我社会需求。美国社会学家米德认为自我由"主我"和"客我"的统一构成。按照米德的看法，"主我是当共体的态度出现在个体的自己的经验之中对个体这种态度所作的反应。"① "客我本质上是社会群体的成员，因而代表该群体的价值观，代表该群体是指成为可能的那种经验，它的价值观是该社会所有的价值观。"② 在米德看来，"主我"仅仅代表个人，"客我"才代表社会。两者的结合，构成了完整的自我。"主我"对"客我"的适应、接受和改造，"客我"对"主我"的约束和控制构成的社会心态的健全，也产生自我的社会需求。只有"主我"的社会心态是缺乏实际内容、不完整的、片面的社会心态，就是个人主义、利己主义、自私

---

① 《米德文选》，丁东红等译，社会科学文献出版社2009年版，第6页。
② 同上。

的社会心态，就是德国哲学家费希特批判的"人的恶根"的本源。只有"客我"的社会心态，缺乏自主性、独立性和能动性，同样是社会心态的不健全，是外在于人的马克思批判的"虚幻的共同体""不真实的共同体"。社会心态健全的两个方面的统一意味着个人能够正确处理社会利益与个人利益的关系，正确对待民族认同、国家认同过程中的问题，坚持民族认同、国家认同的成长之路。一个人的民族认同、国家认同是这个人的社会需求的表现。一个人的社会需求的产生需要"主我"与"客我"的结合。

4. 社会心态的健全产生民族认同、国家认同的自我完善需求。社会心态形成的自我的心理反应机制借助认知、情感、意志和行为的一体化作出反应和进行感受。这些反应和感受归根结底表现了自我对民族认同和国家认同的态度，决定着个人的归属是否能够实现。当一个人社会心态健全，就能够自觉自愿产生归属需求，归属民族和国家。

美国社会学家柯林斯认为："仪式是一种相互关注的情感和关注机制，它形成了一种瞬间的关注现实，因而会形成群体团结和群体成员性的符号。"[1] 社会心态的健全就是"自我的关注机制"与"社会的关注机制"的统一。"自我的关注机制"只是产生民族认同，与"社会关注机制"统一起来，才能产生国家认同。"自我关注机制"与"社会关注机制"统一起来，自我才可以在多种多样的事物中选择大家认可的、赞赏的、接受的事物，抛弃大家讨厌的、争议的、无法容忍的事物。由众人决定什么是真善美，什么是假恶丑就是"关注机制"的社会心态健全的含义。"最大多数的人总是正确的、是代表社会进步趋势的"作为一个定式构成"关注机制"的社会心态健全的支撑点。"关注机制"中的社会心态的健全建立在"群众是真正的英雄、而我们自己则往往是幼稚可笑的"的基础之上。所以，"关注机制"的最终结果就是形成民族认同和国家认同。因为，只要一个人关注自己的民族和国家，就会产生民族意识和国家意识，形成与民族和国家共进退的感情。这种意识和感情就是对民族和国家的认同。

---

[1] ［美］兰德尔·柯林斯：《互动仪式链》，林聚任、王鹏、宋丽君译，商务印书馆2009年版，第469页。

第一章　国家认同、民族认同与社会心态

自我对民族和国家认同的表现就是承认自己是所在民族的一员、所在国家的一员。各少数民族通过民族认同和国家认同留住了两个根，一个根是民族之根，一个根是国家之根。民族认同、国家认同都需要以社会心态的健全为条件。社会心态的健全就是各民族的精神健全、文化健全，是通向民族认同、国家认同的必经之途径、必由之路线。

三　社会认同理论与民族认同和国家认同

20世纪60年代的欧洲社会逐步走向分化和动荡，在这一背景下，认同理论开始关注社会存在的现实问题并注重对之提供有效的解释和有效的解决途径。认同理论因此从关注个体和自我认同转变为关注社会的社会认同。

（一）社会认同理论概述

社会认同理论起源于20世纪70年代，1972年社会认同理论的研究成果第一次公开发表。直至1978年，社会认同这个概念才被学术界公开接受。澳大利亚社会心理学家迈克尔·A.豪格和英国社会心理学家多米尼克·阿布拉姆斯在1987年出版的《社会认同过程》是研究社会认同理论的经典之作。他们认为："归属于某个群体（无论它的规模分布如何）在很大程度上是一种心理状态，这种状态与个体茕茕孑立时的心理状态截然不同。归属于一个群体就会获得一种社会认同，或者说是一种共享的集体表征，它关乎的你是谁？你怎样行事才是恰当的。"[1] 迈克尔·A.豪格和多米尼克·阿布拉姆斯把研究的视角放在个体中的群体这个反传统的社会认同路径上，试图说明两个问题。一是群体对个体的社会认同。二是个体对群体的社会认同。他们认为："自我在社会认同中扮演的是被赋予社会内容的角色。"[2] "我们不需要一种先验的、与生俱来的无意识的自我。"[3] "社会认同被定义为个体知晓他/她归属于特定的社会群体，而且他/她所获得的群体资格会赋予其某种

---

[1] ［澳］迈克尔·A.豪格、［英］多米尼克·阿布拉姆斯：《社会认同过程》，高明华译，中国人民大学出版社2011年版，第4页。

[2] 同上书，第3页。

[3] 同上书，第24页。

情感和价值意义。"① 他们认为社会认同就是社会群体将自我的内涵赋予个体、个体归属社会群体的互动过程。

（二）社会认同理论的四个基本概念

社会认同理论发展出了社会分类、认知价值观、社会比较和群体的心理独特性等四个基本概念。社会认同理论所进行的研究就是从社会分类这个最基本的概念和这个最基本的事实开始。社会分类是社会认同这个理论大厦的根基和起点。

1. 社会分类。通过分类这种人类认识和理解世界的基本方式，人们不仅从环境中获得信息，而且在获得信息的同时，忽视不同对象之间的某些不同点，强调甚至夸大他们之间的相同点来使信息处理简化。虽然在认知科学中，对于人们如何对信息进行处理还存在许多矛盾的说法，但是对于分类在信息处理过程中所起的重要作用却已经基本达成共识。泰弗尔就是从研究分类的认知基础开始研究社会认同。他通过在非社会刺激和社会刺激情景下所进行的一系列实验说明了分类现象的存在及其认知基础。他认为社会分类是人的一种最基本的认知机制。在一定情景下，当人对社会分类（内群体、外群体）比较明确的时候，人们会有不同的心理状态和行为反应，人们会进而更加强调内群体与外群体之间的差异和每个群体内部的同质性，同时，当人们存在着一定的"资源分配权"的时候，他们会表现出"内群体偏私"现象。

2. 认知价值观。这个概念具有两个基本特征：一是群体成员身份是由个人的主观感觉确定，二是对群体成员身份的价值评判有一个不断强化的过程。认知价值观表明人们都希望获得一种正面的社会认同。获得正面的社会认同的一个主要因素就是群体成员的身份必须得到群体和他人有价值的评判。所以当一个人意识到他的群体身份没有得到有价值的评判的时候，这个人很可能就会采取有效的行为策略改变自己的群体身份，采用社会流动、社会竞争和社会创造等方式让自己进入到可以得到正面评价的群体中去。这就是对群体成员身份的价值评判的强化。认知价值观在社会认同中之所以重要就在于认知价值观决定每个人的社会

---

① ［澳］迈克尔·A. 豪格、［英］多米尼克·阿布拉姆斯：《社会认同过程》，高明华译，中国人民大学出版社2011年版，第9页。

身份的归属，决定每个人社会认同的方式和方法。

3. 社会比较。人们进行社会比较的目的是为了对自己进行社会认同时减少社会认同的不确定性，以决定社会认同的有效性和正确性。只有通过社会比较，个人才会获得对他们自己所在群体的地位和价值的认识和理解，对他们在群体中通过成员身份而获得的地位和价值的认识理解。社会比较的目的是要获得一种自尊感、自信感和自我的群体优越感。

4. 群体的心理独特性。在群体间互动情景中，人们都希望获得不同于其他群体的独特性，而不是与其他群体趋同或变得更加相似，都希望自己所在的群体有自己独特的心理归属、心理感受。社会认同理论通过认定这个群体心理的独特性，假定群体成员在与其他群体进行比较的时候都希望能够获得既与众不同的独特个性而又获得积极正面的评价。这个群体心理独特性显然是今天建立独立的民族国家的理论基础。每个独立的民族国家都认为自己的历史和文化是独一无二的，是构成世界历史和文化的瑰宝，所以，越是增强这种群体心理的独特性越能够激发公民的爱国主义思想和感情的产生和形成，越能够凝聚人心团结奋斗。

从社会分类、认知价值观、社会比较和群体的独特性等这四个基本概念，我们可以对社会认同理论进行清晰描述。社会认同理论是从分类研究开始的，分类是人的一个基本的认知功能。通过分类人可以对社会环境进行识别，同时定义自己在其中的位置。把分类这种认知策略用于社会，就可以把社会分为不同的人群。社会认同就是一个人属于某个群体的认知以及与此相关的价值和评判，它形成了个人自我概念。人们都希望自己属于受到赞同、不同于其他群体的，同时能给他们带来正面评价的群体。通过群体间比较，人们会把他们自己归属的群体看成在心理上是独特的，同时在与有关群体联系在一起的时候，人们会更加肯定自己所在的群体。

由此出发，社会认同理论还对一些潜在的社会变化以及群体间关系作出解释，认为如果一个人的群体成员身份给他提供的是消极的社会认同或者没有达到个人满意水平，这个人就会寻求新的社会认同。如果将宏观的社会结构或者群体间关系考虑进来，很显然，在一个社会中处于不利地位的群体成员或处于少数地位的群体成员就会义无反顾地开始他们新的社会认同。对于处于统治群体的成员来说，他们所要做的就是保持或扩大他们的相对优势地位。处于不利群体地位的成员或处于少数群体地位的群体所要考虑的是在群体间关系中寻求新的认同地位，这就会导致群体之间出现竞争和冲突。

社会认同理论一经提出，就带动了许多相关理论的发展，其中主要的一个就是由泰弗尔的学生约翰·特纳（John C. Turner）提出的自我分类理论。自我分类理论是有关群体环境下个体行为的认知理论，它强调的是共享的社会认同可以使个人的自我知觉和社会行动去个性化。该理论通过考察从个体水平认同到群体水平认同所发生的变化，强调群体互动环境中的心理过程和社会比较。自我分类理论作为一种强调社会结构因素的群体关系理论，忽视了社会结构因素对于自我分类的影响。因此，在未来的研究中，社会认同理论还有待于进一步发展，包括对社会认同概念的进一步明晰、对社会认同比较策略的选择、多元文化背景下的社会认同的研究以及对社会认同内在机制构建等许多有待从理论和实践结合上回答的问题，可以说是任重道远。

（三）社会认同理论对于研究民族认同、国家认同的参考价值

1. 社会认同理论中的思想、观点、方法值得我们在研究民族认同、国家认同中引以为鉴。例如，自我范畴化、最简群体范式、相对剥夺、刻板印象、社会吸引、个人吸引这些概念都可以为我所用，进行中国化的实践和改造。例如社会认同理论中的社会认同与自我认同的关系就值得借鉴和学习。社会认同理论认为自我认同是社会认同的基础和前提。自我认同包括对个人身份和社会身份的认同。对个人身份的认同不仅包括对个人的国家、种族、性别、职业归属等身份的认同，还包括自我描述和自我评价。自我描述和自我评价被组织到一个系统里就形成了个人的社会认同。社会认同理论的最简群体范式表明人们无论身处何地，都能够凭借认知将群体划分为内群和外群。豪格和阿布拉姆斯认为，刻板印象是一种认知偏差，将群体划分为内群和外群就是刻板印象的结果。刻板印象认为特定群体的所有成员都具有相同的特质，共享彼此的社会共识。因此，在民族认同、国家认同中，要特别注意刻板印象社会功能的副作用。我群中心主义包括大汉族主义和地方民族主义。纠正我群中心主义的最好方法是开展党的民族团结进步事业教育，引导大家和谐相

处，形成正确认知。

2. 社会认同理论对于我们研究社会认同特别是民族认同、国家认同具有重要指导作用。例如处理好自我认同与社会认同的关系必须注意对个人身份和社会身份的认同，形成自我描述和自我评价。这就是说，社会认同的重要基础是处理好个人利益与社会利益的关系。只有把个人的利益与社会利益相结合，才能形成对社会的正确认同，在社会认同理论看来，认同生成于个体社会化过程。这个过程由两个不同阶段构成，即群体对个体的社会认同和个体对群体的社会认同。群体对个体的社会认同通过五个规范进行，即权威主义人格规范、我群中心主义规范、挫折—侵犯假说规范、相对剥夺规范、功能互依模型（现实利益冲突理论）规范。这就是说，如果个体不属于这五个规范之中的一个，就可能遭到群体对个体认同的拒绝。我们因此可以思考一个问题，怎样实现从民族认同向国家认同的转变。按照社会认同理论，权威主义人格规范是以服从权威为特点、我群中心主义规范是以我所在的群体为中心。在民族认同向国家认同的转变过程中，如果有一个权威引导，这个过程就容易实现。民族认同之所以容易实现，原因是民族认同可以围绕权威进行，国家认同之所以也容易实现，就在于国家认同也可以围绕权威形成。在民族认同中，这个权威可以是具有生命的人，也可以是没有生命的地域、还可以是信仰的力量。在国家认同中，这个权威有生命的个人就是领袖，没有生命的地域就是祖国的疆域，信仰的力量由国家观、民族观、价值观等构成。这就是说借助权威的力量实现从民族认同到国家认同的转变较为简单、较为容易。挫折—侵犯假说规范、相对剥夺规范则表现了民族认同、国家认同的另一个特点，这就是个人利益与认同的紧密结合。挫折—侵犯假说规范以个人受挫后的情绪转化为社会认同基础。相对剥夺规范以在比较中个人利益受损被弥补为社会认同基础。这就启示我们，实现从民族认同到国家认同的转变，不能仅仅依靠教育引导，还要考虑人们的经济和物质利益，注意经济手段和物质刺激手段的运用。此外，精神的东西在民族认同、国家认同的地位和作用也应该引起重视。个体对群体的社会认同通过自我范畴化进行。自我范畴化就是将自我分类，以便确定自我的归属。分类过程就是认知过程，如果认知全面、系统，个体对群体的社会认同就容易形成和发展，否则，就会冲突和对立。在民族认同、国家认同中,这个认知一方面指认识;另一方面指集体意识。埃米尔·涂尔干指出:"社会成员平均具有的信仰和情感的总和,构成了他们自身明确的生活体系,我们可以称之为集体意识或共同意识。"① 集体意识或共同意识不可能在一个封闭的、静态的孤立个体生命中产生。相反,在社会实践活动过程中,个体通过与其他人、群体进行生活或生产交往,建立一定的社会关系,并在一定的社会关系中扮演一定的社会角色,进而以这些社会角色与其他人发生相互作用,才能产生集体意识或共同意识。因此,从民族认同到国家认同的转变特别要注意个体全面的社会化过程的开展。

对社会认同理论,最重要的是通过学习和借鉴,形成中国特色的中国气派和风格的社会认同理论话语体系,我们要洋为中用,创造出更多更好的无愧我们这个伟大时代的新的社会认同理论学术成果。

第二节 国家认同的文化解释

对国家认同细部的"深描"构成对国家认同的文化解释。文化解释是一个"公心"和"私心"的结合,文化的"公心",不偏不袒,能够把文化作为一个整体张力和细节张力的结合、一个完整画面和个别具体局部的结合"深描"出来。文化的"私心",有所偏爱,喜欢按照自身逻辑的必然性,将集体逻辑强加给社会和个人。文化的"公心"和"私心"的结合就是文化解释的本性。国家认同的文化解释乃是一个"深描"过程,表现为"认知—情感"反应模式的构建。这是人的"社会性大脑"的建立,是人的国家认同观形成和确立的标志。在"认知—情感"反应模式里,最重要的是符号体系的"同"的构建,以这个"同"构建各民族的国家认同观。国家认同往往表现为情感的倾向性。

一 国家认同的文化解释是一个"深描"过程

一个概念被熟知之后,无论怎样运用,怎样流行,都不如回归到文

---

① [法]埃米尔·涂尔干:《社会分工论》,渠东译,生活·读书·新知三联书店2000年版,第42页。

化这个"最复杂的整体"①之中那样清晰。对国家认同的研究也应该遵循这个路径展开。对国家认同的文化解释指将国家认同纳入文化范畴进行细部"深描"。"深描"是美国社会学家米尔顿借用另一位社会学家赖尔表达文化分析方法的概念。他以"眨眼"和"挤眼"为例,说明了文化分析的方法就是把一种社会现象的文化底蕴揭示出来,把我们带到事物的本质之中。"深描"的文化分析方法对我们认识和理解国家认同的深刻内涵提供了一个基本遵循。

当前,对国家认同的研究多聚焦在对国家发展理论、国家发展道路和国家政治制度等方面,对国家认同的解释也多通过政治、经济、社会、教育、文化、民生等要素分散展开。如果要很清楚地解释国家认同就不能仅仅停留在上述研究"宏大叙事"的"浅描"上,"不能醉心于国家认同的变迁与再建构的宏观研究层面,停留在公民认同、民族认同、政治认同等领域"。②还要注意文化的"深描"与其他方面的"浅描"相结合。这就是说要在注意国家认同"宏大叙事"的"浅描"的同时,还要注重对国家认同文化"细部"的"深描"。我们在阐述文化"深描"基础之上,将国家认同的文化解释理解为一个"认知—情感"反应模式的构建。这是人的"社会性大脑"的建立,是人的国家认同观形成和确立的标志。

(一)文化的"深描"

文化的"深描"与"浅描"的最主要区别是文化的"深描"以文化为公众所有,其意义也为公众所有为逻辑前提,进一步把文化的为人所知、不为人所知的含义全面细致地表现出来。这就是说文化"深描"最重要的是要在形态上、在功能上把文化呈现为一个整体,一个大局,而不是一个个别,一个局部。文化的"深描"首先不是去描写某个个别、某个局部,而忽略对整体、对大局的把握。文化的"深描"首先要完整呈现文化的全貌,呈现文化的"森林"。其次,才能触及、显示文化的细部、细节和细致入微的部分,文化的"树木"只能在文化的

---

① [美]米尔顿·M.戈登:《美国生活的同化》,译林出版社2015年版,第15页。
② 金太军、姚虎:《国家认同:全球视野下的国家认同结构性分析》,《中国社会科学》2014年第6期。

"森林"里才能得到纤毫毕露、无所遮拦的展现,才能表现蕴含其中的价值和意义,才能最终泄露其中不为人知、抑或知之甚少的一面。我们看到,一些文化作品常常脱离文化整体把某个文化现象的细部描得很细很细,或者常常忽略文化细节把文化现象的浅显一面描得很粗很粗。这两种描法都不是文化的"深描"。在文化"深描"的语境之中,公众所关注、所经常使用的是一个总体性构成体系,对文化细节、细部的观察就是通过这个总体性体系进行的。文化作为总体性体系不能随意拆开,不能任意碎片化。丧失了总体性体系的文化、被任意碎片化的文化,都不是真正意义上的文化,而是一些琐碎的话语集成、一些历史的断片堆积以及无法展开解释的高度抽象的概念合成。

与此同时,仅仅把对文化的理解停留在这个总体化阶段,文化也不能被"深描",还需要将这个总体化与细致化相结合,文化的"深描"就是这个结合的产物。这就像观众对一个复杂的乐章演奏的理解,观众既不把这个演奏等同于乐器的集合发出的声响,也不把这个演奏理解为乐章所依赖的总谱,这是一个"时间上发展了的音调结构,是模式化的声音的连贯序列"[①],观众关注的是音乐本身的总谱和以总谱为依据的每个细节合成所构成的华美乐章。文化的"深描"表明文化的意义是公有和个别的结合,是一个整体张力和细节张力的合成,是森林和树木的关系总和。从这个角度认识文化的"深描",文化就不是一个引发各类社会事件的诱因,而是一个解释平台。在这个平台上,文化表现为自身对自己的构建,表现为将当事人的经历的融入。概而言之,文化就是人,人就是文化,这两个因素乃是一个不能分开地结合在一起的整体。通过这个整体,我们才能理解文化,才能对文化进行"深描"。由此看来,国家认同不是一个"某种被制造出来的东西",不是"一个被捏出来的东西",更不是被某种力量"虚构出来的东西"。

(二)国家认同是从文化中自然而然形成的历史积淀物

国家认同是从文化中自然而然形成的历史积淀物,是亿万人民群众在认识和改造中国社会过程中有意无意形成的时代精神。这是一眼就看到的文化对自身的构建,而且是当事人对自己经历的融入,是现实和实

---

① [美]米尔顿·M.戈登:《美国生活的同化》,译林出版社2015年版,第15页。

第一章　国家认同、民族认同与社会心态

践对文化的"当下社会性话语"的构建。文化对自身的构建仅仅是文化的"历史话语",仅仅是历史的大量遗存的展示,还不是文化现实话语的构建,还没有把现实话语与"历史话语"相互结合。这个意义上的文化构造,内涵和外延都是有限的,其影响力、感召力带着话旧、怀旧的感伤情绪和厚古薄今的风格。文化自身的逻辑力量是不满足这个阶段的构成,还要突破这个旧模式和旧格局,还要向与现实话语对接、向现实要材料的阶段发展。如果文化只是"历史话语"的传达和告知,文化乃是与博物馆的展览没有区别,只是怀古的代名词。这不是文化的性格和文化的本意,文化是走在时代前列的进化旗手,也是落实辩证法的忠实实践者。文化一定要在现实之中找到知音,一定要在日新月异的社会生活之中找到供应商和话语表达。

中国古代文化的家国一体同构的思想和传统,在改革开放时代,其价值和意义依旧。但是,这个思想和传统如果没有现实的依托,没有实践的支撑,也很难找到继续发展的平台,也很难成为一种促使人们产生奋发有为力量的爆发点。家国在中国古代社会的一体化同构很大程度上取决于中国古代社会的家和国的界限模糊,家就是国,国就是家,家国不分,乃是中国古代社会结构造成的必然结果。中国古代社会的结构是二元融合的社会结构,即国家通过政治权力、社会地位和经济实力这条线与家通过血缘关系、地缘关系和家族关系交叉和融合,体现了"普天之下莫非王土,率土之滨莫非王臣"的大一统思想,这个社会结构将整个国家和全部家庭都纳入了皇权统治范围,家国都是皇权的下属。这样的社会结构的另一面是把家国的观念扩大和深化,丰富了家国的内涵,区分了家国的大和小的关系,即把国看得大,把家看得小,为了国,家应该与之一体化同构,家在与国的关系中应该无条件服从国这个整体,这是一个更高级别的政治构建。如果文化就是构建一种"深描"的解释,那么,就不应该把文化解释与特定的国家和民族在特定时代所说、所做、所想、所思割裂开来,置之不理,束之高阁,不应该把历史和现实都变成向后看的历史记忆和历史展览。

(三)文化是一种社会性话语,是与现实的社会性对话

在现实中,在浩如烟海的无数实践之中,每个人都只是九牛一毛,沧海一粟,文化就要通过这些个别的历史个体和思想个体解释社会发展

的规律性，引导人们看到现实的底蕴和逐步显露的魅力。中国特色社会主义的实践对中国古代家国一体同构思想和传统赋予新的含义，给予新的解释，构成了全新的家国一体同构的世界观、人生观和价值观。家国一体同构已经不是皇权统治之下的家国一体不分的同构。现代意义的家国一体同构的家是享有法律保护、具有基本人权、社会关系平等、人格独立的家，国是富强、民主、文明、和谐的国，是自由、平等、公正、法治的国，是爱国、敬业、诚信、友善的国。现代意义的家国一体同构指家和国在整体、大局和目标方面的一致，不是指互相没有区别、互相可以代替的一致。无论家还是国，责任主体、行为主体和人格主体都有明确区别，彼此的权利和义务的界限都被国家法律和国家政策所明确规定，国和家、集体和个人都不能随意逾越这个界限。

上述分析表明，文化的解释就是一种将历史和现实、古代和现在、思想和实践结合的"深描"。这个"深描"的两面性很明显，一方面就是传承和表达"历史话语"，展览历史遗存，表明历史观念；另一方面则要发出和表达"当下社会性话语"，体现时代精神，发出时代声音。这两个方面的结合表明，文化是一个"公心"和"私心"的结合，文化一方面，不偏不袒，能够把古代和现代、昨天和今天作为一个整体、一个大局"深描"出来；另一方面，文化的"私心"则与之相反，有所偏爱，一意孤行，按照自己的逻辑，将集体行动逻辑规律强加给社会和个人，强迫社会和个人不得不做其要求的事情，不得不回避文化禁止的有些事情，文化的"私心"就是要强迫个人遵循集体行动逻辑去思考和行动。谁不按照这个集体行动逻辑思考和行动就可能被文化的"私心"戴上离经叛道的帽子，受到排斥。文化的"公心"和"私心"的结合构成文化解释的本性。

二 国家认同是认知—情感反应模式的构建

国家认同日益被广大学者关注，国家认同日益成为我国社会生活的突出问题。当前，所有研究成果的共同性都是把国家认同变为类型学，集中研究国家认同的外在方面，较少深入到国家认同的内在方面。所谓国家认同的外在方面是指对重要概念与相关概念关系的梳理和分界，大量的研究主要通过界定和划分国家认同的概念论述国家认同及其价值和

第一章　国家认同、民族认同与社会心态

意义。在这样的研究框架内,国家认同与民族认同比较,国家认同显然是更高一级的社会认同,是每个公民必须具备的基本国民素质。为了建立和培养公民的国家认同观,有的研究主张通过加强法治建设,推进依法治国达到目的,有的研究主张通过各级各类学校教育,加大国家认同教育力度达到目的,有的研究建议通过政府主导、社会参与、整章建制达到目的。有的研究认为,文化认同是民族凝聚力和国家向心力的动力之源,是国家认同最深厚的基础。以文化认同强化国家认同的心理依据和思想基础,有利于多民族国家增强和拓展国家认同的空间。① 总而言之,在国家认同研究方面,仁者见仁,智者见智,大家各抒己见,莫衷一是。纵观这类研究的通病是"概念走多远,研究走多远"。②

我们采用"深描"的文化解释方法要把国家认同放置在一个整体、一个全局的框架中认识、分析和理解。这个由文化凝聚而成的整体和全局不仅表现为文化的"公心"和"私心"的结合,而且表现为一个完整的认知—情感反应模式的构建。文化通过这样的横向断裂而成为对先前概念的推进、对先前假说的检验、对先前定理的充实,表现为无体系而连贯,无停止而尝试,以创新构成向纵深推进的一次比一次大胆的"深描"。

(一)完整的认知—情感反应模式的构建是国家认同文化解释的核心任务

当这个模式建立起来后,人们就可以对国家认同作出对应性的认知和对应性的情感共鸣,就能够形成制度化的与他人沟通的方式。在这样的模式里,文化不仅表现为语言、服饰、言谈举止等外部形象,而且表现为以对国家态度为导向的一整套的思想、观念、意志和情感统合而成的内在形象。人的国家认同观在这个模式里已经不是"由头脑中发生的事情构成",而是由现实生活的活生生的逻辑构成,支配人的认知模式运行的不再是个人的自我独白和好恶感觉,而是"当下社会性的话语"的力量,是国家的他我对自我的推动和完形整合。人的认知可以因人而异,可以左右逢源,但是,人的国家认同观在"当下社会性话

---

① 刘社欣、王仕民:《文化认同视域下的国家认同》,《学术研究》2015 年第 12 期。
② [奥]维特根斯坦:《哲学语法》,商务印书馆 2012 年版,第 97 页。

语"里则不会为此出现偏差。在这个意义上的国家认同观已经是公众、公民意义上的国家认同，是国家这个整体、这个大局对现实、对某个事物借用个人之身的感应和共鸣，是国家观理论与所接触的现实相结合和双方内涵的进一步发展和丰富。在这个对接里，人的国家认同观牢不可破地存在于人的认知—情感反应模式里，在一个固定线路里按照既定的脚本上演既定的曲目。国家认同观的这个不以人的意志为转移的事实说明国家认同观的文化属性高于其政治属性、族别属性，是人的精神世界贯通古代和现代、理论和实践的结果。

每个人可能在形成国家认同观的经历各不相同，认知和情感形成各有差异，但是，每个人的国家认同观的共同点聚焦为适应他的"经历过的事情和正在经历的事情"，不管你愿意不愿意，国家认同观的建立和形成就是一个你必须适应和接受的现实，这个现实，每个人不能逃避，必须适应，每个人不能改变这个现实，必须接受这个现实，否则，每个人就无法认识和理解国家认同观的文化价值深刻的现实意义，就不能在现实社会中找到自己的思想和感情的寄托，更谈不上怎样以自己的聪明才智贡献社会。这就告诉我们文化不是人的现实存在的装饰品，是人的现实存在的基础和条件。人的天生软弱、能力欠缺都要通过文化来改变和增强。如果你要想在社会生活中大显身手，有所作为，超越自己，方式方法有很多，但是，就文化提供的适应和改变看，你必须把自己的思想、观念、感情、行动置于国家认同之下，显示其中蕴含的重大意义，乃至将这些个人的产物变为国家认同的产物。

（二）人的国家认同观的形成依赖认知—情感反应模式

假如这个认知—情感反应模式不去产生人对国家认同的态度，人的天生的反应能力所具有的笼统性、善变性和不确定性就会导致人对国家认同的认知缺陷，人的认知功能就很难健全。每个人对国家认同的态度是每个人世界观、人生观和价值观的表现。稳定的世界观、人生观和价值观可以提供稳定的对国家认同的态度，对国家认同的态度就是检验每个人世界观、人生观和价值观是否成熟的标志。在这个认知—情感反应模式里，认知仅仅是居于引导地位的一个要素，还需要情感这个要素将自己塑造为一个能够确定国家认同观的坚强勇士。情感对认知不仅支撑，而且促进其形成。认识的第一步是感觉，这个感觉往往是情感的发端，凡是我们认为感觉好的东西，往往是情感所喜欢的，凡是我们感觉不好的东西，往往是情感排斥的。

在国家认同的认知—情感反应模式里，情感贯穿认知全过程，导引认知的方向，决定认知的成败。如果把认知看作在国家认同的认知—情感反应模式中单独起作用的要素，而把情感看作可有可无，就会认为国家认同是法治治理和各种教育的产物，如果把情感要素看作是在国家认同的认知—情感反应模式中单独起作用的要素，就会把认知看得无足轻重，其结果就是把国家认同看作是人与人之间通过情感共鸣有意无意达成的默契。事实上，无论是贬低认知要素还是贬低情感要素在国家认同的认知—情感反应模式中的作用，都无意中陷入了分类法的迷茫和陷阱之中。因为认知要素如果可有可无，国家认同作为与其他方面认同的分别，也只是体现在其概念的分类上具有重要性，至于这个概念的文化属性、文化解释则被排斥，被束之高阁。如果情感要素可有可无就否认了国家认同是一种文化情感的结果，而仅仅是个人通过共鸣产生好恶的选择，这种做法实际上把国家认同变成了抽象的概念关系。在这个关系里，国家认同就成为概念的分类和概念外化的运作。

（三）国家认同的重要性就在于国家认同不仅是认知—情感的结合，而且是社会和个人的结合

对于以认知—情感反应模式来认识和理解国家认同来说，国家认同是要通过认知—情感的力量，赋予社会和个人的结合以理性和情感的价值和意义。理性的价值和意义在国家认同观形成过程中，不仅仅表现为对概念在分类学意义上的明晰和清楚，而且表现为对国家前途和命运的关心、对国家价值的深刻思考以及与之同呼吸，共命运的坚定理想信念，表现为对历史的反思、对现实的同构、对精神的再塑造。情感的价值和意义在国家认同观形成的过程中，不仅表现为爱憎分明，是非清楚，而且表现为对国家有一种难舍难分的依恋之情、一种对国家伦理和国家道德深度依赖。这种对国家情感的心境和动机赋予国家认同以浓厚文化特色。国家认同被看成是人的理性和情感相结合的文化产物。实际上这是一个人怎样去定义环境和适应环境的问题。中国社会发展到今天，史无前例地要求各民族必须形成和培养国家认同观，以便万众一心、同心同德去实现中华民族伟大复兴的中国

梦。这个中国最大的国情和最大的现实客观上要求每一个人都要把自己看成中华民族大家庭的一员，都要把自己看成中国梦实现的一个正面力量。如果一个人把自己所处的环境定义为千载难逢的国运昌盛、个人命运转机到来的时代，这个人一定会把个人发展和社会发展结合在一起，把完善自我与完善社会相结合，构建自己的国家认同观。这个人也必然努力适应今天改革开放的大环境的要求奋发向上，努力工作，创造人生价值的新风采。

三 认知—情感反应模式中符号体系的构建

在认知—情感反应模式里，最重要的是符号体系的构建。这个符号体系的价值和意义不仅仅表现为对国家认同的文化解释的准确性，而且表现为能够为每一个运用这个符号体系的人带来现实的精神功能，这个现实的精神功能不仅仅是认识和理解的功能，而且是享受快乐和幸福的功能。符号体系的意义模式表明符号可以保存、丰富和发展某些对国家认同有用的符号，也可以抛弃、贬低和停止使用某些对国家认同无用和损害的符号。在国家认同的意义上研究认知—情感反应模式里的符号体系，我们不仅能够看到国家认同观可以在符号互动中产生和形成的过程，而且能够看到国家认同观与符号的密切关系。

（一）对国家认同观形成起作用的符号体系类型

对国家认同观形成起作用的符号体系大致可以分为三类：一类是文字符号，一类是象征符号，一类是转化符号。

1. 文字符号

文字符号源远流长，表意清楚，便于理解。这类符号使用得最经常、最普遍，也最容易产生效果。在我国，为了培养各民族的国家认同观，国家推行普通话学习方案，每个人学普通话，讲普通话实属大势所趋，乃是必须实行的基本国策。人人都听得懂、人人都可以说的语言，其意义不仅仅能够推动和促进各民族之间的互动交流，而且能够推动和形成对中华民族文化的认同，使各民族产生国家认同意识。

2. 象征符号

象征符号乃是语言符号不便表达和难以表达的另一类符号。这类符号既有历史遗留下来的古代符号，也有现代创造的表达时代特色的符号。古代的宫廷楼阁、秦砖汉瓦、精美器物不仅仅是某个朝代的象征，某种艺术的再现，某种审美的凝聚，而且代表了一个国家的历史和文化。对这些古物、古玩和古董的认同，往往表达了一种对国家历史和文化的认同。一个人可以不懂这些遗存遗物的价值，不知道怎样欣赏这些遗存遗物的美学意义，但是，这种"书卷气"的缺陷并不妨碍这个人的国家认同观在象征符号中的建立和形成，原因是人的原生性认知—情感在国家认同的认知—情感反应模式中具有先天性和先发性，往往可以引导再生性、继发性的认知—情感反应方向、反应效果。由于时代的变迁、社会的进步，新时代的象征符号不仅表现在国旗、国徽的构造上，而且表现在旧符号被赋予新的内涵方面。最明显的例子莫过于孔子形象的内涵。古代的孔子形象不过是儒家思想象征的历史人物，现代的孔子形象则成为跨越古今的中华民族精神气质的象征。提及孔子，往往成为提及中华民族精神气质的象征符号，总可以让我们联想中华民族的历史和文化源远流长以及现代的中华精神。

3. 转化符号

转化符号是可以变动其含义的符号，因人而异、因事而异、因地而异。每个民族和个人因为学识、阅历、认识和理解事物的角度等方面的差异，不可能事事达成一致，分歧时常产生，对符号的认识和理解也会仁者见仁、智者见智。与此同时，甲所经历的，乙未必经历；甲对这件事因为经历过，所以认为是对的，乙对这件事没有经历过，可能认为这件事是错的。甲所处的环境和乙不一样，甲对事情的认识和理解就会与乙产生分歧。公说公有理、婆说婆有理正是转化符号难以统一的真实写照。在我国这样一个多民族、多文化的国家里，转化符号往往是文化差异性、多样性、地域性、民族性的体现。例如，在汉民族的传统文化里，绿色固然有其积极意义，象征了希望和活力，但是，如果以戴绿帽子描述某人的处境，那就表现了含有讽刺挖苦某人的贬义在其中。然而，在信仰伊斯兰教的少数民族中，一些民族同胞在社会生活中常常戴着绿色的帽子，戴着绿色的盖头出现在大庭广众之中，无所顾忌。原因是这个语境下的绿色与刚才提及的绿色的含义有天壤之别，是吉祥、美好和幸福的象征。如果不了解在符号体系里转化符号的作用和意义，就很难认识和理解各种文化的多姿多彩和博大精深。

(二)构建国家认同的认知—情感反应模式需要加强符号体系建设

在互动和交流中,要构建国家认同的认知—情感反应模式,一方面应该加强语言符号、象征符号体系的建设,让语言符号的一致性、共同性、广泛性、规范性的功能充分体现,让象征符号的直观性、生动性、时代性、大众性的功能充分体现,以补充、丰富和促进语言符号存在的抽象、呆板和表情达意的不足。与此同时,要更加注意转化符号的作用。对于各民族群众来说,他们对转化符号的确认和使用主要与其民族文化、民族历史和民族心理相结合,他们往往认同他们能够接受、理解和习惯的转化符号,排斥他们无法理解、内心厌恶和与习俗冲突和对立的转化符号。他们对转化符号的辨析建立在所处地域、所经历的人生和所掌握的信息基础之上。如果他们遇到陌生的转化符号,可能就与他们既成的认知—情感反应模式相抵触、相冲突。在这种情况之下,对他们陌生的转化符号的文化解释就显得十分重要。

弗洛伊德的研究表明初始的思维和情感过程在种系发展过程中先于人类的继发性的思维和情感过程。这就说明人的思维和情感发展不仅与人的文化发展同步,而且构成文化发展的一般基础。从国家认同角度看这个问题,就可以得知人的思维和情感比较容易接受文化的说服、劝导、鼓励和移情等,比较容易排斥非文化的强迫、欺骗、侵略、剥削等。为此,应该在转化符号方面注意某个民族文化的符号向中华民族文化符号的转化,一方面保持转化符号的本色本意;一方面丰富、扩大和延伸转化符号的时代特色,使之成为各民族交往沟通的抓手。这就是说一定要注意转化符号的"同",以这个"同"构建各民族一致的认知—情感反应模式。

正像一个词可以有不止一个意思,可以有两三个乃至四五个意思一样,转化符号的意思也可以在时代变迁和社会发展的过程中,随着各民族交往和沟通的扩大日益丰富和增加其内涵,这个现象在今天已经屡见不鲜。例如宗教作为民族历史文化、民族发展变化的凝结和记录的活化石,虽然依然以信仰的方式扎根于人民群众的社会生活之中,但是,中国特色社会主义条件下的宗教不仅仅要满足信教群众精神需求,构筑他们的精神世界,而且也要适应社会主义社会发展的需要,成为社会主义精神文明建设不可缺少的重要组成部分,发挥稳定社会、团结人民、打

第一章 国家认同、民族认同与社会心态

击敌人、推动社会进步的重要作用。由此看来，宗教在今天不仅具有原始古老的意义，而且具有新时代的新思维、新观点、新发展的意义。宗教已经不仅仅以活化石身份存在，而是以新植被方式存在。依靠宗教这种转化和变迁，我们就多了一个实现中华民族伟大复兴中国梦的文化和社会力量。

综上所述，国家认同的文化解释本性乃是公心和私心的结合，乃在于揭示文化在构建国家认同观过程中建立和形成认知—情感反应模式的重要作用。认知—情感反应模式的构建是一个人"社会性大脑"，是一个人的国家认同观形成和确立的标志，是建立一个人在交往和互动中形成和出现的模式化、制度化反应的基础，随之而出现的往往就是这个人国家认同观的形成和建立。现实生活告诉我们，公众有时候认同的未必是国家宣传的某种状态、某种表现甚至是自认为的某种优势，恰恰相反，公众认同的是国家对民意的完整体现，国家对人的尊重、理解、关心、爱护的社会公正程度，国家达到的人性化程度，国家的各民族社会生活的和谐和睦程度。原因是国家认同的构成要素凝合为认知—情感反应模式。认知要素尽管可以立标准分辨好国家、坏国家，能够定是非，认识国家的现实和未来，但是，因为认知要素受到人的阅历、经历和理性的局限，作用有限。相比之下，国家认同的情感要素的作用更大，更能够促进国家认同观的形成和建立。原因是认知通过情感起作用，情感决定认知的走向。情感接受的认知都能够接受，认知接受的情感未必能够接受，情感以心理的好恶引导认知。国家认同在这个意义上看就是一种情感的倾向性，甚至是一种情绪的倾向性。对国家的情感是历史话语、历史传承和现代话语、现代精神结合的产物。就社会话语和现代精神构建看，符号是重要构件。因为国家认同观不是人的头脑和心灵的单方面的产物，而是在符号交往和互动中形成的。各民族的交往和互动形成的现代社会话语、现代精神都会面临数量不足、储备不够的问题，这就需要转化符号的加入。这个转化符号有认知成分，也有情感成分，情感的倾向性决定了认知的倾向性。转化符号与文字符号、象征符号共同使用，交替使用和互相配合使用，就能够促进各民族的互动和交往，促进国家认同观的形成和建立。

第三节 从民族认同到国家认同的实质和秩序

将社会认同理论运用于民族问题研究是研究范式的转变。民族认同和国家认同的本质是知觉认同观念的形成。在对认同知觉解构的基础之上可以把社会认同划分为三个类型和三种秩序，即混沌的对民族和国家的初级认同是认同的物理秩序，可变动的对民族和国家的中级认同是认同的生命秩序，象征的对民族和国家的高级认同是认同的国家秩序。

一 社会认同理论成为认识和理解中国民族问题的重要话语

进入 21 世纪以来，对中国民族问题探讨的研究范式发生了转变，即如果不涉及社会认同问题，几乎就不会引起学术界和实务部门注意，笔者也很难把问题说清楚。由此可见，社会认同理论已经成为认识和理解中国民族问题的重要话语。这种研究范式的转变，说明了两个重要问题，其一，研究中国民族问题必须与民族利益、国家利益相结合。凡是脱离民族利益和国家利益的民族问题研究，都很难解释清楚中国民族问题的普遍性、长期性、复杂性和国际性。其二，研究中国民族问题的社会背景发生了变化。在这个背景下，研究人员需要新的思维、新的观点，构建新的富有活力的创造性见解。墨守成规解决不了中国的民族问题，离开中国国情也解决不了中国的民族问题。学者叶江以社会认同为视角对中国民族问题实质的阐述，即"民族问题的实质是民族在自身民族认同基础上加强中华民族认同，实现中华民族伟大复兴"[1] 是中国民族问题研究范式转变的代表。

二 从民族认同到国家认同的关键是形成中华民族认同的国家秩序

社会认同可以划分为三个类型和三种秩序，即混沌的对民族和国家的认同是认同的物理秩序，可变动的对民族和国家的认同是认同的生命秩序，象征的对民族和国家的认同是认同的国家秩序。从民族认同到国

---

[1] 叶江：《民族问题概念及民族问题实质新论——以社会认同为视角的分析》，《学术界》2014 年第 2 期。

第一章 国家认同、民族认同与社会心态

家认同的关键是形成中华民族认同的国家秩序。"确立当今处理和解决民族问题新的指导思想,我们才能切实推行中华民族群体认同建构。"①这一观点触及了社会认同的实质,提示解决中国民族问题离不开社会认同理论的作用。在改革开放的时代,社会认同理论对于我们研究民族认同、国家认同的确具有重要的指导作用。

根据社会认同理论,处理好自我认同与社会认同的关系必须注意对个人身份和社会身份的认同,形成对自我所在民族的正确描述和作出正确评价。这就是说,社会认同的关键是处理好个人利益与社会利益、民族利益与国家利益的关系。只有把个人的利益与社会利益相结合、民族利益与国家利益相结合,才能形成对社会的正确认同,构建正确的社会认同观。社会认同生成于个体社会化过程,这个过程由两个不同阶段构成,即群体对个体的社会认同和个体对群体的社会认同。

澳大利亚社会心理学家豪格和英国社会心理学家阿布拉姆斯认为群体对个体的社会认同通过五个规范进行,即权威主义人格规范、我群中心主义规范、挫折—侵犯假说规范、相对剥夺规范、功能互依模型(现实利益冲突理论)规范。

按照豪格和阿布拉姆斯的社会认同理论,权威主义人格规范是以服从权威为特点、我群中心主义规范是以我所在的群体为中心。挫折—侵犯假说规范、相对剥夺规范则和功能互依模型(现实利益冲突理论)规范体现了民族认同、国家认同的另一个特点,这就是个人利益与社会认同的关联性。挫折—侵犯假说规范表明个人受挫后如不及时引导,就会转化为反社会行为。相对剥夺规范表明在比较中个人利益受损如不及时弥补也会转化为反社会行为。功能互依模型(现实利益冲突理论)规范表明每个人都是社会人,加强互相之间的联系就能够产生功能互补。恩格斯指出:这样,我们看到,一方面是一定的权威,不管它是怎样形成的,另一方面是一定的服从,这两者,不管社会组织怎样,在产品的生产和流通赖以进行的物质条件下,都是我们所必需的。② 在民族

---

① 叶江:《民族问题概念及民族问题实质新论——以社会认同为视角的分析》,《学术界》2014年第2期。

② 《马克思恩格斯选集》第3卷,人民出版社2012年版,第320页。

认同向国家认同的转变过程中，如果注意权威引导、群体归属的作用，这个过程就会降低风险，减少冲突，加快实现过程。相比较而言，民族认同比国家认同容易实现，原因是民族认同可以围绕历史和文化形成的民族权威和群体归属进行，在这个认同过程中，民族共同体成员只要遵从风俗习惯乃至习得的本能的引导就可以实现民族认同的目标。国家认同之所以比民族认同难以实现，就在于国家认同虽然可以围绕国家权威和群体归属形成，但是，对国家权威的认可、对群体归属的认可则会产生疑义。在国家认同过程中，统一的意志、统一的指挥之所以必要和不可缺少，就是因为国家权威的建立和群体归属需要一个强力引导和规范的过程。在这个过程中，强制性、规范性乃至服从性都是必要的。在民族认同中，这个权威可以是具有生命的人，也可以是没有生命的地域，还可以是信仰的力量。这就是说民族权威和群体的力量在民族认同中，比较容易形成，比较容易找到，很多时候，起作用的是民族权威和群体归属力量的历史惯性和历史延续。

在国家认同中，历史惯性和历史延续也会起作用，但是，由于条件和环境的变化，民族认同的单一性、随意性在国家认同中不容易形成国家权威的至上性和群体规模的强制性，要使国家认同形成，还要考虑人们对权威和群体的认知效果。在从民族认同到国家认同的转变过程中，认知表现为集体意识或者共同意识的形成。集体意识或共同意识形成的基础是信仰和情感。建立信仰和情感一致性的基本条件是共同的理想信念和共同的目标追求。在今天，全国各族人民形成国家认同的条件是具备的，培养全体人民的国家意识、国家观念则是这个条件的必然产物。

社会认同理论是建立在群体逻辑之上的"集团理论"，表明一个民族不能只是一味强调本民族的特殊利益，停留在民族认同阶段止步不前，而应该加入更大的民族共同体使自身获益，既获得本民族自我的充分表现，也获得本民族安全的充分保证。通过这样的"民族集团"构建，各个民族不仅仅具有自我的民族意识，而且形成由内群吸引力形成的民族共同体的群体凝聚力。

民族共同体的群体凝聚力就是内群吸引力的形成。内群吸引力形成是一个民族共同体真正形成的标志。因为内群吸引力乃是民族范畴化的开始。民族范畴化意味着将自我所在的民族与他人所在民族划在同一范畴，彼此形成认知、情感上的一致，紧密联系，互相关心和帮助，对他我作出积极评价，彼此把自身积极的特质赋予对方。民族范畴化还意味着社会吸引和个人吸引的形成。根植于群体资格，产生于自我范畴化过程的人际吸引形式称作社会吸引。个人吸引是建立在个人习性癖好基础上根植亲密人际关系的吸引，归因于个人的习性特征和双方的亲密关系。社会吸引是共享范畴资格和对立范畴资格的归因，是个体心理群体的归属。"基于共享范畴资格和对立范畴资格建立起来的关系经由自我范畴化产生的是社会吸引。而基于个人习性建立起来的个人关系经由信念的相似性或互补性、社会支持、可爱性所产生的是个人吸引。"[①]

三 以知觉行为主义理论为基础的社会认同类型和秩序

仅仅把社会认同定位在利益归属的"民族集团理论"还不能说明社会认同的实质，因为社会认同的思想基础不同，对社会认同的态度就会产生差异。社会认同固然是个体对群体、局部对整体的归属，但是，在这个归属的过程中，特别应该重视精神的作用。以知觉行为主义理论为基础的社会认同证明了在对中华民族认同中没有任何东西是外在于精神的。这个理论基础的含义是，世界是意识所包含的客观关系的整体，人们"能够在一个被视为自在的自然中发现各种结构，以便把它构成精神"[②]。在这个意义上，对民族和国家的观念，"在我们面前被构成、被改变和被重组"[③]。所以，"我不再能够把我所知觉的东西与事物本身相等同。"[④] 对民族和国家的观念是感性事物在我们身上的模仿、复制和在心灵的实现。是知觉产生于某一事物对心灵的作用，是自然事件、机能（身体）事件、思想事件互相影响、互相作用的结果。

（一）民族认同和国家认同本质上是知觉认同观念的形成

在现代社会，各个民族发展的不均衡不仅表现为"人类能力发展

[①] ［澳］迈克尔·A. 豪格、［英］多米尼克·阿布拉姆斯：《社会认同过程》，高明华译，中国人民大学出版社 2011 年版，第 81 页。

[②] ［法］梅洛·庞蒂：《行为的结构》，杨大春、张尧均译，商务印书馆 2005 年版，第 137 页。

[③] 同上书，第 138 页。

[④] 同上书，第 18 页。

的一般性不均衡",而且表现为人类社会中的理性和道德。社会主义社会不允许这种不均衡的存在和发展,更不能以这种不均衡为基础,社会主义社会与这种不均衡完全不相容。知觉作为精神的力量对于解决不均衡问题的作用是巨大的。各个民族完全可以通过感受推动社会主义社会发展彼此之间日益相互密切的依存关系,缩小"社会不均衡"造成的民族隔阂、民族矛盾和民族心理距离。用知觉行为主义理论的话语表述就是意识状态的连续性,思想逻辑结构都不能解释知觉。在知觉向他者开放的范围内,在它是对一种生存经验的范围内,知觉隶属于某种只能被它本身所理解的原初观念,隶属于某种在其间知性的区别完全被取消了的生命秩序。知觉的最高境界是我们已经完全摆脱了感性事物在精神中的真实传达。现代社会在民族认同和国家认同方面的上述知觉特征表明,任何一个国家和民族都比以往任何时候难以接受"非理性的情感震荡"。所以,稳定地促进发展和进步的民族和国家认同秩序必须以知觉认同为精神依托。

(二)以知觉行为主义理论为基础的社会认同的三种类型与三种秩序

我们可以在上述对认同知觉解构的基础之上把以知觉行为主义理论为基础的社会认同分为三个类型和三种秩序。

1. 混沌的对民族和国家的初级认同是认同的物理秩序

这是认同的初始阶段,是被动的认同行为,由人们在一个特定环境中产生的几乎依靠生物性本能决定的认同行为。这种认同行为与情境的抽象方面或者非常特殊刺激的特定情结相联系。梅洛·庞蒂把这种行为概括为条件情结引起的生物法支配的行为。按照这种认同生活的人总活在混沌的认同状态中,不能辨别民族认同和国家认同的意义和价值,不加分析地总是认为自己的民族好,别人的民族不好,对自己民族的长处津津乐道,对别人民族的长处视而不见,乃至贬低。这就像把一条蚯蚓隔着玻璃放到一只蟾蜍面前,蟾蜍的本能要求它执着地扑向蚯蚓,无论怎样碰壁,蟾蜍还是重复之前的动作。这种观念表现在认同方面,就是一种混沌的对民族和国家的认同行为。混沌的对民族和国家的认同行为导致对民族和国家认同的物理秩序。物理秩序的特征是"对于每一个

第一章　国家认同、民族认同与社会心态

被孤立看待的部分而言，就不存在任何可以表述出来的法则"①。物理秩序是梅洛·庞蒂所说的"局部的整体"，即一个像旋律一样的系统，一个内在的统一体，同时又是一个个个体，一个个形式。每个个体、每个形式都有其自身运行的规律，整个系统具有自我调节、重新分配力量和形成新秩序的能力。物理秩序可以借助非连续的原则，允许跳跃，骤然发展，一个事件、一个历史的独自出现。物理秩序的真理存在于这些"局部的整体"组合之中，不存在于一个个被理解的定律之中。形式的协调构成物理秩序。物理秩序就是根据形式，为了协调形式被建立起来。梅洛·庞蒂认为"形式总是分散于各个场所"。这个形式像冯友兰指出的是自然境界，即人的本能或社会的风俗习惯。在这个形式的引导下，处于这种境界的人就像小孩和原始人那样做他所做的事。他们对这个事情的意义不了解，也没有能力了解。这样，他们所做的事，对于他们只是随大流，随波逐流，而不去探究蕴含其中的意义。

2. 可变动的对民族和国家的中级认同是认同的生命秩序

这是一种格式塔心理学的完形行为的表现，即主动的认同意识和认同行为。这种意识和行为既不存在于客体中，也不存在于物理世界的客观关系中，而是存在于其中各个部分属性取决于整体的另一个世界中。这种人生境界，就是冯友兰所说的功利境界，即主观为自己客观为他人，动机是利己主义的，后果则是既有利于自己，也有利于他人。生命秩序的特点就是梅洛·庞蒂所说的具有"原则结构的生命的原初活动"②。生命秩序"事实上是一种意义的统一体，是一种康德意义的现象。它是和我们已经描述过的原初特征一道呈现在知觉中"③。与认同的物理秩序比较，认同的生命秩序是一种理智类型手段，可以把一个机体的特殊性与它的活动能力结合起来，认同物理秩序是各种关系的统一，认同生命秩序是各种意义的统一，认同物理秩序通过各种定律达到统一，认同生命秩序通过意义达到统一，在认同生命秩序之中，人的身体是个性的表达。同时，"对结构的领会应该被视作一种不能被还原为

---

① [法]梅洛·庞蒂：《行为的结构》，杨大春、张尧均译，商务印书馆2005年版，第218页。
② 同上书，第208页。
③ 同上书，第218页。

对定律的领会知识"。① 认同的生命秩序是对民族和国家的生命冲动。"生命冲动与生命冲动之间的关系是无法想象的,是神秘的。"这种生命的冲动"是来自事实的不透明,是对没有料到的结论的震惊,或者是对一种难以表达的体验。"② 在生命秩序之下,生命的意义"是一种隐匿的精神,它不以精神本身的形式呈现出来。它只对认识它的精神的精神来说才是精神:它是自在的精神,而非自为的精神"③。在认同的生命秩序里,人们能够把握个体和自己民族生命的意义和价值,为自己,也为自己的民族谋求利益。原因就是个人的生命的意义与民族共同体的生存和发展紧密相关,人们不再把自己看作是单一的、分散的单个的个体,而是把自己置身于民族共同体里,视自己为民族共同体的一个不可缺少的分子,已经知道做什么事情对自己的民族有意义,做什么事情对自己的民族没有意义。

3. 象征的对民族和国家的高级认同是认同的国家秩序

梅洛·庞蒂认为这是人的劳动开启的第三辩证法。象征的对民族和国家的认同行为是一个视角多样化的行为,也是认知行为和认同行为合二为一。"伴随象征形式,出现了这样一种行为:它为它自己表达刺激,它向真理、向事物本身的价值开放,它趋向于能指与所指、意向与意向所指的东西之间的相符。在这里,行为不是只是具有一种含义,它本身就是含义。"④

国家秩序构成了人类特有的环境并使各种新的行为全都涌现出来,包括"劳动产物""文化对象""被知觉情景"。

(1) 国家秩序是劳动的产物。猴子把树枝作为一根木棍后就取消了树枝的存在,树枝不能成为完全意义的工具被猴子占有。人则可以以多种视角为自己建造工具,对于人来说,树枝成为木棍后,树枝还是树枝,是一根成了木棍的树枝。国家秩序的劳动意义就在于人们通过劳动超越当下环境,在一个多维视角下看见民族和国家,认识了自己不仅是

---

① [法]梅洛·庞蒂:《行为的结构》,杨大春、张尧均译,商务印书馆2005年版,第232页。
② 同上书,第233页。
③ 同上书,第242页。
④ 同上书,第137页。

第一章 国家认同、民族认同与社会心态

民族的一员,也是国家的一员。

(2) 国家秩序具有对"文化对象"的"反射先天论"的特点。根据梅洛·庞蒂的解释,"反射先天论"就是事先构建知觉的能力,就是通过以建立在我们实行定向反射意识基础上的早熟空间。比如进入一个公寓,你即使不知道这里面住户的真实性格详细细节,你也预感到了住户的性格的大致情况。这种"反射先天论"具有一下子把握某种不可分解的事物本质的能力。这种"反射先天论"具有"潜在的内容"和"无意识的知识"[①]能够把民族和国家作为一个文化对象整体把握和对待。人的对待民族和国家的态度是一种文化的合成,以文化不是以小群体、以整体不是以个体处理民族和国家关系,爱国成为超越各类认识和分歧的标志。

(3) 认同的国家秩序是各种"被知觉情景"的统一。在国家秩序中,我们要改变不得不形成的单一的片面的"被知觉情景",单一的片面的"被知觉情景","只应该把它的特殊规定性归因于内容的杂多性。"[②]在这种"知觉情景"之中,知觉世界被分割为不连续的区域,意识被分为不同类型的各种活动,各种思维不可能拥有一种意义,在国家秩序之中,人们的"被知觉情景"不再单一化、片面化,而是多样化、丰富化和整体化,构成对民族和国家认同的一致性、共同性和全面性的坚实基础,"这种知觉为他构成了最高的人生境界",这就是我们都是国家这个共同体紧密结合的成员。

这三种类型和三种秩序其实就是三种认同思想和行为所处的三种场。在物理场的认同行为,是一种狭隘的低级认同。在生命场的认同,是一种意义化的功利认同。在国家场的认同是一种真正意义的高级认同,由物质、生命和精神构成。从民族认同到国家认同就是这三种类型和三种秩序的发展和进步。第一种类型和秩序构成的场是个人化的小场,作用和力量有限;第二种类型和秩序构成的场是民族化的中场,作用和力量也是有限的,只有第三种类型和秩序构成的场是国家民族一体

---

① [法]梅洛·庞蒂:《行为的结构》,杨大春、张尧均译,商务印书馆2005年版,第258页。

② 同上书,第256页。

化的大场,具有万众一心、众志成城之作用和效果。

我们正处于相互适应的"社会不均衡"的变革时代。社会认同充当了各个民族日益相互依赖、相互和谐的黏合剂,民族认同与国家认同通过社会认同的三个类型和三种秩序达到统一,这完全是为了表明,"这些结构是不能被还原为物理刺激与肌肉收缩的辩证法,并且在这个意义上,行为远不是一种自在存在的东西,而是面对思考它的意识的一种意义整体"①。社会认同的实质就是通过对民族和国家认同的物理秩序、生命秩序和国家秩序形成中华民族统一的意志、统一的行动,凝聚中华民族的团结力量,实现中华民族伟大复兴的中国梦。这就是曼海姆指出的通过对冲动系统的控制"按照一定目标协调行动"②。在这个意义上的社会认同表现为各个民族共同体对民族认同和国家认同的知觉认同的实质性理性和功能性理性的构建,即理性思维、理想化思维被稳步构建和情绪化、偏激化思维被彻底排除,以及将自己所在民族与中华民族相结合的共同进步、共同繁荣的知觉认同意识的建立。

第四节 重视和加强国家认同教育中的心态教育

心态是心理态度的简称,在国家认同教育中,心态教育具有形成正确的态度取向、评价取向、价值取向的重要作用,可以将受教育者的认识、情感、行为统一起来,增强教育效果,提高教育质量,创新教育方法。在加强国家认同教育中,重视和加强心态教育可以理顺感情、化解矛盾、疏导情绪、创新方法、增强教育效果。心态问题在国家认同教育中占有如此重要的地位,就应该重视和加强心态教育。

一 心态教育在国家认同教育中的重要性

在国家认同教育中,开展心态教育,是研究教育对象的需要,更是

---

① [法]梅洛·庞蒂:《行为的结构》,杨大春、张尧均译,商务印书馆2005年版,第305页。
② [德]卡西尔·曼海姆:《重建时代的人与社会》,张旅平译,译林出版社2011年版,第12页。

第一章 国家认同、民族认同与社会心态

增强教育效果的需要。所以,心态的开创者托马斯指出:"研究任何科学都必须研究最基本的心态的科学。"心态教育在国家认同教育中的重要性可以以形成三个正确取向进行概括。即形成正确的态度取向、形成正确的评价取向、形成正确的价值取向。

所谓正确态度取向就是受教育者形成的态度是积极的。这与受教育者的认识紧密相关。如果受教育者的认识到位,就能够形成正确的态度取向,如果认识存在偏差,就会形成错误的态度取向。心态教育通过引导,使受教育者认识提高、情感健康、情绪舒畅,达到形成正确态度取向的目的。形成正确的态度取向的方法除了注意引导受教育者认识提高、思想统一外,还要注意引导受教育者解决好自身的思想困惑,切实排除思想障碍。

所谓正确的评价取向就是受教育者对教育过程认知的程度较高。如果受教育者对教育过程的认知程度较高,就容易接受教育产生的积极影响,如果受教育者对教育过程的认知程度较低,就容易产生对教育的抵触情绪,影响教育效果。这就告诉我们在进行国家认同教育中,应该十分注意教育过程的科学合理的安排。常见的问题是,其一,摆位不对,对国家认同教育往往是说起来重要、做起来次要、忙起来不要;其二,安排缺乏科学合理性,表现为教育的虎头蛇尾,教育的不系统、不完整。

所谓正确价值取向就是受教育者能否对教育的结果产生认同心理。如果受教育者对教育结果产生认同心理,说明受教育者已经开始认识和接受教育所产生的价值和意义,这时,受教育者就会自觉运用教育传授的立场、观点和方法分析和解决自身面临的问题。

形成正确的价值取向的方法是注意教育的效果。教育的效果是教育者和受教育者共同产生的结果。教育者不仅仅要有良好的动机,更要有把良好的动机与良好的效果结合起来的方法。这个方法就是引导受教育者产生对教育结果的认同心理。国家认同是解决中国民族问题的最好的、最合适、最符合中国特殊国情的理论与政策。只有通过国家认同教育,才能"牢牢把握各民族共同团结奋斗、共同繁荣发展的主题,巩固和发展平等团结互助和谐的社会主义民族关系,促进各民族和睦相

处、和衷共济、和谐发展"①。要把这个道理让受教育者接受,教育者仅仅一般化地讲道理还远远不够,还要注意理论联系实际,以丰富的材料、铁定的事实、现身说法、各方面的反映进一步说明这个道理,让受教育者感到心服口服、心悦诚服。正确的态度取向、评价取向、价值取向的形成,表现为认识、情感和情绪与所受教育相一致,进一步说,当受教育者形成正确的态度取向、评价取向、价值取向,就会产生与所受教育相一致的思想、观点、行为、情感和情绪,采取正面评价、充分肯定、感情接受、情绪愉快的态度和心理。当受教育者没有形成正确的态度取向、评价取向、价值取向,就会产生与所受教育相抵触的思想、观点、行为、情感和情绪,采取负面评价、完全否定、感情抵触、情绪厌恶的态度和心理。

二 心态教育在国家认同教育中的重点

有好的心态才有好的教育效果,这已经被教育的理论和实践所证明了。简单说来,心态教育在国家认同教育中的开展就其总的任务而言,乃是注意保持受教育者最佳心态。心态教育涉及认知、情感、情绪以及行为等重要问题,保持受教育者的最佳心态就要做到:把受教育者对教育的接受保持在认知和认同水平上,把受教育者对教育的情感和情绪保持在喜爱和钟爱程度上,把受教育者的行为保持在教育内容所要求的标准和尺度上。保持最佳心态只是手段,接受和认可党的国家认同才是目的。心态教育的任务就是依靠最佳心态达到最佳的教育效果。

(一)注意受教育者认知的形成

这个目标的实现可以为国家认同教育取得良好效果,奠定坚实的思想基础。认知是受教育者接受和认同党的国家认同的第一步。受教育者对党的国家认同的认知问题解决了,就能够认识到这个教育的重要性和必要性,真心相信和接受党的国家认同。由于受教育者的认知具有分化性、概括性和传递性的特点,所以,国家认同教育,应该由

---

① 胡锦涛:《坚定不移沿着中国特色社会主义道路前进 为全面建成小康社会而奋斗》,人民出版社2012年版,第56页。

浅入深、由表及里、由此及彼，一步步打开受教育者的眼界，一点点开启受教育者的情感源泉，促进受教育者思想转变、认识提高、心理认同。

（二）注意调整受教育者的感情和情绪

这个目标的实现可以为国家认同教育取得良好效果奠定坚实的心理基础。心理学研究的结果告诉我们，受教育者正确的认识和积极态度的形成从外表看似乎与感情和情绪无关，而实际上，则关系密切。事实上，受教育者的感情和情绪在左右着认识的走向。在进行党的国家认同教育中，要注意受教育者感情和情绪的调整，引导受教育者多从亲身经历、亲眼所见的事实和实践中感受国家认同的重大意义和深远影响，体会民族团结、祖国统一给每一位热爱祖国、建设祖国的中华儿女带来的民族尊严、社会进步、国家富强、人民幸福的中国梦巨大精神力量。

（三）注意整合受教育者知情行三者的关系

这个目标的实现可以为国家认同教育取得良好效果奠定坚实的行为基础。实践证明，受教育者心态的知情行三要素相互协调、步调一致才能形成良好行为，并且保持良好行为的持久和一致，做到表里如一，言行一致。受教育者心态的知情行三要素不协调、不一致则会导致受教育者言行脱节，产生说一套、做一套的两面行为和虚假行为，即受教育者在此场合说一套、做一套，在彼场合则说另一套、做另一套，产生难以克服的矛盾心理。整合这三要素的关键是教育者在教育中要说理充分，以理服人，以情感人，将历史逻辑和现实逻辑有机结合，心战为本，攻心为上。

三 心态教育在国家认同教育中的方法

加强心态教育在国家认同教育中的方法如下：

（一）实现共性教育与个性教育的有机结合

"教育促进人的发展的两种职能决定了教育的两种责任：对个体的人负责，对社会负责。"[1] 国家认同教育中贯彻心态教育，就是要使个体以一种平和的、兼收并蓄的心态在社会化的过程中既能保持自己优良

---

[1] 柴素芳：《大学生幸福观教育论》，人民出版社2013年版，第219页。

的个性，又能符合社会全面发展的需要。心态教育是一种全面和谐发展的教育，在实践中，我们不能抹杀个性只求共性，或者抹杀共性只求个性。心态教育应该做到促进个体个性教育与共性教育的和谐统一。国家认同教育中的心态教育从某种意义上讲，就是要使社会个体认识到人是权利与义务的统一体，人们在追求自己的生活幸福的同时，也要履行人的道德义务。教育者不仅要帮助受教育者掌握有关社会心态方面的理论知识，而且要帮助他们用科学的理论指导自己的行为，养成良好的社会心态。

（二）实现理论教育与实践教育的有机结合

英国著名思想家葛德文认为，"知识以两种方式增进我们的幸福：第一，它给我们开辟了享乐的新的源泉；第二，它给我们提供了选择一切其他乐趣的线索。"[1] 心态教育，应该引导人们在理论上对心态有正确的认知，尤其要知道心态在国家认同教育中的作用，一方面，将心态教育纳入到国家认同教育内容之中；另一方面，要注重实践教育。马克思在《关于费尔巴哈的提纲》中指出："全部社会生活在本质上是实践的。"[2] 一系列的教育原则、教育方法都需要在实践中得以生成和转换。走进生活、体验生活，才能更好地养成良好的社会心态，通过实践环节促使个体在改造客观世界的同时改造自己的主观世界。

（三）实现显性教育与隐性教育的有机结合

"显性教育以正面宣传为主，具有直接性、公开性、强制性、规范性、实效性等特点，其优势在于教育目的明确，教育主张公开，教育条件充足，教育氛围浓厚，教育管理规范，教育实效突出。"[3] 显性教育要求教育者既要有理论上的灌输，又要有有效的沟通，既要发挥教育者的主导作用，又要发挥受教育者的主体作用。心态教育需要一个熏陶的过程，这就要求我们还要通过各种隐性的手段将教育内容渗透于环境、文化、生活、娱乐、服务、制度、管理等活动之中，从而起到"润物细无声"的效果。

---

[1] 曹辉、朱春英：《论大学生幸福教育的基本内涵》，《教育探索》2008年第1期。
[2] 《马克思恩格斯文集》第1卷，人民出版社2009年版，第501页。
[3] 柴素芳：《大学生幸福观教育论》，人民出版社2013年版，第219页。

第一章 国家认同、民族认同与社会心态

教育是互相联系、相辅相成的一个系统。重视和加强国家认同教育中的心态教育，就会取得交往行动理论的创始人哈贝马斯提出的"由语言协调、由规范引导的交往结果"[①]，才能开创党的国家认同教育的新局面。

[①] ［英］提姆·梅依、［英］詹森·L.鲍威尔：《社会理论的定位》，中国人民大学出版社2012年版，第192页。

第二章　宗教认同和国家认同关系

个人信仰的相似性和族群文化的一致性构成宗教认同，命运的相互依赖性和文化的相互结合性构成国家认同。在我国社会生活平等的不分层结构融合模式里，作为各民族"参与式"的国家认同在其形成过程中，"各民族的相遇"乃是不可避免的谁也不能逃脱的现实。这就需要以国家认同来表达和描述各民族相遇的认知结果。宗教认同向国家认同的转变的"文化适应"突出表现为习惯和传统构成权威的宗教认同让位于法律和道德构成的国家认同。

第一节　国家认同的话语构建

进入21世纪以来，对国家认同的研究出现了美国社会学家亚历山大指出的"钟摆现象"，即研究在各个流派、各个理论之间摆动[1]，没有一个确定的理论做支撑，没有一个严密的科学的话语体系表达。这是因为21世纪的社会学研究随着帕森斯理论这个庞然大物的解体而没有形成新的成体系的流派和新的完整的理论。具体来看，研究国家认同的新功能主义、新结构主义和新实用主义，都以结构理论和行动理论为核心，这两个理论是21世纪国家认同研究的两个被截然分开的领域。亚历山大指出的"钟摆现象"，就是指在这两个理论之间的"钟摆"。

---

[1] Acker, S. R., and Tremens, R. K. Children's of changes in size of televised images. *Human Communication Research*, 2013.7: 201−202.

第二章 宗教认同和国家认同关系

一 国家认同话语构建的前提乃是一个话语预设

（一）国家认同话语研究的新趋势

无论是结构理论还是行动理论都涉及了新话语体系的构建。哈贝马斯的"理性话语"和福柯的"权力话语"是话语体系中最令人瞩目的话语理论。[1] 迄今为止，被我国学术界高度关注和深入研究的国家认同问题，就话语构建看，还没有超越哈贝马斯和福柯的话语体系，这是因为在国家认同研究方面，经验主义的研究范式依然起主导作用，具体表现是要么强调教育在国家认同中的作用[2]，要么强调所谓的叠加效应在国家认同中的作用[3]，要么强调文化在国家认同中的作用[4]，要么强调国家认同中的共同因素的统一作用。[5] 这种本体论意义上的相互孤立的研究尚未把国家认同看作是社会生活的性质和结构的动力性因素。对传统研究新的阐发和新的修正正在成为构建国家认同话语研究的新趋势。

进入 21 世纪国家认同研究非直线的发展告诉我们研究国家认同需要创造新的话语体系。本书的话语构建更强调宏观理论学派的观点，即社会生活的性质是一种强制性结构，对个人行动的作用远远大于个人主义。

（二）国家认同话语构建的前提乃是一个话语预设

如果话语预设是科学的，经得起实践检验，国家认同的研究就会具有逻辑的一致性、解释的可行性和论述的说服力。如果话语预设是非科学的，经不起实践检验的，就会出现库恩指出的所谓"范式"危机。当我们研究宗教认同和国家认同的关系时，国家认同的普遍性、一致性和无须证明似乎不言自明。相比之下，宗教认同和国家认同的关系研究

---

[1] Bogue, D. Against adjustment. *Society*, 2015. 45: 57 – 59.
[2] 王宗礼、苏丽蓉：《多民族国家的国家认同与公民教育》，《当代中国民族宗教问题研究》2015 年第 5 期。
[3] 李向平：《建构"公民—民族—宗教"间的"叠合认同"》，《西北民族大学学报》2015 年第 4 期。
[4] 白安良：《文化互动与宗教认同——周屯民族文化多样性考察》，《贵州民族研究》2013 年第 3 期。
[5] 吕永强、杨军炜：《论我国民族认同与国家认同的统一》，《山西师大学报》（社会科学版）2015 年第 3 期。

明显出现"话语不足"的问题。不难发现,一提及宗教认同和国家认同,很多人马上会想起宗教行为和国家行为,就以理性和非理性作为评判宗教行为和国家行为的标准。国家认同的正确就是理性的胜利,宗教认同的错误就是理性的失败。这种对话语预设的研究取向印证了结构和行为的核心是一个秩序问题的观点。

(三)本书的基本话语预设和话语构建

从社会生活的性质和结构、个人的民族身份和个人的国家公民身份两个维度揭示宗教认同和国家认同通过"文化适应"相结合的关系。其基本话语预设和话语构建就是我国社会生活的性质和结构是平等的不分层结构融合。这个特点决定了宗教认同和国家认同结合的必然性、必要性。在综合性建构已经成为国家认同研究主流的态势下,本书把这样一个对社会生活性质和结构的预设和话语建立在国家至上、集体主义立场之中。根据这个话语预设以及理论和现实的话语构成,每个个体的行动都被社会生活的性质和结构所决定。按照这样的逻辑序列表述,毫无疑问,宗教认同是各民族信仰的根基和精神的家园,是他们的民族自尊心、个人安身立命的自信心之所在,国家认同则是各民族美好幸福生活的源泉和融入世界发展大潮的动力,是每个人精神完善的必经阶段。由于宗教认同和国家认同在各民族那里并行不悖、互相结合,所以,坚持宗教认同对于各民族来说乃是坚持国家认同的前提和条件。党和政府应该注意保护、尊重和关心各民族的宗教认同,也应该因势利导,注意培养各民族的国家认同。

二 社会生活的性质和结构

宗教认同和国家认同的关系首先涉及的是社会生活的性质和结构。如果不认识和不理解社会生活的性质和结构,就不能看到坚持宗教认同和坚持国家认同的逻辑关联、密切关系和前者向后者转化和发展的必然性。

(一)我国社会生活的性质和结构

我国社会生活的性质和结构可以用平等为中心、整体性而不是分散性、中心为轴而不是多元分散进行表达。我国社会生活平等的性质和结构在各民族的社会化过程中成为各民族的基本遵循,即主观化的自我通

第二章　宗教认同和国家认同关系

过与客观化的社会生活的性质和结构的结合，导致强制性的社会行为模式的产生。这个强制性的社会行为模式就是法律对社会生活性质和结构的规定。

新中国成立60多年来，我国已经初步形成了中国特色的法律法规体系，涉及政治、经济、文化、教育、科技、卫生、体育、社会各个方面。我国社会生活的性质和结构的法律表述集中在以下两个方面：

1. 我国社会生活的平等性质。这就是我国宪法表述的"中华人民共和国的一切权力属于人民"[1]，国家权力机关和国家机关工作人员，都要对人民负责，受人民监督，努力为人民服务。我国社会生活的平等结构就是我国宪法第四条专门规定的："中华人民共和国各民族一律平等。国家保障各少数民族的合法的权利和利益，维护和发展各民族的平等、团结、互助关系。禁止对任何民族的歧视和压迫，禁止破坏民族团结和制造民族分裂的行为。"[2] 我国宪法还特别规定："国家根据各少数民族的特点和需要，帮助各少数民族地区加速经济和文化的发展。"[3] "各少数民族聚居的地方实行区域自治，设立自治机关，行使自治权。各民族自治地方都是中华人民共和国不可分离的部分。"[4]

2. 我国社会生活的平等结构布局和逻辑关联。宪法明确规定我国社会生活的结构是依靠平等作为社会生活的结构布局和逻辑关联。社会生活结构的平等，表现了国家对各个阶层、各个群体及其每个个人平等的制度性安排，也表现了国家对存在于制度中的全国各族人民的权利和义务平等的明确要求和规定，我国法律体系中对公民应该做什么，不应该做什么的平等要求和规定表明，虽然我国法律体系对每个民族、对每个民族的成员的平等规定和要求没有指名道姓反映出来，但是，对每个民族与国家的平等关系、每个民族在社会主义制度中的平等关系则通过社会关系平等的规定进行明确的表述和规定，体现了各民族在我国社会生活中的崇高地位和无可替代的重要作用。信仰自由是这个平等社会关系的最重要的表现。我国宪法第二章明确指出："中华人民共和国公民

---

[1]《中华人民共和国宪法》，人民出版社2004年版，第1页。
[2] 同上。
[3] 同上书，第2页。
[4] 同上书，第4页。

有宗教信仰自由。"① 我国宪法还特别强调：公民有信仰宗教或者不信仰宗教的自由，信仰宗教的公民和不信仰宗教的公民都是平等的。②"国家保护正常的宗教活动。"③

载于神圣庄严宪法之中的文字表述明确规定了我国社会生活的性质乃是人民至上，人民是国家的主人标志着我国社会生活的结构是各个阶层、各个岗位、各个职务共处于平等之中，全国各族人民都享有国家主人的平等地位和平等待遇。

（二）我国社会生活的性质和结构的话语构建的阐述方式

如果把社会生活的性质和结构理解为一套经过制度构建和整合的社会关系，那么，就国家认同的话语体系的阐述方式看，毫无疑问，我们的研究预设显然就不仅仅是理论上的国家至上、集体主义取向的集体行动逻辑，而且也是现实中的国家至上、集体主义取向的集体行动逻辑。通过这样的理论和现实结合的话语构建的阐述方式，我们看到的是每个人与社会生活的性质和结构的联系不仅仅表现为其所在的工作岗位、社会关系、社会地位与社会制度的一致性，而且表现为其所扮演的社会角色、民族身份和社会活动与社会制度的一致性。这个一致性表明我国各族人民无论处于社会结构哪一个层次、哪一个方面，彼此之间的关系毫无疑问是互相平等、互相尊重、互相爱护、手足相望、心心相印的关系。在这个关系里，既有制度性安排、政党主导和社会支持，也有历史传承、文化自觉和民心维系，人与人之间不分高低贵贱、尊卑上下，大家都是国家的主人，都是地位身份平等的社会主义公民。就民族关系看，形成了汉族离不开少数民族、少数民族离不开汉族、少数民族之间也相互离不开的政治认同。

作为对国家法律执行和表达的国家政策将上述规定给予具体体现和落实。在国家的基本政策方面，法律所规定的各民族平等的权利和义务得到完整落实和体现。在国家具体政策方面，法律所规定的各民族平等的权利和义务变为可以让各民族群众能够看得见、感受得到、惠及自身

---

① 《中华人民共和国宪法》，人民出版社2004年版，第4页。
② 同上。
③ 同上书，第5页。

的诸多民生利益。例如：民族地区的国家财政补贴高于非民族地区的财政补贴，每年高考给少数民族考生加分，每年从新疆、西藏等民族自治区招收高中生进行定向培养的内招班以保证这些孩子进入内地一流大学。由此可见，我国社会生活平等的性质和结构都在国家的法律和政策中构成明确具体的话语阐述。这个话语阐述概括起来，其要点如下：

1. 各民族社会生活性质的平等关系。我国作为一个多民族的社会主义国家，各民族的社会生活的性质与巩固和发展平等团结互助和谐的社会主义民族关系，促进各民族和睦相处、和衷共济、和谐发展相结合，表现了各民族在社会主义制度中的完全平等。

2. 各民族社会生活结构的平等关系。各民族社会生活结构的平等关系是平等的统一、平等的多样、平等的自治和平等的分治的结合。我们国家地大物博、人口众多、地域辽阔，中央人民政府在国家治理上以平等为主导，采用国家统一和民族区域自治的结合，在民族关系上采用一体和多样的结合，客观上反映了国家治理体系的包容性和差异性的多样化，有利于在国家框架内多民族发展和国家整体功能的显现。我国社会生活平等的性质和结构不是西方社会的分层结构交叉，即以社会地位、经济实力和政治权力为背景和以民族、族群为背景构成的十字结构交叉。西方的分层结构交叉模式具有明显的民族不平等特征。我国社会生活的性质和结构是平等的不分层结构融合，即以每个人所处的社会位置、社会关系作为互相连接的纬线和每个人所在的民族和地区为经线构成一种平等关系的融合，我国社会平等的不分层结构融合模式具有明显的民族平等特征。从西方的社会分层结构里，可以看到由于社会地位、经济实力和政治权力的差别导致各民族的不平等。从我国社会的不分层的融合结构模式里，可以看到各民族在国家社会生活里的平等和睦。所以，在社会主义社会各民族的交往交流交融不是为了显示社会地位、经济实力和政治权力，而是为了促进民族关系的和睦团结，是为了凝聚人心，形成万众一心，共同为国家的繁荣昌盛、民族的长治久安、个人的美好幸福生活而奋斗的太平盛世。

3. 各民族宗教认同和国家认同的和谐关系。我国社会生活的平等性质和结构决定了宗教认同和国家认同的关系，不仅不矛盾、不冲突，而且相互包容、紧密结合、互相促进。对于各民族来说，其宗教信仰是自由的，其宗教生活是自主的，是受到国家保护的，是法律允许的。每个人可以根据个人情况做到信仰的自由化和个人化，但是，任何人、任何团体都不能借宗教信仰自由政策破坏国家制度，妨碍公共秩序和影响社会安定。所以，宗教认同和国家认同关系的底线是宗教信仰与国家法律的一致，宗教信仰不能与国家法律相抵触、相违背，就其高线要求看，就要注意宗教认同和国家认同的结合。只要宗教认同和国家认同相互结合，就能够坚持各民族的相互团结、相互尊重，就能够凝聚人心。只坚持宗教认同还不能说各民族的公民意识完整，国家观、民族观和历史观正确，宗教认同和国家认同的结合才能说各民族公民意识完整，国家观、民族观和历史观正确。原因是我国社会生活的性质和结构虽然强调平等，但是，这个平等不是没有原则的，是以国家至上、集体主义为指导构建的平等，习近平总书记在第二次中央新疆工作座谈会上指出：各民族"要像石榴籽一样紧紧抱在一起"[①]。各民族作为中华民族的一个部分，不可以脱离中华民族这个整体而一方独立。各民族的宗教认同是"小群体"意识，各民族的国家认同才是"大群体"意识，各民族的多元与一元在民族生活中通过宗教认同和国家认同的结合统一起来，构成一个"像石榴籽一样紧紧抱在一起"的共同体。在整体的中华文化中，不存在所谓少数民族的亚群体、亚文化这样一种让少数民族居于社会次要位置的社会结构，越是这样，各少数民族越容易成为随时被改造和管制的对象，与我国社会生活的性质和结构是平等的不分层结构融合模式相冲突。在这个模式里，我国各民族的各项权利已经被我国法律和民族政策规定为平等的"可以与众不同"[②]，而不是不平等的。

三 国家和民族共同体

从世界范围看，新教改革和民族国家的兴起造就了民族疆界和国家概念日益深入人心，人类由此进入新的纪元，不同血缘的群体、不同宗教的群体、不同文化的群体都被国家和民族这个疆界固定而成为超越时

[①] 《习近平在第二次中央新疆工作座谈会上发表重要讲话》，《人民日报》2014年5月31日。

[②] [美]米尔顿·M.戈登：《美国生活的同化》，马戎译，译林出版社2015年版，第121页。

第二章 宗教认同和国家认同关系

空和社会结构的新功能一体化共同体。这个共同体有自己利和弊的一面，也有与宗教认同、国家认同关系较为密切的一面。

（一）国家和民族共同体的利弊

国家和民族这个结构和功能一体化的共同体的利弊表现如下：

1. 利的一面。国家和民族的形成客观上把分散的各个民族、分散的疆域和各民族的制度等要素构成一个统一的整体，发挥着结构和功能一体化的巨大作用，公民在这个统一的共同体里形成国家意识，社会在这个统一的共同体里建构了法律和道德秩序，现代化也只有在这个统一的共同体里才有实现的可能性。民族共同体也因为一致的语言、一致的文化诉求、一致的社会生活、一致的心理反应而促进了族群意识的形成和构建。

2. 弊的一面。因为国家和民族的整合功能弱化，也加速了社会统一体的各个要素分离。族群意识一经形成不仅顽强地存在于民族生活的方方面面里，而且具有"自身的灵巧多变"①。"可以强使人们把自己的个体身份融进某种有共同祖先记忆的团体身份之中。"② 这个结果又使国家和民族很难整合疆域之中的各种类型的文化。社会认同理论在第二次世界大战之后的兴旺发展是与上述问题越来越突出具有密切关系。

（二）国家和民族共同体与宗教认同和国家认同

在国家和民族这个结构和功能一体化的共同体里，我国形成了社会生活平等的不分层结构融合模式，这个模式把国家和民族这个共同体的优势能够充分发挥出来，促进各民族的团结和进步。在这个共同体里，要体现利的积极一面，就要处理好宗教认同和国家认同的关系。事实上，宗教认同和国家认同在中国这个国家和民族一体化的共同体里是一致的，不存在根本的对立和冲突。

1. 宗教的角色。宗教在民族共同体形成和巩固的过程中依靠形而上学而建立起对神的崇拜。这个对神的崇拜就不同民族来说，其称呼各有其名，但是，这个神其实就是对这个民族的整体性的称呼，只不过每

---

① ［美］米尔顿·M. 戈登：《美国生活的同化》，马戎译，译林出版社2015年版，第125页。
② 同上书，第198页。

个民族以自己特有的语言对这个神赋予不同的内涵和不同的名称。宗教扮演的神的角色决定了宗教将会长期存在，具有复杂性、多样性、群众性、国际性和民族性诸多特点。

2. 宗教认同和国家认同。国家认同不仅要对各民族历史和文化形成的民族记忆和民族认同进行保存和延续，而且要将其纳入国家生活的性质和结构之中进行必要的提升和改造，在这个意义上的国家认同不仅是对旧有历史、传统文化和风俗习惯的延续，而且是新的文化、新的历史和新的理念的构建。从国家认同角度看，宗教认同的话语表述是国家和民族这个结构和功能一体化的共同体初级阶段的认同，国家认同的话语表述是国家和民族这个结构和功能一体化的共同体新阶段的认同。双方是一致性和不一致性的统一。就其一致性看，我国社会生活平等的不分层的结构融合模式可以将双方包容、结合乃至互相促进。就其不一致性看，宗教认同和国家认同无论从内涵和外延看都有明显不同。个人信仰的相似性和族群文化的一致性构成宗教认同，命运的相互依赖性和文化的相互结合性构成国家认同。

3. 国家和民族共同体的个人国家公民身份和个人民族身份。每个人的身份认同既基于所在的群体、所确立的宗教信仰确定，也基于所在国家和社会的法律和道德确定。清晰地可以辨认的国家和民族共同体身份就是在这个双重确定中产生。在坚持原有的民族共同体身份的同时，每个民族共同体成员还要适应社会变迁的需要，在原有的身份基础之上，努力获得国家公民身份。当特定的民族共同体身份确定之后，其与之交流和互动的国家共同体身份也在被发展和强化，不同的民族共同体成员都在一个国家的疆界内分享一种持久和亲密的国家认同意识。民族共同体成员的这种双重的身份一经形成，就可能被整个社会标签化，就不可能按照个人意愿随便改变，将与民族共同体成员如影随形，相伴终身。这种身份的确立，也可以说是一种群体范畴的确立，与之相随的是美国社会学家戈登指出的"社会惯性"的产生。这就是说，民族共同体成员的双重身份确立后，该成员就会按照国家和民族一体化共同体的要求说话办事，构建行为模式。其思想观念、行为方式和生活习惯无不打上民族共同体和国家共同体的双重烙印，这个人干什么、不干什么已经不能由个人的好恶、个人的意志随便决定，而是由"社会惯性"决定。在这个"社会惯性"中,民族共同体的人际关系既被其所在族群关系导向,也被其所在的国家共同体关系导向。在国家共同体的政治法律体系中,民族共同体的民族、宗教和文化差别被一种基于国家公民的一致性、共同性和普遍性的要求所融合,所有人都在一个共同的法律和一个共同的道德的框架下生活。我国社会生活平等的不分层结构融合模式在这个意义上表现为一种国家意识上的平等,即每个人的法律关系和道德关系的平等。在西北少数民族地区调研的过程中,我们发现信仰伊斯兰教和藏传佛教的各民族,不仅这种双重身份的意识明显,而且在这种双重身份主导下,可以把个人所在的小群体与其民族所在的大群体结合起来,对国家的认识和感情与日俱增。原因是小群体做不到的事情,大群体可以做到。大群体做到的都是与他们民生有关的事情,例如国家对少数民族地区的支持力度之大,是前所未有的,也从根本上改变了少数民族的民生,使他们衣食无忧,走进了富裕的时代。这是他们礼拜祈祷、求神拜佛、烧香磕头所追求不到的,是他们过去只能寄托在死后进入天堂的幻想。所以,宗教认同是各民族的精神家园这个表述还不够完整,内涵也不够丰富和全面,还必须以国家认同作为补充和加强。在国家和民族一体化的语境中各民族世俗的日常生活和神圣的宗教生活在一个时代点、一个发展点上聚合在一起,形成了他们追求美好幸福生活的双重动力,一重动力是党和政府的政策,一重动力是它们的宗教认同和国家认同的结合。我国社会生活平等的不分层结构融合模式日益彰显优势。

第二节 "初级群体""国家群体""文化适应"

在我国社会生活平等的不分层结构融合模式里研究宗教认同和国家认同的关系,"初级群体""国家群体""文化适应"这三个概念不能不提及。这三个概念对认识和理解宗教认同和国家认同关系,意义重大。

一 "初级群体"和"国家群体"

"初级群体""国家群体"均由美国社会学家库利提出。"初级群体"指民族共同体由自然特征、历史特征和谱系特征构成。自然特征指"初级群体"的形成与一定的地域、环境有一定关系。历史特征指"初级群体"的时间性，表现为世代居住的地域关系、历史形成的血缘关系、祖辈相传的亲属关系。谱系特征指这个"初级群体"由历史谱系，文化谱系，代际传承谱系、民族谱系构成。"初级群体"的现实不仅是历史记忆和文化记忆的交织，也是民族共同体集体行动逻辑的构建。"国家群体"是"初级群体"的归宿，指国家形态的共同制度、共同文化、共同精神家园的形成和构建，是"初级群体"对这种共同性的文化适应，也是"初级群体"社会转型的结果。"初级群体"作为一个民族共同体，单独看来，虽然具有完全的"族群性"的特征和形态，但是并不具备完全的"国家性"的特征和形态，所以，民族共同体必须是"初级群体"和"国家群体"的结合。"初级群体"向"国家群体"转变，又保留本身的特质，乃是社会发展和社会转型的必然结果。相比较而言，"国家群体"不仅仅是一个比"初级群体"内涵更丰富、外延更宽广的国家和民族共同体结构和功能一体化概念，也是一个为一定目的活动的人们构建的政治组织、文化组织和疆域组织的概念。"国家群体"是法理型的组织形态，决定这个组织形态的是法律和道德构成的规章制度，"初级群体"则是习惯和传统构成的组织形态，决定这个组织形态的是宗教和传统构成的权威。"初级群体"不完备的外延和不充足的内涵表现为其成员被一个相对狭小的地域和相对局限的思想"围栏"圈住，活动范围狭小，活动区域有限，意识相对封闭。"初级群体"还被"地域文化"制约，文化影响力有限，与外界沟通和互动受阻。相比较而言，"国家群体"乃是一种人为性很强的制度构建，是占统治地位、掌握统治资源的统治阶级所建立的政治制度、经济制度和文化制度的共同体，这个共同体的成员视野更开阔，活动范围更宽广，交往关系更密切。

二 宗教认同向国家认同的转变与"文化适应"

本书把从"初级群体"的明显标志宗教认同向"国家群体"的明显标志国家认同的转变过程称作"文化适应"和"社会转型"的实现。"文化适应"这个概念是美国人类学家雷德菲尔德等在20世纪30年代

第二章　宗教认同和国家认同关系

提出。"文化适应"原意指"当具有不同文化的各群体进行持续而直接的接触后，双方或一方原有的文化模式因之而发生变迁"[①]。在"文化适应"中，最可能出现的状况就是一方文化对另一方文化的适应。"初级群体"的文化相比较"国家群体"的文化显然是小和大、局部和全局的关系，其宗教认同必须向国家认同转变。"初级群体"成员调整自己原有的文化形态，对自己的行为以公民法律和公民道德加以约束，学习与社会发展相适应的新思想、新观念、新思维方式和新交往沟通方式乃是"文化适应"的必然产物。就宗教认同和国家认同在"初级群体"和"国家群体"的表现看，"初级群体"的宗教认同乃是"历史意识的认同"，是对原初的民族身份、宗教信仰和生活方式的一脉相承和全盘肯定。这就像一个新生婴儿的胎记与生俱来，挥之不去。"国家群体"的国家认同则是与之不同的"参与式认同"。在国家认同的形成过程中，"各民族的相遇"乃是不可避免的谁也不能逃脱的现实。谁来适应谁的问题不可回避地摆在各民族面前，这就需要使用国家认同来表达各民族相遇的认知结果。如果没有国家认同的支撑，这种"各民族的相遇"的交往交流交融就会出现许多难以解决的问题，大汉族主义和地方民族主义就会趁机兴风作浪，地域封闭造成的精神封闭的格局就难以改变。宗教认同向国家认同转变的"文化适应"突出表现为习惯和传统构成的权威的宗教认同让位于法律和道德构成权威的国家认同。

宗教认同和国家认同从其本质看都是个人对集体秩序的参与和建设。本书偏重的结构主义分析认为这种参与和建设构成的互动仪式链支配了个人的宗教认同和国家认同的形成和发展。宗教认同和国家认同的结合是我国社会主义初级阶段的一种特有的"文化适应"现象。就我国社会生活平等的不分层结构模式看，坚持宗教认同就必须同时坚持国家认同，不能以宗教认同排斥国家认同，不能以宗教认同脱离国家认同。离开国家认同的宗教认同，不仅使宗教认同失去存在的价值和意义，也使宗教本身失去促进社会进步、服务民族团结和社会安定的功能。同样的道理，坚持国家认同，也不能排斥、拒绝和贬低宗教认同。

---

① 中央文献研究室：《积极引导宗教与社会主义相适应——新疆工作文献选编》，中央文献出版社2010年版，第67页。

宗教认同是各民族走向国家认同的基础和条件,我国各民族现实生活的集体行动逻辑表明,只有以国家认同才能表达清楚和描述准确"各民族相遇"的认知结果,才能吸引不同民族、不同信仰的群众参与国家社会生活,共同享受管理国家和治理国家的主人地位和待遇。对国家生活的"文化适应"是各民族从"初级群体"的宗教认同向"国家群体"的国家认同转变的必然结果。这是我国社会生活的性质和结构的特点——平等的不分层结构融合这一优势的体现,更进一步体现了中国特色社会主义制度表现在民族问题上无与伦比的优越性。

三 "文化适应"作为中国特色的重要理论创建

积极引导宗教与社会主义相适应是中国共产党新时期为解决我国宗教信仰与社会主义民族关系相适应提出的富有中国特色的重要理论创建。

(一)"文化适应"的时代内涵

中国共产党的领导人在许多重要场合对这个命题进行解释和阐述。其核心要义就是宗教要服从国家法律、制度安排和政治体制的现实要求,要促进各个民族发展和中华民族的伟大复兴。习近平总书记最近指出:"积极引导宗教与社会主义社会相适应,必须坚持中国化方向,必须提高宗教工作法治化水平,必须辩证看待宗教的社会作用,必须重视发挥宗教界人士作用。"[①] 对于我国这个多民族、多宗教的社会主义国家来说,中国共产党的"文化适应"思想就是宗教认同与国家认同相结合,这个结合表现为宗教要接受国家法律的引导,拥护中国共产党的领导和社会主义制度,服务国家建设大局,不能被"三股势力"利用,不能破坏国家统一、民族团结和社会秩序。"文化适应"中的宗教认同的积极一面就是能够为"促进经济发展、社会和谐、文化繁荣、民族团结、祖国统一"[②] 服务。归根结底,中国共产党的宗教与社会主义相适应的"文化适应"思想引出的逻辑结论就是宗教认同应该与国家认同相结合,在坚持宗教认同的同时,毫不动摇地坚持国家认同。伊斯兰

---

① 牟钟鉴:《我国主流宗教观的历史变迁与当代创新》,《光明日报》2016年4月21日。
② 同上。

教传入中国后的各个门宦教派虽然在认识和理解伊斯兰教经典的文句方面存在分歧，无法达成统一，但是都强调国家、宗教和民族的一体化，都注意强调宗教认同和国家认同的一致性。藏传佛教高僧九世班禅大师20世纪30年代在祖国大西北宣讲佛法时一而再、再而三强调全国各族人民要广结善缘，爱国爱教，要加强团结，共同抵御虎视眈眈的日本帝国主义对我国的侵略。前贤的高行高言无可辩驳地证明了各民族的宗教认同始终沿着与国家认同相一致的方向发展。

（二）宗教认同、国家认同与"文化适应"

宗教认同和国家认同的结合是中国共产党"文化适应"思想的题中应有之义，是中国共产党在民族文化建设方面的伟大创举。中国共产党"文化适应"思想不仅为各民族宗教的生存和发展指出了方向，而且强调了宗教认同和国家认同在制度安排方面的一致性。在我国社会生活不分层的结构融合模式里，宗教认同不仅表现为各民族在宗教信仰选择方面的平等性，而且表现为各民族在民族关系方面的平等性，更表现为在国家制度安排方面对宗教信仰自由、民族关系平等的保护和尊重。国家制度所具有的规范性、规模性和互动网络恰恰是对宗教认同的个人性、地域性和松散性的补充和完善。国家制度的效力表现为治理社会的覆盖面广、对所有人都有约束、对所有人都有效。宗教认同在社会主义的"文化适应"中能够扮演积极的、进步的角色就在于可以对社会主义制度的巩固发展提供稳固的精神基础。宗教认同正是凭借与社会主义制度的联系为各民族提供向国家认同转变的过渡和对接。各民族的宗教认同恰好是对国家制度安排的确认，恰好是对国家认同这个中国今天最大的思想现实的印证。

（三）"文化适应"是各民族从宗教认同的"初级群体"向国家认同的"国家群体"转变的重要方式

各民族从宗教认同的"初级群体"向国家认同的"国家群体"转变体现了我国社会生活的性质和结构的特点是不分层的结构融合这一个优势，是适应中华民族多元一体文化格局的与时俱进。在我国，"文化适应"不是交往双方谁把谁的文化吃掉、吞并和消灭，不是谁战胜谁的问题，而是一个排除暴力、强迫和高压等不平等民族关系的交往交流交融的和平过渡方式。"文化适应"不是一种文化对另一种文化的简单模仿，不是一种文化对另一种文化的屈从和改造，更不是一种文化被另一种文化代替和吞并。"文化适应"是一种学习他人、他民族长处，与他人、他民族交往的方式，是在新的时代里新的进步、新的发展和新的超越的开始。我们所说的"文化适应"中的各民族从宗教认同的"初级群体"向国家认同的"国家群体"转变是指一种文化对另一种文化的适应。这种适应不仅可以把一种文化本身的优势、鲜明的特点保留下来，而且可以通过取长补短，学习和交流，不断丰富和完善一种文化，与此同时，促进各民族共同文化的形成和发展。

第三节　宗教认同和国家认同的人类生命体本源研究

宗教认同作为人类生命体进化过程中生命冲力的第一个阶段、第一个时期的产物，主要表现人类生命体本源自然的一面。国家认同作为人类生命体进化过程中生命冲力的第二个阶段、第二个时期的产物，主要表现人类生命体本源的社会一面。人类就是通过这样的历程不断进化、不断发展和不断完善。各民族共同体就是通过这个历程实现宗教认同到国家认同的发展和转变。在生命冲力作用之下，人的生命体本源一方面产生了超社会现实的神话创造机制，一方面产生在社会现实之中的电影放映机认识机制。这两个机制的结合表明每个人身上都有一个无法摆脱的社会自我，社会自我发展的最高境界就是国家认同。

在研究国家认同时，最不能回避的问题就是宗教认同与国家认同的关系。宗教作为一种文化和历史现象，与人类社会发展的各个阶段相伴随，具有特定的内涵和表现形式。信教群众作为宗教这个文化和历史现象的载体，焕发了宗教的生命和活力。有宗教就有信教群众，对于作为国家疆域内的信教群众来说，仅仅具有宗教认同显然尚未达到国家对公民的一般要求。但是，信教群众从宗教认同到国家认同的历程不是一条马上看得清楚的直线，还有一些隐蔽的线路需要进一步挖掘和阐述。

一　从人类生命体本源揭示宗教认同与国家认同关系

从人类生命体本源揭示宗教认同与国家认同关系的研究尚未引起国

第二章　宗教认同和国家认同关系

内学术界关注。国内学术界对宗教认同与国家认同的研究集中在以下三个方面。其一，和谐融洽的民族认同关系通过共同的宗教信仰形成。① 其二，通过社会认同机制解决民族认同和国家认同问题。② 其三，通过国家治理现代化和国家认同体系的不断完善和丰富，解决国家认同和民族认同问题。③

本书从一个新的视角研究国家认同问题，即从人类生命体本源进化的历程聚焦揭示宗教认同和国家认同的关系，说明宗教认同和国家认同都是人类生命体本源进化过程中不可缺少的要素和结果，都是人类生命体历程不断进步、不断发展和不断完善的必然阶段和逻辑结果。

（一）宗教的特点

从我国民族生态构成看，我国境内的一部分少数民族是全民信教民族。这些民族的生存和发展与宗教难舍难分，交织在一起。他们的社会认知也在宗教影响下表现了一个富有特色、为其所独有的结构。既然宗教认同是他们形成认同意识的初级阶段，我们就不能回避宗教认同和国家认同的关系。只有把这个关系搞清楚，我们才能更好引导这些民族实现宗教认同到国家认同的发展和转变。

1. 人类信仰宗教的原因。人类信仰宗教的原因很多，就认知方式看，人类对宗教的依附源于一种有别于我们今天思维的"原始思维"。法国社会学家布留尔的"原始思维"的思想是基于原始人思考问题的方式与现代人不同而提出的。布留尔认为：原始人不是按照事物本来面貌认识和理解事物，而是按照"万物有灵"的观念认识和理解事物。这种思维方式与现代社会的思维方式截然相反。法国社会学家涂尔干认为这种原始思维方式的特点表现为一个整体性的"共同感觉"。这个整体性的"共同感觉"使得宗教不是个体思维的结果，而是全体思维的结果，不是分散的个体意图的结合，而是全体意图的凝聚。个人对这个

---

① 陈景凤、曾少聪：《论多元文化背景下社会认同的机制分析》，《回族研究》2013年第4期。
② 陈永涌、霍涌泉：《论多元文化背景下社会认同的机制分析》，《青海社会科学》2015年第4期。
③ 蔡文成：《多民族国家的国家认同：危机与重构——以国家治理为视角》，《理论探索》2015年第5期。

结果和意图，不是能不能接受的问题，是必须接受的强迫。如果不是这样，集体和社会就很难维持和生存。

2. 各民族的宗教既有原始思维之特点，也具有共同感觉之存在。例如，西北地区的伊斯兰教各个门宦教派都无一例外认为世界所有的生命都是真主创造，因此所有的生命都打上造物主的印记，都能够在回应真主的召唤中走向生命的完美，达到至善至诚的境界。西北地区的藏传佛教认为万物由佛性所构成，都是在佛性这个基本点上生存发育，不断成长。佛性被发扬光大的人，有的进入天堂，获得幸福。有的转世再生，成为大家顶礼膜拜的活佛。佛性似乎是潜藏在生命体里的种子，能不能发育生长，决定因素是能不能被修炼所培育，修炼如阳光雨露，促进佛性如草木般茂盛成长。通过佛性和修炼两者的配合，人才能放下世间烦恼，忘我无我，立地成佛。草木动物不能成佛不是这些生命体没有佛性，而是这些生命体无法像人那样以生命自觉持之以恒，坚持不懈进行修炼，追求成佛境界。比较起来，无论伊斯兰教还是藏传佛教，其相同之处就是都认为"万物有灵"。这个观念是我们认识和理解这两大宗教的关键。伊斯兰教强调的内修五德、外修五功，就是要把这个被真主注入身体的"灵"修炼出来，以便与真主对话，接受真主教导，实现真主意愿。藏传佛教强调的佛、法、僧三宝，就是要通过对教徒的严格约束和限制，把这个佛的"灵"诱导和训练出来，发扬光大佛性，打开成佛之门。

（二）人类生命体本源和宗教关系

无论从宗教的原始思维特点看，还是从宗教的共同意识看，都不能否认存在于其中的生命冲力对人类生命体本源发展的功劳。这个生命冲力乃是人类最原始、最古老、最本质的生命存在形式和生命本源的动力。

1. 个体生命进化的特点。在人类进化的历史中，个体生命远不是一个完美和谐的机体，原因是生命的初级形式所保留的原始的生命冲动，只是为个体利益的生存和发展服务，而不顾及其他生命体的存在和发展，各个生命体之间难免产生竞争和斗争。但是，真正能够存活下来的生命体乃是适应外界环境的生命体，不能适应外界环境的生命体则被无情淘汰。所谓适应外界环境，不仅仅是生命体对环境的"加

第二章　宗教认同和国家认同关系

入", 而且是生命体接受环境积极影响的"融入"。无论是"加入"还是"融入", 都是为了实现一种"机械的嵌入"。所谓"机械的嵌入"是指要把一种生命体原本没有的东西"嵌入"到生命体里。对这种"嵌入", 历来存在两种解释, 一种是"社会契约论", 即人类把最不愿意接受但是又不能不接受的约定作为一个"嵌入"接受下来, 通过契约形成人类和睦相处的法律和道德。一种是"精神互助论"。所谓"精神互助论"是指把人类最需要、最缺乏的精神要素通过互助"嵌入"。"精神互助论"强调人类精神发展的依存性、互动性和交融性。按照"精神互助论"的观点, 宗教作为人类精神不可缺少的元素也是精神互助产物, 可以补充人类精神的缺陷, 完善人类精神结构。当人类达到生命冲动高峰之时, 其标志就是精神构造趋于完善和成熟。

2. 生命冲动的必然存在决定了宗教对于人类精神的不可或缺性。生命冲动与宗教的关系表明人类的自然状态不是我们想象和虚构的与生俱来的原始形态, 而是人类自身的属性和精神成长的生物基础。生命冲动以自然赋予人类的能力为基础, 经过充分发展和进一步完善才能完全有益人类。宗教认同是生命冲动的第一个阶段、第一个时期的结果。这就是说宗教认同是人类在生命体进化过程中进行的第一个精神完善, 这个完善是对人类生命体的原始、本初能力的确认和肯定, 也是对这个能力的进一步提升。当人类生命体进化到这个阶段时出现精神自觉的第一个高峰, 即本能和直觉达到宗教认同的高峰。本能和直觉到了这个高峰就已经达到了极限, 不可能再去凭其单独之力创造和构建国家认同。生命进化体的另一个高峰还树立在旁边, 依然有待人类攀登, 这个高峰就是理性或者理智建立的国家认同。

3. 宗教认同和国家认同是人类生命体本源。就宗教认同和国家认同的人类生命体本源两个方面相比较而言, 理性和本能的最大区别是理性以认识事物之间的关系为基础形成观念, 本能以认识具体事物为基础形成直觉。理性可以把事物的一个部分与另一个部分、一个方面与另一个方面联系起来形成更大、更深刻能够揭示事物本质的观念。本能则只能孤立、无综合性缺少辩证眼光地看待和确定具体的事物, 只能适合一个特殊的对象, 甚至是这个特殊对象的某

· 57 ·

个方面，是认识的初级阶段。理性超过直觉的优势表现为提供了认识的形式，而且可以将这个认识的形式与认识的内容相结合，引导人类方便地认识和理解事物的本质和规律。理性具有无限性，本能具有有限性。理性拿着形式去寻找内容，本能则把事物图像化、具体化、经验化。宗教乃是人类经验和精神状态的图像化、具体化、经验化，通过这个方法，宗教描绘了人类生活的一种理想形态。无论宗教希望的理想生活还是宗教不希望的苦难生活都是人类现实生活的图像化、具体化、经验化，是人类曾经经历的和可能经历的现实生活对天国的逼真投影。正因为如此，每个人都可以在宗教的图像集里找到自己向往的位置、理想生活的状态和脱离现实世界的出发点。人类本能的生命冲动在宗教的图像集里达到高峰。理性则要把统一性赋予宗教生活的多样性，通过分解和重组达到新的统一。理性的第一个任务就是"制造"出来比宗教更具有国家特色、社会特色的现实生活。相比较宗教描绘的天国生活，理性"制造"的现实生活更有社会关系的限制和法律道德的要求。在这种生活里，法律、道德和国家认同交织在一起，成为对人的自由的分割、补充和进一步的完善。个人权利与义务在这种生活里被整体利益与个人利益的关系决定，被国家至上的理念所制约。生命冲动可以使宗教产生，也可以使理性产生。这两者相互结合、相互发展、相互制约、共同前进，人类的生命体进化才可以说达到完整和完善。缺乏其中之一，人类生命体的进化就只是完成了一半，另一半也是人类生命体的不可缺少的组成部分。人类生命体本源的进化既要经过宗教认同阶段，也要经过国家认同阶段。宗教认同是本能和直觉的产物，国家认同则是包含这个本能和直觉的理性化或者理智化的产物。宗教认同和国家认同都是人类生命体本源的构成要素。人类就是依靠这两个要素成长壮大，完善自我，增强认识和改造世界的能力。

二　对宗教认同源于人类生命体本源的检测

笔者认为，宗教认同源于人类生命体本源冲动的初级阶段，是人类最原始、最本初的生命本源进化的表现，国家认同则是人类生命体本源冲动的进一步发展、进一步完善。这个观点毕竟是理论猜想、理论推

第二章　宗教认同和国家认同关系

断。究竟是不是真实的，还需要进一步在实践中证实。正如马克思指出的人应该在实践中证明自己的思维具有真理性[①]。为此，本书研究过程中选取甘肃临夏回族自治州的三甲集镇，青海黄南藏族自治州隆务镇的1200名国家机关干部、中小学教师、农牧民、个体商人作为样本进行了随机调查分析。甘肃临夏回族自治州的三甲集镇是明朝茶马互市重镇，历史悠久，信仰伊斯兰教的少数民族占98%。青海黄南藏族自治州隆务镇为藏族"热贡唐卡艺术"发源地，以出产精美的热贡唐卡闻名遐迩，前来购买热贡唐卡的中外游客络绎不绝，信仰藏传佛教少数民族占镇总人口50%以上。著名的青海藏传佛教隆务寺夏日仓活佛就诞生在这里。

（一）皮尔逊极差相关检测的数据结果

对宗教认同的皮尔逊级差相关检测结果　　N = 1200

项目	与出生环境俱来	与民族身份俱来	通过教育获得	通过环境获得
机关干部	0.98**	0.98**	-28	-56
中小学教师	0.138**	0.118**	-38	-18
农牧民	0.128**	0.129**	-96	-96
个体商人	0.188**	0.199**	-93	-83

说明：*$p<0.0.5$ 皮尔逊级差相关系数（信赖水准为95%）；**$p<0.0.1$ 皮尔逊级差相关系数。（信赖水准为99%）；- 为负相关。

对国家认同的皮尔逊级差相关检测结果　　N = 1200

项目	与出生环境俱来	与民族身份俱来	通过教育获得	通过环境获得
机关干部	-88	0.78**	0.198**	0.190**
中小学教师	-68	0.68**	0.158**	0.128**
农牧民	-36	-56	0.78**	0.79**
个体商人	-43	-73	0.88**	0.99**

说明：*$p<0.0.5$ 皮尔逊级差相关系数（信赖水准为95%）；**$p<0.0.1$ 皮尔逊级差相关系数。（信赖水准为99%）；- 为负相关。

[①]《马克思恩格斯选集》第1卷，人民出版社1998年版，第4页。

(二)皮尔逊级差相关检测数据结果分析

1. 所选取样本的国家机关干部、中小学教师、农牧民、个体商人对宗教认同的认识和理解。这个认识和理解与出生环境俱来、与民族身份俱来的认识和理解是一致的，达到 $p<0.01$ 以及相关的99%的信赖水准。这个数据充分说明上述人员对宗教认同源于生命冲动的第一个阶段、第一个时期深信不疑，这就证明了本研究假设的真实性和客观性。与此相关的是他们对宗教认同是通过教育获取、通过环境获取都持有反对态度，都与此负相关。这就说明生命冲力的第一个阶段、第一个时期的"嵌入"活动带有的原始思维、群体共同意识之特点，都不过是为了把周围的环境变成"可理解的世界"。数据分析表明，生命冲力的这个阶段对精神的完善只能依靠宗教进行。如果说以认识能力完善为核心的高度理性化的哲学可以更好履行这一使命，那么，这个阶段的哲学也还是蛰伏在宗教里，尚不能独立挑起完善人类和个体精神这个重担。事实上，大多数人并不了解高度理性化的哲学是什么，因为哲学是对世界的抽象、概念和逻辑的图解，表现了深奥晦涩的形而上的鲜明特色，多数人可能只是望其项背而已，只有到了物质文明和精神文明发展的一定阶段，哲学才能从宗教之中解放出来，成为亿万群众手中认识和改造世界的精神武器。宗教是大多数人可以理解的生命形式，之所以如此，是因为宗教从本质上看是人类直觉的延续、人类本能的感悟，宗教的特点是雅俗共赏，简便易行，老少皆宜。所以，对大多数普通的信教群众来说，他们在认识和理解世界之时，宁肯选择宗教，也不选择哲学。

2. 所选取样本的农牧民、个体商人对国家认同的认识和理解。这个认识和理解正好与对宗教认同的认识和理解相反，他们对国家认同是与出生环境俱来、与民族身份俱来两个观点持有否定的态度，与此负相关。国家机关干部、中小学教师的看法与农牧民、个体商人有明显差别，认为国家认同虽然不是与出生环境俱来，但是与民族身份俱来。通过深度访谈和进一步归纳分析，课题组对这个问题的认识有了答案。这就是国家机关干部、中小学教师认为中国的56个民族，手足相亲、荣辱与共，共同构成中华民族，这是中国这个统一的多民族国家的最大国情。所以，宗教认同与国家认同都是每个民族共同体发展和进步的不可缺少的重要阶段，宗教认同与国家认同通过民族共同体不可分割的结合在一起。这说明，农牧民、个体商人更看重直觉和本能对宗教认同的作用，国家机关干部、中小学教师更看重理性和理智对国家认同的作用。理性和理智作为一种认识和分析事物的能力在人生的发展阶段上是后天教育的结果，需要经过各方面的实践才能趋于完善。国家机关干部、中小学教师更看重理性和理智在国家认同形成的重要作用，与他们长期接受党和政府进行的马克思主义民族理论、民族政策和党的路线方针政策的教育相关，也与他们在正式的组织里受到严格的要求和严格的锻炼相关。

三 宗教认同和国家认同是人类生命体本源的发展

在人类生命体本源进化过程中，人的意识分裂为直觉和理性，两者分别沿着各自方向发展，直觉发展围绕宗教认同进行，以宗教扩展生命冲力的范围和远景、以宗教对现实的超验性、图画性解释为满足。理性的发展则围绕国家认同进行，以认识国家的本质、作用以及与个人的关系为满足。

（一）社会自我

1. 两个机制的产生。直觉通过宗教认同这个非现实的构建扩展了人类的想象力和创造性，理性通过对国家认同这个人与社会的现实关系的构建，发展了人类的意识和思想的现实性和社会性。人在生命冲力作用之下其生命体本源一方面产生了超社会现实的神话创造机制；另一方面产生在社会现实之中的电影放映机认识机制。这两个机制表明了每个人身上都有一个社会自我，社会自我发展的最高境界就是国家认同。直觉的想象力和创造力是超现实的神话创造机制的形成。宗教是这个机制最富有创造性和想象力的结果。宗教是一个包含现实的神话，宗教的信仰在天国，宗教的仪式在人间。天国和人间的结合正好就是宗教魅力之所在。理性的精神性和逻辑性在社会现实之中的电影放映机认识机制里形成。

2. 国家认同的产生。国家认同就是在社会现实之中的电影放映机认识机制的产物，柏格森认为这种认识机制的运行类似电影放映机的操作，即一方面把人的活动以一系列快照形式个性化；另一方面把这些投射到现实生活这块银幕上活灵活现的个性化行为与形形色色的观念和思想相结合，使人的行为受到理性和理智的支配。宗教通过超现实的神话创造机制增强对信教者的吸引力，强化宗教崇拜心理。[①] 理性通过在社会现实之中的电影放映机认识机制将人的外在方面和人的内在方面紧密结合，使人的行为的每一个方面都与精神活动不分离，都表现为理性的自觉。因此，每个人对国家认同的构建不仅仅是个人行为的体现，而且是共同的国家观念的彰显。

（二）人类生命体本源的进化

人类生命体本源的进化就这样向两个方向进化，一个方向就是本能和直觉；另一个方向就是理性和理智。

1. 这两个方向使人类生命体本源的进化越来越完善，越来越趋于完美。在动物、昆虫那里生命本源只有一个本能和直觉的演进方向，没有理性和理智的演进方向。人类本能进化的方向是生命体本源向更文明、更高级的阶段发展，这就是理性进化方向。人类生命体本源进化的基础就是人的本能和直觉。人类生命体本源的进化就是围绕这个基础不断发展和持续进步。所以，人类生命体本源进化的过程就是一个整体的进步，就是理性化的过程，就是超社会现实的神话创造机制与在社会现实之中的电影放映机认识机制不断交融发展的过程。因为文明的修饰和包装，在人类生命体本源的进化过程中，理性随着自身发展和完善，越来越掩盖了人类生命体本源中的本能和直觉的作用，减弱了它们的冲动力量。本能和直觉逐渐成为环绕理性的一层薄薄的不易察觉的外层，被社会的法律和道德这些人类理性和理智化的东西所掩盖。

2. 人类理性的两面性。人类无私的一面来自理性，人类自私一面也来自理性。理性是人类这个两面性的结合体，理性的自私一面并不随着理性发展而日渐消失，一定会难以避免地表现出来，这是理性的辩证法。理性的自私恰好是理性的弱点和缺陷。这一面需要通过本能和直觉弥补。在国家认同形成过程中，理性和理智的发展往往掩盖本能和直觉的作用，好像国家认同的形成只有理性在起作用，本能和直觉则缺位。本能和直觉在国家认同形成过程中，一方面服从理性，听从理性的指

[①] ［法］亨利·柏格森：《生命进化论》，姜志辉译，商务印书馆2004年版，第253页。

第二章 宗教认同和国家认同关系

挥；另一方面又与理性处于既对立又和谐的状态，对立是说本能和直觉的自私一面如果超越理性的约束，就表现为一己私利。和谐一面是说国家是由每个人组成，每个人的本能和直觉需要通过国家认同表现出来。人类生命体本源进化一方面以理性排斥本能和直觉的简单、幼稚和任性；另一方面又以本能和直觉为中介回到原始思维形成的共同意识里，表现为对人的约束和管理不仅仅依赖理性化的法律和道德，而且依赖超自然的想象力和创造力形成的宗教。通过宗教，人们能够进一步认识道德和法律的重要性，形成对道德和法律的共同意识，达到凝聚共识、增强团结的效果。

3. 直觉和理性的关系。宗教的地位和人类对宗教的深度依赖都说明本能和直觉与理性不仅仅存在对立一面，还存在互补和互助一面。如果要消灭宗教，就要等到理性足够强大，完全代替本能和直觉，这是根本做不到的。宗教作为人类生命体本源的自然表现，与作为人类生命体本源的社会表现的理性和理智的结合，共同促进人类的精神进步和完善。事实上，本能和直觉不自私的一面甚至成为对抗理性自私一面的抗毒剂，消解理性自私的负面作用，使理性的发展更加健康，更加有规律可循。这就是宗教倡导的爱的重要作用。所以，柏格森认为宗教是"对付理性危险采取的防范手段"，是"自然为对付理性表现出的防卫性反应。"[1] 理性和本能、直觉分别产生的宗教认同和国家认同形成人类文明发展的两个高峰。理性和本能、直觉的一种结合就通过道德和法律。这个结合必须通过一个中介完成，古希腊把这个中介创造为女神。古希腊的专司正义和法律的女神的一个作用是代表法律和道德，在希腊语里，法律、正义、道德、规则的词义相似或者接近，都是表示对人的行为的调整和调节。一种结合就是至高无上的神，这个神其实就是本能或者直觉、理性或者理智结合的杰作。人的本能或者直觉都把世界图像化、具体化和经验化，总是把世界进行神话化，幻想"万物有灵"，对不可思议的事情和事物都心存崇拜。这种把世界人格化的做法在理性那里经过改造和加工，表现为现实生活的文明化交际语言和沟通交流的各

---

[1] [法] 亨利·柏格森：《道德和宗教的两个来源》，王作虹、成穷译，译林出版社 2011 年版，第 95 页。

种表意符号。现实生活不仅没有把宗教完全排除在外，而且依然允许宗教存在，发挥作用。现代社会的法律和道德的旁边依然站立着经过打扮的宗教。例如，在许多法律和道德警示牌旁边，站着对违犯法律和道德警示的提示和惩罚的治安人员就是一个很好的案例。这个警示牌代表法律和道德，旁边的治安人员则代表表现正义和惩罚的宗教的神。现代社会的法律和道德的限制，依然是半道德和半法律的限制，另一半在被法律和道德文字遮盖的类似神的执行者那里。所以，宗教对社会秩序的维护，是通过理性化和本能或者直觉相结合的法律和道德进行的，这就说明了人类生命体进化过程中生命冲力所形成的两个阶段、两个时期的成果最终是结合在一起的。这个结合的成果既超越了宗教的原生性、原始性，也超越了理性的自我性和自私性，形成了一种新的认知方式，这就是国家观。这个国家观是生命冲力的原始思维的共同意识与现代思维的共同意识，超社会现实的神话创造机制与理性的电影放映机认识机制相结合的产物，是直觉和理性平衡的产物。直觉和本能与理性和理智都是人类生命本源里的生命冲动的结果，直觉和本能以强烈的感受为创造宗教神话的动力，理性和理智以卓越的认识能力为创造法律和道德的动力。直觉和本能的功能就是创造现实不存在的宗教神话，无限放大人类能力对未来的幻想。理性的功能就在于形成观念，在观念中创造现实，在现实中创造观念。把物质变为精神，把精神变为物质。人类生命体本源进化的生命冲动一方面产生了超出社会现实之外的神话，一方面产生了在社会现实之中内涵丰富的电影放映机认识机制。前者是人类生命体本能和直觉所产生的功能；后者是人类生命体的理性和理智所产生的功能。电影放映机的认识机制将人固定在社会性之中，使人的认识和活动都围绕社会现实进行，神话创造机制则把人推向社会生活之外去构想理想化、超现实的生活。这个由人类生命体本源通过生命冲动表现的两种创造形态告诉我们，我们每个人身上都存在着一个社会自我，这个社会自我不仅仅表现为人是作为一个在社会现实之中的人，具有物质、精神的生活，而且表现为人之为人的思想、感情和态度是与宗教认同和国家认同密切相关，人类生命体本源进化的结果是个人的宗教认同与国家认同的结合，这个结合是人类自尊心的建立。一个人可以随波逐流活着，表现生命冲力自然的一面，但是，一个人绝不可能永远随波逐流活着，

第二章　宗教认同和国家认同关系

因为人的另一面即社会自我不允许这个人这样逆着人的生命冲动而活着，要求这个人必须提升他的人格和人性，展现作为人的自豪感和自尊心。人的自豪感和自尊心来自他的价值等级序列的逐一实现，是人的理性的最好果实：国家认同价值的实现。

人类生命体冲力的两个发展高峰是宗教认同和国家认同。这两个认同不仅仅是信教群众精神发展和完善的必经阶段，而且是人类精神发展和完善的必经阶段。宗教认同的生命力不仅仅植根在其超自然力、超现实的神那里，而且植根在人类生命体本源的生命冲力里。有些人不相信宗教，并不意味着他们没有宗教认同的意识。这个意识表现形式可能是曲折、隐晦的，也可能是明朗、直接的。但是，这一切说明每个人的生命体存在一个与宗教认同对应的本能和直觉的神话创造机制，也存在一个在社会现实之中的电影放映机认识机制。通过理性和理智的发展和完善，人不仅可以达到国家认同的境界，也可以将宗教认同与国家认同协调统一。一个人可以不要宗教认同，不必活在神话里，但是一个人不能没有一个与国家和民族相一致的共同意识，不能没有现实之中的生活，这个共同意识和现实之中的生活，不仅仅是宗教认同的形成，而且是国家认同的形成。

第三章　高校国家认同教育与高校育人

高校国家认同教育，对进一步加强和改进高校的思想政治教育工作，培养中国特色社会主义事业的建设者和接班人，解决好大学生在成长成才过程中的重大理论是非、思想是非和行为是非问题具有重要的指导意义。本章主要阐述高校国家认同教育与高校人才培养的密切关系。

第一节　高校国家认同教育的重要性

高校国家认同教育，即对祖国认同教育、对中华民族认同教育、对中华文化认同教育、对中国特色社会主义理论认同教育、对中国特色社会主义道路认同教育、对中国共产党执政认同教育。高校的这些国家认同教育，对于高校的人才培养工作具有不可替代的重要作用。

一　高校国家认同教育的意义

我们可以从五个有利于来认识高校国家认同教育的意义

（一）有利于马克思主义指导地位的巩固和加强。习近平在2016年12月7—8日在北京召开的全国高校思想政治工作会议上强调指出："我们的高校是党领导下的高校，是中国特色社会主义高校。办好我们的高校，必须坚持以马克思主义为指导，全面贯彻党的教育方针。要坚持不懈传播马克思主义科学理论，抓好马克思主义理论教育，为学生一生成长奠定科学的思想基础。要坚持不懈培育和弘扬社会主义核心价值观，引导广大师生做社会主义核心价值观的坚定信仰者、积极传播者、模范践行者。要坚持不懈促进高校和谐稳定，培育理性平和的健康心

第三章 高校国家认同教育与高校育人

态,加强人文关怀和心理疏导,把高校建设成为安定团结的模范之地。要坚持不懈培育优良校风和学风,使高校发展做到治理有方、管理到位、风清气正。"高校要自觉坚持以马克思主义为指导,自觉把中国特色社会主义理论体系贯穿研究和教学全过程,转化为清醒的理论自觉、坚定的政治信念、科学的思维方法。大学生坚持以马克思主义为指导,首先要解决真懂真信的问题。大学生的发展与坚持什么样的世界观、方法论紧密相关。有了正确的世界观、方法论,才能更好观察和解释自然界、人类社会、人类思维中的各种现象,揭示蕴含在其中的规律。马克思主义关于世界的物质性及其发展规律、人类社会及其发展规律、认识的本质及其发展规律等原理,为我们研究把握哲学社会科学各个学科各个领域提供了基本的世界观、方法论。只有真正弄懂了马克思主义,才能在揭示共产党执政规律、社会主义建设规律,人类社会发展规律上不断有所发现、有所创造,才能更好识别各种唯心主义观点、更好抵御各种历史虚无主义谬论。

坚持以马克思主义为指导,最终要落实到"怎么用"上来。"凡贵通者,贵其能用之也。"马克思主义具有与时俱进的理论品质。新形势下,坚持马克思主义,最重要的是坚持马克思主义基本原理和贯穿其中的立场、观点、方法。这是马克思主义的精髓和活的灵魂。马克思主义是随着时代、实践、科学发展而不断发展的开放的理论体系,它并没有结束真理,而是开辟了通向真理的道路。恩格斯早就说过:"马克思的整个世界观不是教义,而是方法。它提供的不是现成的教条,而是进一步研究的出发点和供这种研究使用的方法。"[1] 把坚持马克思主义和发展马克思主义统一起来,结合新的实践不断作出新的理论创造,这是马克思主义永葆生机活力的奥妙所在。对待马克思主义,不能采取教条主义的态度,也不能采取实用主义的态度。如果不顾历史条件和现实情况变化,拘泥于马克思主义经典作家在特定历史条件下、针对具体情况作出的某些个别论断和具体行动纲领,我们就会因为思想脱离实际而不能顺利前进,甚至发生失误。什么都用马克思主义经典作家的语录来说话,马克思主义经典作家没有说过的就不能说,这不是马克思主义的态

---

[1] 《马克思恩格斯选集》第 4 卷,人民出版社 1995 年版,第 742—743 页。

度。同时，根据需要找一大堆语录，什么事都说成是马克思、恩格斯当年说过了，生硬"裁剪"活生生的实践发展和创新，这也不是马克思主义的态度。

（二）有利于坚定大学生的道路自信、理论自信、制度自信、文化自信。习近平总书记在2016年"七一"讲话指出："当今世界，要说哪个政党、哪个国家、哪个民族能够自信的话，那中国共产党、中华人民共和国、中华民族是最有理由自信的。有了'自信人生二百年，会当水击三千里'的勇气，我们就能毫无畏惧面对一切困难和挑战，就能坚定不移开辟新天地、创造新奇迹。"[①] 我们要坚信，中国特色社会主义道路是实现社会主义现代化的必由之路，是创造人民美好生活的必由之路。我们要坚信，中国特色社会主义理论体系是指导党和人民沿着中国特色社会主义道路实现中华民族伟大复兴的正确理论，是立于时代前沿、与时俱进的科学理论。我们要坚信，中国特色社会主义制度是当代中国发展进步的根本制度保障，是具有鲜明中国特色、明显制度优势、强大自我完善能力的先进制度。理论上清醒，政治上才能坚定。大学生坚定的理想信念，必须建立在对马克思主义的深刻理解之上，建立在对历史规律的深刻把握之上。大学生要深入学习马克思列宁主义、毛泽东思想、邓小平理论、"三个代表"重要思想、科学发展观，深入学习党的十八大以来党中央治国理政新理念新思想新战略，不断提高马克思主义思想觉悟和理论水平，保持对远大理想和奋斗目标的清醒认知和执着追求。大学生把学习成果转化为提升人生修养、思想境界、道德水平的精神营养，做到真学真懂真信真用，在胜利和顺境时不骄傲不急躁，在困难和逆境时不消沉不动摇，牢牢占据推动人类社会进步、实现人类美好理想的道义制高点。胡锦涛同志在党的十八大报告中对中国特色社会主义道路、中国特色社会主义制度、中国特色社会主义理论作出了精辟阐述，指出："回首近代以来中国波澜壮阔的历史，展望中华民族充满希望的未来，我们得出一个坚定的结论：全面建成小康社会，加快推进社会主义现代化，实现中华民族伟大复兴，必须坚定不移走中国

---

① 文秀：《习近平总书记"七一"重要讲话的鲜明特点》，《学习时报》2016年7月11日。

第三章 高校国家认同教育与高校育人

特色社会主义道路。中国特色社会主义理论体系，就是包括邓小平理论、'三个代表'重要思想、科学发展观在内的科学理论体系，是对马克思列宁主义、毛泽东思想的坚持和发展。中国特色社会主义制度，就是人民代表大会制度的根本政治制度，中国共产党领导的多党合作和政治协商制度、民族区域自治制度以及基层群众自治制度等基本政治制度，中国特色社会主义法律体系，公有制为主体、多种所有制经济共同发展的基本经济制度，以及建立在这些制度基础上的经济体制、政治体制、文化体制、社会体制等各项具体制度。"[①] 中国特色社会主义道路是实现中国特色社会主义的途径，中国特色社会主义理论体系是中国特色社会主义的行动指南，中国特色社会主义制度是建设中国特色社会主义的根本保障，三者统一于中国特色社会主义伟大实践，这是党领导人民在建设社会主义长期实践中形成的最鲜明特色。只要我们坚持对大学生进行国家认同教育，胸怀理想、坚定信念，就一定能够培养大学生的道路自信、理论自信、制度自信！

当今综合国力竞争的一个显著特点是文化的地位和作用更加凸显，越来越多的国家把提高文化软实力作为发展战略的重要内容。从一定意义上说，谁占据了文化发展制高点，谁拥有了强大文化软实力，谁就能够在激烈的国际竞争中赢得主动。在这样的形势下，高校通过国家认同教育，一定能够培养大学生对中华文化的文化自信和文化自觉，大学生也将在自觉大力弘扬中华优秀传统文化，大力发展社会主义先进文化过程中，不断扩大中华文化国际影响力，为形成与我国国际地位相称的文化软实力，切实维护国家文化安全作出应该有的贡献。

（三）有利于加强和改进高校思想政治工作。高校思想政治工作从根本上说是做人的工作，必须围绕学生、关照学生、服务学生，不断提高学生思想水平、政治觉悟、道德品质、文化素养，让学生成为德才兼备、全面发展的人才。通过国家认同教育，可以教育引导学生正确认识世界和中国发展大势，从我们党探索中国特色社会主义历史发展和伟大实践中，认识和把握人类社会发展的历史必然性，认识和把握中国特色

[①] 《胡锦涛在中国共产党第十八次全国代表大会上的报告》，人民出版社2012年版，第4页。

社会主义发展的历史必然性，不断树立为共产主义远大理想和中国特色社会主义共同理想而奋斗的信念和信心；正确认识中国特色和国际比较，全面客观认识当代中国、看待外部世界；正确认识时代责任和历史使命，用中国梦激扬青春梦，点亮理想的灯、照亮前行的路，自觉把个人的理想追求融入国家和民族的事业中，勇做走在时代前列的奋进者、开拓者；正确认识远大抱负，珍惜韶华、脚踏实地，把远大抱负落实到实际行动中，让勤奋学习成为青春飞扬的动力，让增长本领成为青春搏击的能量。

做好高校思想政治工作，要因事而化、因时而进、因势而新。要遵循思想政治工作规律，遵循教书育人规律，遵循学生成长规律，不断提高工作能力和水平。要用好课堂教学这个主渠道，思想政治理论课要坚持在改进中加强，提升思想政治教育亲和力和针对性，满足学生成长发展需求和期待，其他各门课都要守好一段渠、种好责任田，使各类课程与思想政治理论课同向同行，形成协同效应。要加快构建中国特色哲学社会科学学科体系和教材体系，推出更多高水平教材，创新学术话语体系，建立科学权威、公开透明的哲学社会科学成果评价体系，努力构建全方位、全领域、全要素的哲学社会科学体系。要更加注重以文化人以文育人，广泛开展文明校园创建，开展形式多样、健康向上、格调高雅的校园文化活动，广泛开展各类社会实践。要运用新媒体新技术使思想政治工作活起来，推动思想政治工作传统优势同信息技术高度融合，增强时代感和吸引力。

教师是人类灵魂的工程师，承担着神圣使命。在国家认同教育中，传道者自己首先要明道、信道。高校教师要坚持教育者先受教育，努力成为先进思想文化的传播者、党执政的坚定支持者，更好担起学生健康成长指导者和引路人的责任。要加强师德师风建设，坚持教书和育人相统一，坚持言传和身教相统一，坚持潜心问道和关注社会相统一，坚持学术自由和学术规范相统一，引导广大教师以德立身、以德立学、以德施教。

（四）有利于坚定大学生的理想信念。共产主义远大理想和中国特色社会主义共同理想，是大学生的精神支柱和政治灵魂。理想信念动摇是最危险的动摇，理想信念滑坡是最危险的滑坡。大学生必须把对马克思主义的信仰、对社会主义和共产主义的信念作为毕生追求,在改造客观世界的同时不断改造主观世界,解决好世界观、人生观、价值观这个"总开关"问题,不断增强政治定力,自觉成为共产主义远大理想和中国特色社会主义共同理想的坚定信仰者和忠实实践者;必须坚定对中国特色社会主义的道路自信、理论自信、制度自信、文化自信,坚定理想信念,必须加强国家认同教育。通过教育,引导大学生自觉抓好国家认同的学习、增强人生修养。把马克思主义理论作为必修课,认真学习马克思列宁主义、毛泽东思想、邓小平理论、"三个代表"重要思想、科学发展观,认真学习习近平总书记系列重要讲话精神,认真学习法律法规,不断提高马克思主义思想觉悟和理论水平。系统掌握马克思主义基本原理,学会用马克思主义立场、观点、方法观察问题、分析问题、解决问题,特别是要聚焦现实问题,不断深化对共产党执政规律、社会主义建设规律、人类社会发展规律的认识。适应时代进步和事业发展要求,广泛学习经济、政治、文化、社会、生态文明以及哲学、历史、法律、科技、国防、国际等各方面知识,提高战略思维、创新思维、辩证思维、法治思维、底线思维能力,提高国家认同的水平。

（五）有利于维护祖国统一、民族团结、社会稳定。高校通过"国家认同"教育,可以培养学生正确的国家观、民族观、文化观和价值观。国家观、民族观、文化观和价值观的基本要求就是维护祖国统一、民族团结、社会稳定。在中华民族的历史上,任何破坏祖国统一、民族团结的集团和个人都逆历史潮流而动,终归走向穷途末路。任何维护祖国统一、民族团结的集团和个人都是顺历史潮流而动,终归被历史和人民所铭记。维护国家统一、民族团结、社会稳定,不仅要维护我国领土完整、主权统一,而且要维护中华民族的大团结,维护安定团结的政治局面。要通过国家认同教育,引导大学生全面正确贯彻落实党的民族政策,牢牢把握各民族团结奋斗、共同繁荣发展的主题,巩固和发展平等团结互助和谐的社会主义民族关系,促进各民族和睦相处、和衷共济、和谐发展。

二 高校国家认同教育的紧迫性

高校国家认同教育的紧迫性可以通过三个有利于加以认识和理解。

（一）有利于培养合格人才。人才指具有一定的专业知识或专业技能，能够进行创造性劳动并对社会作出贡献的人，是人力资源中能力和素质较高的劳动者。其特点是具有良好人文、科学素质和社会责任感，学科基础扎实。通过以上对人才的定义，我们可以发现，所谓人才无非是对于社会贡献较大的那部分人。人才要对社会作出自己的贡献，不仅要具备学习能力、发展精神和创新能力，而且要具备将这些能力发挥出来的基本思想政治素质。高校国家认同教育就是要培养大学生较高的思想政治素质，引导大学生树立正确的国家观、民族观、文化观和价值观，引导他们能够正确处理成长成才中经常遇到的红与专、个人与社会、自我与集体等的关系，营造个人发展进步的良好社会环境。实践证明，一个人能不能成才不仅仅取决于这个人是否得到基础研究和应用研究的训练，具有扎实的基础理论知识和实验技能，动手能力强、综合素质好，掌握科学的思维方法，而且取决于这个人是否具备较强的思想政治素质，具有为国家、民族和社会进步的献身精神和负责精神，具有为国家、为民族献身的思想境界。

（二）有利于培养合格建设者。90多年来，我们党紧紧依靠人民群众，把马克思主义基本原理同中国实际和时代特征结合起来，独立自主走自己的路，历经千辛万苦，付出各种代价，取得革命建设和改革开放的伟大胜利，开创和发展了中国特色社会主义，从根本上改变了中国人民和中华民族的前途命运。发展中国特色社会主义是一项长期艰巨的历史任务，如期全面建成小康社会任务十分艰巨。大学生在这个历史时期，任务艰巨，责任重大，一定要认真学习，埋头苦干，顽强拼搏。这里的一个重要问题就是大学生要确立国家认同的思想观念，明确奋斗方向和奋斗目标，努力掌握建设中国特色社会主义、全面实现小康社会的本领，学以致用。

（三）有利于培养合格接班人。新世纪新阶段，党中央抓住重要战略机遇期，在全面建设小康社会进程中推进实践创新、理论创新、制度创新，强调坚持以人为本，坚持全面协调可持续发展，提出构建社会主义和谐社会，加快生态文明建设，形成中国特色社会主义事业总体布局，着力保障和改善民生，促进社会公平正义，推动建设和谐世界，推进党的执政能力建设和先进性建设，在新的历史起点上坚持和发展中国特色社会主义。大学生要把中国特色社会主义事业薪火相传,不断向前推进,最重要的就是培养国家认同的思想政治素质,打牢这个基础,大学生就能够成为中国特色社会主义事业的合格接班人。

三 国家认同教育与大学教育

国家认同教育与大学教育在于教育目标、教育性质和教育功能三个方面是完全一致的。

（一）"国家认同"教育与大学教育目标一致。《中华人民共和国教育法》明确规定,我国现阶段教育目标是"培养学生的创新精神和实践能力,造就有理想,有道德,有文化,有纪律的德、智、体、美等方面全面发展的社会主义事业的建设者和接班人"。这个教育目标体现了马克思主义关于人的全面发展的思想,明确规定了中国教育目的的社会主义性质和方向,规定了培养社会主义建设人才的基本要求。国家认同教育与国家教育法规定的目标完全一致。

（二）国家认同教育与大学教育性质一致。认同是在大是大非问题上与国家的意识形态保持一致。我国《宪法》第一条明确规定：中华人民共和国是工人阶级领导的、以工农联盟为基础的人民民主专政的社会主义国家。社会主义制度是中华人民共和国的根本制度。禁止任何组织或者个人破坏社会主义制度。高校国家认同教育体现了社会主义的办学方向和社会主义教育的本质特征。

（三）国家认同教育与大学教育功能一致。人才的培养是指对人进行较为系统和全面的教育、训练过程。大学教育作为专业教育,具有专业化、职业化和学术化的特点。国家认同教育作为人才培养的一个重要组成部分,在培养人方面侧重于国家观、民族观、文化观和价值观的教育和训练。大学的人才培养依靠国家认同教育,可以培养和造就合格人才,体现教育的全面性、完整性和系统化的特点,使教育功能发挥得更加完善。

第二节 高校国家认同教育与人才培养的关系

高校国家认同教育在人才培养中的地位由社会主义性质决定,体现

高校国家认同教育研究

了中国特色社会主义事业的要求和亿万人民群众的期盼。高校国家认同教育与人才培养的关系主要表现为高校国家认同教育与加强社会主义核心价值体系建设的关系、高校国家认同教育与倡导社会主义核心价值观的关系、高校国家认同教育与全面提高大学生道德素质的关系。

一　高校国家认同教育与社会主义核心价值体系

社会主义核心价值体系是兴国之魂，决定着中国特色社会主义发展方向。国家认同教育是深入开展社会主义核心价值体系学习教育在大学的具体化和特色化。国家认同教育的核心就是用社会主义核心价值体系引领大学生的前进方向，凝聚大学生的思想共识，推进马克思主义中国化时代化大众化。高校国家认同教育与加强社会主义核心价值体系建设的关系最重要的是确立了马克思主义对大学生思想政治教育的指导地位。马克思主义深刻揭示了人类社会发展规律，坚定维护和发展最广大人民根本利益，是指引人民推动社会进步、创造美好生活的科学理论。高校的思想政治教育工作要毫不动摇地坚持马克思主义基本原理，紧密结合中国实际、时代特征、人民愿望，用发展着的马克思主义指导新的实践。坚持不懈用中国特色社会主义理论体系武装大学生、教育大学生，推动学习实践科学发展观向深度和广度拓展，高校的国家认同教育就是在马克思主义的指导下，引导大学生深入学习贯彻党的基本理论、基本路线、基本纲领、基本经验，学习马克思主义经典著作，系统掌握马克思主义立场、观点、方法。科学分析世情、国情、党情新变化，深入研究解决改革开放和社会主义现代化建设新课题，不断深化对共产党执政规律、社会主义建设规律、人类社会发展规律的认识，不断把党带领人民创造的成功经验上升为理论，不断赋予当代中国马克思主义鲜明的实践特色、民族特色、时代特色。高校的国家认同教育将进一步推动中国特色社会主义理论体系进教材、进课堂、进头脑，加强和改进学校思想政治教育。

二　高校国家认同教育与社会主义核心价值观

党的十八大提出要积极培育和践行社会主义核心价值观。社会主义核心价值观由三个倡导构成，即倡导富强、民主、文明、和谐，倡导自

第三章 高校国家认同教育与高校育人

由、平等、公正、法治,倡导爱国、敬业、诚信、友善。社会主义核心价值观从国家层面看,是富强、民主、文明、和谐;从社会层面看,是自由、平等、公正、法治;从公民个人层面看,是爱国、敬业、诚信、友善。社会主义核心价值观主要解决人们对社会主义道路、制度和理论的价值判断、价值评估和价值取向问题。这是社会主义核心价值观的三个倡导能够被人们认识、理解和接受的前提和基础。只有把社会主义道路、制度和理论问题解决了,人们才能自觉、自愿培育和践行社会主义核心价值观。所以,高校国家认同教育与社会主义核心价值观的培育和践行是一致的,两者互相配合,互相促进才能产生理想的教育效果。高校国家认同教育通过解决大学生对社会主义道路、制度和理论的价值判断、价值评估和价值取向问题,可以坚定大学生的中国特色社会主义共同理想。中国特色社会主义是当代中国发展进步的根本方向,集中体现了最广大人民根本利益和共同愿望。通过深入开展理想信念教育,可以引导大学生深刻认识中国共产党领导和中国特色社会主义制度的历史必然性和优越性,深刻认识中国特色社会主义道路既是实现社会主义现代化和中华民族伟大复兴的必由之路,也是创造人民美好生活的必由之路,自觉把个人理想融入中国特色社会主义共同理想之中,最大限度把大学生团结和凝聚在中国特色社会主义伟大旗帜之下。高校国家认同教育应该紧密结合中国特色社会主义成功实践,联系大学生思想实际,针对社会热点难点问题,从理论和实践结合上作出有说服力的回答,注意引导大学生在重大思想理论问题上划清是非界限、澄清模糊认识,有力抵制各种错误和腐朽思想影响。

国家认同教育通过解决大学生对中国特色社会主义道路、中国特色社会主义理论和中国特色社会主义制度的价值判断、价值评估和价值取向问题,是对以爱国主义为核心的民族精神和以改革创新为核心的时代精神的弘扬。爱国主义是中华民族最深厚的思想传统,最能感召中华儿女团结奋斗。改革创新是当代中国最鲜明的时代特征,最能激励中华儿女锐意进取。通过国家认同教育,可以广泛开展民族精神教育,大力弘扬爱国主义、集体主义、社会主义思想,增强民族自尊心、自信心、自豪感,激励大学生把爱国热情化作振兴中华的实际行动,以热爱祖国和贡献自己全部力量建设祖国为最大光荣、以损害祖国利益和尊严为最大耻辱。通过国家认同教育可以广泛开展时代精神教育，引导大学生始终保持与时俱进、开拓创新的精神状态，永不自满、永不僵化、永不停滞，以思想不断解放推动事业持续发展。大力弘扬一切有利于国家富强、民族振兴、人民幸福、社会和谐的思想和精神，大力发扬艰苦奋斗、劳动光荣、勤俭节约的优良传统。加强民族团结进步教育，增进对伟大祖国和中华民族的认同，促进各民族共同团结奋斗、共同繁荣发展。

三 高校国家认同教育与全面提高大学生道德素质

党的十八大报告强调指出：要坚持依法治国和以德治国相结合，加强社会公德、职业道德、家庭美德、个人品德教育，弘扬中华传统美德，弘扬时代新风。推进公民道德建设工程，弘扬真善美、贬斥假恶丑，引导人们自觉履行法定义务、社会责任、家庭责任，营造劳动光荣、创造伟大的社会氛围，培育知荣辱、讲正气、作奉献、促和谐的良好风尚。高校国家认同教育强调树立和践行社会主义荣辱观，进一步培养大学生的道德素质。社会主义荣辱观体现了社会主义道德的根本要求。高校要通过国家认同教育，深入开展社会主义荣辱观宣传教育，弘扬中华传统美德，加强大学生的社会公德、职业道德、家庭美德、个人品德教育，引导大学生增强道德判断力和道德荣誉感，自觉履行法定义务、社会责任、家庭责任，在高校形成知荣辱、讲正气、作奉献、促和谐的良好风尚。高校还应该在国家认同教育中，深化群众性精神文明创建活动，广泛开展志愿服务，拓展各类道德实践活动，倡导爱国、敬业、诚信、友善等道德规范，形成男女平等、尊老爱幼、扶贫济困、扶弱助残、礼让宽容的风气，坚决反对拜金主义、享乐主义、极端个人主义，坚决纠正造假欺诈、见利忘义、损人利己的歪风邪气。把诚信建设摆在突出位置，在高校广泛形成守信光荣、失信可耻的氛围。高校要通过国家认同教育，加强法制宣传教育，弘扬社会主义法治精神，树立社会主义法治理念，提高全民法律素质，推动人人学法尊法守法用法，维护法律权威和社会公平正义。高校要通过国家认同教育，加强人文关怀和心理疏导，培育自尊自信、理性平和、积极向上的社会心态。弘扬科学精神，普及科学知识，倡导移风易俗、抵制封建迷信。深入开展反腐倡廉教育，推进廉政文化建设。

第四章　高校国家认同教育与思想政治教育育人

"思想政治教育是指社会或社会群体用一定的思想观念、政治观点、道德规范，对其成员施加有目的、有计划、有组织的影响，使他们形成符合一定社会所要求的思想品德的社会实践活动。"[①] 思想政治教育是人类重要的社会实践活动。自从阶级形成和国家产生以来，这项实践活动就一直客观存在。在人类历史上依次更迭的各个社会形态中处于统治地位的各个阶级，都以各种各样的形式从事思想政治教育活动，以争取或维护本阶级的利益。在高校人才培养工作中，思想政治教育一直占据重要地位。开展国家认同教育，对科学、全面发挥高校思想政治教育的育人功能、促进大学生成长成才，培养高素质的创新型人才具有重要的意义。

第一节　国家认同教育与思想政治理论课育人

当前，高校发挥思想政治教育育人功能的主要载体就是思想政治理论课。高校思想政治理论课承担着对大学生进行系统的马克思主义理论教育的任务，是对大学生进行思想政治教育的主渠道。充分发挥思想政治理论课的主渠道作用，用马克思列宁主义、毛泽东思想、邓小平理论、"三个代表"重要思想和科学发展观武装当代大学生，是党的教育方针的具体体现，是社会主义大学的本质特征，是党和国家事业长远发展的根本保证。通过《马克思主义基本原理概论》《毛泽东思想和中国

---

① 张耀灿等主编：《思想政治教育学原理》，高等教育出版社1998年版，第4页。

特色社会主义理论体系概论》《中国近现代史纲要》《思想道德修养与法律基础》等课程的开设，立足于帮助大学生树立正确的世界观、人生观、价值观，深入开展马克思主义立场、观点、方法教育，开展党的基本理论、基本路线、基本纲领和基本经验教育，开展科学发展观教育，开展中国革命、建设和改革开放的历史教育，开展基本国情和形势与政策教育，不断增强高等学校思想政治理论课教育教学的针对性、实效性和说服力、感染力。国家认同教育必须借助思想政治理论课教学主要渠道，引导大学生坚定对祖国、对中华民族、对中华文化的认同与热爱，坚定对党和政府、对社会主义、对改革开放和中国特色社会主义的认同与热爱。在思想政治理论课教育与教学中，加入国家认同教育内容，不仅改进和丰富了思想政治理论课的内容与形式，而且使思想政治理论课更加贴近学生实际、贴近现实，进一步凸显思想政治理论课的育人功能。

一 国家认同教育是思想政治理论课育人的核心内容

高校思想政治理论课的特殊功能决定了其思想政治教育主渠道的地位不可动摇，具有提高大学生思想政治素质，促进大学生全面发展的重要作用。高校思想政治理论课的教学内容，概括起来讲，就是要用马克思列宁主义、毛泽东思想、中国特色社会主义理论体系以及党的路线、方针、政策武装学生的头脑，培养大学生坚定的理想信念，引导他们走中国特色社会主义的成长之路。具体地讲，主要是世界观、人生观、价值观、政治观、道德观、法治观等方面的教育。思想政治理论课的这几个方面的内容相互联系、相互影响、相互贯穿、相互渗透，其中，道德观教育是基础，政治观、法治观教育是主导，世界观、人生观、价值观教育是根本。国家认同教育的内容是对现有思想政治理论课教学内容的补充与完善，将思想政治理论课教学与国家认同教育相结合，更能够增强思想政治理论课的教育效果。

（一）国家认同教育与思想政治理论课的世界观教育

要引导大学生确立国家认同，就必须引导大学生树立正确的世界观。国家认同教育是世界观教育的具体化、现实化和实际化。思想政治理论课教学结合世界观教育开展国家认同教育，效果更加明显。其原因

第四章 高校国家认同教育与思想政治教育育人

如下。

1. 世界观人人都有。每个人都会按照自己的世界观解释各种社会现象、社会问题。世界观是人们对于世界的总的看法和根本观点。世界观可以分为唯心主义和唯物主义两种根本对立的类别。要想让大学生达到国家认同,就必须加强科学的世界观教育。马克思主义世界观属于唯物主义世界观,是辩证唯物主义与历史唯物主义的统一。马克思主义世界观是科学的、正确的世界观,世界观教育就是引导和帮助大学生树立马克思主义世界观。

2. 世界观教育是一个长期的任务。只有树立科学的世界观,才能实现思想政治教育的目标。世界观教育重点是组织和引导大学生学习马克思主义理论,掌握辩证唯物主义和历史唯物主义的基本原理。在当前新形势下,开展世界观教育,还要学习邓小平理论、"三个代表"重要思想、科学发展观等中国特色的社会主义理论体系的重要内容。这些理论涵盖了我国现阶段政治、经济、文化等各个方面,是各项事业进步和发展的根本指导思想。只有完整准确地学习和领会,才能打好马克思主义的理论功底,提高马克思主义理论素养,有助于树立马克思主义的世界观。

3. 通过世界观教育,才能逐步树立阶级观点、群众观点、劳动观点、实践观点、辩证唯物主义观点、也才能更好地达到对祖国的认同、对中华民族的认同、对中华文化的传承与发扬的认同、对中国共产党领导的中国特色社会主义道路的忠诚与坚定、对中国特色社会主义理论体系的认同和坚守。

4. "人类认识活动是沿着主观和客观、认识和实践、主体和客体的基本矛盾展开的。认识实质上就是在主体改造客体的实践过程中,克服主观和客观、认识和实践、主体和客体的对立,达到二者的统一。"[①]进行世界观教育,要求大学生在改造客观世界过程中,改造主观世界。马克思主义世界观的确立,要求大学生既要学习和掌握理论知识,又要到实践中接受锻炼,经受考验。大学生在实践中经受磨炼,虚心向群众学习,才能不断提高学习与工作的自觉性与责任心。大学生只有树立了

---

① 张耀灿等主编:《思想政治教育学原理》,高等教育出版社1998年版,第194页。

高校国家认同教育研究

科学的世界观，才能增强对祖国、对民族、对国家建设和发展的自信心、责任心，将理论与实践相结合，国家认同教育也才能得以顺利开展。

5. 世界观决定方法论，对大学生进行唯物辩证法的科学方法论教育，能够促使教育对象坚持辩证的方法论，自觉运用唯物辩证法的观点和方法来认识世界、改造世界。

由此可见，大学生的国家认同的确立，必须依赖于科学的世界观的确立。大学生确立了科学的世界观，才能够掌握科学的方法论。大学生做到世界观与方法论相结合，才能获得正确的立场、观点，才能正确分析和认识国家认同的丰富内涵和科学实质，培养正确的国家观、民族观、文化观和价值观。

（二）国家认同教育与思想政治理论课的人生观教育

思想政治理论课教学的重要内容之一就是人生观教育，人生观是人们对人生目的与意义的根本看法和根本态度，它的具体内容包括了生死观、苦乐观、公私观、义利观、幸福观、荣辱观等。思想政治理论课的人生观教育就是要引导大学生摒弃错误人生观的误导，树立马克思主义的科学人生观。国家认同教育的内容在很大程度上都依赖于科学的人生观的建立，大学生只有树立了科学的人生观，才能将自己的命运与祖国、民族的命运紧密结合在一起，才能树立起为人民服务的人生观、为祖国的繁荣富强而奋发向上、奉献自己的力量。国家认同教育要求思想政治理论课教学中的人生观教育关系表现如下。

1. 国家认同教育要求思想政治理论课教学中的人生观教育要引导大学生摒弃各种错误人生观。当前，享乐主义、悲观主义、权力意志主义、拜金主义、消费主义等人生观不同程度地影响着大学生科学人生观的树立。江泽民同志指出："人为什么而活着？如果只是为自己、为家庭而活着，那个意义是很有限的。只有为国家为社会为民族为集体为他人的利益，尽心竭力地工作，毫无保留地贡献自己的聪明才智，这样的人生才有真正的意义，才是光荣的人生，闪光的人生。"[①] 因此，当代大学生只有把个人的发展同社会的进步和时代的发展结合起来，把个人

---

① 《江泽民论"三个代表"学习导读》，学习出版社2001年版，第82页。

第四章　高校国家认同教育与思想政治教育育人

的事业同社会主义现代化的伟大事业结合起来，把个人的抱负同全民族的共同理想统一起来，把个人的奋斗融汇到振兴中华的历史洪流中去，才能找到个人发展的历史坐标和正确方向，才能为社会主义现代化建设作出应有的贡献。

2. 国家认同教育要求思想政治理论课教学中的人生观教育要注重人生理想教育。理想是与奋斗目标相联系的有实现可能的信念。人生理想有社会理想、道德理想、职业理想、生活理想之分，其中社会理想是最高层次的、是起支配作用的理想。人生理想是人生观的灵魂，是人生精神生活的支柱。科学的社会理想，是人生道路上战胜各种艰难险阻，实现伟大历史变革的巨大动力。实现共产主义是我们最高的社会理想。建设有中国特色社会主义是全国人民现阶段的共同理想。国家认同教育的目的之一就是要引导和帮助大学生树立建设中国特色社会主义的共同理想，要维护改革发展稳定的大局。要把共产主义理想同现阶段各族人民共同理想结合起来，并为之而奋斗。要把社会理想和个人理想结合起来，在为实现崇高的社会理想而奋斗的过程中实现自己的个人理想。

3. 国家认同教育要求思想政治理论课教学中的人生观教育要侧重人生价值教育。人生价值是指人的生命活动对社会的延续和发展所具有的意义和作用。人生价值包括两个方面，一是个人对社会的责任和贡献；一是社会对个人的尊重和满足。如何追求和实现人生价值，是人生观教育必须解决的一个重要问题。人生观教育要让大学生明白这样一个道理：人生价值在于劳动和创造，一个人为他人、为社会创造的价值越多，他的人生价值就越高，人生也越有意义。思想政治理论课中人生观教育实际上是引导和帮助大学生正确认识和处理个人与社会、贡献与索取的关系，引导大学生在复杂多变的社会环境中始终坚持正确的人生航向，保持清醒、理智的人生价值取向。

4. 国家认同教育要求思想政治理论课教学中的人生观教育要注重人生态度教育。人生态度是人生观的重要组成部分，是指人们在一定环境的影响和作用下，经过自我生活的体验形成的关于人生问题较为稳定的心理倾向及其表现。在思想政治理论课教学中，人生态度的教育主要是进行革命乐观主义教育，引导和帮助大学生以积极进取的人生态度去对待人生道路上的苦与乐、荣与辱、成与败、生存与发展等问题。国家认同教育的主旨之一就是要引导大学生在坚持国家认同的基础上，自觉为建设中国特色社会主义伟大事业贡献自己的力量，而这一切都有赖于积极进取的人生态度的形成。只有在大学生内心树立起崇高的人生理想和人生目的，引导大学生以脚踏实地、积极乐观、奋发向上的人生态度去对待人生的顺境和逆境，教育大学生始终坚持坚定的生活信念和顽强的斗志，大学生才能经得起各种考验，成长为社会所需要、人民所欢迎的人才。

5. 国家认同教育要求思想政治理论课教学中的人生观教育要注重人生道路教育。人生道路是指人们在度过自己一生的生命历程中所走的道路。每一个人都有自己选择的人生道路。思想政治理论课的人生道路教育就是要引导大学生把为人民服务作为自己一生的追求，以此留下闪光的人生足迹。人生道路是人们所处的一定历史条件和社会关系的产物，是人们的物质生活条件的深刻反映。在改革开放与现代化建设的新时期，正确的人生道路要求大学生始终坚持理论与实践相结合，坚持走群众路线，从人民大众身上汲取丰富的营养，为祖国、为民族、为人民的幸福和发展进步贡献自己的全部力量。

（三）国家认同教育与思想政治理论课的价值观教育

所谓价值观，是指人们在对周围事物能否满足个人或社会某种需要进行评判时所持的观点。价值观有集体主义价值观和个人主义价值观之分。国家认同教育同样依托于正确的价值观教育。建设中国特色社会主义需要大学生树立集体主义价值观。集体主义价值观的基本特征就是集体利益高于个人利益，在个人利益与集体利益发生矛盾冲突时，个人利益要服从集体利益。马克思主义对集体的理解是建立在集体和个人的辩证统一关系基础之上的，它并不排斥、否定个人的正当利益。集体主义价值观实质上是一种以人民群众为价值主体的价值观，它要求人的思想行为必须以合乎最广大人民群众的最大利益为标准，以此来处理个人利益与人民利益、眼前利益与长远利益、局部利益与全局利益的关系。国家认同中所强调的内容都是与集体主义、与全局利益相关的立场、观点和方法。因此，国家认同教育决不能脱离价值观教育孤立进行。国家认同教育与思想政治理论课教学中的价值观教育表现如下。

1. 国家认同教育要求思想政治理论课教学中的价值观教育要引导

大学生坚持自我价值和社会价值的统一。人的价值包括自我价值和社会价值两个方面,自我价值是社会对个人的尊重和满足,即个人对社会的正当索取;社会价值指个人对社会的责任和贡献,即社会对个人的正当索取。二者统一的基础就是创造和奉献。当前一些大学生抱有索取大于奉献,甚至只索取不奉献等意识。思想政治理论课教学要引导大学生明白一个道理:只有把自我价值和社会价值统一起来,自觉服务人民,奉献祖国,只有把自我价值的实现同时代和人民的要求统一起来,个人的自我价值才能被承认和实现。任何把自我价值和社会价值对立起来的认识和行为都是错误的,其结果也是消极的。

2. 国家认同教育要求思想政治理论课教学中的价值观教育要引导大学生将艰苦奋斗与追求正当利益相统一。马克思主义认为,人的本性是追求正当的享受,人们奋斗的一切,都直接或间接地同追求正当的享受有关。但是正当的享受总是会受到社会生产方式或其他社会因素的制约和影响。艰苦奋斗作为实现理想和志向的手段,为人们追求正当的享受提供了必要的精神动力;人们得到一定的物质和精神享受后,反过来又会再次创业、奋斗。基于此,那种只享受不劳动的不劳而获的思想必然会扭曲大学生的价值观,大学生追求正当享受的满足程度与其艰苦创业(通过诚实、合法手段)是成正比的,只有按照这样的价值选择,处理艰苦奋斗与追求正当利益的关系,大学生才能达到国家认同的要求。

3. 国家认同教育要求思想政治理论课教学中的价值观教育要引导大学生坚持义与利的统一。国家认同强调对中华民族及中华文化的认同,而义利统一又是中华民族、中华文化的优良传统。中华民族的传统文化强调义产生利,义是手段、利是目的,义与利是统一的。在改革开放、发展市场经济的新形势下,人们从事任何活动,同样应该始终把义放在首位,以义取利,见利思义,正确处理好个人利益与集体利益的关系、局部利益与整体利益的关系、眼前利益和长远利益的关系。思想政治理论课关于价值观的教育要引导学生做到价值导向与价值取向的统一,做到义与利的统一。只讲利不讲义、重利轻义、见利忘义的行为最终只会导致唯利是图、私利膨胀;那种只讲义不讲利的行为最终只会导致假大空的形式主义、超越现实,也是不可取的偏激行为。

（四）国家认同教育与思想政治理论课的政治观教育

"政治观是人们对以国家为中心的政治关系和政治问题的根本看法和态度、观点的总和。在我国现阶段，政治观是指人们对党和国家的路线、方针、政策的根本立场、根本态度和根本看法的总和。"① 政治观往往决定着人们的政治立场、政治方向和政治素质。国家认同教育的对中国共产党执政的认同、对中国特色社会主义道路的认同以及对中国特色社会主义理论体系的认同，这三方面的内容构成今天大学生政治观基本内容和基本要求。高校思想政治理论课在讲授政治观时，完全可以将国家认同作为对大学生政治观的要求明确提出，这样会更有利于大学生树立坚定正确的政治立场和政治方向，增强大学生的政治鉴别力和政治敏锐性，从而提高大学生的政治素质。国家认同教育与思想政治理论课的政治观教育的关系表现如下。

1. 国家认同教育要求思想政治理论课教学中的政治观教育要注重基本国情教育。基本国情是指一个国家在一个比较长的历史时期内相对稳定的总体的客观实际情况的总和。国家认同贯穿着对国情的教育，处处能够看到祖国的经济、政治、思想、文化、人口、民族、历史等基本国情，涉及我国的自然国情、历史国情以及现实国情。大学生只有对国情有了客观、正确的认识，才能对中国共产党的路线方针政策产生认同，才能培养热爱中国、热爱中华民族、热爱社会主义的思想感情。

2. 国家认同教育要求思想政治理论课教学中的政治观教育要注重党的基本路线教育。党的基本路线教育是政治观教育的核心内容。思想政治理论课教学的一项根本任务，就是要引导学生完整、准确、深刻地理解和掌握党的基本路线，坚持党的基本路线不动摇。国家认同教育也与这一层面的内容相结合，相辅相成。进行党的基本路线教育，可以加强大学生对党的领导执政的认同、中国特色社会主义道路以及中国特色社会主义理论体系的认同。加强党的路线教育主要包括四方面的内容：坚持以经济建设为中心的教育；坚持四项基本原则的教育；坚持改革开放的教育；坚持"两个基本点"的辩证关系教育。

---

① 马礼、马进主编：《高校思想政治理论课教学研究》，甘肃民族出版社2009年版，第97页。

第四章 高校国家认同教育与思想政治教育育人

3. 国家认同教育要求思想政治理论课教学中的政治观教育要注重爱国主义教育。贯穿国家认同教育的一条红线就是爱国主义。进行爱国主义教育，就是要引导广大青年学生充分认识到无产阶级的爱国主义和社会主义的高度一致性和统一性，明确建设有中国特色社会主义是新时期爱国主义的主体，以热爱祖国、建设祖国、保卫祖国为最大光荣，以损害祖国、危害祖国、背离祖国为最大耻辱。只有建立在对祖国、对中华民族、对中华文化的强烈认同的基础上，爱国主义情感才愈发强烈，大学生要把爱国主义的高尚情感转化为建设和保卫社会主义祖国的报国之志和效国之行，要正确认识和弘扬爱国主义精神，既要继承和发扬中华民族的优秀传统，也要学习和吸收世界各国所创造的一切文明成果，既要反对崇洋媚外、又要反对盲目排外。

4. 国家认同教育要求思想政治理论课教学中的政治观教育要注重形势与政策教育。在我国，形势与政策教育始终是政治观教育的一项经常性的教育内容。进行形势与政策教育，可以帮助大学生产生对祖国的认同，可以帮助大学生认清形势，明确奋斗目标和任务，正确理解和自觉贯彻执行党的路线、方针、政策，促进社会主义现代化建设和改革开放伟大事业朝着有利的方向发展。思想政治理论课进行形势与政策教育，必须要坚持实事求是和针对性原则，要引导学生学会用马克思主义的立场、观点和方法分析问题，正确认识形势中的主流与支流、现象与本质、局部与全局、当前与长远等各种复杂关系，学会在观察和处理形势与政策的关系中把握发展的总趋势、总方向，防止出现认识上的表面化、片面化倾向。

（五）国家认同教育与思想政治理论课的道德观教育

道德是用善恶来评价，依靠社会舆论、内心信念和传统习惯来调整人们之间以及个人与社会关系的行为规范及心理意识和行为活动的总和。国家认同教育依托于道德观教育，为道德观教育服务。思想政治理论课的道德观教育主要包括社会主义和共产主义道德教育。对大学生进行社会主义和共产主义道德教育，对于培养他们为社会主义和共产主义事业的献身精神和履行社会职责、社会义务的自觉性，培养他们热爱祖国、热爱人民、热爱劳动、热爱科学、热爱社会主义的高尚品质，从而自觉维护人与人之间的平等、团结、友爱、互助的社会主义新型人际关系，具有重要意义。国家认同教育与思想政治理论课的道德观教育的关系表现如下。

1. 国家认同教育要求思想政治理论课教学中的道德观教育要加强集体主义教育。集体主义是社会主义和共产主义道德的基本原则，是调节个人与个人之间、个人与集体之间利益关系的根本准则。思想政治理论课中的道德观教育要始终坚持集体主义的价值目标取向。集体主义原则的基本要求是：从无产阶级和劳动人民的根本利益出发，坚持集体利益高于个人利益；在保证集体利益的前提下，把集体利益和个人利益结合起来；当个人利益与集体利益发生冲突的时候，个人利益应当无条件地服从集体利益，必要时还要牺牲个人利益，以实现集体利益。这三层含义有机联系，不可割裂。国家认同恰恰是从集体利益出发，强调国家认同与集体利益的一致性。

2. 国家认同教育要求思想政治理论课教学中的道德观教育要加强公民基本道德规范和社会主义荣辱观教育。2001年中共中央印发的《公民道德建设实施纲要》第一次明确地提出"爱国守法、明礼诚信、团结友善、勤俭自强、敬业奉献"的公民基本道德规范。2007年党的十七大报告提出以"八荣八耻"为主要内容的社会主义荣辱观，社会主义荣辱观是社会主义核心价值体系的重要组成部分。大学生学习并实践公民基本道德规范和社会主义荣辱观，是提高自身道德素质、锤炼道德品质的重要途径。国家认同教育与公民基本道德规范和社会主义荣辱观相一致，强调道德与认同的统一，体现了历史传统与时代精神的有机结合，既是对中国优良道德传统和中国革命道德传统的继承与弘扬，又是对新的历史条件下道德建设的发展和创新。从公民道德建设的角度加强国家认同，有利于公民道德的具体实践，培养基本的公民道德规范。

3. 国家认同教育要求思想政治理论课教学中的道德观教育要加强职业道德教育。社会主义职业道德的基本原则是：爱岗敬业、诚实守信、办事公道、服务群众、奉献社会。这既体现了社会主义职业道德观的规范和要求，又体现了社会主义职业道德的本质及其特点。大学生是祖国培养的人才，将来会从事不同的职业，无论从事什么职业，都应当以国家和社会主人翁的态度自觉做好本职工作，最大限度地发挥自己的聪明才智，不断创造，不断奉献，为中国特色社会主义建设事业作出应有贡献。

4. 国家认同教育要求思想政治理论课教学中的道德观教育要加强社会公德教育。党的十四届六中全会决议归纳的社会公德的基本规范是：文明礼貌、助人为乐、爱护公物、保护环境、遵纪守法。对大学生进行社会公德教育，就是要使大学生能够自觉维护社会公德，形成健康、良好、积极的社会风气，这对加强社会主义精神文明建设，提高全民族思想道德素质，都具有十分重要的意义。开展社会公德教育，要注意教育和引导大学生发扬社会主义人道精神，提倡人与人之间的相互尊重，相互理解，相互关心，相互帮助，维护社会的安定、团结、和谐，勇于同一切违背社会公德的不良行为作斗争。

5. 国家认同教育要求思想政治理论课教学中的道德观教育要加强家庭美德教育。《思想道德修养与法律基础》课程中有专门章节阐述树立正确的恋爱道德和家庭美德。家庭美德是指人们在家庭生活中调整家庭成员间关系、处理家庭问题时遵循的高尚的道德规范。家庭美德的内容主要包括尊老爱幼、男女平等，夫妻和睦、勤俭持家、邻里团结等。社会主义的家庭美德，是社会主义道德在家庭生活中的具体体现。为人民服务是社会主义道德的核心，它在家庭生活中的表现就是每个家庭成员都要履行自己的道德责任和道德义务，都要有奉献精神，都要为他人服务，一人有难，全家相助，形成一个相互关心、相互帮助的和睦家庭。大学生作为家庭的一分子，必须自觉贯彻实施家庭美德，家庭美德是美满幸福生活的力量源泉。

（六）国家认同教育与思想政治理论课的法治观教育

"法治观是人们对于一定社会的法律制度和社会秩序及其运行状况的根本看法和态度。"[1] 国家认同教育的重要任务就是引导大学生树立正确法治观。这与思想政治理论课的法治观教育是一致的。法治观教育就是对青年学生进行社会主义民主与社会主义法治和社会主义法律的教育。通过法治观教育，可以使大学生正确认识和处理社会主义民主与社会主义法治的关系，正确行使民主权利，自觉遵守国家的法律和纪律，

---

[1] 马礼、马进主编：《高校思想政治理论课教学研究》，甘肃民族出版社2009年版，第111页。

并为建设社会主义民主政治和法治国家作出自己积极的应有的贡献。因此，对学生进行法治观教育一直是思想政治理论课的一项长期任务和重要内容。国家认同教育与思想政治理论课的法治观教育的关系表现如下。

1. 国家认同教育要求思想政治理论课教学要开展社会主义民主教育。社会主义民主教育可以为国家认同教育打下坚实的思想基础。社会主义民主教育要帮助和引导大学生认清和辨别社会主义民主和资产阶级民主的本质区别，增强大学生对社会主义民主的认同感；同时还要帮助和引导大学生正确认识和对待民主和集中的关系、民主与法治的关系，大学生只有切身感受到社会主义民主的优越性，才能产生对社会主义民主的认同，并进而为不断健全和完善社会主义民主而努力奋斗。

2. 国家认同教育要求思想政治理论课教学要开展社会主义法治观念教育。社会主义法治观念教育除了要引导大学生树立社会主义民主法治观念以外，还要引导大学生树立社会主义的自由平等观念、公平正义观念以及权利义务观念。在这些法治观念的树立过程中，大学生会进一步认识社会主义民主法治是社会主义的重要特征、中国共产党的领导是社会主义民主法治建设的根本保证。只有坚定地拥护党的领导，加强自身法律意识，树立法治观念，才能更好地达到对中国共产党领导执政的认同。

3. 国家认同教育要求思想政治理论课教学要开展建设社会主义法治国家的教育。党的十五大明确提出了依法治国，建设社会主义法治国家的基本方略，这一方略的实施任重而道远。所谓依法治国，就是广大人民群众在党的领导下，依照宪法和法律规定，通过各种途径和形式管理国家事务、管理经济文化事务、管理社会事务，保证国家各项工作都依法进行，逐步实现社会主义民主的制度化、法律化，使这些制度和法律不因领导人的改变而改变，不因领导人的看法和注意力的改变而改变。因此，建设社会主义法治国家的重任需要每一个公民的积极参与，依法治国的主体是人民群众。大学生理应成为建设社会主义法治国家的主力军。

4. 国家认同教育要求思想政治理论课教学要开展社会主义纪律教育。社会主义纪律是建立在对共产主义道德规范的自觉认识基础上的，它的内容和执行方式是根据大多数人的意志和利益用民主方式来确立的。社会主义纪律的最高标准就是严格执行党的政策和遵守国家的纪律。思想政治理论课进行社会主义法律教育,最重要的是帮助大学生自觉遵守各项纪律,用各项纪律来约束自己的行为。那种以自我为中心追求所谓绝对自由在现实生活中是根本不存在的。青年学生应该树立纪律观念,这是培养社会主义"四有"公民的需要,也是保证社会稳定和促进社会发展的需要,从这一点来讲,它和国家认同所要达到的相关目的是一致的。

二 国家认同教育对思想政治理论课育人的中国特色要求

中国共产党在长期的革命建设中积累了思想政治教育的丰富而宝贵的资源,形成了具有中国特色的思想政治教育的优良传统。中国共产党坚持与时俱进,不断丰富思想政治教育的内容,改进思想政治教育的形式,充分发挥了思想政治教育服务于党和国家的作用。国家认同教育对思想政治理论课育人的中国特色要求表现如下。

(一)坚持正确的政治方向,培养社会主义事业的合格接班人。任何国家,思想政治教育都具有明确的意识形态要求,任何国家的思想政治教育都会向学生灌输本国的主流意识形态,培养符合本国发展所需要的人才,毛泽东曾经指出:"没有正确的政治观点,就等于没有灵魂。"中国共产党始终重视思想政治教育的政治方向,在教育过程中,始终坚持坚定正确的政治方向。政治方向是国家认同教育的鲜明中国特色的集中表现。只有坚持正确的政治方向,才能培养社会主义事业的合格接班人,中国特色社会主义事业才能薪火相传。

(二)坚持德育为先原则,培养德才兼备的"四有"人才。德才兼备一直是中国共产党培养和选拔人才的标准。思想政治教育是育人的工程,要教会人们做人的道理,要求人们不仅要有广博的知识和才干,而且要具备良好的理论素养与人格表率。突出德育首位是培养社会主义"四有"新人的根本保证。我国的古代教育中就一直有"德育至上"的思想,继承和发扬我国古代德育至上的教育思想,就要把"德育"放在学校各种教育的首位,要求思想政治教育注重培养学生坚定正确的政治方向和共产主义道德品质。国家认同教育在这方面与思想政治教育是一致的，也强调培养国家认同的理念是现阶段人才的标志，是德育为先在思想政治教育中的具体实践。

（三）坚持理论联系实际，培养社会主义现代化建设所需人才。中国共产党始终用发展的马克思主义领导中国人民进行新民主主义革命斗争和社会主义现代化建设，始终坚持把马克思主义同中国革命、建设的实际相结合，形成了具有中国特色的社会主义理论体系，极大地丰富了马克思列宁主义的理论，推动了马克思主义理论在中国的发展。理论联系实际也成了党的优良作风。在开展国家认同教育和思想政治教育过程中，必须把两者统一到理论联系实际的原则上来。以理论联系实际的马克思主义优良作风，培养大学生的国家认同意识。理论联系实际的本质是以马克思主义的理论解释和说明中国的现实问题。因此，国家认同教育与思想政治教育都是为了解决大学生面临的现实问题，这就是怎样成长的问题。大学生的成长最根本的是红与专、自我与社会、个人与集体、理想与现实如何结合的问题。

（四）坚持"以人为本"与人的全面发展目标，促进人的全面发展。"以人为本，是中国共产党根据新世纪新形势新任务提出的重要执政理念，既是经济社会发展长远的指导方针，同时也是思想政治教育必须坚持的重要原则。"[①] 坚持以人为本，对于国家认同教育与思想政治教育来说，就是要树立以学生为中心的学生主体意识，把学生的全面发展作为思想政治教育的根本价值所在，牢固树立一切发展都是为了学生的全面发展的理念，促进大学生健康成长。人的全面发展是中国共产党实施思想政治教育的重要理论来源，人的全面发展是相对于人的片面发展而言的。"马克思提到的'个人全面发展'，指的是个人劳动能力（体力和智力）的多方面、充分的、和谐的、自由的发展。"[②] 人的全面发展内涵丰富，主要包括体力和智力的充分自由发展、人的才能的多方面发展以及个人社会关系的高度丰富和发展。这一理论告诉我们，在教育过程中，一定要激发学生的身心潜能，开发学生的创造力，促进其个

[①] 徐建军：《少数民族大学生思想政治教育理论与方法》，人民出版社2011年版，第75页。

[②] 张耀灿等主编：《思想政治教育学原理》，高等教育出版社1998年版，第31页。

第四章　高校国家认同教育与思想政治教育育人

性的充分发展。全面发展的教育是包括德育、智育、体育和美育在内的，它们相对独立，不能互相代替，对于实现人的全面发展缺一不可。

（五）坚持文化育人，培养面向现代化、面向世界、面向未来的人才。中国共产党始终重视发展先进文化，注重文化育人。发展先进文化，就是发展面向现代化、面向世界、面向未来的，民族的科学的大众的社会主义文化，以不断丰富人们的精神世界，增强人们的精神力量。"文化越先进，对先进文化成果的运用越自觉，人类获得自由的工具也就越先进，条件也就越充分，所获得的自由也就越大，全面发展的程度也就越高。"[1] 教育是造就全面发展的人的唯一途径，而教育造就全面发展的人的功能的发挥，是以先进文化的发展为前提的。国家认同之一就是强调对中华文化的认同，数千年来中华民族的文化积淀是当代中国先进文化建设的巨大资源宝库。现实的中国与世界的发展息息相关，世界其他民族的文化创造也是当代中国文化建设无法回避的。因此，在当前文化多元背景下，加强对中华文化的认同，正确对待文化继承、文化借鉴和文化创新的关系，成为当代中国先进文化建设必须认真思考的问题。在我国高校的文化育人主要体现在校园文化建设上。校园文化，就是在学校环境中，由学校的管理者和广大师生员工在教学、科研、生产、生活等各个领域的相互作用中所创造出来的一切物质和精神的产物以及创造过程。可以划分校园物质文化、校园制度文化、校园精神文化三种基本形态。加强和改进大学生思想政治教育，开展国家认同教育尤其要重视和发挥校园文化在思想政治教育中的凝聚功能、规范功能、导向功能、激励功能、创新功能、辐射功能和就业指导功能，最终服务于培育面向现代化、面向世界、面向未来的现代化人才目标。

（六）坚持教育与管理相结合的原则，为培养人才奠定基础。中国共产党在思想政治教育方面始终坚持教育与管理相结合的原则，发挥思想政治教育和行政管理手段的双重作用，做到教育育人与管理育人相结合。"教育育人是指通过教师所传授的教学内容以及教师的言传身教把育人渗透到教学之中。管理育人是指通过管理过程来实现育人，即对在校大学生的学习、生活、成长等诸因素进行指挥、协调、控制，使其朝

---

[1] 沈壮海：《思想政治教育的文化视野》，人民出版社2005年版，第25页。

着健康的方向发展。"① 教育和管理相辅相成，有机结合，才能不断提高国家认同教育水平，激励和引导学生健康成长。

（七）坚持思想政治教育队伍建设与管理，为培养人才提供人力保障。中国共产党一直致力于建设一支专兼结合、功能互补、信仰坚定、业务精湛的思想政治教育队伍。思想政治教育队伍建设关系到国家认同教育与思想政治教育目标、内容、过程、评估、领导等各方面能否得到贯彻落实，关系到国家认同教育与思想政治教育活动能否取得成效。国家认同教育与思想政治教育要想收到实效，一靠真理的力量，二靠人格的力量。② 这一切归根到底都要靠思想政治教育工作者来体现和落实。思想政治教育队伍面对新情况、新问题，需要不断加强自身建设，努力提高自身素质，增强队伍整体素质，才能更好地完成时代所赋予的历史重任。

（八）坚持党对思想政治教育的领导，为人才培养创设体制保障。国家认同教育与思想政治教育都是党的工作的一部分，加强对思想政治教育的领导，是搞好国家认同教育的体制保障。思想政治教育是中国共产党的优良传统和政治优势，是社会主义精神文明建设的一项基础性工作。党对思想政治教育的领导，是由思想政治教育的性质和特点决定的。《中国共产党章程》中明确规定："党的领导主要是政治、思想和组织的领导。"政治领导主要是通过制定和贯彻党的路线、纲领、方针、政策实现的，是党的领导的根本体现；思想领导是党的领导的重要内容，主要通过开展强有力的思想政治教育和宣传教育来实现；组织领导的核心就是选拔各级领导班子和思想政治教育干部队伍，健全和完善相关工作机构，加强对干部的教育和管理。

三 国家认同教育与思想政治理论课育人的中国梦要求

中国梦，是2012年11月29日，新一届中央领导集体在国家博物馆参观《复兴之路》展览过程中，习近平同志发表的重要讲话所提出

---

① 陈志军等：《社会主义核心价值体系融入大学生思想政治教育全过程研究》，光明日报出版社2009年版，第96页。

② 张耀灿等主编：《思想政治教育学原理》，高等教育出版社1998年版，第256页。

第四章 高校国家认同教育与思想政治教育育人

的。"中国梦"指国家富强、民族振兴、人民幸福、社会进步。新一届中央领导集体提出的"中国梦"是对中国特色社会主义理论体系更通俗、更直白的表述。国家认同教育与思想政治理论课教学贯穿"中国梦",就是要引导大学生在中国共产党的领导下,坚定不移地走中国特色社会主义道路,将个人的理想和祖国的未来结合起来,最终实现中国梦,实现中华民族伟大复兴。

（一）加强国家认同教育,实现中国梦必须走中国道路,这条道路就是中国特色社会主义道路。国家认同教育强调对中国特色社会主义道路的认同,只有加强对当代大学生对中国特色社会主义道路的认同教育,才能坚定他们的中国特色社会主义的理想信念,保证中国特色社会主义事业后继有人、兴旺发达。中国特色社会主义道路来之不易,它是在改革开放 30 多年的伟大实践中走出来的,是在中华人民共和国成立 60 多年的持续探索中走出来的,是在对近代以来 170 多年中华民族发展历程的深刻总结中走出来的,是在对中华民族 5000 多年悠久中国梦的传承中走出来的,具有深厚的历史渊源和广泛的现实基础。中华民族是具有非凡创造力的民族,中华民族创造了伟大的中华文明,也一定能够继续拓展和走好适合中国国情的发展道路。国家认同教育与思想政治教育一定要引导大学生增强对中国特色社会主义的理论自信、道路自信、制度自信,坚定不移沿着正确的中国道路奋勇前进。

（二）加强国家认同,实现中国梦必须弘扬中国精神。国家认同教育,突出对祖国的认同、对中华民族的认同以及对中华文化的认同,目的就是为了培养大学生对祖国的热爱之情,对民族的自豪之情。只有产生了这方面的认同,才能更好地践行中国精神、传承中国精神。中国精神就是以爱国主义为核心的民族精神,以改革创新为核心的时代精神。这种精神是凝心聚力的兴国之魂、强国之魂。爱国主义始终是把中华民族坚强团结在一起的精神力量,改革创新始终是鞭策大学生在改革开放中与时俱进的精神力量。国家认同教育与思想政治教育一定要引导大学生弘扬伟大的民族精神和时代精神,不断增强团结一心的精神纽带、自强不息的精神动力,永远朝气蓬勃迈向未来。

（三）加强国家认同,实现中国梦必须凝聚中国力量。实现中国梦必须凝聚中国力量,这就是中国各族人民大团结的力量。中国梦是民族的梦,也是每个中国人的梦。国家认同能够让全国人民更能紧密地团结在一起,达到对国家、对民族、对未来发展的高度认同。国家认同教育与思想政治理论课教学中贯彻中国梦的思想,就是教育大学生:只有全中国人民紧密团结,万众一心,为实现共同梦想而奋斗,中国梦就一定能实现。只有华夏子孙团结起来,实现梦想的力量就会变得无比强大,中华民族的每一个成员也会为实现自己的梦想拥有更广阔的空间。生活在我们伟大祖国和伟大时代的中国人民,共同享有人生出彩的机会,共同享有梦想成真的机会,共同享有同祖国和时代一起成长与进步的机会。有梦想、有机会、有奋斗,一切美好的东西都能够创造出来。国家认同教育与思想政治教育一定要引导大学生牢记使命,心往一处想,劲往一处使,用14亿人的智慧和力量汇集起不可战胜的磅礴力量。

第二节 国家认同教育与日常思想政治教育育人

国家认同教育与日常思想政治教育结合起来,才能发挥思想政治教育的长效作用。开展国家认同教育除了发挥好课堂教学育人这一高校思想政治教育的主渠道之外,还需要重视日常的思想政治教育主阵地工作,使二者相辅相成、相得益彰。日常思想政治教育是指辅导员和班主任等高校学生工作人员根据党的教育方针和高校思想政治教育工作的要求,从学生的认知发展规律出发,针对不同学生的思想实际,以宿舍、党团组织、班级工作和学生社团为载体,从学习、生活细微入手,对高校学生的政治素质、思想品德、心理健康以及其他养成教育进行潜移默化影响的一种教育手段。日常思想政治教育,是引导大学生学习与践行中国特色社会主义理论体系的关键环节之一,大学生所面临的大量的、即时的、经常性的思想问题,需要靠辅导员、班主任的日常思想政治教育来解决,实现全过程育人、全方位育人。

一 国家认同教育是日常思想政治教育育人的主题

只有将国家认同教育贯穿、渗透、融入日常思想政治教育中,成为日常思想政治教育育人的主题,才能最大限度地发挥国家认同的引领和导向作用,才能促进大学生自觉形成国家认同意识并付之于行动。

第四章　高校国家认同教育与思想政治教育育人

（一）国家认同教育是日常思想政治教育育人的主题，由其基本内容决定。国家认同的内容是青年学生在日常生活和学习中需要解决的重大理论是非、思想是非和行为是非问题。只有解决好这些问题，才能在学生中形成统一思想、统一认识，才能付诸统一的行动之中。日常思想政治教育解决的就是学生日常所面临的理论困惑、认识困惑，将国家认同作为其主题能够更好地发挥日常思想政治教育的作用。

（二）国家认同教育是日常思想政治教育育人的主题，由思想政治教育的根本目标决定。国家认同教育的目标与思想政治教育的根本目标是一致的。高校思想政治教育的根本目标，就是引导和帮助大学生掌握马克思主义的基本立场、观点和方法，树立正确的世界观、人生观、价值观，培养和提高其分析和解决当代中国改革开放和现代化建设中实际问题的能力。国家认同教育与思想政治教育都注意引导大学生确立建设中国特色社会主义的共同理想，激发他们强烈的历史责任感和使命感，增强贯彻执行党的路线、方针、政策的自觉性和坚定性，积极投身建设中国特色社会主义的伟大实践之中。

（三）国家认同教育是日常思想政治教育育人的主题，由思想政治教育实效性决定。思想政治教育的最终目标是要落实到教育实效上。国家认同教育紧跟时代步伐，对大学生认同领域出现的问题进行梳理和整合，解决大学生的大是大非问题。思想政治教育的效果，就是要让学生真心喜爱、忠实认同，终身受益，因此，开展国家认同教育，可以在大学生思想和精神的深层次上起作用，能够不断提高思想政治理论教育的效果。

二　国家认同教育是日常思想政治教育育人的基本内容

大学生日常思想政治教育以党团组织、社团活动、班级工作、社会实践等为载体，是对学生进行思想教育和日常管理的最基本、最重要的途径。因此，要将国家认同教育开展下去，必须将其渗透于日常思想政治教育全过程，从多渠道入手，不断拓宽大学生日常思想政治教育的途径，不断创新大学生日常思想政治教育的方式。把大学生的基础道德、文明修养与他们日常的行为养成结合起来，经常开展文明校园、文明班级、文明寝室、文明标兵等不同层次的文明创建活动，促进大学生知荣辱、讲文明。另外，要注意发挥学生的主体作用，使他们尽可能多地参加学校的各类管理服务活动，通过学生自身的参与，促进他们了解社会、了解国情、磨炼意志、增长才干、培养协作精神、提高创新创业能力、增强社会责任感，使他们在潜移默化中，接受和确立国家认同意识，知行统一。

（一）将国家认同教育与党团组织活动相结合。发挥党团组织在大学生日常思想政治教育中的龙头作用是国家认同教育取得实效的保证。在大学生党团员中积极开展以国家认同为主题的实践教育活动，对发挥大学生党团员的示范和引导作用，以典型和榜样来影响和带动大学生思想政治素质的提升，意义重大。党团组织要把国家认同教育作为大学生入党积极分子培养和大学生党员团员培训的重要内容，不断创新大学生党团组织的教育实践活动，发挥党团组织的表率作用。

（二）将国家认同教育渗透于社团活动。学生社团是由兴趣爱好相同的学生组织的群众性团体，是校园文化建设的重要载体，是第二课堂活动的重要组成部分。学生社团在丰富校园文化生活、促进校园精神文明建设、增强学生就业竞争力、促进学生综合素质的提高等方面发挥着积极的作用。学生社团是校园文化建设的主力军，是在校大学生进行交流、追求进步的大课堂，同时也是学生展示自我的大舞台。国家认同教育与学生社团组织相结合，既能够发挥课堂教育不具备的影响力和凝聚力，又能够寓教于乐、寓教于活动，潜移默化、春风化雨。

（三）将国家认同教育渗透于班级工作。班级工作在日常思想政治教育中发挥着不可替代的作用。通过举办形式多样的班级活动，广泛深入开展国家认同教育。例如国家认同教育主题班会、国家认同主题演讲、讨论、文娱活动等，都是很好的国家认同教育载体。班主任和班干部应该在国家认同教育中起到榜样作用。班级工作与国家认同相结合，在增强班级凝聚力的基础上，培育大学生的集体荣誉感，都有重要作用。此外，班级工作与国家认同教育相结合，必须体现综合性和生动性相结合的原则、教育与自我教育相结合的原则。国家认同教育只有贴近实际、贴近学生，针对实际，才能满足学生需要，实现教育价值。

（四）将国家认同教育渗透于社会实践。社会实践是高校思想政治教育的重要环节，对于大学生了解社会、了解国情、增长才干、奉献社

第四章　高校国家认同教育与思想政治教育育人

会、锻炼毅力、培养品格，增强社会责任感具有不可替代的作用。国家认同教育要想达到教育的目的，必须与社会实践相结合。在思想政治理论课教师、辅导员、班主任等的指导下，组织大学生深入工厂、社区、农村，认识和理解中国特色社会主义的伟大实践，对于增强国家认同教育的效果，培养大学生的国家认同意识具有课堂教育不可比拟的重要效果。

（五）将国家认同教育渗透于思想政治教育队伍建设。要将国家认同教育渗透到日常思想政治教育中，必须建立一支业务能力强、思想素质过硬的大学生思想政治教育教师和管理队伍，包括班主任、辅导员、管理人员。思想政治教育队伍是开展日常思想政治教育的骨干力量，是大学生健康成长的指导者和引路人，能在国家认同教育中发挥重要作用。高校要认真选拔和培养思想政治教育教师和管理人员，建立起一套教师的工作机制，把教育队伍首先培养成国家认同的忠实实践者，使大学生在他们的言行中受到潜移默化的影响，才能确保日常思想政治教育取得实效。

三　国家认同教育是日常思想政治教育育人的基本要求

国家认同教育与日常思想政治教育的育人关系表现为国家认同教育体现了日常思想政治教育的基本要求。

（一）国家认同教育体现了日常思想政治教育育人网络化的基本要求。网络时代对高校日常思想政治教育工作产生了很大冲击，是一种挑战，更是一种机遇。加强高校思想政治教育，开展国家认同教育，应正视网络时代这一社会存在的现实。应该将国家认同教育与网络相结合，通过设立国家认同教育的网站，制作各种网络产品，将国家认同教育与网络相结合，增强国家认同教育的实效性。

（二）国家认同教育体现了日常思想政治教育育人多样化的基本要求。当前，大学生的价值取向、道德观念、理想信念面临着前所未有的新挑战。对此，日常思想政治教育要转变方式、及时跟进，注意教育内容和手段的多样化。"很多青年既缺乏对世界文化的判断、选择和认同，也缺乏对民族文化的理解、接纳，还缺乏对丰富文化资源进行选择的能力和跨文化的交流能力，所以在多元文化的冲突中会陷入很被动的境地。"① 因此，在新形势下，国家认同教育要在多样化的背景下，突出主旋律，强调一致性。这就是注意以国家认同统一大学生的思想，创新教育内容与形式，引导大学生培养正确的国家观、民族观、文化观和价值观。

（三）国家认同教育体现了日常思想政治教育育人中"五观"教育的基本要求。"'五观'教育是指在国家认同教育中开展的马克思主义'五观教育'，即民族观、宗教观、国家观、文化观、历史观教育。"② 国家认同教育与"五观"教育都是日常思想政治教育的重要内容和重要任务。就两者关系看，国家认同教育强调认同的一致性、统一性，"五观"教育强调观念的一致性、统一性。两者殊途同归，互相配合，互相支撑，都是为了培养大学生正确的思想观念和健康的情感情操。国家认同教育正好是"五观"教育的基本要求。

（四）国家认同教育体现了日常思想政治教育育人的德育目标和德育内容的基本要求。"德育目标和德育内容，是德育要素中的主导因素，规定着德育的本质和方向。"③ 在不同思想观念、不同价值追求、不同利益格局、不同利益诉求互相交织相互激荡的新形势下，日常思想政治教育的德育目标和德育内容虽然随着时代的发展和变化不会一成不变，但无论怎么变化，都必须以培养大学生高尚的道德品质为主要目标，以社会主义共产主义的道德要求为主要内容。国家认同教育坚持日常思想政治教育育人的德育目标和内容的基本要求，及时解决我国改革开放大背景下大学生在思想认识方面产生的新问题。

（五）国家认同教育体现了日常思想政治教育育人实效性的基本要求。加强大学生日常思想政治教育的关键在于增强实效性。这就需要把国家认同教育融入日常思想政治教育全过程。国家认同教育要在日常思想政治教育的方方面面体现出来，才能构成教育氛围，提高实效性。为

---

① 李明琼：《多元文化背景下的青年思想政治教育》，《河北青年管理干部学院学报》2008年第3期。

② 金炳镐、张谋：《论新世纪民族高等院校大学生的"五观"教育》，《中央民族大学学报》（哲学社会科学版）2003年第3期。

③ 石书臣等：《主导论：多元文化背景下的高校德育主导性研究》，人民出版社2011年版，第320页。

第四章 高校国家认同教育与思想政治教育育人

此,思想政治理论教育工作者要研究大学生出现的新情况、新问题,针对大学生的成长规律,多渠道入手,拓宽教育途径,创新教育方式。要坚决杜绝形式主义、假大空的教育模式,转变观念、解放思想,创造大学生喜闻乐见、容易接受的教育内容和教育形式。日常思想政治教育中的国家认同教育更要重视教育对象的个性差异和思想实际状况,避免导致教育目的定得过于笼统和空洞、缺乏层次性和可操作性。

第三节 国家认同教育与校园文化建设育人

"当今时代,文化越来越成为民族凝聚力和创造力的重要源泉。"[1] 高校承担着思想文化建设与人才培养的双重使命。高校校园文化是大学精神风貌的集中展示,也是大学精神文明建设的重要内容。国家认同教育融入高校校园文化建设,是弘扬大学精神和提升大学文明水平的需要,也是培养合格人才的需要。

一 国家认同教育是校园文化建设育人的主题

国家认同是校园文化建设育人的主题。要把国家认同教育融入到校园文化建设之中,就要明确校园文化建设与思想政治教育工作之间的本质联系,就要合理定位国家认同融入校园文化建设的价值意义及价值目标。

(一)国家认同教育是校园文化建设"文化育人"的本质要求。国家认同教育作为思想政治教育的重要内容,从根本上讲是塑造人的工程。任何社会的进步和发展,文化都扮演着引领的角色,要想提高思想政治教育的效果,就必须在"文化育人"中以社会主义先进文化引领方向,支撑发展。把国家认同教育作为社会主义先进文化的内容,成为校园文化建设的主题,要求校园文化建设必须牢牢把握正确方向,坚持以培养大学生正确的国家观、民族观、文化观和价值观为主线主题。

(二)国家认同教育是校园文化建设的政治导向。在校园文化建设

---

[1] 胡锦涛:《高举中国特色社会主义伟大旗帜 为夺取全面建设小康社会新胜利而奋斗》,人民出版社2007年版,第33页。

中，必须始终坚持国家认同教育对大学生的思想政治导向作用，国家认同表现的以科学的理论武装人，以正确的舆论引导人，以高尚的精神塑造人，以优秀的作品鼓舞人正是校园文化建设的政治导向。大学生的政治素质的提升、政治涵养的增加主要表现为国家认同的知行统一。

（三）国家认同教育是校园文化建设的道德净化。我国目前正处于市场经济转型时期，享乐主义、实用主义、拜金主义等问题时有发生，社会道德失范现象屡禁不绝。国家认同教育对于防止这些负面消极的思想意识影响，对于培养大学生高尚的道德品质，具有无可替代的重要作用。校园文化发展才不偏离国家认同的目标，才能对负面的消极文化进行扬弃，使校园的道德空间得以净化。

（四）国家认同教育是高校校园文化传播的重要途径。校园文化传播主要有两个途径，一是校内传播；二是校外传播。校内传播主要是通过举办各类知识讲座、报告会、演讲会等传播中国特色社会主义理论，正确的世界观、人生观、价值观。校外传播则是指教师和大学生服务社会的社会实践活动将校园文化向学校以外传播。国家认同教育不仅是校内文化传播的重要途径，而且是校外文化传播的重要途径。

（五）国家认同教育是实现校园文化传递的有力工具。高校校园文化具有沿袭性、适应性和转换能力，它不但要与时俱进，不断吸收时代精神，而且有自己历史传统，既凝聚了学校的基本精神和文化精髓，也包含着时代在校园文化上的烙印。国家认同教育是高校校园文化不断传承与发扬光大的重要媒介和重要手段，是实现校园文化传递的有力工具。校园文化正是借助国家认同教育才能传播开来，为大学生所理解和接受。

二　国家认同教育是校园文化建设育人的基本内容

"校园文化的主要形式有舆论环境、校园精神、校园风貌、健康行为。"[①] 国家认同教育是校园文化建设育人的基本内容，国家认同教育必须结合校园文化建设开展。

---

① 陈志军等：《社会主义核心价值体系融入大学生思想政治教育全过程研究》，光明日报出版社2009年版，第109页。

第四章　高校国家认同教育与思想政治教育育人

（一）将国家认同教育融入到校园舆论环境建设中。舆论是喉舌，"舆论导向功能是校园文化对学生的学习、成长和进步具有一种方向明确的引导作用。"① 国家认同教育可以引导大学生建立共同的认同观，拥有共同的价值观，形成共同的追求和共同的目标，在实践中自觉去遵守并支持校园文化所主导的东西。通过对舆论环境的国家认同的营造可以把社会主流文化和社会主流价值观通过舆论环境体现出来。通过校园宣传标语、宣传栏、校园雕塑、科技馆、校史馆、校报、校广播电台或电视台、校园网络、校园文艺活动中心等，国家认同教育就可以在校园文化建设中发挥主导校园舆论环境的作用。

（二）将国家认同教育融入到校园精神建设中。校园精神是渗透在校园文化中厚重而无形的精神底蕴和启迪创新的内在机制，校园精神是一所大学的灵魂。国家认同教育通过校园精神的建设可以发挥独特作用，不仅能够反映学校的历史传统、校风、学风，而且能够反映学校的共同理想、共同信念、共同追求、共同意志。

（三）将国家认同教育融入到校园风貌建设中。校园内大学生的精神风貌是他们在校园内工作、学习、生活中所体现出来的一种积极、乐观和进取的态度，这种态度旨在塑造大学生的良好品行。国家认同教育在校园风貌建设中，不仅仅是教育的推广和进行，更是对大学生灵魂的塑造和培养。

（四）将国家认同教育融入健康行为建设中。校园文化建设旨在培养学生的健康人格和高尚品质。大学生正处于人格发育的关键时期，能否在这一时期培育良好的人格，直接关系其未来的人生发展走向。校园文化所倡导的健康行为是国家认同教育的目标，国家认同教育能促使大学生养成良好的行为习惯、健康文明的行为规范。

（五）将国家认同教育融入到校园制度文化建设中。校园制度文化大多以规章制度的形式规定了大学生在校园文化实践中对好与坏、是与非的检验评价标准，从而形成对校园文化活动鲜明的规范性。正是因为这种规范性，校园制度文化明确地告诉了大学生：应该做什么，可以做什么，禁止做什么，怎样才能做得最好。校园制度文化建设主要包括对

---

① 仇念海：《高校校园文化育人功能刍议》，《哈尔滨学院学报》2003年第6期。

大学生在学习、生活等方面的一系列要求和规定。建设民主、科学、平等、高效的制度文化，是当前大学校园制度建设面临的迫切任务。国家认同教育本身就是制度文化建设的重要组成部分，也依赖于校园制度文化建设的效果。国家认同教育为大学生提供了思想道德素质和行为评定的尺度和标准，也对大学生品德行为具有规范和约束作用。国家认同教育能够培养大学生依法办事、按规则办事的良好品行，能够增强大学生的制度意识。

三　国家认同教育是校园文化建设育人的基本要求

国家认同教育是校园文化建设育人的基本要求表现在以下几方面。

（一）为校园文化建设提供思想指引。校园文化的建设不是盲目的、自发的，是在一定思想指导下进行的。加强国家认同教育，夯实了校园文化建设的认同基础，使马克思主义的指导地位在校园文化建设中得到加强。受西方文化思潮和价值观念的影响，少数人主张文化中立或文化西化，否定马克思主义的科学性，否定马克思主义在意识形态领域的指导地位，如果校园文化建设放弃马克思主义的指导地位，各种腐朽思想和文化必将蜂拥而至，充斥大学校园。大学生不可能得到健康发展，高校也不可能培养出合格的人才。为此，加强国家认同教育是校园文化建设的思想指引。

（二）为校园文化建设提供目标指引。校园文化建设的目标毫无疑问就是培养合格人才，其方式方法是多种多样的。国家认同教育对校园文化建设的目标指引表现为规定了校园文化建设的前进方向，明确了校园文化建设的任务。这就要求校园文化建设坚持"贴近实际、贴近生活、贴近群众"的原则，从维护好、实现好、发展好大学生根本利益的高度出发，在立足大学生思想实际和学习工作实际的基础上，有针对性地解决大学生普遍关心的问题，为大学生成才提供强有力的思想和精神保证。国家认同教育是校园文化建设始终要牢牢把握的方向。就此看来，校园文化建设的效果如何，取决于国家认同教育的目标是否能够实现。

（三）为校园文化建设提供价值指引。校园文化是学校在长期的经营与管理过程中逐渐形成的共同的价值取向，是师生员工在各种环境下得以自下而上的精神支柱，其核心是"以人为本"。加强国家认同教育，为校园文化建设提供价值指引，一要大力弘扬民族精神，切实加强对大学生的爱国主义教育。二要坚持以为人民服务为核心，以集体主义为原则，以爱祖国、爱人民、爱劳动、爱科学、爱社会主义为基本要求，以社会公德、职业道德、家庭美德为着力点，大力倡导"爱国守法、明礼诚信、团结友善、勤俭自强、敬业奉献"的基本道德规范。三要推进与学校教育、社区教育、家庭教育紧密结合的德育教育体系建设，在全社会形成齐抓共管的良好育人环境。四要拓展学生思想政治工作新途径，指导大学生正确分析、认识现实问题；引导大学生个性健康发展；培养学生的奋斗精神和合作精神；倡导学生自我教育、自我服务、自我调节，提高大学生的能力和素质。

（四）为校园文化建设提供发展指引。校园文化建设是一项复杂的系统工程，有其内在的规定性、外在的联系性和建设的整体协调性。校园文化建设还是一种发展的动态文化形态。因此，加强国家认同教育，为校园文化建设提供发展指引，就必须以国家认同教育为核心构筑校园文化发展的能力和水平。保证校园文化建设精神动力的持久性、思想基础的稳固性。

（五）为校园文化建设提供方法指引。国家认同教育为校园文化建设提供方法指引表现为，引导大学生正确对待祖国文化遗产的传承和对外来文化的学习借鉴。对祖国的文化遗产要完整传承，保留精华，去其糟粕。对外来文化要批判学习和借鉴，既不要全盘西化，也不要一概否定。校园文化作为开放的文化系统，必然对古往今来的社会价值观念、知识体系、道德标准、行为模式、文化传统进行吸取和继承。要在正确的方法论指引下，大力宣传和弘扬解放思想、实事求是，与时俱进、勇于创新，知难而进、一往无前，艰苦奋斗、务求实效，淡泊名利、无私奉献的时代精神，使高校校园文化建设既体现历史传统，又反映时代特点，始终充满生机与活力。

（六）为校园文化建设提供和谐指引，和谐校园文化是以和谐为思想内涵、以文化为表现形式，融思想观念、理想信仰、社会风尚、行为规范、价值取向为一体的文化形态。国家认同教育为校园文化建设提供了和谐指引，和谐校园文化可以使校园充满和谐的良好氛围；化解校园矛盾，丰富精神文化生活，形成和谐的人际关系，为构建和谐社会创造良好的人文环境。通过国家认同教育在校园大力倡导和谐的思想价值观念，引导大学生用和谐思想认识事物，用和谐的态度对待问题，用和谐的方式处理矛盾，使崇尚和谐、维护和谐成为大学生的共同追求，推动形成诚信友爱、融洽和睦的人际关系，使和谐的理念成为大学生的价值取向。

高校校园是知识密集、人才集中的特定场所，高校校园文化的表现形式丰富多样。校园文化建设能使生活于其中的大学生在思想感情、道德情操、行为方式上受到陶冶和锻炼，在思想观念、价值取向、精神状态上受到启发和潜移默化的影响。国家认同教育与高校校园文化建设的关系表明校园文化建设是一个"系统工程"，只有坚持国家认同教育的目标和方向，才能坚持以马列主义、毛泽东思想、邓小平理论和"三个代表"重要思想为指导，全面贯彻落实科学发展观，坚持社会主义先进文化的发展方向，建设思想先进、内容丰富、形式多样、教育功能显著的校园文化。

第五章 高校国家认同教育中的祖国认同教育与大学生的国家观培养

祖国认同指公民对自己所属国家在思想和情感方面的认同。这个认同的实现要通过对国家内涵，包括国家的土地面积、民族构成、历史文化、风俗习惯以及政治制度、经济制度、政党制度的认同。对祖国认同是国家观产生的基础。马克思主义国家观认为，公民对关于自己国家及公民个人与国家关系的正确的观点、态度和感情构成了国家观。国家观的核心内容是爱国主义[①]。开展对祖国认同教育是引导大学生培养和树立正确国家观的重要途径。

第一节 高校的祖国认同教育

中华人民共和国是全国各族人民共同缔造的统一的多民族国家。迄今为止，通过识别并经中央政府确认的民族有56个，即汉、蒙古、回、藏、维吾尔、苗、彝、壮、布依、朝鲜、满、侗、瑶、白、土家、哈尼、哈萨克、傣、黎、傈僳、佤、畲、高山、拉祜、水、东乡、纳西、景颇、柯尔克孜、土、达斡尔、仫佬、羌、布朗、撒拉、毛南、仡佬、锡伯、阿昌、普米、塔吉克、怒、乌孜别克、俄罗斯、鄂温克、德昂、保安、裕固、京、塔塔尔、独龙、鄂伦春、赫哲、门巴、珞巴、基诺等少数民族。1949年新中国的成立，开辟了中国各民族平等、团结、互助的新时代。在中华人民共和国统一的民族大家庭内，各民族在一切权利完全平等的基础上，自愿地联合和团结起来，相互促进，共同发展，

---

① 刘万江：《第三极认识西藏》，中国方正出版社2006年版，第173页。

致力于建设富强、民主、文明的新中国。在中国，由于汉族以外的55个民族相对汉族人口较少，习惯上称为"少数民族"。当今世界，科学技术突飞猛进，知识经济日新月异，国力竞争日趋激烈。在这样的背景下，人才的地位和重要性更加凸显。高校既是培养高学历人才的场所，也是培养高素质人才的基地，加强高校的祖国认同教育，对于人才培养工作来说，意义重大。

一 祖国认同教育的意义

中国自古以来就是一个统一的多民族国家。公元前221年，中国建立了第一个统一的多民族的中央集权国家——秦朝。今天中国的广西、云南等少数民族较为集中的地方都在秦朝统一政权管辖下，并设有郡县加以统治。汉朝（公元前206—公元220年）继承秦制，中央集权的封建国家更加强大。汉朝在西域（汉朝以后对今中国甘肃敦煌以西地区的总称）置都护府，增设17郡统辖四周各民族，形成了包括今天新疆各族人民先民在内疆域宽广的国家。在汉朝与周边的少数民族进行频繁的各种交往活动中，汉朝之名也遂被其他民族用来称呼华夏民族，形成了世界上人数最多的民族——汉族。经过秦朝的开创、汉朝的巩固与发展，中国统一的多民族国家从此奠定。

大学生是中华民族的希望和未来，也是中国传统文化传承的重要力量。在大学生中开展祖国认同教育，引导他们培养和树立正确的国家观，对深化社会主义核心价值体系教育特别是爱国主义教育，对弘扬民族精神、加强民族团结、维护祖国统一、促进社会主义精神文明建设，都具有重要意义[①]。祖国认同作为重要的国民意识，是维系一国存在和发展的纽带。祖国认同的实质是一个民族确认自己的国族身份、将个人和民族自觉归属于国家、捍卫国家主权和民族利益的主体意识的构建。一个人只有确认了自己的国民身份，才能了解自己与国家的密切联系，将自我归属于国家，将民族归属于国家，才会关心国家利益，顾全大局、热爱祖国、服务人民，在国家利益受到侵害时愿意挺身而出，才会

---

① 陈达云：《民族院校加强少数民族大学生国家认同教育的思考》，《思想政治教育》2013年第1期。

第五章　高校国家认同教育中的祖国认同教育与大学生的国家观培养

对国家的发展自愿负起责任。

（一）祖国认同教育是加强国家认同教育的首要任务

"人们过去的经历中形成的态度类型对未来的政治行为有着重要的强制作用。……态度类型影响正在进行中的政治生活的活动，构成这些活动的基础。"[①] 祖国认同不仅影响人们对国家和民族的态度，而且对于各个民族维护国家利益，使民族利益服从国家利益，正确处理民族利益与国家利益的关系具有重要意义。祖国认同教育是进行其他"五个认同"教育的重要前提和基础。如果一个人没有正确的祖国观，那么他将很难树立正确的国家观、民族观、文化观。进行社会主义核心价值观教育，首要的也是要进行祖国认同教育。

（二）祖国认同教育有利于大学生继承和发扬中华民族精神

中华民族具有优良的传统，中华民族的历史是各民族人民共同创造的历史，中华民族的传统美德是各民族在生产、生活等实践中形成的。如：公正无私、疾恶如仇、诚实笃信、戒奢节俭、防微杜渐、三省吾身、豁达大度等修身之道；敬业乐群、公而忘私的奉献精神；"天下兴亡，匹夫有责""苟利国家生死以，岂因祸福避趋之"的爱国情操；"先天下之忧而忧，后天下之乐而乐"的崇高志向；自强不息、艰苦奋斗、勤劳勇敢的昂扬锐气；"富贵不能淫，贫贱不能移，威武不能屈"的浩然正气；厚德载物、达济天下的广阔胸襟；奋不顾身、舍生取义、见义勇为的英雄气概；"以天下为己任"的社会理想；"己所不欲，勿施于人"的社会风尚等[②]。加强祖国认同教育就是通过不断了解中华民族五千年历史中孕育的优秀传统美德，引导大学生形成对祖国的认同，帮助大学生正确认识民族精神是国家和民族进步的灵魂，是国家兴旺发达的不竭动力，促使大学生不断继承与发扬光大中华民族精神。

（三）祖国认同教育有利于大学生维护国家稳定、促进民族团结进步

祖国认同是维系一个国家、一个民族根基的重要措施。对于我国这

[①] ［美］加布里埃尔·A. 阿尔蒙德、小G. 宾厄姆·鲍威尔：《比较政治学：体系、过程和政策》，曹沛霖、郑世平、公婷等译，上海译文出版社1987年版，第29页。

[②] 徐柏才：《少数民族大学生的民族认同研究》，人民出版社2012年版，第9页。

样一个由多民族构成的国家来说，祖国认同的培养尤为重要，直接关系到社会稳定、民族团结和国家统一。胡锦涛同志在中央民族工作会议暨国务院第四次全国民族团结进步表彰大会上的讲话中指出："我国是统一的多民族国家，有56个民族，少数民族有一亿多人口，分布在全国各地，民族自治地方占国土面积的64%，西部和边疆绝大部分地区都是少数民族聚居区。这一基本国情，决定了民族问题始终是我们建设中国特色社会主义必须处理好的一个重大问题，也决定了民族工作始终是关系党和人民事业发展全局的一项重大工作。"[①] 加强大学生祖国认同教育，能够加深各民族之间的交往联系、增强各民族之间的沟通与融和，引导大学生深刻认识到各民族血肉相连、谁也离不开谁的关系，自觉维护国家稳定、民族和谐以及民族团结进步。

（四）祖国认同教育有利于培养合格的建设者和可靠的接班人

"培养什么人，如何培养人"，始终是高校教育需要解决好的重大问题。2009年8月，中共中央宣传部、教育部、国家民委联合发出《关于在学校开展民族团结教育活动的通知》指出："青少年学生是祖国的未来、民族的希望。在学校全面、深入、持续地开展民族团结教育，引导各族青年学生牢固树立正确的国家观、民族观，牢固树立中华民族是一个大家庭的思想，牢固树立汉族离不开少数民族、少数民族离不开汉族、各少数民族之间也相互离不开的思想，是加强和改进未成年人思想道德建设、大学生思想政治教育，培养德智体美劳全面发展的中国特色社会主义合格建设者和可靠接班人的必然要求，是不断增强中华民族凝聚力和向心力，确保中国特色社会主义事业不断前进的根本保证。"[②] 当前，我国还存在一些社会矛盾以及民族和宗教问题，国际国内形势的变化日益复杂，加强大学生祖国认同教育，引导他们树立正确的国家观，有利于把大学生培养成为社会主义事业合格的建设者和可靠的接班人。

（五）祖国认同教育有利于培养大学生正确的国家观、民族观和文化观

大学生是中国特色社会主义建设的主力军，是国家宝贵的人才资

---

① 徐柏才：《少数民族大学生的民族认同研究》，人民出版社2012年版，第8页。
② 司永成：《民族教育政策法规选编》，民族出版社2011年版，第302页。

第五章　高校国家认同教育中的祖国认同教育与大学生的国家观培养

源,也是维护民族地区稳定和促进民族团结与进步的中坚力量。祖国认同教育有利于培养大学生正确的国家观、民族观和文化观。大学生的祖国观与国家观、民族观、文化观的关系表现为大学生认同祖国,意味着认同社会主义的中国、认同中华民族的完整统一、认同由各个民族共同创造的中华民族文化。

（六）祖国认同教育有利于增强大学生的中华民族凝聚力

我国是统一的多民族国家,各民族之间只有团结一致,中华民族才能发展和壮大起来。中国特色社会主义事业才能不断前进。大学生祖国认同教育的目的在于引导大学生热爱中国共产党、热爱祖国、热爱社会主义,正确处理民族关系和民族交往,树立各民族共同团结进步、共同繁荣发展的思想。加强大学生的祖国认同教育,强化他们对祖国的认同意识,就是要通过中华民族的形成、变迁、发展的历史教育,使大学生深刻认识到中华民族大家庭是经历了长期曲折的过程才走上团结统一道路的,中华民族五千年优秀的灿烂文明是中华各民族共同创造的结果。无论各民族文化习俗、服饰礼仪、宗教信仰、语言文字存在何种差别,中华大家庭各个成员都是中华民族的子孙。各民族人民有着生死相依、休戚与共的血肉联系,有着同心协力、奋发向上的民族力量。

二　祖国认同教育的内容

概括起来,祖国认同教育的内容包括以下四个方面。

（一）热爱祖国

热爱祖国就是以祖国的发展前途为目标,以民族的利益为最大利益。热爱祖国就是要振奋民族精神,增强民族凝聚力,树立民族自尊心和自豪感,巩固和发展最广泛的爱国统一战线,把大学生的爱国热情引导和凝聚到建设中国特色的社会主义伟大事业上来,引导和凝聚到为祖国的繁荣和富强作贡献上来,做有理想、有道德、有文化、有纪律的社会主义公民,为实现四个现代化、振兴中华的共同理想团结奋斗。

（二）热爱中国共产党

中国共产党是中国工人阶级的先锋队,同时是中国人民和中华民族的先锋队,是中国特色社会主义事业的领导核心。中国共产党自诞生之日起,就把马克思主义确立为自己的指导思想,在长期实践中,一代又一代的中国共产党人用中国化的马克思主义指导中国的革命、建设和改革，建立了巨大的历史功绩，取得了举世瞩目的伟大成就。中国共产党也曾出现过失误，党的队伍中还存在消极腐败现象，但党能够自己纠正错误，党的性质和宗旨决定了党同各种消极腐败现象是水火不相容的，中国共产党是全心全意为人民服务的政党，具有敢于坚持真理、勇于修正错误的坚毅品格和博大胸怀，具有反腐倡廉的坚定决心和能力，因而能够始终保持自己的先进性。在当今中国，只有中国共产党，才能领导中国人民建设和发展中国特色社会主义，才能担当起带领中国人民创造幸福生活、实现中华民族伟大复兴的历史使命。一切有理想有抱负的中国青年和当代大学生，只有在中国共产的领导下，同人民紧密结合，为祖国奉献青春，才能大有作为。

（三）热爱中国特色社会主义事业

社会主义在中国的建立，实现了中国历史上最广泛最深刻的社会变革。邓小平曾指出："如果不搞社会主义，而走资本主义道路，中国的混乱状态就不能结束，贫困落后的状态就不能改变。"[①] 新中国成立后，中国共产党带领全国人民在建设社会主义道路上进行了开创性的、艰辛的探索，取得了巨大的成就，积累了丰富的经验，也遭遇了这样那样的挫折，付出了沉重的代价。党的十一届三中全会以来，中国共产党总结我国社会主义建设的经验教训，形成了中国特色社会主义理论，开创了中国特色社会主义道路。中国特色社会主义道路，坚持改革开放，就是在中国共产党的领导下，立足基本国情，以经济建设为中心，坚持四项基本原则，解放和发展生产力，巩固和完善社会主义制度，建设社会主义市场经济、社会主义民主政治、社会主义先进文化、社会主义和谐社会，建设富强、民主、文明、和谐的社会主义现代化国家。改革开放以来，我国经济社会发展所取得的辉煌成就雄辩地证明，中国特色社会主义事业符合中国国情，符合全国各族人民的利益，是中国走向富强的必由之路。

（四）坚定中华民族伟大复兴的信心

中华民族是一个历史悠久的伟大民族，在数千年的历史长河中，创

---

① 《邓小平文选》第3卷，人民出版社1993年版，第63页。

第五章　高校国家认同教育中的祖国认同教育与大学生的国家观培养

造了辉煌的文明,为人类发展和进步作出了举世公认的重大贡献。但是近代以来,中国沦为半殖民地半封建国家,国家积贫积弱,人民饱受磨难。为拯救民族危亡,中国人民进行了长期探索和斗争,许多仁人志士为之流血牺牲,但都没能改变中国人民的悲惨命运。中国共产党勇敢地担负起实现中华民族伟大复兴的庄严使命。中国共产党团结和带领全国各族人民完成了民族独立、人民解放的历史任务,为实现民族复兴奠定了最重要的基础。社会主义制度在我国的确立,开启了在社会主义道路上实现中华民族伟大复兴的历史征程。党的十一届三中全会以后,我们找到了建设和发展中国特色社会主义的道路,实现民族伟大复兴需要一代代中华儿女前赴后继、共同奋斗。大学生要树立为祖国繁荣富强贡献青春力量的远大志向,在为实现中华民族的伟大复兴的奋斗中谱写壮美的青春之歌。

三　祖国认同教育的目的

作为国家的公民,不论是哪个民族,在物质需求和精神寄托方面都与国家息息相关。子孙相继,世代相传,人们在心理上对祖国热爱的感情会不断地强化,并逐渐稳定、深化,最终形成对祖国的认同。因此,在中国语境中,对祖国的认同,就要深刻认识到,我们伟大祖国自古以来就是一个统一的多民族国家,各族人民共同缔造了伟大祖国,共同捍卫了祖国的领土完整和国家主权。维护祖国统一是国家的最高利益之所在,也是各族人民的根本利益之所在。在祖国这个大家庭里,每个民族、每个人的命运都与祖国的命运紧密联系在一起,只有祖国的强大繁荣、文明昌盛,才有各民族的繁荣进步和幸福生活。因此,加强祖国认同教育具有非常重要的紧迫性。

(一)加强祖国认同教育是维护国家稳定和民族团结的保证

马克思早就指出:"最先进的工人完全了解,他们阶级的未来,从而也是人类的未来,完全取决于正在成长的工人一代的教育。"[①] 大学生的思想政治觉悟、生活理想以及科学文化素质如何,将决定祖国的面貌、命运和前途。大学生作为社会发展的先进力量,其言行在普通群众

[①] 《马克思恩格斯全集》第16卷,人民出版社1964年版,第217页。

中具有较强的引导性和带动作用。如果大学生能够形成正确、积极的国家认同观，能够客观地看待社会发展过程中所出现的民族差异等问题，无疑有利于高校开展祖国认同教育，培养合格人才，而且有利于维护国家社会稳定，促进各民族团结。

（二）加强祖国认同教育是新时期高校培养合格人才的基本要求

江泽民同志在党的十五大报告中指出："青少年是祖国的未来、民族的希望，要十分重视青少年思想道德建设。"[①] 建设中国特色社会主义的关键在人才，实现新时期宏伟蓝图的人才就要从现在的大学生当中培养。大学生的祖国认同如何，直接影响社会主义现代化建设的百年大计。因此，大学生的国家认同观的培养和树立关系到中华民族素质的提高，关系到国家的命运和前途。胡锦涛同志在2011年"七一"讲话中指出："回顾我们党90年的发展历程，我们有一个共同的感觉，这就是，我们党从成立之日起，就始终代表广大青年、赢得广大青年、依靠广大青年。"[②] 教育当代大学生把国家和民族的利益放在首位，多做有利于国家稳定和民族团结的事情，从而成为德才兼备的社会主义事业的合格建设者和可靠接班人，是高校培养人才的基本要求。

（三）加强祖国认同教育是促进大学生健康成长的重要途径

大学生是祖国的希望，民族的未来，是建设祖国、实现社会主义现代化目标的宝贵财富，今天的社会是知识信息瞬息万变和科技高速发展的社会，因此，未来的建设者不仅要有丰富的科技文化知识，更要具有高尚的道德情操和远大的理想。大学生既有生活和学习的适应问题，也有国家认同观的确立问题。这些问题处理不好，尤其是国家认同观出现问题，极易使大学生内心思想矛盾加剧，影响身心健康，乃至影响正确的世界观、人生观、价值观的确立。大学生的健康成长的重要途径就是确立正确的国家认同观。

---

① 跨入新世纪的行动纲领编写组：《跨入新世纪的行动纲领：十五大文件学习问答》，党建读物出版社1997年版，第164页。

② 任仲文：《学习贯彻胡锦涛同志七一重要讲话建党90周年学习参考》，人民日报出版社2011年版，第18页。

第五章 高校国家认同教育中的祖国认同教育与大学生的国家观培养

（四）加强祖国认同教育是发挥大学生承上启下，继往开来重要作用的关键

马克思指出："物质生活的生产方式制约着整个社会生活、政治生活和精神生活的过程。"① 大学生既是党和国家事业后继有人的干部队伍的后备力量，又是我国现代化建设的骨干和主力军。大学生处于承上启下，继往开来重要地位，他们走向社会，广泛地参加社会实践，并逐步树立正确的世界观、人生观和价值观。只有加强对他们的祖国认同教育才能发挥他们在国家和民族的政治生活、社会生活和日常生活中引领社会风气，开创改革开放新局面的重要作用。

（五）加强祖国认同教育是大学生成长的基础

大学生处于人生发展的高峰时期，独立思维和创造思考的能力发达，思想活跃，感觉敏锐，充满理想与幻想，能最敏锐也能最强烈地感受到现实社会的发展和矛盾。所以，大学生是最不满足现状，强烈要求变革的人群，也是最向往美好未来，热烈追求和创造新生活的人群，无论是社会变革还是科学技术上的新思想、新理论，往往出自于敢想、敢说、敢干的大学生，社会上的新事物也往往首先为大学生所倡导，为大学生所实践。因此，大学生是社会变革的先锋，加强祖国认同教育，引导大学生树立正确的国家观、民族观和文化观是发挥大学生优势和长处的基础和关键。

（六）加强祖国认同教育是加强大学生爱国主义教育的基础

爱国就是人们对自己祖国的热爱之情、留恋之情。爱国主义，反映了人们忠诚、热爱、报效祖国的一种集情感、思想和行为于一体的社会意识。列宁指出：所谓爱国主义，就是千百年巩固起来的对自己的祖国的一种深厚的感情。② 爱国主义就是人们在长期历史发展中形成的对自己祖国忠诚和挚爱的情感，表现为维护祖国利益和尊严、捍卫祖国主权和统一、促进祖国发展和进步的价值观念和行为准则，是人们对祖国热爱和忠诚的思想，体现为深厚的爱国之情、自觉的报国之行和坚定的强国之志。通过加强祖国认同教育，可以引导大学生建立和形成以国家发

---

① 《马克思恩格斯全集》第 13 卷，人民出版社 1962 年版，第 8 页。
② 《列宁全集》第 35 卷，人民出版社 1985 年版，第 187 页。

展前途为目标，以民族利益为最大利益的爱国主义思想和感情，形成对国家和民族的正确态度。要通过加强祖国认同教育，进一步夯实大学生爱国主义思想和感情的基础，凝聚大学生的爱国热情，同时，把大学生的爱国热情引导到为中国特色社会主义事业和中华民族伟大复兴立志成才、刻苦学习的报国之行动上来。所以，加强祖国认同教育是加强大学生爱国主义教育的基础。

第二节 人才培养与国家观

人才培养指对人进行教育、培训的过程。被选拔的人才一般都需经过培养训练，才能成为各种职业和岗位要求的专门人才。人才培养主要是培养他们具有良好人文、科学素质和社会责任感，学科基础扎实，具有自我学习能力、创新精神和创新能力，具体包含以下几个方面：基础研究和应用研究的训练，扎实的基础理论知识和实验技能的形成，动手能力、综合素质的形成；科学的思维方法，较强的获取知识能力、探索精神、创新能力的打造。国家作为科层制的社会政治组织和具有决策权利的机关，在社会的历史发展中起着极为重要的作用。国家观就是对自己国家的认识和看法，人才培养的目标就是树立正确的国家观，培养人们对自己祖国的热爱之情。

一 国家观概述

国家是一个历史范畴，是人类社会发展到一定阶段的产物。国家有其自身起源、演进和消亡的历史。任何一个人都属于一定的国家，都有一个国家观的建立问题。马克思主义国家观是在与世界发展的具体实际相结合过程中，在科学总结和批判地吸收人类思想积极成果基础上创立的，科学地阐明了国家这样一种政治现象和政治主体的起源、演变、本质、职能、形式以及无产阶级专政等基本理论问题[1]。

---

[1] 吴福环、田卫疆：《马克思主义国家观与新疆历史问题》（内部学习资料），新疆维吾尔自治区党委组织部，2004年，第1页。

第五章　高校国家认同教育中的祖国认同教育与大学生的国家观培养

（一）国家观的内涵及本质

所谓观，就是人们对事物的认识和看法。人们对事物所产生的认识和看法不尽相同，这是由人们的立场、观点和方法以及所处背景的不同决定的。所谓国家观，就是指人们对自己国家的认识和看法，包括对国家的历史、文化的认识和看法，也包括对国家的政治制度、政党制度等更深层次问题的认识和看法。如何看待祖国的历史文化，对自己祖国的社会、政治、经济制度持何种立场和态度等构成了一个人国家观的基本内容。任何一个人都属于一定的国家，因此只有树立了正确的国家观，才能正确认识自己国家的历史和现在，正确认识自己民族的过去和未来，正确认识自己所处的政治、经济以及文化环境，自觉维护国家统一、民族团结和社会稳定，自觉同一切分裂破坏祖国统一、民族团结和社会稳定的思想和行为活动作坚决的斗争[1]。大学生树立正确的国家观，就要培养对祖国大好河山的热爱之情，培养对祖国的历史文化的自豪感，培养对维护祖国领土、主权的责任感，培养对中国共产党、对社会主义制度的热爱，培养对建设中国特色社会主义的使命感[2]。

一个阶级、一个政党想要取得长久的稳定统治，仅仅依靠权力或推行以暴力为主的专政是不行的，必须把权力转化成权威，把暴力转化为治理，要让公民从心理上认同和服从国家的统治秩序[3]。现代国家观的形成与合法性紧密相关，从本质上说，国家认同是国家主权合法性的来源。马克斯·韦伯认为统治的正当性与对统治认同的总和构成了统治的合法性。任何形式的统治，只有当它被人们认为具有正当性时，才具有合法性。所谓正当性，实际上就是指对某种合法秩序的信念，以及行动受这一信念支配的可能性。国民对国家的认同，国民国家观的树立是国家得以存在的基石，它为国家的合法性提供了源泉，并最终赋予国家得以建立和运作的资格。从这个意义上说，国家观的培养和建立关系一个政党、一国政府合法性的确立。

---

[1] 牛治富主编：《西藏"四观两论"干部读本》，延边人民出版社2009年版，第1页。
[2] 徐平、包智明等编著：《马克思主义"四观两论"通俗读本》，中国藏学出版社2004年版，第2页。
[3] 曾竟：《国家认同：爱国主义的内核》，《辽宁行政学院学报》2012年第2期。

(二)马克思主义国家观的内涵

国家观是一个历史范畴。在不同时期、不同社会、不同阶段,具有不同的历史内容。我们所讲的国家观,是马克思主义国家观,是指一个国家的公民关于自己国家及公民个人与国家关系的正确的观点、态度和感情,其核心内容是爱国主义。① 要准确理解国家观的基本内涵,就应认识和理解马克思主义关于国家本质的学说。

1. 国家的本质。国家的本质与国家职能不可分割,国家职能反映国家的本质。马克思主义国家观第一次科学地揭示了国家的本质,为国家问题的真正解决奠定了理论基础。列宁指出:"国家是维护一个阶级对另一个阶级的统治的机器。……是一个阶级压迫另一个阶级的机器,是使一切被支配的阶级受一个阶级控制的机器。"② 国家是社会发展到一定阶段的产物,是随着阶级的产生而产生,并将随着阶级的消灭而自行消亡。正如恩格斯所指出:"国家是社会在一定发展阶段上的产物;国家是表示:这个社会陷入了不可解决的自我矛盾,分裂为不可调和的对立面而又无力摆脱这些对立面。而为了使这些对立面,这些经济利益互相冲突的阶级,不致在无谓的斗争中把自己和社会消灭,就需要有一种表面上驾于社会之上的力量,这种力量应当抑制冲突,把冲突保持在'秩序'的范围以内;这种从社会中产生但又自居于社会之上并且日益同社会脱离的力量,就是国家。"③

按照马克思主义经典作家关于国家本质的有关论述,国家是经济上占有统治地位的阶级为了维护和实现自己的阶级利益,按照区域划分原则而组织起来的,以暴力为后盾的政治统治和管理组织。

2. 马克思主义国家观。马克思主义国家观是马克思主义经典作家对国家问题的总的看法和基本观点,是关于国家的产生、国家的本质职能、国家发展演变的趋势以及国家消亡的理论观点的总称④。马克思主义国家观是一个完整的、系统的关于"祖国"这个历史现象的理论体

---

① 刘万江编著:《第三极认识西藏》,中国方正出版社2006年版,第173页。
② 《列宁选集》第4卷,人民出版社1972年版,第48—49页。
③ 《马克思恩格斯选集》第4卷,人民出版社1972年版,第166页。
④ 赵华:《加强新疆大学生马克思主义国家观教育研究》,新疆师范大学硕士学位论文,2010年。

第五章　高校国家认同教育中的祖国认同教育与大学生的国家观培养

系,这些理论集中体现在恩格斯的《家庭、私有制、国家的起源》和列宁的《论国家》《国家与革命》等著作中。

马克思主义国家观主要包括民族精神、领土疆域意识和主权意识三个方面的内容。中国化马克思主义国家观的民族精神就是中华民族精神。中华民族精神是中华民族在漫长的社会历史发展过程中逐步形成的,是中华各族人民社会生活的反映,是中华文化最本质、最集中的体现,是各民族生活方式、理想信仰、价值观念的文化浓缩,是中华民族赖以生存和发展的精神纽带、支撑和动力,是创新社会主义先进文化的民族灵魂。中国化马克思主义国家观的领土疆域意识是指我国拥有的辽阔领土,是各族人民共同生存和发展的物质基础,是政治稳定、经济繁荣和文化发展的重要物质条件,更是国家主权的体现。中国化马克思主义国家观的主权意识是指维护中华人民共和国的国家主权意识,国家主权又称主权,是指一个国家独立自主处理自己内外事务,管理自己国家的最高权力。主权是国家区别于其他社会集团的特殊属性,是国家固有的权力,是独立自主行使的统一而又不可分割的权力,是我们伟大祖国的生命和灵魂。大学生培养和建立中国化马克思主义的国家观就应该热爱自己祖国的自然环境、历史文化和政治制度,自觉维护国家利益、民族尊严,热爱祖国,建设祖国,献身祖国。

(三)爱国主义是马克思主义国家观最基本的内涵

爱国主义指个人或集体对祖国的一种积极支持和衷心热爱的感情和态度。这种感情和态度反映了一个人对祖国的历史和文化的自豪之情,对祖国的现在和未来的自信之情。马克思主义国家观的最基本的内涵就是爱国主义的思想和感情,这是马克思主义国家理论的核心。爱国主义表现为一个人热爱自己祖国的真挚情感,表现为一个人忠诚、报效祖国的实际行动,是一个人的世界观、人生观和价值观在对待国家态度上的具体体现,也是凝聚一个国家和民族的强大精神动力[1]。爱国主义集中地表现为公民的主权意识和公民的国家意识。马克思主义国家观以爱国主义为核心,重点强调国家的尊严、荣誉和根本利益高于个人的一切,强调国家主权和领土的完整神圣不可侵犯,是人们对自己祖国的忠诚、

---

[1] 牛治富主编:《西藏"四观两论"干部读本》,延边人民出版社2009年版,第4页。

热爱和责任感的高度统一,是人们强烈的民族自豪感、坚强的民族自尊心和坚定的民族自信心的高度一致。

二 国家观与中国发展

培养和树立国家观的重要性对于任何一个国家来说都是不言而喻的,培养和树立正确的国家观不仅是保证国家长治久安的基本前提,也是国家可持续发展的重要保证。世界上哪一个国家,都不会忽视国家观的培养和树立。在不同国家的发展过程中,每个人的国家观的培养和树立过程不尽相同,每个人对于国家观的理解也各有千秋。中华民族国家观的形成和建立经历以下阶段。

(一)中华民族国家观的雏形

近代中国的历史,就是一部从传统天下国家到近现代民族主权国家转变的历史①。近代以来,西方国家观传入中国,中华民族新的国家观开始形成。这个国家观就是代替传统"天朝大国"要求国家新生的独立自由的民族主义国家观。梁启超最先表达了这个国家观的基本含义。梁启超指出:"中国人向来不自知其国之为国也。我国自古一统,环列皆小蛮夷,无有文物,无有政体,不成其为国。"② 雷麦指出:"中国制度……在民间,国家主义久已消失于家庭制度及其地方观念之中。在朝廷,国家主义已被天子普天之下莫非王土的政治主张所吞没。"③ 作为阐述中国国家观的先驱,梁启超的"少年中国说"④ 就是中国国家观的雏形。梁启超指出"今日欲救中国,无他术焉,亦先建设一民族主义之国家而已"⑤ 的论断。梁启超的国家观是"对于一身而知有国家"

---

① 贺东航、谢伟民:《中国国家认同的历程与制约因素》,《马克思主义与现实》2012年第4期。
② 梁启超:《中国积弱溯源论》,《饮冰室文集点校》,云南教育出版社2001年版,第671页。
③ [美]雷麦:《外人在华投资》,商务印书馆1953年版,第26—27页。
④ 梁启超:《少年中国说》,《饮冰室文集点校》,云南教育出版社2001年版,第698页。
⑤ 梁启超:《论民族竞争之大势》,《饮冰室文集点校》,云南教育出版社2001年版,第802页。

第五章 高校国家认同教育中的祖国认同教育与大学生的国家观培养

"对于朝廷而知有国家""对于外族而知有国家""对于世界而知有国家"①。

孙中山比梁启超更明确表达了新国家观的基本内涵。他提出"驱除鞑虏,恢复中华,建立民国,平均地权"明确新国家观的基本内涵。他与杨度、章太炎等人提出"中华民族"的概念更进一步表达了新国家观的独立自由的民族主义的内容。梁启超明确指出"中华民族"是"合汉、合满、合回、合苗、合藏,组成一大民族","必须抛弃狭隘的民族复仇主义",即"大民族主义"。② 1912年元旦,孙中山在《中华民国临时大总统宣言书》中郑重宣告:"国家之本,在于人民。合汉、满、蒙、回、藏诸地为一国,即合汉、满、蒙、回、藏诸族为一人,是曰民族之统一"③,即"五族共和"理论。1913年,西蒙古王公会议的顺利召开反映了"五族共和"得到人们普遍欢迎与认同。此后,"中华民族"这个新民族观的核心概念随着五四运动与国民革命运动的推进逐渐深入人心。

(二)中华民族国家观的阶段进展

在日本帝国主义的入侵和中国内战的情况下,国家难以统一,这一时期的国家观主要体现为对中华民族的认同。国民党在这一时期通过领袖塑造、政党威信确立等一连串措施来有意确立对中华民族国家观的认同,最明显的标志是1924年孙中山先生逝世的国葬。国民党从3月12日至30日,着手为孙中山先生修建南京中山陵,并在全国多个地方修建了中山纪念馆、纪念园等。费约翰指出:"他(孙中山)的旅行、死亡和葬礼,构成了对共和圣殿的一次朝圣。"④

20世纪30年代开始国民党围绕以中华民族文化的建立和复兴为核心,培养和建立国家观。国民党倡导礼义廉耻,在此基础上,提出"新国民"的概念。蒋介石称这一时期的运动为"目前救国建国与复

---

① 梁启超:《梁启超选集》,上海人民出版社1984年版,第218页。
② 梁启超:《梁启超全集》第2卷,北京出版社1999年版,第1069—1070页。
③ 孙中山:《孙中山全集》第2卷,中华书局1981年版,第2页。
④ [澳]费约翰:《唤醒中国——国民革命中的政治、文化与阶级》,生活·读书·新知三联书店2004年版,第40页。

兴民族最有效之运动"①。1934年国民党政府一手操办祭孔运动,国民党元老邵元冲呼吁:"吾人能时时以孔子攘夷复仇之大义自勉,则任何强敌外患加我以侵陵,吾民族必能万众一心,不屈不挠,奋志毕力以共复国仇,此实民族精神之神髓。"② 国民党试图通过将孔子抬上国家的最高祭坛,重构民族自信,建立以中华传统文化认同为核心的国家观。

抗日战争时期,中华民族国家观的建设有了新的进展。傅斯年指出"中华民族是整个的""是历史的事实,更是现在的事实"③。1938年国民党政府在全国临时代表大会上宣布:"中国境内各民族,以历史的演进,本已融合而成为整个的国族。"1943年,蒋介石发表《中国之命运》,主张"中华民族是多数宗族融合而成的",汉满蒙回藏五族不是民族而是宗族。他的这一说法曾得到广泛播扬,一度几成"正统"④。这一时期,知识界、政界全民参与推动国家观的培养和树立。

(三) 中华民族国家观的最终建立

中华人民共和国的诞生标志着国家独立、民族解放、人民民主权利的实现。中华人民共和国在对中华民族认同的基础上,实现了民族认同与国家认同的高度统一,这是中华民族国家观内涵进一步丰富和充实的表现,标志着中华民族国家观的最终建立。面对帝国主义的战争威胁、社会主义与资本主义两大阵营冷战,新中国的中华民族国家观发挥了巨大的凝聚和导向作用。以抗美援朝为例,全国人民从1951年6月到1952年5月,共捐献"人民币五万五千六百五十亿六千二百三十万六千八百三十四元正,以每架战斗机值十五亿元计,可折合三千七百一十架"⑤。在新中国的革命和建设的实践中,人民群众认识到自己是国家的主人,自己的土地、财产都是共产党给予的,是社会主义国家给的,进一步激

---

① 荣孟源:《蒋家王朝》,中国青年出版社1981年版,第125页。
② 邵元冲:《孔子之人格与时代精神》,《大公报》1934年8月27日。
③ 欧阳哲生主编:《傅斯年全集》,湖南教育出版社2003年版,第125页。
④ 黄兴涛:《民族自觉与符号认同:"中华民族"观念萌生与确立的历史考察》,《中国社会科学评论(香港)》2002年第2期。
⑤ 姜廷玉《揭秘:全国人民支援抗美援朝 共捐出多少飞机?》中国共产党新闻网,http://dangshi.people.com.cn/GB/120280/12965702.html。

第五章　高校国家认同教育中的祖国认同教育与大学生的国家观培养

起了对国家的感情，焕发了空前的建设热情。新中国的中华民族国家观的建立，巩固和发展了人民的国家意识。改革开放后的中华民族国家观是新中国成立后的中华民族国家观的延续和发展。近年来，国庆阅兵、"两弹一星"以及香港回归、澳门回归、申奥成功、加入WTO、汶川地震等都对中华民族国家观的培养和树立产生了巨大推动作用。

三　国家观与人才培养

人才培养指对人才进行教育、培训和提高的过程。被选拔的人才一般都需经过培养训练提高，才能成为各种职业和各个岗位要求的专门人才。在全球化和社会全面转型的背景下，注重人才培养，增强年轻一代对国家观的认同感、归属感和使命感，是深化高等教育改革、增强大学生公民意识的基本要求，国家观的培养和树立有利于人才培养，对人才思想观念、价值取向等的培育，也有利于国家凝聚力、国家观的有效构建。对于人才来说，这二者相辅相成，缺一不可。

（一）国家观的树立有利于培养理性的爱国者

在全球化、价值多元化的强大冲击之下，国家安全、民族整合、领土完整、政治稳定、经济繁荣、文化传承与创新、人民共同富裕等，都是中国作为现代化国家培养人才要面临的现实课题，也是中华民族儿女作为爱国者培养践行国家观的行动目标。国家认同教育就是旨在培养以国家、人民、民族为己任的理性的爱国者，这需要特别关注中华民族政治共同体意识。如何将民族主义的爱国情感转化为对国家的理性之爱，促进大学生在思想意识、国家归属感、认同感以及行为方式上的转变，已然成为当务之急。培养积极向上的大学生的公民意识，是一种明智之策。"对国家的爱不是一种自然的情感，而是一种必须通过立法，或者更准确地说，通过良好的政府和公民对公共生活的参与而激发的热情。"[①] 大学生要积极参与政治互动，养成公民美德、尊重他人权利、关心社会发展、追求公平正义，这是大学生需要具备的公民基本品质。同时，大学生也要注意培养对社会的基本责任与基本义务，担负社会责

---

① [意] 莫里奇奥·维多利·应奇：《共和主义的复兴及其局限》，刘训练译，东方出版社2006年版，第167页。

任，拥有积极向上的公民意识。

（二）国家观的树立有利于培养创新型人才

人才是指具有一定的专业知识或专门技能，进行创造性劳动并对社会作出贡献的人，是人力资源中能力和素质较高的劳动者，是国家政治、经济、文化发展过程中不可或缺的主体。近年来，国际反华势力、民族分裂势力、宗教极端势力和国际恐怖势力企图破坏民族团结，分裂中华人民共和国，其行为对我国的统一、稳定与安全，对国家观的树立构成了严重威胁。基于此，人才对增强国家的凝聚力和向心力具有重要作用，提高人才培养质量是树立国家观的必由之路，因此，人才培养过程中以下几个方面的问题值得思考：

其一，创新型人才的概念和基本特征。所谓创新型人才，就是具有创新精神和创新能力的人才，是富于开拓性，具有创造能力，能开创新局面，对社会发展作出创造性贡献的人才，他们拥有很强的好奇心和求知欲望，很强的自我学习与探索的能力，在某一领域或某一方面拥有广博而扎实的知识，有较高的专业水平，具有良好的道德修养，能够与他人合作或共处，有健康的体魄和良好的心理素质，能承担艰苦的工作，表现出灵活、开放、好奇的个性，具有精力充沛、坚持不懈、注意力集中、想象力丰富以及富于冒险精神等特征。创新型人才是人类优秀文化遗产的继承者、最新科学成果的创造者和传播者、未来科学家的培育者。

其二，目前我国人才培养出现的问题。随着我国教育事业的蓬勃发展，用人制度的不断改革，出现了人才辈出的景象。但是，也应该看到由于科技的进步，知识的爆炸，人才出现了墨守成规，缺乏个性，拥有技术专长与创新能力的人少，思维单一、单向型知识背诵的人增多，知识复合、能力复合、思维复合的复合型人才越来越少。

其三，创新型人才的培养。在创新型人才培养过程中，首先要塑造人才的健全人格，养成良好的思想道德，在思想意识、道德品质方面能进行自我认识、自我磨炼和自我提高，具有改造自我的勇气，善于与他人交往，用宽容的眼光看社会，构建和谐的人际关系，对自己充满自信，对生活充满希望，保持乐观向上的生活态度。其次，要营造和谐的环境。创新是一种极其高尚的理性和精神追求，建设和谐环境是培养创新型人才的需要。建设和谐环境，就是要坚持尊重差异，包容多样，在差异中求和谐，在多样中求统一，培育一个民主自由、宽容开放、公平诚信、充满活力，创新主体与创新环境之间和谐相处的系统。

第三节 高校祖国认同教育与大学生国家观的培养

大学生是我国经济和社会发展的中坚力量，对大学生进行祖国认同教育，引导他们树立正确的国家观，正确认识和处理我国经济社会发展过程中所出现的问题，大力弘扬中华民族精神。培养爱国主义的高尚品格，对于维护祖国的和谐与稳定，激励大学生热爱祖国，热爱人民，实现中华民族伟大复兴具有重要意义。

一 大学生国家观培养的重要意义

国家观"它与自觉的、理性的意识形态共同构成社会意识，并接受意识形态指导，成为人们行为的调节器，直接支配着一定社会成员的生活方式、思维方式、行为方式。"[1] 随着社会进步，国家发展，各种思潮也在影响着大学生的思想和行为，大学生正处于思想行为形成的关键时期，加强大学生的国家认同教育，引导他们树立正确的国家观，培育他们的中华民族精神和国家意识，具有紧迫性和现实性。

（一）大学生国家观培养有利于维护祖国统一、民族团结和社会稳定

对大学生进行国家观教育，其主要目的在于维护祖国统一和社会稳定，巩固民族团结，增进中华民族凝聚力。大学生国家观的培养，可以提高大学生对维护国家统一重要性的认识，并坚定他们对实现祖国统一的信心与决心。大学生国家观的培养可以进一步提高他们对民族分裂主义危害性的认识，自觉维护社会稳定。民族分裂主义是以民族问题为借口，以本民族利益高于一切的政治主张为纲领，以制造民族分裂、破坏祖国统一为目的。这股势力凭借某些外国势力，内外勾结，进行有组

---

[1] 张运德：《强化"四个认同"教育 增强中华民族凝聚力》，《实事求是》2006年第2期。

织、有计划、有预谋的反动政治活动。其本质就是反对和颠覆中国共产党领导的社会主义人民政权，妄图分裂祖国。长期以来，西方国家鼓吹"民族自决"、煽动民族分裂，对我国加紧"西化""分化"的"和平演变"战略，并纠集新疆、西藏、内蒙古的分裂势力以及台独等势力，内外勾结，企图建立破坏祖国统一的反动政权。这是一场严肃的政治斗争，我们要通过对大学生国家观的培养和研究，引导大学生自觉与分裂势力作斗争，维护民族团结和社会稳定，为建设有中国特色社会主义事业的全面发展，创造一个稳定、和谐安定的政治环境。

（二）大学生国家观培养有利于爱国主义感情的巩固和升华

爱国就是人们对自己祖国的热爱之情。爱国主义，就是人们忠诚、热爱、报效祖国的一种集情感、思想和行为于一体的社会意识形态。列宁指出：所谓爱国主义，就是千百年巩固起来的对自己的祖国的一种深厚的感情。[1] 爱国主义感情集中表现在对祖国深沉的爱和为祖国发展贡献力量的使命感和责任感。能够团结社会各阶级、阶层、集团的人们，共同抵御任何外来侵略，能够激发民族的拼搏精神，促进祖国日益强盛。在社会主义市场经济浪潮的冲击下，大学生的爱国主义感情正处于形成变化发展过程中，总的看来，缺乏对爱国主义的理性体验和牢固确立，我们要将爱国主义教育与国家观教育有机结合起来，让大学生的朴素爱国之情升华到对国家的理性层面，统一爱国主义的理想、信念和行为，将爱国之情、爱国之志转化为爱国之行、爱国之举。要引导大学生在深厚的中华文化的思想土壤之中结出爱国的硕果，将爱国主义感情巩固与升华。

（三）大学生国家观培养有利于社会主义和谐社会的构建

党的十六届四中全会《决定》提出了建设社会主义和谐社会这一重要的新概念，"和谐"成了中国战略机遇期的社会主调。社会主义和谐社会是人类孜孜以求的一种美好社会，马克思主义政党不懈追求的一种理想社会。构建社会主义和谐社会，是我们党以马克思列宁主义、毛泽东思想、邓小平理论和"三个代表"重要思想为指导，全面贯彻落实科学发展观，从中国特色社会主义事业总体布局和全面建设小康社会全局出发提出的重大战略任务，反映了建设富强、民主、文明、和谐的

---

[1]《列宁全集》第35卷，人民出版社1985年版，第187页。

第五章　高校国家认同教育中的祖国认同教育与大学生的国家观培养

社会主义现代化国家的内在要求，体现了全党全国各族人民的共同愿望。中国社会正处于急剧转型的过程之中。转型是为了发展，而发展的目标是要发展出一个和谐社会。同时，发展也十分需要以和谐为基础，以和谐为条件。不和谐，难以发展。转型期既可以是经济增长的黄金时期，也可以是社会矛盾的高发期。从经济方面上看，我国将会长期面临发达国家在经济和科技等方面占优势而给我国经济发展带来的压力。从政治方面上看，世界并不太平，西方国家利用台湾问题、钓鱼岛争端对我国进行干扰和牵制。我国正处于经济社会大变革时期，经济全球化的浪潮冲击，也引发了国家的社会动荡，为了我国的和谐社会建设，我们需要保持安定团结的国内环境，也需要争取良好的外部环境，大学生国家观的培养则有利于我国社会主义和谐社会的构建。

二　大学生国家观培养的紧迫性

我们可以从四个方面认识和把握大学生国家观培养的紧迫性。

（一）大学生国家观的培养是国家政权"合法性"的前提

所谓合法性是指对被统治者与统治者关系的评价。[①] 旨在解决"社会政治秩序何以持久的"问题。[②] 对合法性的探究，至少可以追溯到卢梭在其《社会契约论》中对主权和公意的思考，德国思想家马克斯·韦伯（Max Weber）首次进行系统地研究。他指出："一切经验表明，没有任何一种统治自愿地满足于仅仅以物质的动机或者仅仅以情绪的动机，或者仅仅以价值合乎理性的动机，作为其继续存在的机会。毋宁说，任何统治都企图唤起并维持对它的'合法性'的信仰。"[③] 他认为，合法性有两重含义：对于处于命令—服从关系中的服从者来说，是一个对统治的认同（信仰）的问题；而对命令者来说，则是一个统治的正当性的问题。统治的正当性和对统治认同的总和就构成了统治的合法性。根据马克斯·韦伯的观点，任何形式的统治，只有当它被人们认为

---

① ［法］让-马克·夸克：《合法性与政治》，佟心平、王远飞译，中央编译出版社2002年版，第1页。

② 毛寿龙：《政治社会学》，中国社会科学出版社2001年版，第60页。

③ ［德］马克斯·韦伯：《经济与社会》上卷，林荣远译，商务印书馆1998年版，第239页。

具有"正当性"时，才具有合法性。正当性实际上就是指对某种合法秩序的信念，以及行动受这一信念支配的可能性。事实上，对合法性理解的分歧长久以来一直存在，尽管在合法性的理解上存在争议，但我们必须承认，无论是哪种合法性，都需要满足一个最基本的条件：被认可和被接受。公众对国家的认可和接受的过程就是民族国家合法性逐步确立的过程，也是公民国家观认同达成的过程。社会主义是人类历史发展的必然趋势，通过对大学生国家观进行培养可以在价值多元化的今天扩大国家观教育，促进社会主义国家政权的巩固、稳定和发展，同时社会主义的发展既需要论证社会主义制度的必然性与合理性，也需要论证社会主义国家政权的合法性和权威性，这需要对大学生进行国家观教育，国家观教育具有不可忽视的作用。

（二）大学生国家观的培养是适应世界新形势变化的需要

当前中国正处于社会转型时期，伴随着经济的快速增长、利益的日益分化和社会的急剧变迁，社会纠纷大量涌现，社会矛盾不断激化，大学生国家观的培养显得尤为重要。同时，在经济全球化趋势的影响下，政治、文化、科技，包括教育在内都与国家的发展有促进的一面，也有着十分突出的矛盾。党的十一届三中全会以来，我国在经济、政治和文化等各个领域进行了一场深刻的社会变革，在打开国门的同时，整个社会正在由传统农业社会向现代工业社会，由计划经济社会向市场经济社会过渡和转型。党的第十七次全国代表大会政治报告指出："当代中国同世界的关系发生了历史性的变化，中国的前途命运日益紧密地同世界的前途命运联系在一起。"这种变化的根源是中国日益融入这个世界，日益融入经济全球化。如何应对社会主义中国转型时期出现的矛盾，如何面对经济全球化带来的冲击，是世界各国所关心的问题，也是中国高等教育所关注的问题，在这个大时代背景下加强大学生的国家观教育显得尤其重要。

（三）大学生国家观培养是高素质人才培养的关键

党的十七大第一次把实施人才强国战略写进党的代表大会报告和党章，把人才工作放在了国家发展战略的突出位置。实施人才战略不仅是迎接知识经济时代挑战的需要，而且是适应日趋激烈的国际竞争的要求，是我国经济社会发展新阶段的必然选择。大学生作为具有创新精神

第五章　高校国家认同教育中的祖国认同教育与大学生的国家观培养

和实践能力的人才，是社会的新鲜血液，是社会的精英分子，引导大学生树立正确的国家观是把他们培养成为高素质人才的关键。大学生担负祖国繁荣昌盛，建设中国特色社会主义国家的历史使命。如果大学生没有强烈的国家观念，没有爱国主义精神，没有信念的支撑，将难以承担国家重任、人民重托。由于大学生没有经过严酷生活的磨炼，缺乏足够的生活阅历，使得一些大学生不能历史地、客观地认识和对待国情、民情和党情，对国家的历史和未来缺乏深入的认识和理解，容易产生偏激情绪，容易对党和国家的方针政策产生模糊的认识。加强大学生的国家观教育，引导大学生牢固树立崇高的理想和坚定的信念，是保证中国特色社会主义现代化建设事业顺利前进的关键。

（四）大学生国家观培养是建设中国特色社会主义强国的需要

进一步对大学生国家观进行培养，可以提高大学生对社会主义国家全面发展的认识。我国的社会主义脱胎于半殖民地半封建社会，社会主义制度的确立，使中华人民共和国进入了一个崭新的发展阶段。党的十三大系统阐述了社会主义初级阶段理论，确立了社会主义初级阶段的基本路线，明确了社会主义全面发展的基本要求，经过五十多年的建设，我们从生产力水平比较落后逐渐在经济发展和社会的全面进步中开辟了更加广阔的道路，未来我们还要继续依靠人民民主专政，不断夺取建设中国特色社会主义的新胜利。为了这一目标的顺利实现，坚持对大学生进行国家观培养，树立他们正确的国家观是建设中国特色社会主义伟大事业的前提，是建设中国特色社会主义强国的需要。

三　大学生国家观培养的四个坚持

对大学生国家观培养要注意做到以下四个坚持。

（一）大学生国家观培养要坚持增强对祖国的认同感

对祖国的认同感是长期以来，伴随着经济、政治和文化等方面交往和联系的不断紧密，在分布于中华大地各个不同地域和不同民族的人们身上，逐渐形成并客观存在着一种共同的观念意识，这一观念意识让各地各族的人们自愿地将自己归属于一个更高层次的大家庭之中，并以这个大家庭中的一员和主人的身份，自然地去参与这个大家庭的相关事宜，维护这个大家庭的整体利益。正是祖国认同，让各少数民族自归中国之列，以中国的一部分，参与于中国历史和现实之中并扮演重要角色。正是祖国认同，把各地各族人民凝聚到了中华民族之中。中华民族这一称谓是对这个各民族共同体的民族学取名，在所指范畴上，基于共同地缘——中华大地的人们群体、基于共同政治国度——中国的人们群体、基于共同文化——中华文化的人们群体，等等。对祖国认同，是国家民族战乱及民族危机中维系中华民族多元一体格局和统一多民族国家的最直接因素。对祖国的认同是对中华大地的认同，即地缘意义的对中华大地的归属，表现为地缘群体的不可分割性；是对中华民族的认同，即包括自己所属的民族对中华民族的归属，表现为中华民族成员之间的不可分割性；是对国家的认同，即政治认同的对国家政体、国体的认同、对国家核心价值体系的认同。

对国家的认同感是需要培养的。中华民族是一个多民族组成的民族共同体。中华民族不是各民族的简单相加，不是各民族各自发展之总和。中华民族是各个民族利益的代表，是各个民族互相理解、互相支持、互相帮助的民族大家庭。因此，对中华民族的认识和理解关系国家观的形成和建立。加强各民族的团结，维护祖国的统一就是形成和建立国家认同的先决条件。我国各族人民在长期的交往过程中，形成了互相之间谁也离不开谁的紧密联系、互相依存的关系，各个民族在社会主义的民族大家庭里享受着党的民族平等政策和民族发展优先的权利。为了促进这种团结和谐的民族关系的发展和巩固，国家在公共权力、文化和经济资源共享等方面要做到最大限度的公平公正。因为"平等原则是一种公正原则，建立在公正原则上的社会现实自然可以使各民族获得应有的权利和发展机遇，获得民族对国家的信任感和认同感。"[①] 坚持和发展行之有效的民族区域自治制度和依法赋予少数民族的优惠政策是保证我们这个统一的多民族国家解决内部民族问题的一条主要经验。党和国家就是要通过这样的制度安排和这样的特殊的优惠政策，有效地推进各个少数民族的发展，并且在此基础上进一步推进各个民族的团结和谐相处。统一的多民族国家是当今各个民族政治生活的普遍形式，在民族地区实行民族区域自治的政治体制则是体现各个少数民族政治权利特殊

---

① 王希恩：《民族过程与国家》，甘肃人民出版社1998年版，第265页。

第五章　高校国家认同教育中的祖国认同教育与大学生的国家观培养

的政治制度安排。通过各个少数民族对国家政治生活的参与，加强法制建设以确保各个少数民族利益分配的公正性则是党和国家对各个少数民族权益的最大保护。"法律是最优良的统治者"。① 只有依据法律来进行国家政治和社会资源配置，国家认同才能成为各个少数民族的自觉行动。因此，大学生国家观的培养有利于高校学生增强对祖国的认同感，促进社会健康稳定发展。

（二）大学生国家观培养要坚持对先进文化的学习和吸收

罗马人征服古希腊之后，努力学习和吸收古希腊的先进文明成果。马克思曾说过："野蛮的征服者总是被那些他们所征服的较高文明所征服。"中华民族几千年的历史上，无论是征服者还是被征服者，他们都努力发展先进生产力，学习和吸收先进文化，汉族作为中国历史上的主体民族，历史最悠久，人口最多，经济文化最先进。几千年来汉族都坚持学习先进文化，从炎帝神农氏发明农业和医药，黄帝轩辕氏发明养蚕缫丝，到封建社会的四大发明，再到古代科学家张衡、祖冲之、僧一行、李时珍等在数学、天文、物理、医学上的创造，都是和追求先进文化的努力分不开的。少数民族中蒙古族领袖忽必烈做了皇帝后，迁都北京，努力学习汉族的制度和先进文化，使社会经济得到恢复和发展，巩固了元王朝的统一。满族领袖爱新觉罗·玄烨当了皇帝后，努力尊儒重道，重用汉族知识分子，发展农业、手工业和商业，团结了各族人民，打败了外国侵略者，开创了康乾盛世。鲜卑族拓跋部领袖元宏做了北魏皇帝后，努力学习汉族先进文化，推行均田制、三长制，改变落后习俗，使社会取得了重大进步。历史证明，学习先进文化，认同先进文化，使各民族间有了团结凝聚的基础，对先进文化的学习和吸收是培养国家观，增进祖国认同感，增强中华民族凝聚力的重要因素。

（三）大学生国家观培养要坚持形成坚实的理论基础

在当代中国，坚持中国特色社会主义理论体系，就是真正坚持马克思主义。党的十七大报告把党的十一届三中全会以来的伟大创新理论成果用"中国特色社会主义理论体系"来概括，体现了我们党在推进马克思主义中国化的进程中又迈出了重大步伐，把中国化马克思主

---

① ［古希腊］亚里士多德：《政治学》，吴寿彭译，商务印书馆1965年版，第171页。

义推进到新的发展阶段。正如胡锦涛同志指出："中国特色社会主义，是当代中国发展进步的旗帜，是全党全国各族人民团结奋斗的旗帜。我们必须始终不渝地坚持以邓小平理论和'三个代表'重要思想为指导，深入贯彻落实科学发展观，毫不动摇地坚持和发展中国特色社会主义。"[①] 科学发展观是中国特色社会主义理论体系发展的最新成果和最高境界。科学发展观的第一要义是发展，核心是以人为本，基本要求是全面协调可持续，根本方法是统筹兼顾。科学发展观就是党在十六大以来形成的包括构建社会主义和谐社会、建设社会主义新农村、建设创新型国家、建设社会主义核心价值体系、建设和谐世界、加强党的先进性建设等重大战略思想在内的所有理论创新的概括和总结，是中国特色社会主义理论体系的最新成果。无论是祖国认同教育，还是对大学生的国家观的培养，它们的理论基础都是中国特色社会主义理论体系。二者都要以中国特色社会主义理论体系为指导，要在中国特色社会主义理论体系的指导和要求下进行。这是二者必须坚持的正确方向，必须高举的旗帜。

（四）大学生国家观培养要坚持以社会主义核心价值观为灵魂

党的十七大报告提出，社会主义核心价值体系是社会主义意识形态的本质体现，建设社会主义核心价值体系，增强社会主义意识形态的吸引力和凝聚力，这既是时代发展的迫切要求，也是当前我国各族人民团结奋斗的共同思想基础。面对十分严峻的国际国内形势，就业压力日益成为大学生的思想包袱，社会发展过程中面临各种各样的社会矛盾，在这样一个严峻的环境下，很多大学生容易迷失人生方向，因此，需要对大学生进行祖国认同教育，培养他们的祖国观，以核心价值体系统领大学思想政治工作，关注和提高来自少数民族地区、不同民族成分学生的思想道德修养和国家认同教育，这不仅关系到学生世界观、人生观、价值观的正确树立，也关系到大学的办学方向，更直接关系到学校是否稳定，而学校是否稳定又直接关系到民族团结和国家稳定的大局，对和谐社会的构建具有不可替代的作用。因此，在对高校学生进行祖国认同教

---

① 《中国特色社会主义伟大旗帜是当代中国发展进步的旗帜是全党全国各族人民团结奋斗的旗帜》，《中国青年报》2007年10月30日。

第五章　高校国家认同教育中的祖国认同教育与大学生的国家观培养

育与国家观培养过程中，作为教育的实施者，应当以社会主义核心价值观为灵魂，让学生深刻认识到，我们伟大祖国自古以来就是一个统一的多民族国家，各民族共同缔造了伟大的祖国。共同捍卫和维护祖国统一是各族人民的根本利益所在。我国各少数民族自古以来就有爱国主义传统，对祖国有深厚的感情。当面对外敌入侵时，各少数民族人民和汉族人民一道共同抵御外国侵略者的入侵。教育少数民族大学生爱家乡、爱本民族与爱国意识，确立国家利益至上的价值观念，培育中华民族的民族精神和时代精神，树立中国特色社会主义共同理想，把加强民族团结、维护祖国统一作为自己的神圣职责。只有这样，民族才能因国家发展而繁荣，国家才能因民族团结而兴旺。

第六章 高校国家认同教育中的中华民族认同教育与大学生的民族理论培养

中华民族是一个具有强大民族凝聚力和向心力的民族,在当代,对中华民族的认同分为三个层面:一是共同的民族渊源;二是共同的民族文化;三是共同的国家。对这三个层面的认同构成对中华民族的认同。对中华民族的认同是马克思主义民族理论形成的基础。马克思主义民族理论认为:民族是一个历史范畴,有其产生、发展和消亡的规律;有民族存在就会有民族问题,民族问题是社会总问题的一部分;各民族之间无优劣之分,一律平等;主张在民族平等的基础上加强民族团结,实现各民族共同繁荣。大学生对中华民族的认同建立在正确的民族理论培养和形成基础之上。

第一节 高校的中华民族认同教育

对中华民族认同是中华民族存在的根基,是中华民族的精神支柱和不竭动力。伴随经济全球化、政治多极化、文化多元化、信息网络化发展,中华民族认同受到了前所未有的挑战。高校是知识积累、知识传播的重要场所,是传承人类文明和科学的集散地,生活在此的大学生都既可能被正确的思想理论所熏陶,也可能被低俗、腐朽的意识观点所俘虏,关键就取决于他们所处的教育环境及所能接受到的教育。因此,加强高校中华民族认同教育乃是高校人才培养工作的重要任务。

第六章　高校国家认同教育中的中华民族认同教育与大学生的民族理论培养

一　中华民族认同教育的重要意义

中华民族认同是中国各民族人民对中华民族统一体的归属，是民族心理归属的体现，是马克思主义民族理论在认同问题上的体现。各民族共同开发了祖国的锦绣河山、广袤疆域，共同创造了悠久的中国历史、灿烂的中华文化。我国历史演进的这个特点，造就了我国各民族在分布上的交错杂居、文化上的兼收并蓄、经济上的相互依存、情感上的相互亲近，形成了你中有我、我中有你，谁也离不开谁的多元一体格局。中华民族和各民族的关系，是一个大家庭和家庭成员的关系，各民族的关系，是一个大家庭里不同成员的关系。中华民族认同教育，是关系祖国统一和边疆巩固的大事，是关系民族团结和社会稳定的大事，是关系国家长治久安和中华民族繁荣昌盛的大事。大学生要牢记我国是统一的多民族国家这一基本国情，坚持把维护民族团结和国家统一作为各民族最高利益，把各族人民智慧和力量最大限度凝聚起来，同心同德为实现"两个一百年"奋斗目标、实现中华民族伟大复兴的中国梦而奋斗。中华民族认同教育，有利于增强中华民族凝聚力和归属感，有利于各民族和睦共处及社会稳定，有利于维护我国的传统文化安全。

（一）中华民族认同教育有利于增强中华民族凝聚力和归属感

民族是在历史渊源、生产方式、语言、文化、风俗习惯以及心理认同等方面具有共同特征的人们共同体。"中华民族作为一个自觉的民族实体，是近百年来中国和西方列强对抗中出现的，但作为一个自在的民族实体，则是几千年的历史过程中形成的。"[1] 共同心理认同是同一民族的人们对自己民族自觉的归属心理，是同一个民族的人感到大家都是属于这个共同体的一种心理。"怎样才能使人们热爱自己的祖国，真正把全民族的力量凝聚在一起？它的前提是这个国家和民族的成员具有一种强烈的认同感。"[2]

"中华民族"是一个坚强的民族，奋发向上的民族，56个民族在历史的长河中不断交往、交融，并最终形成一个整体。每一次国难当头，

---

[1] 费孝通：《中华民族多元一体格局》，中央民族大学出版社1999年版，第3页。
[2] 蒋笃君：《论全球视域下大学生民族认同感的培育》，《学习论坛》2014年第3期。

各民族都会万众一心，奋勇抗争，对于今天的中华民族来说，中华民族认同感就是一种共同的团结力量，中华民族认同是联结中国各民族人民的精神纽带。历史上，土尔扈特蒙古族历尽千难万险回到祖国；2008年四川汶川地震，全国各族人民伸出援助之手，使灾区在短短三年的时间里得到重生。这是一种每个民族对中华民族整体拥有的一种心理上的归属和情感上的热爱，就是中华民族成员对中华民族共同体、中华民族文化的归属感和感情依附的心理特征。大学生作为多民族国家未来的建设者，要增强他们的中华民族认同感，这种认同感所产生的精神和力量是中国人民精神的旗帜，具有很强的凝聚力，各民族团结在这个旗帜下，共同关注中华民族的未来，对中华民族产生归属感。

（二）中华民族认同教育有利于各民族和睦共处及社会稳定

作为中华民族大家庭中的一员，中华儿女对中华文化、传统道德、风俗习惯的理解和认同都是容易无障碍的，这能促进各民族、社会的和睦共处。强烈的中华民族认同感使我们在面对一切矛盾与冲突时，都能够更多地站在同一个立场上，为了各民族的和睦共处、繁荣昌盛而努力奋斗。反之，如果在一个国家、一个民族中没有对民族产生共同的认同，中华儿女不再认为中华民族能作为一个独立的民族而存在并发展，那么民族冲突、社会矛盾就有可能发生，就有可能导致民族的分裂与社会的不稳定。一个民族越是和睦相处，团结在一起，这个民族越是兴盛，那么人们对于这个民族的认同感就越强，对自己所属的民族便充满了自豪感与优越感，以属于这个民族为荣。当这个民族受到外来势力的压迫或侵略时，本民族的人民会团结在一起，共同抵御外来势力的入侵。当一个民族处于分裂、不和睦团结的状态时，就很难让人民为属于这个民族而感到骄傲，感到自豪，对民族产生认同。因此，民族的团结与强盛才能真正使中华民族的每一位成员产生振奋的民族认同感，而国家的强盛、民族的团结离不开当代大学生对国家的贡献，离不开每一位大学生的努力。因此，对大学生进行中华民族认同教育，是使国家强盛、民族团结、各民族和睦相处的关键，只有对大学生进行中华民族认同教育才能促进社会的稳定，民族的和谐。由此可见，进行中华民族认同教育是中华民族在 21 世纪各民族和睦共处、共同发展，实现社会稳定、人民安居乐业的现实需要。

第六章　高校国家认同教育中的中华民族认同教育与大学生的民族理论培养

（三）中华民族认同教育有利于维护我国传统文化安全

当今世界，经济全球化、因特网带来的信息技术革命、基因技术、克隆技术等的飞速发展都在改变着人类的生活，人类文明获得前所未有进步的同时，人类的生存也面临着巨大的挑战，国家与国家之间、民族与民族之间都产生了竞争与冲突，对各民族的文化的融合也产生了巨大冲击，网络的发展在时空上大大缩短了人类交流的距离，不同民族的文化都被卷入一个文化大融合的时代。中华民族的文化也不可避免地受到冲击，我国的文化安全受到严重的挑战。例如日本的电脑游戏软件、流行音乐、影视作品、"Hello Kitty"等大行其道，"日本已经拥有一个超级大国才有的文化影响力""正是日本日益扩大的文化影响力产生了提高国家威势的巨大动力"，"韩流"的来袭，都凭借着经济上的优势对我国的文化发展产生影响。

在这种背景下，"失去了文化，一个民族的特征也将随之消失，最终可能融合在强势文化的汪洋大海之中"[①]。因此，增强中华民族认同感，进行中华民族认同教育，能够提升中华民族对于传统文化价值的维护，保护我国的文化安全，维护我国的传统文化。

二　中华民族认同教育的紧迫性

加强中华民族认同教育，引导大学生认识到，没有整个中华民族的强大和繁荣，也就没有中国各民族的幸福和安康。通过中华民族认同教育，有利于培养大学生正确的民族理论，有利于社会主义核心价值体系建设，有利于建设和谐社会，构建和谐的民族关系

（一）加强中华民族认同教育有利于培养大学生马克思主义民族理论

中华民族认同教育包括多方面内容，其中培养大学生正确的民族理论是中华民族认同教育的重要目的。民族理论是指"在国家生活中，在与不同民族交往的关系中，人们对本民族生存、发展、权利、荣辱、得失、安危、利害等的认识、关切和维护"[②]。马克思主义的民族理论

---

① 蒋笃君：《论全球视域下大学生民族认同感的培育》，《学习论坛》2014年第3期。
② 熊锡元：《民族心理与民族意识》，云南大学出版社1994年版，第113页。

要求各民族一律平等，认为各民族不论大小、强弱都是平等的，每个民族都应该被尊重和爱护，必须坚决反对大汉族主义，也必须坚决反对地方狭隘的民族主义。热爱自己的民族，希望自己的民族繁荣发展，享有平等的权利和社会地位，这是每个民族合情合理的要求和愿望。但是，如果把自己所在的民族看作是优等民族，与别的民族交往时，表现出来高人一等的态度，就会损害各民族团结、互助、平等、和谐的关系。对大学生进行中华民族认同教育，培养他们的马克思主义民族理论，可以促进各民族的团结，推动团结、互助、平等、和谐的民族关系的巩固和发展。马克思主义民族理论包括要求大学生正确认识国家与民族之间的关系。民族，是依附于国家的人们共同体；国家，是由国民、国土、政权等组成的政治实体。当今世界，国家离不开民族，民族也离不开国家，二者互相都离不开。任何一个民族都必须生存在一个具体的国度里，才能保护自己的合法权益，同时，国家也是一个民族存在的必要条件。如果一个民族没有祖国，那么他们这个民族就是悲哀的。例如"二战"期间，曾遭受纳粹德国的屠杀，被斥为"劣等民族"的吉卜赛人，他们几百年来以游牧为生，居无定所。但时至今日，这些吉卜赛人的命运并没有得到应有的改善，2010年起他们遭到了法国的驱逐，尽管依旧在欧洲各国之间过着游牧生活，但却生活在欧洲社会的最底层。而改革开放以后的新中国，我国经济社会快速发展，各民族之间共同分享着国家和社会发展的成果，少数民族和民族地区的发展证实了民族离不开国家，国家的繁荣发展也离不开民族。民族分裂主义在统一国家内部搞民族分裂，对统一的多民族国家进行肢解，这是任何一个主权国家都不能容忍的，必须将大学生的民族意识统一到中华民族认同上来。马克思主义民族理论要求大学生正确认识和处理民族与民族之间的关系。1998年7月江泽民同志在视察新疆工作时指出："我们要坚持按照马克思主义民族理论来观察和处理民族问题，继续全面正确地贯彻执行党的民族政策。一定要在各民族干部群众的头脑中牢固树立这样一个观念，就是我国56个民族都是中华民族大家庭中平等的一员，汉族离不开少数民族，少数民族离不开汉族，各少数民族之间也相互离不开。"对我国民族关系来讲，"三个离不开"既是一个思想、一种观点，更是一个事实，它是我国民族关系、民族团结的高度概括。正确认识民族与民族

第六章 高校国家认同教育中的中华民族认同教育与大学生的民族理论培养

之间的关系，真正做到"三个离不开"，既符合中华民族的共同利益，也符合我国各民族的根本利益。

（二）加强中华民族认同教育有利于社会主义核心价值体系建设

《中共中央关于深化文化体制改革，推动社会主义文化大发展大繁荣若干重大问题的决定》（以下简称《决定》）中指出："社会主义核心价值体系是兴国之魂，是社会主义先进文化的精髓，决定着中国特色社会主义发展方向。"党的十七届六中全会向全党和全国人民提出了"推进社会主义核心价值体系建设，巩固全党全国各族人民团结奋斗的共同思想道德基础"的重大任务。

社会主义核心价值体系是一个完整而严密的整体，博大精深，内涵丰富。中华民族认同教育解决大学生的认同问题和感情归属问题，这与社会主义核心价值体系所要解决的问题，存在一致性和共同点。社会主义核心价值体系里的马克思主义指导思想是根本，决定社会主义核心价值体系的性质和方向。中国特色社会主义共同理想，是社会主义核心价值体系的主题和目标。以爱国主义为核心的民族精神和以改革创新为核心的时代精神，是社会主义核心价值体系的动力。社会主义荣辱观，是社会主义核心价值体系的基础。这个体系充分体现了先进性与广泛性的统一，既坚持马克思主义的世界观和方法论，反映时代进步潮流，继承中华民族优秀传统文化，吸收人类有益文明成果，体现人民群众共同愿望，又适应社会主义初级阶段条件下不同群体和阶层的多方面需求。从作用上看，这个体系把我们党倡导并着力推进的主导价值理念提升到一个完整的科学体系层面，既深刻反映了社会主义的制度性质、目标任务和发展道路，又将更好地作用于经济、政治、文化、社会等各个方面。既有鲜明的导向作用，又尊重差异、包容多样，可以最大限度地促进和形成全社会的共识。社会主义核心价值体系所包含的四个方面内容相互联系、相互贯通、有机统一，共同构成了一个完整的价值体系，中华民族认同教育有利于社会主义核心价值体系建设。中华民族认同教育引导大学生树立马克思主义的民族理论，有利于确立马克思主义的指导地位。中华民族认同教育引导大学生坚定理想信念，有利于培养大学生的中国特色社会主义的共同理想。中华民族认同教育引导大学生发扬民族优良传统，弘扬民族精神，有利于培养大学生的民族精神和时代精神。

中华民族认同教育引导大学生培养高尚的情操，有利于大学生建立社会主义荣辱观。

（三）加强中华民族认同教育有利于社会主义核心价值观的培育和践行

社会主义核心价值观是社会主义核心价值体系的内核，体现社会主义核心价值体系的根本性质和基本特征，反映社会主义核心价值体系的丰富内涵和实践要求，是社会主义核心价值体系的高度凝练和集中表达。培育和践行社会主义核心价值观，是推进中国特色社会主义伟大事业、实现中华民族伟大复兴中国梦的战略任务。党的十八大提出，倡导富强、民主、文明、和谐，倡导自由、平等、公正、法治，倡导爱国、敬业、诚信、友善，积极培育和践行社会主义核心价值观。这与中国特色社会主义发展要求相契合，与中华优秀传统文化和人类文明优秀成果相承接，是我们党凝聚全党全社会价值共识作出的重要论断。富强、民主、文明、和谐是国家层面的价值目标，自由、平等、公正、法治是社会层面的价值取向，爱国、敬业、诚信、友善是公民个人层面的价值准则，这24个字是社会主义核心价值观的基本内容，为培育和践行社会主义核心价值观提供了基本遵循。面对世界范围思想文化交流交融交锋形势下价值观较量的新态势，面对改革开放和发展社会主义市场经济条件下思想意识多元、多样、多变的新特点，积极培育和践行社会主义核心价值观，对于巩固马克思主义在意识形态领域的指导地位、巩固全党全国人民团结奋斗的共同思想基础，对于促进大学生的全面发展、引领社会全面进步，对于集聚全面建成小康社会、实现中华民族伟大复兴中国梦的强大正能量，具有重要现实意义和深远历史意义。要推动社会主义核心价值观进教材、进课堂、进学生头脑。注重发挥社会实践的养成作用，完善实践教育教学体系，开发实践课程和活动课程，加强实践育人基地建设，打造大学生校外实践教育基地、高职实训基地、社会实践活动基地，组织大学生参加力所能及的生产劳动和爱心公益活动、益德益智的科研发明和创新创造活动、形式多样的志愿服务和勤工俭学活动。注重发挥校园文化的熏陶作用，加强学校报刊、广播电视、网络建设，完善校园文化活动设施，重视校园人文环境培育和周边环境整治，建设体现社

第六章 高校国家认同教育中的中华民族认同教育与大学生的民族理论培养

会主义特点、时代特征、学校特色的校园文化。

（四）加强中华民族认同教育有利于建设和谐社会，构建和谐民族关系

深入开展中华民族认同教育，是建设和谐社会、构建和谐民族关系的关键，对于进一步巩固各族人民大团结、建设社会主义和谐社会具有十分重要的意义。做好民族工作，在新形势下把民族团结进步事业继续推向前进，对维护和发展各族人民根本利益、保持社会和谐稳定、实现国家长治久安和中华民族伟大复兴具有重大意义。要牢牢把握各民族共同团结奋斗、共同繁荣发展的主题，全面贯彻落实党的民族政策和民族区域自治制度，加快少数民族人民和少数民族地区经济、社会发展，广泛、深入、持久开展民族团结宣传教育活动，有效防范、坚决打击民族分裂活动，巩固和发展平等、团结、互助、和谐的社会主义民族关系。中央决定在全国深入开展民族团结宣传教育活动，是巩固和发展平等、团结、互助、和谐的社会主义民族关系、维护改革发展稳定大局的重要举措。

和谐社会包括人与人的和谐、人与自然的和谐。人与人的和谐是基础，没有人与人的和谐，人与自然的和谐就会停留在口号上，没有人与人的和谐，和谐社会也无从实现。如果没有中华民族的认同，就有可能出现民族分裂与社会动荡。只有牢固树立对中华民族的认同意识，生活在中国这个大家庭中的各民族成员才能和睦相处，共同进步。和谐社会的建立、和谐民族关系的形成才有可能在对中华民族认同的基础上展开，和谐社会、和谐民族关系的构建是促进政治、经济、文化、社会等各项事业发展的前提，建设和谐社会、构建和谐民族关系的关键是对中华民族的认同，加强中华民族认同教育有利于建设和谐社会，构建和谐民族关系。

三 中华民族认同教育与大学教育

中华民族认同教育是中国特色社会主义理论体系教育的重要环节，大学是进行中华民族认同教育的重要场所。认识和理解中华民族形成和发展波澜壮阔的历史，加强对中华民族认同的教育，是高校举什么旗帜、走什么道路、培养什么人的重要举措。

(一) 大学教育是加强中华民族认同教育的关键

1978年4月1日,美国《星期六评论》就哈佛大学文理学院院长罗索维士基领衔出版的《核心课程报告》进行评述时指出:哈佛出现的迷惑。哈佛出现的迷惑,也可以称之为焦虑的就是大学的本质究竟是什么?虽然说大学之本分不离"求知"二字,但由于大学所处的历史语境不一,不免导致其求知时的姿态发生一定的改变。正如曾任美国加州大学校长克尔认为的,纽曼的"传授型"大学近乎"村落",弗莱克斯纳的"研究型"大学近乎"市镇",那么"二战"以后崛起的"综合型"大学则活像五光十色的"城市"。"传授型"大学侧重于知识的保存,"研究型"大学讲究知识的增长,"综合型"大学则更倾心于知识的应用。"信息革命""知识经济""第三次浪潮"以及全球化,对"知识创新"的要求越来越高,愈来愈被世界公认为是经济与社会赖以发展的第一要素。甚至有人断言,"看一个国家的大学之质与量,几乎就可以判断这个国家的文化素质和经济水平,乃至可以预测这个国家在未来二三十年中的发展潜力与远景"[①]。这就要求大学生在校时应获得世界文明成果的教育,特别是本民族历史与文化之精华的体悟与传承。大学教育是加强中华民族认同教育的关键,主要体现在以下方面:

其一,当代大学生需要认识中华民族历史,对中华民族产生认同。自高校扩招以来,我国每年在校的大学生人数急增,媒体的多样化、普及化、及时化,讲求实用性、速效性、操作性的快餐文化,以及西方各种思潮的影响,使得部分大学生对于中华民族的历史观念淡漠,甚至不了解博大深厚的祖国悠久历史和中华文化的渊源。

其二,当代大学生的民族、国家观念需要强化。改革开放以来,中国逐步走出红色狂热时代,融入世界和平与发展的历史潮流。当代大学生在全球化背景下,伴随着可口可乐、Internet、哆啦A梦、宝马等国际化标识,在前所未有的安定团结环境中成长起来。没有了战争、冲突等外扰,民族、国家等词语不再是当代大学生日常生活的主题词,甚至对国内时事也不大关注。反映在现实生活中,普遍存在学习乏力,社会责任感低,理想和目标不清晰,在"五颜六色"的外来文化的影响下

---

① 康振平:《当代中国大学自治管理体制研究》,博士学位论文,中南大学,2006年。

第六章　高校国家认同教育中的中华民族认同教育与大学生的民族理论培养

识别能力和选择能力较弱。在个人生活方式上，更显示了当代大学生行为选择的个性化、多元化和国际化。他们倾向于出国深造（90%的被调查者表达了出国留学意愿）。他们向往巴黎（46%）和纽约（28%）（北京和上海的选择率只有20%）；他们喜欢欧美大片（32%）和日韩片（16%）。他们更愿意购买进口的汽车和数码产品；他们能理解出国后滞外不归的留学生（62%）；他们认为"愤青"的爱国方式太过火（74%），"抵制日货"是狭隘的民族主义（60%）；他们甚至能宽容自己所喜欢的明星支持"台独"（有48%的被调查者表示会继续喜欢）。因此，在高校的思想政治理论课的教学中，尤其是通过《中国近现代史纲要》《毛泽东思想和中国特色社会主义理论体系概论》两门课的讲授，增强当代大学生对中华民族的历史认同、对中华民族由自在到自觉过程的认识、增强其民族自豪感和民族自尊心。

（二）大学思想政治理论课是加强中华民族认同教育的重要渠道

邓小平指出："要懂得一些中国历史，这正是中国发展的一个精神动力。"要进行中华民族认同教育，首先要认同中华民族的历史，高校的思想政治理论课是加强中华民族认同教育的重要渠道，要通过思想政治理论课，把中华民族历史的教育与培养大学生的理想信念教育结合起来，引导大学生认识中华民族的形成和发展，理解中国特色社会主义建设的伟大和正确。加强中华民族历史教育应以爱国主义教育为核心，把当代大学生紧紧集聚在爱国主义的旗帜下，增强中华民族的凝聚力、向心力。要通过各种有效的思想政治教育和社会实践活动，使以爱国主义为核心的中华民族历史教育在青年学生中深深扎根。要发挥课堂教育主渠道的作用，把中华民族历史的教育贯穿到学校教学的各个环节之中，形成加强中华民族历史教育的浓厚氛围。

（三）中华民族认同教育与大学教育的共同目标是提高大学生的道德水平

中国道德传统是中国古代思想家对中华民族道德实践经验的总结，是中华民族在长期社会实践中逐渐凝聚起来的民族精神的一个重要组成部分，社会公德的形成离不开中华民族认同教育。社会公德是人类在长期社会实践中逐渐积累起来的最简单、最起码的公共生活规则。它有别于私德，具有明确的公共性，维护的是社会公共利益和个体公民的整体利益。良好的公德意识不仅仅是个人优良素质的体现，也是整个社会道德的基石、社会文明进步的标志。2001年中共中央印发的《公民道德建设实施纲要》将我国公民道德的基本规范表述为"爱国守法、明礼诚信、团结友善、勤俭自强、敬业奉献"。"爱国"就是要求公民牢固树立中华民族意识和国家利益至上意识，自觉维护祖国的独立、统一、尊严和利益，为把中国建设成为富强、民主、文明、和谐的社会主义国家作力所能及的贡献。"守法"强调一个有道德的公民，应当积极地学法、懂法和按法律办事。狭义上"明礼"是指讲礼节、礼仪和礼貌，广义上"明礼"则是要求讲文明。"诚信"的基本内涵是诚实、诚恳、信用、信任。"团结"的基本内容则强调在追求共同理想目标的基础上，公民要通过弘扬集体主义精神和团队精神，形成各个行业、各个部门、各个单位、各个人群的凝聚力，最终汇集为全民族、全社会的凝聚力。"友善"强调人与人之间的互相关心、互相帮助、互相爱护、互相谦让的和谐关系。"勤俭"要求公民立足于中国人口多、耕地少、人均资源有限的国情，要勤劳、勤奋、勤快、俭朴、节俭等。"自强"包含着自尊、自励、自立，强调生命不息奋斗不止、刚健有为、积极进取的拼搏精神。"敬业"则要求忠于职守、精益求精、德艺双馨、恪守职业道德。"奉献"就是公民要克己为公、服务社会、助人为乐、造福于人。综观社会公德的全部内容，集中体现了人与人、人与社会、人与国家、人与自然的关系规范。高校进行中华民族认同教育的目的就是要将社会公德高度内化为大学生对个人、对他人、对社会、对国家、对环境的情感、心理和行为。

第二节 社会主义民族关系的巩固和发展

民族关系始终是我们这个统一多民族国家至关重要的社会关系。新中国成立以来，党和国家制定和实施了一系列正确的原则、方针和政策措施，促进各民族之间和睦相处、和衷共济、和谐发展。在党的坚强领导下，全国各族人民始终同呼吸、共命运、心连心，显示出强大的凝聚力和创造力，为我国经济发展、政治稳定、文化繁荣、社会进步提供了重要保证。

第六章　高校国家认同教育中的中华民族认同教育与大学生的民族理论培养

一　社会主义民族关系的建立

新中国成立之初，党在民族地区的执政基础比较薄弱，少数民族对党的民族政策缺乏了解，特别是在一些地区，历史原因造成的民族隔阂还比较深。毛泽东同志就曾指出：历史上的反动统治者，主要是汉族的反动统治者，曾经在我们各民族中间制造种种隔阂，欺负少数民族。[①]因此，"少数民族免不了带着怀疑的眼光看汉族"[②]。针对这种情况，中央决定着力疏通民族关系，加强同少数民族人民的联系。

（一）"派下去，请上来"

社会主义民族关系建立的一项重大措施就是"派下去，请上来"。

1. "派下去"，是指派出访问团深入民族地区进行慰问，直接向少数民族群众传达党和政府的关怀，表达汉族人民的兄弟情谊，宣传民族政策。1950年6月，中央西南访问团前往四川、西康、云南、贵州4省的民族地区访问。之后，又相继派出了西北、中南、中央3个访问团。此外，西南、西北、中南各大区以及少数民族较多的省、行署以至专区，都分别派出了访问团。从1950年7月到1951年年底，仅中央派出的4个访问团，累计行程就达到了8万多公里。以中央西北访问团为例，在历时三个多月的访问中，个别访问过300多人，举行过66次座谈会，出席座谈会的各民族各界代表共4080人；召开过45次群众大会，参加人数28万余人；上演京剧27次，观众15万余人；放映电影105次，观众达25万余人。按当时西北5省人口计算，平均每80个人中就有一人和访问团有过接触。中央中南访问团到广西三江慰问，临别之时，当地侗族群众依依不舍。他们深情地唱道："访问团来了我们高兴，舍不得你们走是实情。唱着山歌把访问团送，把侗家的情意带北京。"这些朴实无华的语言，既是少数民族人民发自内心真实情感的流露，也是访问团用自己的实际行动换来的成果。

2. "请上来"，是指组织边疆少数民族特别是民族、宗教的上层人士到北京和内地参观，以增进少数民族对祖国的了解，密切边疆民族地

[①]《毛泽东文集》第5卷，人民出版社1996年版，第288页。
[②]《周恩来选集》下卷，人民出版社1984年版，第249页。

区同中央的联系。1950年庆祝新中国成立一周年的时候，周恩来总理邀请159位各民族代表和222位文工团员参加国庆大典。此后，各地少数民族到内地参观的人数逐年增加。1952年12月，中共中央在对云南省委所报边疆民族工作方针与步骤的意见上明确批示："有计划地分批组织参观团到内地参观，是在少数民族中丰植爱国主义的最有效办法之一。"据1951—1954年的统计，仅由中央有关部门接待的到内地参观的少数民族代表就达6500人。中央对"请上来"的少数民族给予了特别的礼遇和关怀。1949—1964年，毛泽东等党和国家领导人亲自接见的少数民族代表团、参观团、观礼团就达268个之多。

3."派下去""请上来"，这一来一往，在民族地区产生了广泛、深刻而久远的影响，赢得了少数民族群众对党的衷心拥戴，丰植了边疆少数民族的爱国主义情感，增进了各民族间的了解和友谊，为社会主义新型民族关系的建立创造了条件。此举充分体现了我们党的博大胸怀，很多少数民族干部群众至今仍然津津乐道。

（二）帮助少数民族群众解决生产生活困难

新中国成立初期，由于民族地区的生产水平一般都比较低下，加上一些封建剥削和特权的存在，人民生活极端困苦。尤其是广大山区和沙漠盐碱地区的少数民族，几乎每年都有几个月的断粮，形成历史性的饥饿现象。为帮助少数民族群众克服生产生活上的困难，打开新解放的民族地区的工作局面，党和政府为少数民族群众办了许多好事、实事。

1. 发放救济粮和救济款。从1950—1952年的两年时间里，在广西，人民政府就拨给少数民族救济粮750万公斤。1952年，中央、中南和广西省人民政府拨出各种生产救灾专款共823万元，让少数民族群众购买耕牛、农具和种子。在海南岛，仅1950年人民政府就拨出救济粮、优抚粮280多万公斤，救济款15万余元。

2. 无偿发放生产工具。新中国成立初期，西南、中南一些地区的少数民族仍是"刀耕火种"，生产工具主要靠竹器、木器，铁器很缺，收成极低，往往是"种一坡，收一钵"。为解决少数民族缺乏农具的困难，西南军政委员会于1952年年底召开少数民族经济工作会议，拨款400余万元用于无偿发放农具。少数民族群众激动地说：党和政府"为我们过好日子，什么事都想到了""看到了农具就想起了毛主席""人

第六章　高校国家认同教育中的中华民族认同教育与大学生的民族理论培养

民政府给我们发放了农具，就等于给我们饭吃"。中共中央对这一做法给予充分肯定，指出："在生产极端落后的少数民族农业区解决、改善农具和耕作方法，是使这些地区摆脱落后的生产状况，改善群众生活的重大措施。"号召各有关省都要重视和推广这一经验，"并根据各地具体情况，多想一些办法去帮助少数民族地区经济的发展，以便逐步改善各族群众的经济生活"。

3. 派出巡回医疗队实行免费医疗。旧中国的民族地区，鼠疫、天花等各种传染病十分猖獗。据解放初期调查，云南西双版纳疟疾发病率高达50%，有的地区甚至高达90%以上。由于疾病流行，加上缺医少药，造成少数民族人口大量下降。内蒙古伊克昭盟的蒙古族人口，在清朝乾隆年间有40万人，到解放时已不足8万人。云南一些少数民族平均寿命只有20—30岁，流传着"只见娘怀胎，不见儿赶街"的感叹。新中国成立后，党和政府高度重视改善少数民族的卫生状况。从1950年到1952年，中央拨出1000万元的专款，用于民族地区的卫生事业建设，并先后派出8个防疫大队和医疗大队，分赴民族地区开展工作。各有关省和地区也分别派出卫生工作队、巡回医疗队、疟疾防治队，到民族地区送医送药，免费看病治病。

4. 开展民族贸易工作。针对历史上少数民族经常受到外来商人盘剥的现象，党和政府组织了"牛背商店""驼背商店""大篷车商店"，深入少数民族的山乡村寨、草原帐篷，以公平合理的价格收购农牧土特产品，销售生产工具和生活日用品。由于价格合理，少数民族广大农牧民在购销活动中所得利益，比旧中国提高了几倍甚至十几倍。少数民族亲切地称民族贸易工作者是"毛主席派来的人"。民族贸易工作起到了民族工作开路先锋的作用。

（三）消除历史遗留的民族歧视的一切有形痕迹

1949年颁布的《共同纲领》明确规定：各民族一律平等，"禁止民族间的歧视、压迫和分裂民族团结的行为"。根据这一规定，1951年5月，中央人民政府发布《关于处理带有歧视或侮辱少数民族性质的称谓、地名、碑碣、匾联的指示》，强调指出：为加强民族团结，禁止民族间的歧视与侮辱，对于历史上遗留下来加于少数民族的称谓及有关少数民族的地名、碑碣、匾联等，如带有歧视或侮辱少数民族意思者，应

·145·

分别予以禁止、更改、封存或收管。1956年2月，国务院又专门发出通知，明确要求"在各种文件、著作和报纸、刊物中，除了引用历史文献不便改动外，一律不要用'满清'这个名称"①。根据这些指示，凡带有歧视或侮辱性质的少数民族的族称和地名，一经发现，都陆续作了更改，或恢复原来的民族名称。例如，将内蒙古自治区的首府"归绥"改称"呼和浩特"，将新疆维吾尔自治区的首府"迪化"改为"乌鲁木齐"，将"归化族""西番"分别以"俄罗斯""普米"的族称替代。一位瑶族干部形象地说：旧中国，我们瑶族被称作"猺"，是"动物"；解放了，我们被称作"傜"，变成了"人"；民族识别后，我们被称作"瑶"，变成了"玉"。从"动物"到"人"再到"宝"，真正体现了新旧社会少数民族地位的不同啊！

（四）解决历史遗留的民族问题，改善民族关系

由于历史原因，特别是国民党实行的民族压迫政策，在旧中国各民族之间以及民族内部造成了许多矛盾和纠纷。以流散的哈萨克族为例。由于不堪忍受新疆军阀的压迫和屠杀，一部分哈萨克人从1934年开始，陆续逃亡甘肃、青海，继而又遭到青海军阀的多次围剿，使得他们没有栖身之地，不得不拖儿带女，长期过着流浪生活，处于几乎濒于灭绝的境地。据统计，他们离开新疆时约有4万人，到1949年只剩下2400人。流散的哈萨克人的生活极端贫苦，且因维持生计，与当地的蒙古族、藏族关系较为紧张。1952年，在中央的领导下，全面开展对流散的哈萨克人的争取团结和安置工作，给他们划定居住和放牧地区，并拨款帮助他们购置牛、羊、帐篷等，从穿衣到吃饭，采取头两年包下来的政策。1954年，又帮助他们建立自治地方（甘肃省阿克塞哈萨克族自治县），大力发展生产和教育文化事业，从而激发了他们的爱国主义热情和建设社会主义的积极性，改善和密切了与蒙古族、藏族及其他民族的关系。

与此同时，党和政府还帮助鄂伦春族实现定居，帮助他们出林落户，扶助一些地区的苗族、瑶族下山分田定居，并妥善解决了民族地区一些历史遗留的边界、草场纠纷。各级政府还大力调解各民族内部的纠

---

① 《中华人民共和国民族政策法规选编》，中国民航出版社1997年版，第309页。

第六章　高校国家认同教育中的中华民族认同教育与大学生的民族理论培养

纷,如领导大瑶山瑶族各支系签署并实施《团结公约》,大力开展了争取、团结、教育民族宗教上层人士的工作。在党和政府的帮助下,达赖与班禅的关系得到了缓和,藏族内部的团结得到了加强。这些措施,有效地改善了民族关系,促进了民族团结,为社会主义民族关系的建立奠定了坚实基础。

（五）开展民族政策执行情况大检查

新中国成立初期,有些地区尤其是一些民族杂居地区,在执行民族政策过程中出现偏差,个别地区甚至存在严重侮辱、歧视少数民族的做法,以致激起当地少数民族的极大不满。针对这种情况,1952年9月,中共中央作出批示,要求各地认真检查民族政策的执行情况。同年12月,又发出《中央关于少数民族较少地区必须检查民族政策执行情况的指示》,强调进行民族政策执行情况的检查,"不仅在民族聚居区和少数民族很多的地区是必要的、不可缺少的,即使在少数民族较少甚至很少的地区也是必要的、不可缺少的"。1953年3月,毛泽东同志亲自起草了《中央关于在民族问题上党内和人民中进行马克思主义的教育,批判大汉族主义,具体地解决少数民族中仍然受歧视受痛苦的问题的指示》,深刻指出:"有些地方民族关系很不正常。此种情况,对于共产党人来说,是不能容忍的。必须深刻批评我们党内在很多党员和干部中存在着的严重的大汉族主义思想,即地主阶级和资产阶级在民族关系上表现出来的反动思想,即是国民党思想,必须立即着手改正这一方面的错误。"

根据中央的指示,1952年和1956年,在全国范围进行了两次民族政策执行情况大检查。两次大检查及时纠正了民族工作中的缺点和失误,保证了党的民族政策能够落到实处,在各族干部群众中产生了深远影响。在此基础上,1956年4月,毛泽东同志在《论十大关系》中,把汉族和少数民族的关系作为社会主义革命和社会主义建设必须处理好的十大关系之一,强调"我们必须搞好汉族和少数民族的关系,巩固各民族的团结,来共同努力于建设伟大的社会主义祖国"。1957年2月,毛泽东同志在《关于正确处理人民内部矛盾的问题》中,再次强调指出:"汉族和少数民族的关系一定要搞好。这个问题的关键是克服大汉族主义。在存在有地方民族主义的少数民族中间,则应当同时克服地方民族主义。"同年7月，全国人大民委和国家民委共同在青岛召开民族工作座谈会，主要是针对民族政策大检查中发现的缺点和错误进行批评，并对民族政策和民族工作中的一些重大问题展开讨论。周恩来总理在会上作了《关于我国民族政策的几个问题》的重要讲话，就新中国民族政策的几个原则问题从理论和实践上作了全面、系统的阐述。特别指出："我们反对两种民族主义（在中国主要是反对大汉族主义），就是既反对大民族主义，也反对地方民族主义，特别要注意反对大汉族主义。"强调要在建设社会主义现代化国家这个"新的基础上达到我们各民族间进一步的团结"。

（六）明确社会主义时期我国民族关系的性质是劳动人民之间的关系

经过民主改革和社会主义改造，废除了各民族内部旧的社会制度，消灭了剥削阶级，我国的民族关系开始基本上结成各民族劳动人民之间的关系。这是一种崭新的社会关系，它的基本特点是各民族之间的平等、团结、互助。但是，我国社会主义民族关系的发展并非一帆风顺。由于1957年以后指导思想上"左"的错误，特别是"文化大革命"的破坏，民族关系在发展中出现了严重曲折。在"民族问题的实质是阶级问题"错误理论指导下，把党在民族工作中的正确理论和政策当作"投降主义""修正主义"加以否定，把许多少数民族干部和群众当作阶级敌人加以打击迫害，制造了大批冤假错案，在我国各民族之间，主要是汉族和少数民族之间，又造成了相当深的民族隔阂。

党的十一届三中全会后，党和国家进行民族工作的拨乱反正，系统地纠正这些错误。1979年2月，中央为统战、民族、宗教工作系统摘掉了"投降主义""修正主义"的帽子。1980年4月，中央转发《西藏工作座谈会纪要》，明确指出："在我国各民族都已实行了社会主义改造的今天，各民族之间的关系都是劳动人民间的关系。因此，所谓'民族问题实质是阶级问题'的说法是错误的，这种宣传只能在民族关系上造成严重误解。"在中央的重视和关心下，民族地区的大量冤假错案得到平反，大量历史遗留问题得到正确处理，被严重损伤的民族关系得到了医治和改善。许多民族、宗教界的爱国人士，平反后生活上得到了照顾，政治上得到了安排。少数民族干部群众深感我

第六章　高校国家认同教育中的中华民族认同教育与大学生的民族理论培养

们党又恢复了实事求是的作风，高兴地说："共产党的民族政策又回来了！"

（七）广泛开展民族团结进步教育和表彰活动

针对"文化大革命"造成人们的民族政策观念淡薄的情况，1980年春节前后，在全国范围集中进行了民族政策再教育，并结合检查民族政策的执行情况，解决了民族关系方面存在的一些突出问题。全党全社会提高了对民族政策的认识和维护民族团结的自觉性，许多地方把民族政策教育纳入社会主义精神文明建设，作为经常性工作坚持下来。与此同时，民族团结月活动在各地蓬蓬勃勃地开展起来。这项活动最早是在吉林省延边朝鲜族自治州开展。1952年，该州将每年9月定为"民族团结宣传月"，得到了周恩来、朱德等老一辈无产阶级革命家的肯定和表扬。党的十一届三中全会后，各地非常重视开展"民族团结月"活动，如新疆将每年5月、内蒙古将每年9月、贵州黔东南州将每年7月定为"民族团结月"。在活动中，有的地方和单位提出"为民族团结做一件好事，交一个不同民族的朋友"的号召。群众性民族团结进步创建活动逐步在全国广泛地开展起来，并且涌现出大批自觉维护民族团结的模范集体和模范个人。

1982年，国家民委倡议开展民族团结模范集体和模范个人表彰活动。到1988年，全国已有26个省、自治区、直辖市召开了民族团结表彰大会。在此基础上，1988年4月，国务院召开了第一次全国民族团结进步表彰大会，表彰了56个民族的1166个先进集体和个人。之后，国务院又先后于1994年、1999年和2005年召开了第二、三、四次全国民族团结进步表彰大会。各地也随之不断掀起创建民族团结进步活动的热潮。

（八）提出各民族"谁也离不开谁"的重要思想

1981年7月，中央转发《中央书记处讨论新疆工作问题的纪要》，指出："在处理汉族同少数民族以及各少数民族之间的关系问题时，一定要非常慎重。新疆的汉族干部要确立这样一个正确观点，即离开了少数民族干部，新疆各项工作搞不好；新疆的少数民族干部也要确立这样一个正确观点,即离开了汉族干部,新疆各项工作也搞不好。"①

1990年9月,江泽民同志在新疆视察工作时指出:"在我们祖国的大家庭里,各个民族的关系是平等、团结、互助的社会主义新型民族关系,汉族离不开少数民族,少数民族离不开汉族,各少数民族之间也相互离不开。"② 1992年中央民族工作会议上,江泽民同志进一步强调,各民族之间要同呼吸、共命运、心连心,为建设中国特色社会主义而携手奋斗。1999年中央民族工作会议上,江泽民同志明确要求,坚持在全社会开展民族团结进步的宣传教育,使"三个离不开"的思想观念深深扎根于各族干部群众心中。此后,江泽民同志进一步指出,民族凝聚力是衡量一个国家综合实力的重要标志,不断增强中华民族凝聚力,是全体人民始终保持共同理想强大的精神支柱。

这些重要思想,高度概括和深刻阐明了我国各民族休戚相关、命运与共的血肉关系,对巩固和发展社会主义新型民族关系发挥了重要的指导作用。

(九)妥善处理影响民族团结的问题

改革开放以来,随着国内外形势的发展变化,民族关系方面也出现了一些新情况、新问题。特别是由于各种原因造成的影响民族团结的事件时有发生,有的甚至还酿成了严重后果,必须认真对待,妥善处理。

1987年4月,中共中央、国务院批转中央统战部、国家民委《关于民族工作几个重要问题的报告》,指出:"对于民族关系方面发生的问题,应当采取说服教育、民主协商、积极疏导的方法加以解决。……总结历史的经验,在处理这类问题时,必须慎重从事,从有利民族团结出发,有什么问题就解决什么问题,不要轻率地扣这个帽子或那个帽子。"2001年9月,中共中央办公厅、国务院办公厅转发了国家民委等七部委《关于正确处理新形势下影响民族团结问题的意见》。明确提出,在处理民族关系方面发生的问题时,要始终高举维护人民利益、维护法律尊严、维护民族团结、维护国家统一的旗帜。强调要严格区分两种不同性质的矛盾,坚持教育疏导为主、打击为辅的方针;善于运用法

---

① 《新时期民族工作文献选编》,中央文献出版社1990年版,第149页。
② 同上书,第1页。

第六章　高校国家认同教育中的中华民族认同教育与大学生的民族理论培养

律手段处理问题；建立预警机制，定期排查存在的隐患，把问题解决在萌芽状态和事发当地；强化新闻宣传纪律，加强正面引导，防止负面影响，对涉及民族宗教方面敏感的宣传报道，要先送当地党委、政府和有关主管部门审批。这是一个针对性很强的文件，对正确处理民族关系方面的问题，具有十分重要的指导意义。

做好杂散居地区民族工作，对于加强民族团结具有重大意义。1979年7月，五届全国人大二次会议通过《中华人民共和国地方各级人民代表大会和地方各级人民政府组织法》，明确规定了省、市、县、乡各级政府负有巩固和发展民族关系的重要职责。1979年10月，中共中央、国务院批转国家民委党组《关于做好杂居、散居少数民族工作的报告》，明确提出了做好这项工作的具体要求。1987年1月，中共中央、国务院批转《关于民族工作几个重要问题的报告》，明确要求结合杂散居地区的特点，着重做好城市少数民族工作、民族乡工作和未实行区域自治的11个少数民族的工作。1993年9月，经国务院批准，国家民委发布《城市民族工作条例》和《民族乡行政工作条例》，这是杂散居地区民族工作的两个重要法规。

（十）巩固和发展平等、团结、互助、和谐的社会主义民族关系

党的十六大提出，在中国特色社会主义道路上实现中华民族伟大复兴，是历史和时代赋予我们党的庄严使命。强调坚持弘扬和培育以爱国主义为核心的中华民族精神，最充分最广泛地调动一切积极因素，全面建设小康社会，不断为实现中华民族的伟大复兴增添新力量。2003年3月，胡锦涛同志在参加全国政协十届一次会议少数民族界委员联组讨论时指出：祖国统一、民族团结，是各族人民之福；祖国分裂、民族离乱，是各族人民之祸。强调要积极引导各族干部群众牢固树立"三个离不开"的思想，坚持各民族同呼吸、共命运、心连心，妥善处理各民族之间的关系，尊重各民族的风俗习惯和宗教信仰，提倡各民族相互亲近、相互交流、相互帮助，不断增进各族群众的兄弟情谊。

2004年10月，中央政治局举行第十六次集体学习，学习内容是我国的民族关系。胡锦涛同志在会上发表重要讲话，强调要大力加强马克思主义民族理论、党的民族政策和民族基本知识的宣传教育。不仅要教育群众，更要教育干部；不仅要教育少数民族干部，更要教育汉族干

部；不仅要教育一般干部，更要教育领导干部。通过广泛深入的宣传教育，在全社会形成自觉维护民族团结、促进民族地区发展的良好氛围。

2005年5月，党中央、国务院召开中央民族工作会议暨第四次全国民族团结进步表彰大会。胡锦涛同志在讲话中指出，必须坚持巩固和发展我国平等、团结、互助、和谐的社会主义民族关系。强调全国各族人民的大团结，过去、现在、将来都是我们能够经受住各种困难和风险的考验、不断胜利前进的重要保证。胡锦涛同志还深刻阐明了我国民族团结进步事业的内涵，强调发展我国民族团结进步事业，体现了我国社会主义制度的优越性，反映了全国各族人民的共同意志，符合全国各族人民的根本利益。不断推进我国民族团结进步事业，是我们党立党为公、执政为民的根本要求，也是我国各族人民的光荣职责。

2005年5月，中共中央、国务院颁发《关于进一步加强民族工作加快少数民族和民族地区经济社会发展的决定》，国务院颁发《关于实施〈中华人民共和国民族区域自治法〉若干规定》，对巩固和发展我国社会主义民族关系提出了明确要求，为我国民族团结进步事业的发展指明了前进方向。

50多年来，我国社会主义民族关系走过了一个波澜壮阔的发展历程。新中国的成立，开创了我国民族关系的历史新纪元。社会主义制度的确立，奠定了我国民族关系的根本基础。改革开放的推进，进一步巩固和发展了社会主义民族关系。全面建设小康社会和构建社会主义和谐社会，必将为发展平等、团结、互助、和谐的社会主义民族关系，实现各民族和睦相处、和衷共济、和谐发展，创造更为有利的条件。实践证明，我国民族关系经受住了国内外形势发展变化的种种考验，无论在当今世界上，还是在中国历史上，新中国的民族关系都是最好的。

二 民族地区的社会主义改造

根据党在过渡时期的总路线和总任务，民族地区开展了对农牧业、手工业和资本主义工商业的社会主义改造。

（一）农业的社会主义改造

民主改革后，民族地区的农村经济，基本上是分散的、个体的农业经济。个体农民在分得土地以后，一方面在发展生产上表现了极大的积

第六章　高校国家认同教育中的中华民族认同教育与大学生的民族理论培养

极性；另一方面又程度不同地存在缺乏耕畜、农具等生产资料的困难，在发展生产、进行农田水利建设、抵御自然灾害、采用农业机械和其他新技术方面，也受到个体经济的种种限制，从而萌发了走互助合作道路的愿望。针对这种情况，党和政府积极引导和组织少数民族农民开展互助合作运动。1955年2月，中共中央发布《关于在少数民族地区进行农业社会主义改造问题的指示》，决定采取三个步骤：一是组织各种形式的互助组，在不改变个体经济所有制的条件下开展生产互助。二是在互助组的基础上试办和推广半社会主义性质的初级农业合作社，一般实行土地入股、统一经营，收益按土地和劳动力比例分配。三是在初级社的基础上试办和推广社会主义性质的高级农业合作社，土地、耕畜、大农具折价入社为集体所有，实行统一经营，按劳分配。民族地区的农业生产合作社形式多样，有单一民族组成的，也有两个或两个以上民族组成的；有单纯经营农业的，也有农牧业结合的。在处理土地和生产资料入社的过程中，充分照顾了当地少数民族的风俗习惯和民族特点。比如，在贵州、广西，对布依、苗、侗等民族的"姑娘田"（少数民族习俗，指女儿婚前，父母分给一块田地，用来种植麻或蓝靛，置备嫁妆，俗称"姑娘田"）就予以保留，没有入社。到1957年，除西藏以外，民族地区基本完成了农业的社会主义改造。

（二）畜牧业的社会主义改造

坚持"千条万条，发展牲畜第一条"的方针，采取了一系列符合牧区实际的政策。1953年6月，中央民委第三次委员（扩大）会议通过了《关于内蒙古自治区及绥远、青海、新疆等地若干牧业区畜牧业生产的基本总结》，从5个方面总结了经验教训，肯定了内蒙古自治区在牧区所贯彻"人畜两旺"等5项发展牧区畜牧业经济的方针和执行不分不斗不划阶级、牧工牧主两利等11项发展畜业经济的政策及保护培育草原等6项具体措施，并对今后工作提出了意见。同年9月，中央人民政府政务院188次政务会议批准了这一文件。1956年7月，中共中央批复新疆维吾尔自治区党委《关于畜牧业社会主义改造问题的报告》，明确指示：对畜牧业进行社会主义改造，必须切实注意保护和发展畜牧业生产这个中心环节，工作步骤和方法必须建立在十分稳妥、可靠的基础上。同时，充分肯定了内蒙古自治区提出的"依靠劳动牧民，团结一切可以团结的力量,在稳步发展畜牧业的基础上,逐步实现牧业的社会主义改造"的口号是恰当的。畜牧业的社会主义改造有两个方面:一是对个体牧民经济,按照自愿互利的原则,通过走互助合作的道路,把分散、游牧的经营方式逐步改造成为合作化的社会主义畜牧业经济;二是有计划地对牧主经济采取类似对城市资本家的赎买政策,主要以公私合营牧场的形式进行社会主义改造。对畜牧业个体经济的社会主义改造,如同对农业个体经济的社会主义改造一样,是从组织各种形式的互助组开始,经历了由低级到高级的发展过程,逐步实行了牧业合作化。对牧主经济采取和平改造的方针,就是在政治上继续团结他们,在经济上采用赎买政策,在生活上保证不降低原生活水平,在工作上给予适当安排。对大中牧主,一般举办公私合营牧场或加入国营农场;对较小的牧主,采取有条件的参加生产合作社。由于各地情况不同,牧主参加合营牧场的具体办法也有所不同。在内蒙古,对牧主参加合营牧场的牲畜给付定息,年利率掌握在2%—3%。在新疆,将牧主的牲畜折股入场,在一定时期内支付定息。到1958年底,除西藏外,大部分民族地区的畜牧业社会主义改造基本完成。

(三)手工业的社会主义改造

新中国成立前,内蒙古、新疆、宁夏、广西和其他一些民族地区,城乡手工业产值占工业总产值的比重,多者占99%,少者占70%以上,在少数民族生产生活中占有重要地位。新中国成立后,党和政府采取低息贷款、供应原料、包销产品、革新技术、加工订货等扶助政策,民族地区手工业有了很大发展。社会主义改造的初期,在坚持自愿、互利、民主管理的原则下,通过手工业合作社、供销生产合作社和供销生产小组等多种形式把手工业者组织起来,经过典型示范、分批发展、不断整合,前进的步伐比较稳妥。1955年夏季以后,在大形势的影响下,改造步伐迈得过快,取得了明显成绩,但也出现了一些偏差。

(四)私营工商业的社会主义改造

新中国成立前,民族地区私营工业数量少、规模小、设备简陋、落后,几乎没有什么像样的工商业。新疆私营工业只有390多家,绝大多数是手工业工场和小作坊,有些民族地区也存在着官僚资本,进行垄断经营。新中国成立后,这些官僚资本被没收归全民所有,小私营工商业

第六章 高校国家认同教育中的中华民族认同教育与大学生的民族理论培养

则得到保护和发展。民族地区私营工商业的社会主义改造同全国一样,是通过由低级到高级的国家资本主义过渡形式,采取和平改造和赎买政策实现的。1956年,在全国各大城市掀起的资本主义工商业全行业公私合营的社会主义改造高潮的影响下,民族地区的城镇同时进行了民族工商业的社会主义改造。在广西,全部实行了全行业的公私合营。在宁夏、新疆、内蒙古,私营工商业全部或大部分实行了公私合营,其余一部分实行了合作化。对政治上有代表性的私营工商业者还作了适当安排,如担任各级人民代表、政协委员。少数私营人员还在地方国家机关担任领导职务。

民族地区在社会主义改造中,彻底废除了阶级剥削制度,废除了封建特权,广大少数民族群众得到了翻身解放,真正成为新社会的主人。解放了的农奴、奴隶以及其他贫苦农牧民,从此有了自己的土地、牲畜和其他财产,有了自己平等的政治权利,共同走上了社会主义的光明大道。事实证明,社会主义道路是解决我国民族问题的根本道路,中国特色社会主义事业是各民族共同团结奋斗、共同繁荣发展的伟大事业。

三 进行民族识别,确认56个民族成分

新中国成立后,党和政府为制定和实施民族政策,帮助各民族实现平等权利,组织力量对民族成分和民族族称进行辨别。这项工作,就是民族识别。

1. 民族识别原则

(1) 依据民族特征。民族特征是识别民族的基本依据。任何一个人们共同体,在长期历史发展中都形成了自身的特征。我国民族识别工作,从我国民族的实际出发,灵活运用了斯大林关于民族的四个特征。在我国,有些人们共同体在形成发展过程中,常常出现分化或融合的现象,构成民族特征方面,呈现出不平衡性。在民族的诸特征中,显得比较突出的,有时是这个特征,有时是那个特征,有时又是另一个特征。因此,在民族识别过程中,不能孤立地看民族的每个具体特征,而应历史地把民族诸特征,包括分布地域、族称、历史渊源、语言、经济生活、物质文化、精神文化以及心理素质等,作为一个整体来全面地、综

合地进行分析考察,具体问题具体分析,逐一谨慎地确定一个人们共同体的族属和族称。

(2)尊重民族意愿。民族意愿,从本质上说是一种民族意识,是人们对于自己的族体究竟是汉族还是少数民族,究竟是一个单一的少数民族还是某个少数民族的一部分的主观愿望的表现,也是对人们共同体意识的具体反映。当然,这种意愿不是凭空臆造出来的,而是建立在具备有一定的民族特征的科学依据基础上的,是民族特征的一种总的反映。因此,在民族识别中,应当尊重民族意愿,坚持"名从主人"的原则。

2. 民族识别的意义

经过几十年努力,科学地理清了我国民族大家庭的基本构成,确认了56个民族成分。民族识别的顺利进行,为正确开展民族工作提供了依据,打下了基础。新中国的民族识别工作,梳理了错综复杂的民族源流和现状,科学地鉴别了我国现实的民族成分,基本上认定了党和国家实行民族平等、进行民族工作的确凿对象,从而为党和国家制定和贯彻民族政策提供了科学依据和坚实基础。民族识别在新中国民族工作史上具有十分重大的意义。一些少数民族正是通过民族识别,了解并打心底拥护党和国家的民族政策。我国的民族识别,不但丰富和发展了马克思主义民族理论,也为我国民族工作和民族学科发展积累了宝贵财富,在我国民族工作史上写下了浓墨重彩的篇章。

第三节 人才培养与马克思主义民族理论教育

民族是人类社会中一种客观存在的普遍现象。民族和民族问题是当今世界一个十分重要的问题,在人才培养过程中注重民族理论的培养,这对于一个国家的安全、稳定有着重要的现实意义。

一 民族理论概述

民族是一个历史范畴,有其发生、发展和消亡的过程,民族不是从来就有的,任何人都属于一个民族,因此,要树立正确的民族理论。马克思主义民族理论就是马克思主义对民族、民族问题的根本看法和处理

第六章　高校国家认同教育中的中华民族认同教育与大学生的民族理论培养

民族问题的纲领政策。

(一) 民族理论的内涵及本质

民族也称国族（Nation），指的是一群人觉得他们自己是一个被历史、文化和共同祖先所连接起来的共同体。民族是人们历史上形成的有共同语言、共同地域、共同经济生活、共同文化特点和共同心理素质的稳定共同体。民族不是生来就有的，它伴随着私有制、阶级和国家的出现而出现，在民族出现之前称之为氏族、种族。民族与氏族不同，民族是生活在共同地域上的共同体，氏族是以血缘关系形成的共同体；民族与种族也不同，种族是依据人的肤色、头发、眼睛等因素划分的，而不同的民族可以是同一个种族。

所谓民族理论，就是人们关于民族与民族问题的立场、观点和方法的总和，是人们对有关民族问题的基本看法和意见。它往往体现在党和政府处理民族问题的基本原则和基本政策之中。民族理论是人们对民族和民族问题的认识反映与观念表现，是世界观的一部分，与世界观有不可分割的联系。民族理论首先是对民族的看法，是对民族形成、发展、变化以及灭亡规律的认识。其次，民族理论是对民族问题的看法，是对民族问题产生、发展、变化规律的认识。再次，民族理论也是处理民族问题的原则、方法和行动纲领。要了解民族理论就要从以上三个方面去认识和掌握。

(二) 马克思主义民族理论的内涵

改革开放 30 多年来，国内学术界和理论界关于马克思主义民族问题的研究一直在不断深入，各种思想深邃、见解独到的成果层出不穷。深入探讨马克思主义民族理论对推进国家统一、民族团结以及社会和谐有巨大的促进作用。

1. 民族的本质。民族是人们在历史上形成的一个有共同语言、共同地域、共同经济生活以及表现于共同文化上的共同心理素质稳定的人们共同体。民族不是有了人类就有的，而是社会发展到一定阶段形成的，是一个历史范畴，在《德意志意识形态》《路易斯·亨·摩尔根〈古代社会〉一书摘要》和《家庭、私有制和国家的起源》这三本书中，马克思、恩格斯剖析了民族这种共同体从氏族、部落发展成为民族的具体过程。

马克思主义认为，民族属于历史范畴，存在始终性，民族不是有人类就有的，它有其产生、发展、消亡的过程，不是永恒存在的。同时，马克思认为民族没有什么优劣等之分，民族无论大小只有发展上的先进和后退，在人类社会都是平等的，都对人类文明的进步作出过贡献。马克思主义还认为一个民族并不一定都有自己的国家，世界上的国家普遍都是多民族共同建立一个国家，一个国家一个民族的情况极其的少，只有日本是大和民族，建立了一个国家。中国有五十六个民族，阿拉伯民族有十多个民族，苏联也有一百多个国家。西欧随着外来移民的逐渐增多，也从原来的单一民族国家变成了多民族国家。

2. 马克思主义民族理论是无产阶级及其政党的民族理论，是科学的民族理论。中国共产党坚持以马克思主义的民族理论来观察和处理中国的民族问题，观察和对待国际范围内的民族问题。资产阶级认为民族有优劣之分，民族间的歧视、压迫是资产阶级民族理论的表现，资产阶级不可能彻底地实现民族平等问题，马克思主义民族理论坚持各民族平等的原则。

从马克思主义民族理论形成三阶段划分的角度出发，在初创时期，马克思、恩格斯提出了犹太人的民族平等问题、民族的形成问题、民族与生产力发展的关系问题以及"三个过渡"的科学论断，即从野蛮向文明的过渡、从部落制度向国家的过渡、从地方局限性向民族的过渡；在确立时期，马克思、恩格斯阐明了民族解放运动发展的历史根源和阶级根源，分清了两种不同性质的民族运动，揭露了资产阶级民族解放运动的局限性，提出了民族问题的彻底解决，只有依靠无产阶级等观点，从而明确了民族和民族问题与无产阶级革命的关系，建立了马克思主义关于民族解放运动的学说；在深入研究时期，马克思、恩格斯对民族的形成和发展作了科学的论述，从而使马克思主义民族理论奠定在辩证唯物主义与历史唯物主义这一科学的世界观和方法论的基础之上，成为有史以来唯一科学的民族理论。

马克思主义民族理论教育具有强烈的现实针对性和重要价值，开展马克思主义民族理论教育主要有三个有利于：第一，有利于马克思主义民族理论教育的正常进行；第二，有利于民族平等、团结进步事业的发展；第三，有利于民族法律体系的健全。民族理论教育要坚持实事求

第六章　高校国家认同教育中的中华民族认同教育与大学生的民族理论培养

是，从实际出发的原则。要按照本民族、本地区的政治、经济和文化的特点，根据本地区历史和现实的实际情况进行不同内容和形式有重点的民族理论教育，不可千篇一律、一个模式和内容，这样才能收到实效。

（三）民族团结和祖国统一教育是马克思主义民族理论最基本内容

进行民族团结和祖国统一的教育，是马克思主义民族理论教育的一个最基本的内容，同时也是爱国主义的一个主要内容。《爱国主义教育实施纲要》明确规定："要进行民族团结教育。中华民族是一个多民族的大家庭，不论是在内地还是在边疆，不论是在汉族地区还是在少数民族地区，都要加强马克思主义民族理论、宗教观和党的民族政策、宗教政策的教育，大力宣传各族人民为维护民族团结和祖国统一做出的不懈努力和历史贡献。"近代中国的历史证明了维护民族团结和祖国统一，进行马克思主义民族理论的学习，弘扬中华民族自强不息民族精神的重要性。

在中国近代史上，帝国主义列强不断发动侵华战争，破坏国家统一，分裂我们的民族，掠夺我们的财产，践踏我们的大好河山，使中国沦为半殖民地半封建的国家，全国各族人民遭受了帝国主义和封建主义的双重压迫。但是，中华民族儿女自强不息，团结在一起，共同抵御外敌的入侵。毛泽东指出："中华民族的各族人民都反对外来民族的压迫，都要用反抗的手段解除这种压迫。"在反抗外来民族压迫的斗争中，1841年，英国军舰队侵犯我国海防重镇镇江，蒙古族爱国将领、钦差大臣、两江总督裕谦率领4000官兵英勇抗敌。1871年俄军占领新疆伊犁地区，中华民族所有满、绿、索伦、锡伯、察哈尔、额鲁特各营以及人民共同抵御外敌，誓死守卫自己的家园。清政府签订丧权辱国的《马关条约》后，台湾人民联合在一起，众志成城保卫祖国神圣领土，在保卫战中许多仁人志士献出了宝贵的生命。历史上，爱国军民不仅富有与入侵之敌血战到底的英雄气概，而且拥有战胜来侵之敌的能力。1876年，在新疆各族人民的全力支持下，左宗棠带兵彻底摧毁阿古柏政权，收复伊犁失地，捍卫了祖国主权和领土完整。

长征是一次民族团结工作的大动员、大部署，党和红军通过切实尊重各民族风俗习惯和宗教信仰、帮助各民族建立民主政权和革命武装、培养少数民族干部等措施，使长期受歧视受压迫的少数民族获得了前所未有的平等感，促进了各民族空前团结。长征中推动民族团结工作，范围之广、形式之多、影响之大，在党的历史上是第一次。红军在军、师政治部设立少数民族委员会，团政治处设立少数民族组，负责调查少数民族政治经济、风俗习惯和语言文字等情况。红军总政治部建立了纪律检查队，负责检查民族政策执行情况。《红星》报专门发表文章，要求在涉及少数民族的称呼中一律不用"蛮"字，将"猺、狪、猡猡"等字一律改用"人"旁，如傜、侗、倮倮等。为切实尊重各民族风俗习惯和宗教信仰，在藏区制定了《对番民十大约法》。在回族地区颁布了三大禁令（禁止驻扎清真寺、禁止吃大荤、禁止毁坏宗教经典）、四大注意（注意回民的风俗习惯、注意用回民的水桶在井里打水、注意回避青年妇女、注意买卖公平）。党和红军大力帮助沿途少数民族建立革命政权和武装。在彝族地区建立了彝汉联合的冕宁县苏维埃人民委员会，在羌族地区建立了茂县等工农兵苏维埃，在川滇藏族地区建立中华苏维埃博巴自治政府，在宁夏回族地区建立了豫海县回民自治政府。在贵州黔东南建立了苗族游击队，在四川凉山地区建立了中国工农红军彝民支队和彝汉联合的抗捐军，在藏族地区建立了博巴政府领导下的游击队和赤卫队，在回族地区建立了回民游击大队。党还通过红军这所大学校大力培养少数民族干部。这些卓有成效的工作，使少数民族群众消除了对汉族的怀疑，纷纷称红军为"新汉人"，欢呼"红军瓦瓦库（红军万岁）""红军卡莎莎（谢谢红军）"，盛赞"红军彝民一家人"。在红军帮助下，四川凉山地区的彝族停止了历史上长期存在的家族械斗。各民族对民族平等团结的愿望，正像苏维埃博巴政权宣言所说："不分教别派别，不分区域族别，不分僧俗贵贱，大家团结得像一个人一样。"长征是一次民族团结力量的大汇聚、大检阅，各民族团结在党和红军的周围，汇集起推动中国革命发展的强大合力，昭示民族团结之力坚不可摧。党和红军卓有成效的民族工作极大地激发了各民族的责任意识，纷纷以各种形式支援红军：一是筹集粮食等物资。红军在今天四川阿坝藏族羌族自治州等川西北地区先后停留的16个月中，当地各族群众为红军筹集了1000多万斤粮食，贡献了20多万头牲畜以及大批盐巴等生活物资，被毛泽东同志赞之为伟大的"牦牛革命"。二是纷纷参加红军。仅四川冕宁、越西两县就有1400多名各族青年参加红军；阿坝州境内

第六章　高校国家认同教育中的中华民族认同教育与大学生的民族理论培养

有5000多名藏羌儿女参加红军,其中不到20000人的茂县,有1000多名羌族青年参加红军。理县藏族妇女班登卓,为了给红军带路、当翻译,带着两个女儿和一个儿子参加红军。三是提供运输、架桥、修路等后勤保障。当地苗族群众不分昼夜架设浮桥,红军得以奇迹般渡过乌江。四是收留、救治、掩护红军伤员。仅红军撤离康北藏区时就留下3000多名伤员。不少群众因收留红军伤员而遭反动派杀害。党和红军深入细致的统战工作,有力地激发了沿途民族、宗教上层人士支持甚至投身革命的热情,为党建立广泛的抗日民族统一战线打下了坚实基础、积累了宝贵经验。四川甘孜州的格达活佛,不仅向红军捐献大批粮食,还积极组织僧众救护、转移红军伤员。羌族世袭土司安登榜,毅然抛弃土司职位参加红军,并担任了"番民游击队"大队长。因为有民族团结的强大力量,所以虽然长征最艰难的行程在民族地区,但最重大的胜利也在民族地区。

新民主主义革命时期,中国共产党成为中华民族团结统一的核心力量,党团结各族人民,把民族解放运动推向一个新阶段。面对亡国灭种的危机,中华各族人民毫不畏惧、毫不退缩,"一呼同志逾十万,高唱战歌齐从军",与日本侵略者殊死抗战。各族人民热爱国家民族的优秀品质和不畏强暴的民族气节,值得永远歌颂。在祖国北方,东北抗联军是抗战中最早的一支以少数民族为主体的抗日武装,汉、满、蒙古、朝鲜、回、鄂温克、鄂伦春、达斡尔、赫哲等各族人民,以"宁教白山黑水尽化为赤血之区,不愿华胄倭奴同立于黄海之岸"的不屈信念,以血肉保卫东北的每一寸国土,战绩彪炳,以"中华各民族联合抗日团结军"的荣誉永载史册。战火纷飞中,吉林延边各族儿女投身抗日,献出了宝贵生命,仅有姓名可考的抗日烈士就有3301名,其中朝鲜族3204名,占比高达97.06%。著名诗人贺敬之深情写下"山山金达莱,村村烈士碑"的诗句,成为对延边这块革命热土独特风貌的高度概括。内蒙古大青山根据地积极筹建抗日骑兵部队,当地蒙古族、汉族群众、牧主踊跃献马、献鞍,各族青年牵马入伍,1940年正式成立蒙古抗日游击队,在给日寇沉重打击的同时,为争取伪军反正、动员人民参战发挥了重要作用。在关陇大地、华北平原,红军中曾经的"回民师"在抗战爆发后改编为回民骑兵旅,在甘肃陇东一带抗击日本侵略者，立下赫赫战功。在八路军、新四军帮助下，回族群众又先后建立了数十支回民支队、回民骑兵团等抗日武装队伍，其中由马本斋带领的冀中回民支队，参加大小战役870余次，消灭日伪军36700余人，成为回族人民英勇善战、坚持抗日的一面英雄旗帜。为逼降马本斋，1941年8月，恶毒的日军抓走了其母白文冠，这位深明大义的回族女英雄绝食7天，壮烈殉国，为回汉各族人民共同抗日立起一座坚贞不屈的精神丰碑。在海南岛上，共产党领导汉族、黎族、苗族等各族人民组成琼崖工农红军游击队，发动各族人民投身抗日，不断扩大和巩固根据地，多次粉碎日本侵略者的进攻。游击队后来壮大为琼崖人民抗日游击独立纵队，先后建立了9个抗日民族根据地。到抗战胜利前夕，已解放海南岛五分之三的地区，在17个县建立起各级抗日民主政权。在宝岛台湾，40多万高山族人民更是具有悠久的抗日斗争历史。清政府被迫签订《马关条约》割让台湾后，高山族人民就与汉族群众一道，为保卫台湾与日寇英勇斗争达5个月之久。台湾沦陷日寇之手的前20年，宝岛各族人民的武装起义就达100余次。1930年10月27日始，历时36天的"雾社起义"更给日本侵略者以沉痛打击。"七七"事变之后，怀着国耻家仇，不少台湾爱国同胞横渡海峡，毫无畏惧地加入大陆的抗日斗争中。在国家博物馆"复兴之路"展厅中，有一面布满弹孔的墙壁，它取自台儿庄清真寺。著名的台儿庄战役中，台儿庄清真寺作为一八六团的指挥所，成为敌我双方争夺的焦点，各族战士坚守七天七夜后终将日军击溃逃窜。寺外尸体遍地，血流成河，寺内两棵苍柏傲然挺立，象征着中华民族团结奋战、威武不屈的精神。后方各族人民毅然开展抗日救亡运动，积极支援战争前线，在各族战士英勇抗击日本侵略者、血洒疆场的同时，后方的各族群众不惜毁家纾难，以肩膀、以担架、以车马、以口粮、以诗歌，为抗日战争的胜利作出了不可磨灭的贡献。北平市"回民抗敌守土后援会"组织募捐团、慰劳团、战地服务团、看护队、宣传队，给前线送饭送水。琼崖解放区的黎族人民组织担架队、运输队，跟随部队转战海南岛各地。1937—1938年仅两年时间，新疆各族群众就捐款折合大洋60多万元，购买了10架"新疆号"国防飞机支援抗战，1943年又捐献飞机144架，极大支援了前线将士，为与日寇

第六章　高校国家认同教育中的中华民族认同教育与大学生的民族理论培养

争夺制空权发挥了重要作用。为保障援战物资运输，新疆、云南各族人民克服恶劣地形和险恶的战争环境，用双手抢筑成两条国际交通运输线，在不同时期成为国内唯一一条对外通道。滇缅公路通车后，美国驻华大使詹森顺路视察回国，向罗斯福报告说："工程艰巨浩大，没有机械施工，全凭人力修成，实属不易，可同巴拿马运河比美。"1944年，维吾尔族群众备马千匹前往克什米尔，接送美国援华物资，沿途条件极端恶劣，一些维吾尔族同胞遇难，长眠在世界屋脊上。全国各民族筑起文化战线，为抗日救国运动输送源源不断的精神能量。翦伯赞、齐燕铭、老舍等少数民族教育文化界人士，积极配合党的宣传工作，创办刊物，发表演说，为团结抗日鼓呼呐喊，在抗日斗争中作出了特殊贡献。1938年，维吾尔族诗人安瓦尔·纳斯日在伊犁写下："风啊，请代我们问候，不惧敌人的子弹，飞身向前，甘洒热血的好汉！请代我们问候，前赴后继，挥舞军帽，高呼'冲啊'的好汉！"九世班禅从东蒙古至西蒙古，沿途宣传抗战，在百灵庙发表通电，号召"实行团结，共赴国难"，极大鼓舞了蒙古、藏、汉等各族同胞。为了粉碎日本侵略者制造民族分裂的阴谋，扩大和巩固抗日民族统一战线，中国共产党制定政策，将团结各族群众放在极其重要的位置。1938年，毛泽东给八路军大青山支队发去电报，指出基本任务之一就是"团结蒙汉人民联合抗日，以我们正确的少数民族政策来改变中国过去传统的错误政策"，充分体现了共产党对团结各族群众，扩大统一战线的高度重视。也正是在抗战时期，毛泽东第一次论述了"中华民族"，指出"中国是一个由多数民族结合而成的拥有广大人口的国家""中华民族的各族人民都反对外来民族的压迫，都要用反抗的手段解除这种压迫"。1940年，中国共产党西北工作委员会为了贯彻中共六届六中全会的民族纲领，拟定了《关于回回民族问题提纲》《关于抗战中蒙古民族问题提纲》，这两个提纲所提出的对蒙回民族的民族纲领和政策，在动员蒙回民族抗日、争取民族解放方面起了重要作用。

正是在中国共产党平等对待各民族、不畏牺牲保家卫国的强烈感召下，各族人民共赴国难、并肩战斗，中华民族共同体意识更加深入人心。1938年，东北抗联八名汉族、朝鲜族女战士被日寇追击，奋战到最后一刻，不甘受辱，挽手跳进滚滚波涛的牡丹江中。1939年，抗日联军的10名朝鲜族伤员在临江密林中养伤，一位汉族老大爷照顾他们。在为伤员磨玉米面时老大爷被敌人发现，面对酷刑他坚贞不屈，以命换命，保护了朝鲜族同胞的安全。朝鲜族护士崔今淑负责照看身患重病的中共东满特委书记童长荣，被日军"讨伐队"发现后，她坚决不肯先离开，与童长荣同志一起与敌人战斗，最终共同为中华民族的抗日斗争英勇牺牲。黎族群众在抗战时期受到汉族同胞无私救助，因历史原因留下的隔阂渐渐消除，他们亲切地将共产党员叫"父母同志"，将共产党军队叫作"父母军"。各族人民意识到，中华民族同根同源，具有同样不屈的英雄气节，同样热血的爱国情怀，各个民族只有亲密团结，并肩战斗，才能救国家、救民族，打赢这场关乎未来的战争。中国各族儿女的不屈抗争，既是中华民族抗日战争的重要组成部分，也为世界反法西斯战争胜利作出了彪炳史册的贡献，更奏响了增强中华民族凝聚力、唤醒民族精神的神圣凯歌。

在新的形势下，在我们向着"两个一百年"目标齐心迈进时候，我国各族人民同呼吸、共命运、心连心的奋斗历程，为实现中华民族伟大复兴的中国梦提供了不竭动力。习近平总书记指出，实现中国梦必须凝聚中国力量，这就是中国各族人民大团结的力量。共同团结奋斗的伟大精神，凝结着中华民族五千年的历史文化传统，深深融注于每一个中华儿女的血液，是全民族共同的文化基因和价值追求。历史教训表明，没有各民族团结奋斗，就没有国家发展、稳定、安全；没有国家发展、稳定、安全，也就没有各民族繁荣发展。在新的征程上，我们坚定不移走中国特色解决民族问题的正确道路，大力推动少数民族和民族地区的经济社会发展，广泛开展民族团结宣传教育和民族团结进步创建活动，切实构筑各民族共同的精神家园，正在不断创造各族人民的美好生活，正在不断汇集起民族团结的磅礴力量。这段历史所产生的英雄业绩，是各族人民维护民族团结和祖国统一艰苦奋斗、共同对敌的结果。用这样的历史去教育大学生，引导大学生牢固树立各民族同呼吸、共命运、心连心、"三个离不开"的思想，将进一步增强中华民族的凝聚力和各民族的向心力，鼓励大学生为实现社会主义现代化和各民族共同繁荣而努力奋斗。

第六章　高校国家认同教育中的中华民族认同教育与大学生的民族理论培养

（四）民族平等团结教育具有丰富的内涵

在中国，民族平等是指：各民族不论人口多少，经济社会发展程度高低，风俗习惯和宗教信仰异同，都是中华民族的一部分，具有同等的地位，在国家和社会生活的一切方面，依法享有相同的权利，履行相同的义务，反对一切形式的民族压迫和民族歧视。民族团结是指：各民族在社会生活和交往中的和睦、友好和互助、联合的关系。民族团结要求在反对民族压迫和民族歧视的基础上，维护和促进各民族之间和民族内部的团结，各民族人民齐心协力，共同促进国家的发展繁荣，反对民族分裂，维护国家统一。中国政府历来认为，民族平等是民族团结的前提和基础，没有民族平等，就不会实现民族团结；民族团结则是民族平等的必然结果，是促进各民族真正平等的保障。

民族平等和民族团结作为解决民族问题的基本原则和根本政策，在中国的宪法和有关法律中得到明确规定。

《中华人民共和国宪法》规定："中华人民共和国各民族一律平等。国家保障各少数民族的合法权利和利益，维护和发展各民族的平等、团结、互助关系。禁止对任何民族的歧视和压迫。"中国各民族公民广泛享有宪法和法律赋予公民的各项平等权利。诸如：各民族公民不分民族、种族、宗教信仰，都同样享有选举权和被选举权；各民族公民的人身自由和人格尊严不受侵犯；各民族公民都有宗教信仰自由的权利；各民族公民都有接受教育的权利；各民族公民都有使用和发展本民族语言文字的权利；各民族公民都有言论、出版、集会、结社、游行、示威的自由；各民族公民都有从事科学研究、文学艺术创作和其他文化活动的权利；各民族公民都有劳动、休息和丧失劳动能力时从国家和社会获得物质帮助的权利；各民族公民都有对国家机关和国家工作人员提出批评和建议的权利；各民族公民都有保持或改革自己风俗习惯的自由等相关法律条文。

政府采取了特殊的政策和措施，努力使宪法和法律规定的各民族一律平等的权利在社会生活和政府行为中得到有效落实和保障，形成了各民族平等相待、团结和睦、友好互助的良好社会环境。

其一，保护少数民族人身自由。中华人民共和国成立前，中国少数民族地区经济社会发展很不平衡，有的处于封建农奴制社会，有的处于奴隶制社会，有的还处于原始社会末期。这些地区的少数民族群众大都附属于封建领主、大贵族、寺庙或奴隶主，可以被任意买卖或当作礼物赠送，没有人身自由。① 1949年前中国少数民族社会状况，在西藏，形成于17世纪并沿用了300多年的法律——《十三法典》《十六法典》，将人严格划分为三等九级："上等人"是大贵族、大活佛和高级官员；"中等人"为一般僧俗官员、下级军官和上等人的管家等；"下等人"是农奴和奴隶。"法典"规定："上等上级人"的命价按尸量黄金计，"下等下级人"的命价仅为一根草绳，而"下等人"占西藏总人口的95%以上。不改革少数民族地区落后的社会政治制度，宪法和法律规定的少数民族的各项平等权利就无法实现。

中华人民共和国成立后，根据大多数少数民族地区人民的意愿，政府采取不同方法先后在少数民族地区逐步实行民主改革，并在50年代末完成。这场改革废除了领主、贵族、头人等特权者的一切特权，消灭了人剥削人、人压迫人的旧制度，使千百万少数民族群众翻身解放，获得人身自由，成为国家和自己命运的主人。1959年在西藏进行的民主改革，彻底废除了长达700多年的政教合一、贵族僧侣专权的封建农奴制度，昔日百万农奴和奴隶获得了人身自由，成了新社会的主人。

其二，各民族平等参与国家事务的管理。各少数民族与汉族都以平等的地位参与国家大事和各级地方事务的管理，而且少数民族参与行使管理国家的权利受到特殊保障。在最高权力机关全国人民代表大会的选举中，充分反映了对少数民族权利的尊重。各少数民族都依据《中华人民共和国全国人民代表大会和地方各级人民代表大会选举法》的规定，选出代表本民族的全国人民代表大会代表，人口特别少的民族，即使达不到产生一名代表规定的人数，至少也有一名代表。从1954年第一届全国人民代表大会至今，历届全国人民代表大会中，少数民族代表在全国人民代表大会代表中所占名额的比例，均高于同期在全国人口中所占的比例。1998年选出的第九届全国人民代表大会代表中，少数民族代表共有428人，占代表总数2979人的14.37%，比同期少数民族人口占全国总人口的比例约高出5个百分点。

---

① 杨侯第：《中国少数民族人权述要》，北京大学出版社1997年版，第49页。

第六章　高校国家认同教育中的中华民族认同教育与大学生的民族理论培养

在地方各级人民代表大会中，少数民族聚居的地方，每一聚居的少数民族都有代表参加当地的人民代表大会。散居的少数民族也参加选举代表本民族的当地人民代表大会的代表，而且每一代表所代表的人口数可以少于当地人民代表大会每一代表所代表的人口数。

国家大力培养使用少数民族干部。全国现有少数民族干部270多万人，在中央和地方国家权力机关、行政机关、审判机关和检察机关都有相当数量的少数民族人员，参加国家和地方事务的管理。目前，在中国全国人民代表大会常务委员会副委员长中，少数民族占21%，在全国政协副主席中，少数民族占9.6%；在国务院领导成员中，有1人为少数民族；在国务院的组成部门中，有两位部长是少数民族；155个民族自治地方政府的主席、州长、县长或旗长都由少数民族人员担任。

其三，确认少数民族成分。在中华人民共和国成立以前，中国究竟有多少少数民族，并不清楚。中华人民共和国成立后，为了全面贯彻实行民族平等政策，从1953年起，国家组织了大规模的民族识别考察工作，辨别民族成分和民族名称。识别考察从中国的历史和现实情况出发，按照科学认定与本民族意愿相结合的原则，只要具有构成单一民族条件的，不管其社会发展水平如何，不论其居住区域大小和人口多少，都认定为一个民族。经过认真的调查研究，到1954年，中国政府确认了38个民族；到1964年，中国政府又确认了15个民族。加上1965年确认的珞巴族、1979年确认的基诺族，全国55个少数民族都被正式确认并公布。新中国的民族识别工作使许多不被旧中国的统治者承认的少数民族获得了应有的承认，并与中国其他民族一样享有平等权利。

其四，反对任何形式的民族歧视和压迫。旧中国在民族歧视和民族压迫制度下，许多少数民族没有平等的、准确的称谓，有些少数民族地区的地名也带有民族歧视和压迫的含义。中华人民共和国成立以后，中央人民政府采取措施，于1951年发布了《关于处理带有歧视或侮辱少数民族性质的称谓、地名、碑碣、匾联的指示》，废除了带有侮辱性的称谓、地名等。有的少数民族称谓虽然没有侮辱性的含义，也根据少数民族自己的意愿进行了更改，如僮族的"僮"改为"壮"等。任何煽动民族仇视和歧视，破坏民族平等团结的言行都是违法的。少数民族如遭受歧视、压迫或侮辱，有向司法机关控告的权利，司法机关对此种控告必须负责予以处理。中国加入了《消除一切形式种族歧视国际公约》《禁止并惩治种族隔离罪行国际公约》《防止和惩治灭绝种族罪行公约》等国际公约，并认真履行国际公约的义务，同国际社会一起，为在世界各国实行民族平等，反对种族隔离、民族压迫和民族歧视进行不懈的努力。

其五，维护和促进各民族大团结。为保障民族平等，加强民族团结，中国宪法规定：要反对大民族主义，主要是大汉族主义，也要反对地方民族主义。同时，国家还在全体公民中广泛开展各民族大团结的宣传和教育。在文艺作品、影视作品、新闻报道、学术研究中都大力倡导民族平等、民族团结，反对民族压迫和民族歧视，特别是反对大民族主义。为防止和杜绝意识形态领域的大民族主义和不平等现象的出现，政府有关部门、机构专门就严禁在新闻出版和文艺作品中出现损害民族团结内容等事项作出了规定。

自20世纪80年代以来，政府及有关部门多次举行民族团结进步表彰活动，对维护各民族平等权利、促进各民族和睦相处和共同进步繁荣的单位和个人给予表彰和奖励。1988年，在全国广泛深入开展民族团结进步活动的基础上，召开了第一次全国民族团结进步表彰大会，有565个先进集体、601名先进个人受到表彰。1994年，又召开了第二次全国民族团结进步表彰大会，1200多个模范单位和个人受到表彰。1999年，还在北京召开第三次全国民族团结进步表彰大会。通过开展民族团结进步表彰活动，激励先进，弘扬正气，使民族团结成为强大的社会舆论和良好的社会风尚，不仅推动了民族团结进步事业的发展，而且对维护少数民族地区和整个国家的稳定也产生了深远影响。

其六，尊重和保护少数民族宗教信仰自由。我国是一个有着多种宗教的国家，主要有佛教、道教、伊斯兰教、天主教、基督教等。少数民族群众大多有宗教信仰，根据《中华人民共和国宪法》关于公民有宗教信仰自由的规定，尊重和保护少数民族的宗教信仰自由，保障少数民族公民一切正常的宗教活动。他们正常的宗教活动都受到法律的保护。

其七，使用和发展少数民族语言文字。各民族都有使用和发展自己

第六章 高校国家认同教育中的中华民族认同教育与大学生的民族理论培养

语言文字的自由和权利。国家在20世纪50年代组织专业人员对少数民族语言文字情况进行了全面调查，建立专门的民族语文工作机构和研究机构，培养民族语文专门人才，帮助少数民族创制、改进或改革文字，推进少数民族语文在各个领域中的运用。

目前，55个少数民族中，除回族和满族通用汉语文外，其余53个民族都有自己的民族语言。有文字的民族有21个，共使用27种文字，其中壮、布依、苗、纳西、傈僳、哈尼、佤、侗、景颇（载佤文）、土等十多个民族使用的13种文字是由政府帮助创制或改进的。

无论在司法、行政、教育等领域，还是在国家政治和社会生活中，少数民族语言文字都得到广泛使用。在国家政治生活中，全国人民代表大会、中国人民政治协商会议召开的重要会议和全国或地区性重大活动，都提供蒙古、藏、维吾尔、哈萨克、朝鲜、彝、壮等民族语言文字的文件或语言翻译。民族自治地方的自治机关在执行职务的时候，都使用当地通用的一种或几种文字。在教育领域，各民族自治地方的自治机关根据国家的教育方针，依照法律规定，决定本地方的教育规划和各级各类学校的教学用语。少数民族为主的学校及其他教育机构，使用本民族或者当地通用的语言文字进行教学。在新闻、出版、广播、影视等领域，目前用17种少数民族文字出版近百种报纸，用11种少数民族文字出版73种杂志。中央人民广播电台和地方台用16种少数民族语言进行广播，地、州、县电台或广播站使用当地语言广播的达20多种。用少数民族语言摄制的故事片达3410部（集）、译制各类影片达10430部（集）。到1998年，全国36家民族类出版社用23种民族文字出版各类图书4100多万种，印数达5300多万册。

（五）实行民族区域自治制度是马克思主义民族理论的重要组成部分

民族区域自治制度是中国政府结合中国实际情况采取的一项基本政策，也是中国的一项重要的政治制度。中国的民族区域自治是在国家的统一领导下，各少数民族聚居的地方实行区域自治，设立自治机关，行使自治权，使少数民族人民当家作主，自己管理本自治地方的内部事务。

中国的民族自治地方分为自治区、自治州、自治县（旗）三级。

民族自治地方的建立有以下类型：以一个少数民族聚居区为主建立的自治地方，如新疆维吾尔自治区等；以两个少数民族聚居区联合建立的自治地方，如青海省海西蒙古族藏族自治州等；以多个少数民族聚居区联合建立的自治地方，如广西龙胜各族自治县等；在一个大的少数民族自治地方内，人口较少的少数民族聚居区建立自治地方，如广西壮族自治区的恭城瑶族自治县等；一个民族在多处有聚居区的，建立多个自治地方，如宁夏回族自治区、甘肃省临夏回族自治州、河北省大厂回族自治县等。对于有些少数民族聚居地区，因地域太小、人口太少，不宜建立自治地方和设立自治机关的，中国政府通过在这些地区设立民族乡的办法，使这些地区的少数民族也能行使当家作主的权利。民族乡是对民族区域自治制度的一种补充。截止到1998年底，全国共建立了155个民族自治地方，其中自治区5个、自治州30个、自治县（旗）120个，还有1256个民族乡。在全国55个少数民族中，有44个民族建立了自治地方。实行自治的少数民族人口占少数民族人口总数的75%，民族自治地方行政区域的面积占全国总面积的64%。自治地方的数量和布局，与中国的民族分布和构成基本上适应于中国少数民族自治地方分布情况。[①]

　　中国之所以实行民族区域自治制度，主要基于以下三个因素：一是中国在历史上长期就是一个集中统一的国家，实行民族区域自治制度符合中国的国情和历史传统。二是长期以来中国的民族分布以大杂居、小聚居为主。从各民族的人口构成来看，汉族一直占全国人口的绝大多数，少数民族的人口占少数。中华人民共和国成立初期，少数民族总人口仅占全国总人口的6%。除西藏、新疆等个别地区外，大多数民族地区的少数民族人口比汉族都要少。少数民族人口虽然少，但分布区域很广，超过中国陆地面积的一半以上。长期的经济文化联系，形成了各民族只适宜于合作互助，而不适宜于分离的民族关系。三是自1840年鸦片战争以来，中国各民族都面临着反帝反封建、为民族解放而奋斗的共同任务和命运。在共御外敌、争取民族独立和解放的长期革命斗争中，中国各民族建立了休戚与共的亲密关系，形成了汉族离不开少数民族、

[①] 吴仕民：《民族问题概论》，四川人民出版社1999年版，第386—390页。

第六章 高校国家认同教育中的中华民族认同教育与大学生的民族理论培养

少数民族离不开汉族、少数民族之间也相互离不开的政治认同。这就为建立一个统一的新中国，并在少数民族地区实行民族区域自治奠定了坚实的政治和社会基础。

民族区域自治是与中国的国家利益和各民族人民的根本利益相一致的。实行民族区域自治，保障了少数民族在政治上的平等地位和平等权利，极大地满足了各少数民族积极参与国家政治生活的愿望。根据民族区域自治的原则，一个民族可以在本民族聚居的地区内单独建立一个自治地方，也可以根据它分布的情况在全国其他地方建立不同行政单位的多个民族自治地方；实行民族区域自治，既保障了少数民族当家作主的自治权利，又维护了国家的统一；实行民族区域自治，有利于把国家的方针、政策和少数民族地区的具体实际结合起来，有利于把国家的发展和少数民族的发展结合起来，发挥各方面的优势。

中国的民族区域自治制度有如下两个显著的特色：一是中国的民族区域自治，是在国家统一领导下的自治，各民族自治地方都是中国不可分离的部分，各民族自治地方的自治机关都是中央政府领导下的一级地方政权，都必须服从中央集中统一的领导。上级国家机关在制定各项政策和计划、进行国家经济文化建设时，必须充分考虑各民族地区的具体情况和需要，动员各方面的力量予以帮助和支持。二是中国的民族区域自治，不只是单纯的民族自治或地方自治，而是民族因素与区域因素的结合，是政治因素和经济因素的结合。在中国，实行民族区域自治，既要有利于国家统一、社会稳定和民族团结，又要有利于实行自治的民族的发展和进步，有利于国家的建设。

中国民族区域自治制度的确立经历了长时间的探索和实践。1947年，在中国共产党领导下，中国建立第一个省级少数民族自治地方——内蒙古自治区。1949年9月29日第一届中国人民政治协商会议通过的具有临时宪法作用的《中国人民政治协商会议共同纲领》，将民族区域自治制度确定为国家的一项基本政策和重要政治制度。1952年8月8日颁布的《中华人民共和国民族区域自治实施纲要》，对民族区域自治制度的实施，作了全面规定。在1954年制定及以后修正颁布的《中华人民共和国宪法》中，都将民族区域自治作为国家的一项重要政治制度加以规定。1984年颁布的《中华人民共和国民族区域自治法》，对少数民族自治地方的政治、经济、文化等各方面的权利和义务作了系统的规定。中华人民共和国建立后相继成立了四个自治区：1955年10月，新疆维吾尔自治区成立；1958年3月，广西壮族自治区成立；1958年10月，宁夏回族自治区成立；1965年9月，西藏自治区成立。

二 马克思主义民族理论五次巨大飞跃

马克思主义民族理论是我们党解决我国民族问题的指导思想。在我国革命、建设和改革的各个历史时期，我们党始终坚持从我国民族问题的实际出发，不断加强马克思主义民族理论研究和建设，不断进行理论创新，不断产生新的理论成果，不断推进马克思主义民族理论的中国化。在这一艰辛探索、长期奋斗和伟大实践的过程中，马克思主义民族理论在中国的运用和发展，取得了五次历史性的突破，实现了五次巨大的飞跃，形成了一脉相承而又与时俱进的民族理论政策的科学体系，指导我们走出了一条适合中国国情、具有中国特色的解决民族问题的正确道路。

（一）明确解决我国民族问题的基本原则和政策，确立了马克思主义民族理论的指导地位

1. 我们党始终高度重视民族问题。1922年7月，党的二大提出了第一个解决国内民族问题的方案。1931年11月，第一次全国苏维埃代表大会通过了《关于中国境内少数民族问题的决议案》。1940年4月和7月，中央书记处先后批准《关于回回民族问题的提纲》和《关于抗战中蒙古民族问题提纲》。1946年4月，陕甘宁边区第三届参议会第一次大会通过《陕甘宁边区宪法原则》。在这些重要文献中，我们党初步阐述了运用马克思主义解决国内民族问题的基本理论和原则。我们党把解决国内民族问题同争取国家独立和人民解放结合起来，带领各族人民经过艰苦卓绝的奋斗和牺牲，推翻了三座大山，建立了新中国。面对新中国成立后民族工作错综复杂的形势和繁重艰巨的任务，以毛泽东同志为核心的党的第一代中央领导集体，坚持以马克思主义为指导，在继承新民主主义革命时期处理民族问题成功经验的基础上，从理论上正确地回答了民族工作实践中的一系列重大问题，形成了毛泽东思想关于民族问题的理论，实现了党的民族理论的第一次巨大飞跃。

第六章　高校国家认同教育中的中华民族认同教育与大学生的民族理论培养

2. 民族平等,是马克思主义解决民族问题的根本原则。列宁指出:"我们要求国内各民族绝对平等,并无条件地保护一切少数民族的权利。"① 1931年11月,我们党明确提出:"少数民族劳动者……和汉族的劳苦人民一律平等,享有法律上的一切权利义务。"② 1949年9月,中国人民政治协商会议通过了具有临时宪法作用的《共同纲领》,规定:"中华人民共和国境内各民族一律平等。"1952年2月,中央人民政府颁布《关于保障一切散居的少数民族成分享有民族平等权利的决定》。1954年9月,新中国颁布了第一部宪法,第三条规定,"各民族一律平等,禁止对任何民族的歧视和压迫",并对实现各民族在政治、经济、文化上的平等权利,作出了进一步的规定。宪法的这些规定,在后来历次修宪中都坚持了下来。实现真正的民族平等,就必须消除历史遗留的民族间事实上的不平等。1957年8月,周恩来同志在青岛民族工作座谈会上指出:"历史上遗留下来的经济、文化方面事实上的不平等今天还存在,历史上反动统治压迫的后果也还存在。"③ 所以,"我们要把历史上的痕迹消除掉,要把各民族在经济、文化方面事实上的不平等状况逐步消除掉"④。民族平等,成为我们党处理民族问题的原则立场,成为党的民族理论政策的基石。一部党的民族工作史,在一定程度上讲,就是我们党实现、维护和发展我国各民族一律平等的历史。

3. 民族团结是马克思主义处理民族问题的又一根本原则。毛泽东同志深刻指出:"帝国主义过去敢于欺负中国的原因之一,是中国各民族不团结。"⑤ 因此,"只有经过全阶级全民族的团结,才能战胜敌人,完成民族和民主革命的任务"⑥。在社会主义建设时期,毛泽东同志进一步指出:"国家的统一,人民的团结,国内各民族的团结,这是我们的事业必定要胜利的基本保证。"⑦ 并且发出了"中华人民共和国各民

---

① 《列宁全集》第19卷,人民出版社1959年版,第100页。
② 《民族问题文献汇编》,中共中央党校出版社1991年版,第171页。
③ 《周恩来统一战线文选》,人民出版社1984年版,第365页。
④ 同上书,第367页。
⑤ 《给西北各族人民抗美援朝代表会议的复电》,《人民日报》1951年12月14日。
⑥ 《毛泽东选集》第1卷,人民出版社1991年版,第278页。
⑦ 《毛泽东文集》第7卷,人民出版社1999年版,第204页。

族团结起来"的伟大号召。针对我国民族关系的历史和现状,毛泽东同志突出强调:"汉族和少数民族的关系一定要搞好。这个问题的关键是克服大汉族主义。在存在有地方民族主义的少数民族中间,则应当同时克服地方民族主义。"① 同时又指出,两种民族主义"是应当克服的一种人民内部矛盾",从而明确了两种民族主义的性质。此外,他还强调党是民族团结的核心力量,"只有经过共产党的团结,才能达到全阶级和全民族的团结"②。毛泽东同志十分突出地把民族团结作为各民族必须共同遵守的一条普遍原则。他在《关于正确处理人民内部矛盾的问题》中论及言论行为的是非标准时,第一条就是"有利于团结全国各族人民,而不是分裂人民"。周恩来同志讲:在各民族相处中,"汉族一定要自觉,遇事应多责备自己,要严于责己,宽于待人。这样少数民族也就会跟着汉族的样子做,各个民族就会真正自愿地合起来"③。他还说,汉族对少数民族要讲"还债",讲"赔不是",并指出:"讲还债有利于民族团结,这是符合马列主义真理的。"④ 这些观点,深刻地阐明了我们党关于民族团结的基本主张。1954年宪法及以后修订的宪法都明确规定:"禁止破坏各民族团结的行为。"民族团结,成为我们党的民族理论政策最基本的内容之一。

4. 实行什么样的国家结构形式,是我们党在夺取政权后必须面对并作出抉择的重大问题。1949年9月召开的中国人民政治协商会议,把我国实行单一制下的民族区域自治作为一项基本国策确定了下来。《共同纲领》规定:"各少数民族聚居的地区,应实行民族区域自治,按照民族聚居的人口多少和区域大小,分别建立各种民族自治机关。"1952年8月,中央人民政府颁发《民族区域自治实施纲要》,民族区域自治开始全面推行。1953年9月,周恩来同志签发中央民委起草的《关于推行民族区域自治经验的总结》,对加快推行民族区域自治起到了重要的指导作用。1954年宪法总纲第三条规定:"各少数民族聚居的地方实行区域自治。"第二章第五节以"民族自治地方的自治机关"为

---

① 《毛泽东文集》第7卷,人民出版社1999年版,第227页。
② 《毛泽东选集》第1卷,人民出版社1991年版,第278页。
③ 《周恩来统一战线文选》,人民出版社1984年版,第388页。
④ 同上书,第340页。

第六章　高校国家认同教育中的中华民族认同教育与大学生的民族理论培养

题,用五条的篇幅加以具体规定。民族区域自治的确立和实施,为实现民族平等和民族团结提供了制度和法律的保障,也为构建党的民族理论政策体系奠定了坚实的基础。

5. 实现各民族的共同发展繁荣,是社会主义事业的本质要求,也是我们党的民族政策的基本出发点和归宿。《共同纲领》第五十三条规定:"人民政府应帮助各少数民族的人民大众发展其政治、经济、文化、教育的建设事业。"1956年4月,毛泽东同志在《论十大关系》中提出:"我们要诚心诚意地积极帮助少数民族发展经济建设和文化建设。"①"那种以为只有汉族帮助了少数民族,少数民族没有帮助汉族,以及那种帮助了一点少数民族,就自以为了不起的观点,是错误的。"② 1957年8月,周恩来同志在青岛民族工作座谈会上指出:"我们社会主义的民族政策,就是要使所有的民族得到发展,得到繁荣。""我们不能设想,只有汉族地区工业高度发展,让西藏长期落后下去,让维吾尔自治区长期落后下去,让内蒙牧区长期落后下去,这样就不是社会主义国家了。"③ 在党和国家的重视、关心和帮助下,少数民族和民族地区取得了经济社会发展的巨大成就。

毛泽东思想关于民族问题的理论,是马克思列宁主义关于民族问题的理论在中国的运用与发展,是被实践证明了的关于处理中国民族问题的正确理论原则和经验总结。在这一理论的正确指导下,我国各民族共同走上了社会主义道路,开创了中华民族团结进步的历史新纪元。

(二)明确社会主义时期民族关系的性质,实现了民族工作指导思想的拨乱反正

党的十一届三中全会以后,以邓小平同志为核心的党的第二代中央领导集体,在社会主义事业发展新的历史时期,正确处理民族问题,认真做好民族工作,巩固和发展我国民族团结进步事业,形成了邓小平理论关于民族问题的理论,实现了党的民族理论的第二次飞跃。

1. 这次飞跃的重要标志是,彻底否定了社会主义时期"民族问题

---

① 《毛泽东著作选读》下册,人民出版社1986年版,第733页。
② 《毛泽东文集》第5卷,人民出版社1977年版,第154页。
③ 《周恩来统一战线文选》,人民出版社1984年版,第379页。

实质是阶级问题"的错误理论，进一步明确了社会主义民族关系的性质是各民族劳动人民之间的关系。

1963年，毛泽东同志在支持美国黑人斗争时曾提出："民族斗争，说到底，是一个阶级斗争问题。"这个论断，是针对美国广大黑人同美国垄断集团之间的矛盾而讲的，有其特定的历史条件和内涵。但在"以阶级斗争为纲"错误路线的影响下，这一论断被歪曲为"民族问题实质是阶级问题"，并作为普遍原理指导社会主义时期的民族工作，给民族关系带来了严重的损害和灾难。在新的历史时期，不彻底否定这一错误理论，民族工作就不能冲破"左"的思想的禁锢，党的民族理论的生机就会窒息。

1979年4月，中央召开全国边防工作会议，全面重申党的民族政策，揭开了民族工作指导思想拨乱反正的序幕。同年6月，邓小平同志在全国政协第五届第二次会议开幕式上指出："我国各兄弟民族经过民主改革和社会主义改造，早已陆续走上社会主义道路，结成了社会主义的团结友爱、互助合作的新型民族关系。"这一论断，为加快民族工作指导思想的拨乱反正提供了理论基础。1980年4月，中共中央批转《西藏工作座谈会纪要》，进一步指出："在我国各民族都已实行了社会主义改造的今天，各民族间的关系是劳动人民之间的关系。因此，所谓'民族问题实质是阶级问题'的说法是错误的。""这种宣传只能在民族关系上造成严重误解。"[①] 同年7月，《人民日报》发表题为《评所谓"民族问题实质是阶段问题"》的特约评论员文章，进一步从理论和实践、历史和现实的结合上，对这一错误理论进行了有力的驳斥，强调"民族问题与阶级问题是两个不同性质的问题，绝不能混为一谈"[②]。1981年6月，党的十一届六中全会通过了《关于建国以来党的若干历史问题的决议》，再次强调指出："必须明确认识，现在我国的民族关系基本上是各族劳动人民之间的关系。"这些阐述，澄清了长期混淆的民族问题与阶级问题的界限，把人们的思想从"以阶级斗争为纲"的束缚下解放出来，从理论上彻底推翻了笼罩在民族工作上的"左"的

[①] 《新时期民族工作文献选编》，中央文献出版社1990年版，第34页。
[②] 《评所谓"民族问题的实质是阶级问题"》，《人民日报》1980年7月15日。

第六章　高校国家认同教育中的中华民族认同教育与大学生的民族理论培养

错误思想。1982年9月,党的十二大鲜明提出:"民族团结、民族平等和各民族的共同繁荣,对于我国这个多民族国家来说,是一个关系到国家命运的重大问题。"① 1982年12月,第五届全国人大第五次会议审议通过新宪法,明确规定:"平等、团结、互助的社会主义民族关系已经确立,并将继续加强。"从法律上正式确认了我国社会主义民族关系的性质和内容。在此基础上,1988年4月,国务院召开了第一次全国民族团结进步表彰大会,把团结与进步有机地统一和密切地联系起来,推动了社会主义民族关系的巩固和发展。

2. 随着全党工作重心的转移和指导思想的拨乱反正,民族工作的重心相应地转移到了为社会主义现代化建设服务的轨道上来。邓小平同志明确指出:"要使生产发展起来,人民富裕起来,只有这件事办好了,才能巩固民族团结。"②"观察少数民族地区主要是看那个地区能不能发展起来。"③ 1979年10月,中共中央批转《新的历史时期统一战线的方针任务》,指出:"在实现现代化的过程中,要大力帮助少数民族加速发展经济和文化建设,大力培养少数民族干部和各种专业技术人才,逐步消除历史遗留下来的事实上的不平等,使各少数民族能够赶上或接近汉族的发展水平。"1981年4月,中共中央书记处批转《云南民族工作汇报纪要》,提出党的民族工作的总的方针是,"坚定不移地关心、帮助各少数民族的政治、经济和文化的全面发展,沿着社会主义道路不断前进,逐步实现各民族事实上的平等"。1987年4月,中共中央、国务院批转中央统战部和国家民委《关于民族工作的几个重要问题的报告》,进一步明确新时期民族工作的根本任务是,"以经济建设为中心,全面发展少数民族的政治、经济和文化,不断巩固社会主义的新型民族关系,实现各民族的共同繁荣"。在此基础上,报告又进一步明确提出要"切实把经济工作放在民族工作的首位",并对加快少数民族和民族地区的经济发展做出了部署和安排。实现民族工作重心的转移,对于凝聚和团结各族人民的意志和力量,加快少数民族和民族地区

---

① 《中国共产党第十二次全国代表大会文件汇编》,人民出版社1982年版,第39页。
② 《邓小平建设有中国特色社会主义论述专题摘编》(新编本),中央文献出版社1995年版,第410页。
③ 《邓小平文选》第3卷,人民出版社1994年版,第247页。

发展，具有重大而深远的意义。

3. 民族区域自治是我们党对马克思主义民族理论的重大贡献。党的第二代领导集体十分重视和关心民族区域自治的法制建设。1980年8月，邓小平同志在《党和国家领导制度的改革》中指出："要使各少数民族聚居的地方真正实行民族区域自治。"① 1981年6月，十一届六中全会《关于建国以来党的若干历史问题的决议》指出："必须坚持实行民族区域自治，加强民族区域自治的法制建设，保障各少数民族地区根据本地实际情况贯彻执行党和国家政策的自主权。"同年8月，邓小平同志在新疆考察工作时指出："我国和苏联不同，我们不能搞共和国，我们是自治区。法律上要解决这个问题，要有民族区域自治法。"② 在中央的关心下，1957年后被迫停顿的民族区域自治法的起草工作再次被提上了议事日程。1982年12月颁布的新宪法，在总结30多年实行民族区域自治的经验的基础上，结合新时期社会主义建设的形势，从民族自治地方的实际出发，对民族自治地方的行政地位、自治权等做了明确的规定，为民族区域自治法的制定提供了法律依据。1984年5月，第六届全国人大第二次会议审议通过了《中华人民共和国民族区域自治法》，以基本法的形式把民族区域自治政策固定下来，进一步完善和发展了我国的民族区域自治制度。它的颁布实施，标志着我国民族区域自治进入了法制化建设的新阶段。

邓小平理论关于民族问题的理论，是我们党的民族理论承前启后的重要发展阶段，是对马克思主义民族理论的重大贡献。在这一理论的指导下，我国少数民族和民族地区迈开了改革开放和现代化建设的巨大步伐，我国民族团结进步事业进入了新的发展时期。

（三）深刻揭示民族问题的科学内涵，把加快发展作为解决当代我国民族问题的核心

20世纪80年代末90年代初，苏联解体、东欧剧变，世界民族主义浪潮汹涌，民族问题凸显为全球性的热点和难点问题。西方敌对势力加紧对我国实施西化、分化，并与我境内外分裂势力相勾连，企图利用

---

① 《邓小平文选》第2卷，人民出版社1994年版，第339页。
② 《新疆各族人民永远怀念邓小平》，《人民日报》1998年2月19日。

第六章　高校国家认同教育中的中华民族认同教育与大学生的民族理论培养

民族、宗教问题打开缺口。同时，国内改革开放和现代化建设的全面展开，社会主义市场经济体制的建立和完善，也使我国民族工作面临许多崭新的课题。所有这些，迫切需要我们党从理论上作出回答。以江泽民同志为核心的党的第三代中央领导集体，深刻把握时代特征和国际国内民族问题的发展变化，进一步科学地回答了什么是民族问题、怎样解决我国现阶段的民族问题，形成了"三个代表"重要思想关于民族问题的理论，实现了党的民族理论的第三次飞跃。

1. 关于民族问题的论断。1992年1月，党中央、国务院召开了改革开放后的第一次中央民族工作会议。江泽民同志发表重要讲话，深刻指出："民族问题既包括民族自身的发展，又包括民族之间，民族与阶级、国家之间等方面的关系。"把民族自身的发展引入民族问题的内涵，是改革开放以来我们党在民族理论上的一次重大突破，也是对马克思主义民族理论的一项重大贡献。这个论断，为民族工作战线的思想解放，为正确观察和研究当代中国的民族问题，为科学制定加快少数民族和民族地区发展的政策措施，提供了理论的依据。

在此基础上，结合社会主义初级阶段我国社会的主要矛盾，江泽民同志进一步指出："现阶段我国的民族问题，比较集中地表现在少数民族和民族地区迫切要求加快经济文化的发展。"因此，"在新的历史时期，搞好民族工作，增强民族团结的核心，就是要积极创造条件，加快发展少数民族和民族地区的经济文化等各项事业，促进各民族的共同繁荣"[①]。1993年12月，江泽民同志在全国统战工作会议上又强调："民族地区存在的矛盾和问题，归根到底要靠发展经济来解决。"1994年9月，在国务院第二次全国民族团结进步表彰大会上，江泽民同志再次指出："经济发展是民族团结进步的物质基础。"1995年9月，党的十四届五中全会通过了《关于制定国民经济和社会发展"九五"计划和二〇一〇年远景目标的建议》，明确把"坚持区域经济协调发展，逐步缩小地区发展差距"，作为今后十五年经济和社会发展必须贯彻的重要指导方针，并提出"从'九五'开始，要更加重视支持内地的发展"。

---

① 《加强民族大团结，为建设有中国特色的社会主义携手前进》，《人民日报》1992年1月6日。

1999年6月，江泽民同志在西安主持召开国有企业改革和发展座谈会，正式提出了实施西部大开发战略。2000年10月，十五届五中全会通过了《关于制定国民经济和社会发展第十个五年计划的建议》，第六部分集中论述了"实施西部大开发，促进地区协调发展"，提出"加大对西部地区特别是少数民族地区财政转移支付力度"。江泽民同志进一步明确指出："加快民族地区发展，促进各民族共同繁荣，是实施西部大开发战略的重要着眼点和出发点。"① 西部大开发，成为我们党正确处理民族问题，把我国民族团结进步事业全面推向新世纪的重大举措。2001年2月，第九届全国人大常委会第二十次会议审议通过了新修订的民族区域自治法，突出体现了各民族共同繁荣发展的原则，明确把帮助民族自治地方发展规定为上级国家机关必须履行的职责。

2. 民族团结，是国家发展稳定、人民安居乐业的重要保证。1989年9月，江泽民同志在庆祝中华人民共和国成立40周年大会上指出："我们要坚定不移地继续贯彻执行民族平等、民族团结和各民族共同繁荣的方针。"1990年9月，江泽民同志在新疆考察工作时又指出："在我们祖国的大家庭里，各民族之间的关系是社会主义的新型民族关系，汉族离不开少数民族，少数民族离不开汉族，少数民族之间也相互离不开。"这一表述，科学概括了我国民族关系的发展现状，集中体现了各族人民的共同愿望。1992年1月，江泽民同志深刻总结古今中外处理民族问题的经验教训，指出："国家统一、民族团结，则政通人和、百业兴旺；国家分裂、民族纷争，则丧权辱国、人民遭殃。"1999年9月，江泽民同志深刻总结新中国50年的民族工作，指出：我国取得了社会主义革命和建设的成就，保持了改革、发展、稳定的大局，"其中很重要的一个原因，就是我国五十六个民族始终同心同德，紧密团结"。2000年12月，中共中央颁发《关于加强统一战线工作的决定》，强调："实施西部大开发战略，必须把巩固和发展平等、团结、互助的社会主义民族关系摆在十分重要的位置。"民族凝聚力是衡量一个国家综合国力的重要标志。2002年11月，江泽民同志在党的十六大报告中

---

① 《把党的组织建设得更加坚强，把西部地区建设得更加秀美》，《人民日报（海外版）》2002年5月23日。

第六章　高校国家认同教育中的中华民族认同教育与大学生的民族理论培养

鲜明提出："坚持团结一切可以团结的力量，不断增强中华民族的凝聚力。"他还多次强调，要把各族人民的凝聚力强化起来，把各族人民的积极性调动起来，把各族人民的聪明才智发挥出来，发扬同呼吸、共命运、心连心的光荣传统，为建设中国特色社会主义和实现中华民族伟大复兴而携手奋斗。

3. 根据国际国内正反两方面的经验教训，江泽民同志比较系统地阐述了社会主义时期民族问题的基本特征。1992年1月，江泽民同志在中央民族工作会议上指出："我们必须从振兴中华民族的高度，从巩固和发展我国社会主义事业的高度，充分认识民族工作的长期性、复杂性和重要性。"关于民族问题的长期性，他指出："只要有民族存在，就有民族问题存在。""民族的产生、发展和消亡是一个漫长的历史过程，民族问题将长期存在。"关于民族问题的复杂性，他结合历史和现实、政治和经济、国内和国际等因素，从六个方面进行了深入分析。关于民族问题的重要性，他指出："在社会历史发展的长河中，民族问题对过去、现在和未来社会，都具有重大的影响。"1993年11月，江泽民同志在全国统战工作会议上指出："民族、宗教无小事。"1999年9月，他在中央民族工作会议上特别强调："在当前国际形势下，加强民族团结，维护社会稳定，意义更为重要。全党同志都要高度重视民族问题。"并要求，"全党同志一定要充分认识做好这项工作的重要性和紧迫性"。科索沃事件后，江泽民同志又深刻阐述了新形势下民族问题具有的国际性。他指出：霸权主义和强权政治比起过去来，具有更大的进攻性、侵略性、扩张性和冒险性。我们一定要注意研究当今世界的民族和宗教问题，同时要做好我们自己的民族和宗教工作。江泽民同志把维护世界和平与安宁、促进人类共同发展，与维护国家的主权与统一、巩固国内各民族的团结，恰当、有机地结合和统一起来，旗帜鲜明地提出，处理好我国的民族问题，必须在国际上坚决反对霸权主义和强权政治，反对民族分裂势力、暴力恐怖势力和宗教极端势力。这些论述，为我们正确认识社会主义时期民族问题的基本特征，深刻把握民族问题的发展规律，切实做好民族工作，具有重要的指导意义。

"三个代表"重要思想关于民族问题的理论，是"三个代表"重要思想的有机组成部分，是我们党在新的历史条件下对马克思主义民族理论的新贡献。在这一科学理论指导下，我国民族地区实现了大发展，民族之间增进了大团结，民族工作开创了新局面，民族团结进步事业谱写了新篇章。

（四）明确提出共同团结奋斗、共同繁荣发展是新世纪新阶段民族工作的主题，实现了民族工作指导思想上的与时俱进

新世纪新阶段，是我国改革发展的重要战略机遇期，也是加快少数民族和民族地区经济社会发展，促进各民族共同繁荣发展的重要战略机遇期。落实科学发展观，全面建设小康社会，构建社会主义和谐社会，提高党的执政能力，都对民族工作提出了新的课题和更高的要求。以胡锦涛同志为总书记的新一届中央领导集体，站在全面建设小康社会、加快推进社会主义现代化的高度，站在巩固和发展全国各族人民的大团结、确保党和国家长治久安的高度，站在开创中国特色社会主义事业新局面、实现中华民族伟大复兴的高度，继承和发扬我们党重视民族工作的优良传统，与时俱进，开拓创新，实现了党的民族理论的第四次飞跃。

1. 民族工作的主题，是民族工作的旗帜，民族工作的方向，民族工作的灵魂。2003年3月，胡锦涛同志在全国政协十届一次会议少数民族界委员联组会上，鲜明指出："实现全面建设小康社会的宏伟目标，就是要更好地实现各民族的共同繁荣发展。实现各民族共同繁荣发展，需要各民族共同团结奋斗。共同团结奋斗，共同繁荣发展，是新世纪新阶段我国民族工作的主题。"2004年10月，胡锦涛同志在中央政治局第十六次集体学习会上再次强调：做好新形势下的民族工作，必须牢牢把握各民族共同团结奋斗、共同繁荣发展的主题。2005年5月，胡锦涛同志在中央民族工作会议上，全面、系统、深刻地阐明了"两个共同"的科学内涵及其辩证关系。"两个共同"的基本点，我们党在各个历史时期都提出过并坚持付诸实践，但是把"两个共同"融会贯通起来，有机统一起来，作为民族工作的时代主题，则是新一届中央领导集体的创造性运用和发展，集中体现了党的民族理论一脉相承而又不断发展创新的成果。明确提出"两个共同"的主题，具有重大的历史意义和时代意义。在整个社会主义初级阶段，抓住了"两个共同"这个主题，就抓住了新形势下正确处理民族问题、切实做好民族工作的根

第六章　高校国家认同教育中的中华民族认同教育与大学生的民族理论培养

本，就能在全面建设小康社会的历史进程中不断开创民族工作的新局面。

2. 发展是党执政兴国的第一要务，是解决中国所有问题的关键，也是解决民族地区困难和问题的关键。2003年3月，胡锦涛同志指出：加快少数民族和民族地区发展，"是关系实现全面建设小康社会、加强民族团结、巩固祖国边防的大事"。要求全党同志"必须从全局和战略的高度，充分认识加快民族地区发展的极端重要性"。他还明确指出：加快少数民族和民族地区发展，"既要投入更多的资金，又要给予更优惠的政策；既要帮助他们把经济搞上去，又要帮助他们发展各项社会事业；既要继续发挥中央政府的作用，又要坚持抓好各地区的对口支援工作"。2003年10月，第十六届三中全会通过了《关于完善社会主义市场经济体制若干问题的决定》，深刻阐述了科学发展观的内涵，明确提出以人为本，贯彻"五个统筹"，为促进各民族共同繁荣发展提供了重要的指导思想。2004年10月，胡锦涛同志指出："要树立和落实科学的发展观，按照'五个统筹'的要求，明确加快民族地区发展的目标、任务和政策措施。"2005年5月，胡锦涛同志再次强调："加快少数民族和民族地区经济社会发展，关键要坚持以科学发展观统领经济社会发展全局，科学确定发展思路和发展目标。"他又进一步指出："支持少数民族和民族地区加快发展，是中央的一项基本方针，也是推进西部大开发的首要任务。""随着国家综合实力的不断增强，中央将继续加强对少数民族和民族地区经济社会发展的扶持。"充分体现了新一届党中央加快少数民族和民族地区发展、实现各民族共同繁荣发展的坚定决心。2005年5月，中共中央、国务院颁发《关于进一步加强民族工作加快少数民族和民族地区经济社会发展的决定》，这是新中国成立以来我们党关于民族工作的第一个决定，加快发展是文件的重点内容。同时，国务院还颁发了《实施〈中华人民共和国民族区域自治法〉若干规定》。这是国务院颁布的贯彻民族区域自治法的第一个行政法规，突出规定了加快发展的政策措施。此外，国家在编制第十一个五年规划中，还第一次编制了扶持人口较少民族发展规划、兴边富民行动"十一五"规划和少数民族事业"十一五"规划三个专项规划。加快少数民族和民族地区经济社会发展，实现各民族共同繁荣发展，迎来了又一个历史性的重大机遇。

3. 民族团结进步事业，是建设中国特色社会主义伟大事业的重要组成部分。发展我国民族团结进步事业，就是要在巩固和发展社会主义民族关系的基础上，全国各族人民和睦相处、和衷共济、和谐发展，促进社会主义祖国的繁荣昌盛，维护社会主义祖国的统一安全，同心同德为建设中国特色社会主义、实现中华民族的伟大复兴而奋斗。2003年3月，胡锦涛同志指出："祖国统一、民族团结，是各族人民之福；祖国分裂、民族离乱，是各族人民之祸。"这是历史的启示，也是现实的结论。2004年9月，十六届四中全会提出要不断提高"构建社会主义和谐社会的能力"，对我国民族团结进步事业提出了新的要求。2005年5月，胡锦涛同志指出："民族关系是多民族国家中至关重要的社会关系。"强调在我们这个统一的多民族国家，必须不断巩固和发展"平等、团结、互助、和谐的社会主义民族关系"，不断推进民族团结进步事业。胡锦涛同志还第一次全面阐述了民族团结进步事业的内涵，强调"不断推进我国民族团结进步事业，是我们党立党为公、执政为民的根本要求，也是我国各族人民的光荣职责"。为此，胡锦涛同志要求，"要坚持不懈地开展党的民族理论、民族政策、民族法律法规以及民族基本知识的教育"。强调"不仅要教育群众，更要教育干部；不仅要教育少数民族干部，更要教育汉族干部；不仅要教育一般干部，更要教育领导干部。"明确提出，大力弘扬以爱国主义为核心的伟大民族精神，进一步巩固全国各族人民的大团结，增强中华民族的凝聚力，为全面建设小康社会、实现国家长治久安提供强有力的保证。这些重要论述，为我们全面理解、正确把握和不断推进我国民族团结进步事业，指明了方向。

4. 做好民族工作，关键是加强党对民族工作的领导，不断提高我们党驾驭和处理民族问题的能力。2004年9月，党的十六届四中全会通过了《关于加强党的执政能力建设的决定》，提出了做好民族工作的新要求。同年10月，胡锦涛同志指出："正确处理民族问题，切实做好民族工作，是衡量党的执政能力和各级党政组织领导水平的重要标志。"他要求全党同志特别是各级领导干部都要坚持学习和实践马克思主义民族理论，不断提高驾驭和解决民族问题的能力。2005年5

第六章　高校国家认同教育中的中华民族认同教育与大学生的民族理论培养

月,胡锦涛同志又进一步指出:"党的领导是做好民族工作的根本保证。正确处理民族问题,切实做好民族工作,是加强党的执政能力建设的重要内容。"中共中央、国务院《关于进一步加强民族工作加快少数民族和民族地区经济社会发展的决定》强调,各级党委和政府要坚持把民族工作摆上重要议事日程,要建立民族工作的目标责任制,要完善民族工作的领导体制和工作机制,要加强民族工作部门建设,对在新形势下进一步加强和改善党对民族工作的领导作了全面部署,提出了明确要求。

5. 2005年5月,中央民族工作会议从十二个方面,总结概括了我们党关于民族问题的基本理论和基本政策。这十二条,归结起来,比较集中和系统地回答了什么是民族和民族问题,以及怎样解决我国现阶段的民族问题,这个当代中国民族工作最根本最主要的问题,成为我们党正确处理民族问题、切实做好民族工作的最新成果。这十二条,涵盖了当代中国民族工作的各个方面,既相互联系而又融会贯通,形成了一个科学的理论政策体系。这是我们党长期民族工作实践经验的总结,凝聚了党的几代领导集体的智慧,是对马克思主义民族理论的重大贡献,也是对世界社会主义运动的重大贡献。中央民族工作会议全面、系统、深刻地阐明我们党的民族理论和政策,实现了党在民族工作指导思想上的又一次与时俱进。

我们党的民族理论,是党的基本理论的重要组成部分,是马克思主义民族理论在中国发展的新阶段,是我们党在长期奋斗和艰苦探索中取得的宝贵精神财富。在未来的征途中,无论遇到什么样的困难和风险,我们都要坚定不移地以这一理论为行动指南。我国民族团结进步事业是不断发展的事业,我们在前进中还会遇到这样那样的新情况新课题,还要应对各种可以预料和难以预料的风险和挑战,因此还要继续进行新的实践和新的探索。我们要把我们党的民族理论,作为我们深化理论探索的崭新起点,坚持解放思想、实事求是、与时俱进,从理论和实践的结合上不断研究新情况、解决新问题,努力在思想上不断有新解放,理论上不断有新发展,实践上不断有新创造。继续坚定不移地把我国民族团结进步事业推向前进,全面开创我国各民族共同团结奋斗、共同繁荣发展的新局面。

（五）准确把握新形势下民族问题、民族工作的特点和规律，统一思想认识，明确目标任务，坚定信心决心，提高做好民族工作能力和水平

以习近平总书记为核心的党中央站在全局和战略的高度，系统阐述了民族工作的方向和道路、理论和政策、制度和法律、工作和实践等重大问题，思想上的深刻性、政策上的鲜明性非常突出，紧紧围绕实现全面建成小康社会的目标，明确提出了加快民族地区发展的一系列重大举措、重要部署、重点任务，具有很强的针对性和操作性。以习近平总书记为核心的党中央要求全党切实用中央关于民族工作的重大方针统一思想、认识和行动，突出重点领域，千方百计把促进各民族共同繁荣发展的决策部署落到实处，积极稳妥推进，力争使加强民族团结的各项举措取得实实在在的进展，顺应历史趋势，把推进民族事务治理法治化做深做实，汇聚各方力量，形成良好体制机制。全党全国各族人民要紧密团结在以习近平总书记为核心的党中央周围，坚定不移走中国特色解决民族问题的正确道路，万众一心，不懈奋斗，把民族团结进步事业全面推向前进。

1. 民族团结是我国各族人民的生命线。做好民族工作，最关键的是搞好民族团结，最管用的是争取人心。要正确认识我国民族关系的主流，多看民族团结的光明面；善于团结群众、争取人心，全社会一起做交流、培养、融洽感情的工作。

2. 加强各民族交往交流交融。尊重差异、包容多样，让各民族在中华民族大家庭中手足相亲、守望相助；创新载体和方式，引导各族群众牢固树立正确的祖国观、历史观、民族理论；用法律来保障民族团结，增强各族群众法律意识；坚决反对大汉族主义和狭隘民族主义，自觉维护国家最高利益和民族团结大局。

3. 实现跨越式发展。一些民族地区群众困难多，困难群众多，同全国一道实现全面建设小康社会目标难度较大，必须加快发展。要发挥好中央、发达地区、民族地区三个积极性，对边疆地区、贫困地区、生态保护区实行差别化的区域政策，优化转移支付和对口支援体制机制，把政策动力和内生潜力有机结合起来。要紧扣民生抓发展，重点抓好就业和教育；发挥资源优势，重点抓好惠及当地和保护生态；搞好扶贫开

第六章 高校国家认同教育中的中华民族认同教育与大学生的民族理论培养

发,重点抓好特困地区和特困群体脱贫;加强边疆建设,重点抓好基础设施和对外开放。

4. 要紧紧围绕全面建成小康社会目标,顺应各族群众新期盼,深化改革开放,调动广大干部群众的积极性,激发市场活力和全社会创新创造热情;发挥民族地区特殊优势,加大各方面支持力度,提高自我发展能力,释放发展潜力;发展社会事业,更加注重改善民生,促进公平正义;大力传承和弘扬民族文化,为民族地区发展提供强大精神动力;加强生态环境保护,提高持续发展能力。

5. 要加强基础设施、扶贫开发、城镇化和生态建设,不断释放民族地区发展潜力。基础设施建设要重点解决路和水的问题。民族地区交通建设,既要打通对内对外联系的"大通道",也要畅通与"大通道"联系的"静脉""毛细血管"。建设一批重大饮水调水工程、大型水库和骨干渠网,同时支持地方搞好水利设施建设,全部解决农村人口饮水安全问题。打好扶贫攻坚战,民族地区是主战场。要创新思路和机制,把整体推进与精准到户结合起来,加快推进集中连片特殊困难地区区域发展与扶贫攻坚,提高扶贫效能。民族地区推进城镇化,要与我国经济支撑带、重要交通干线规划建设紧密结合,与推进农业现代化紧密结合。还要重视利用独特地理风貌和文化特点,规划建设一批具有民族风情的特色村镇。把生态保护放在重要位置,继续在民族地区实施重大生态保护工程,中央和地方都要加大投入,落实好生态补偿机制。

6. 我们的民族工作也面临着一些新的阶段性特征。做好民族工作要坚定不移走中国特色解决民族问题的正确道路,开拓创新,从实际出发,顶层设计要缜密、政策统筹要到位、工作部署要稳妥,让各族人民增强对伟大祖国的认同、对中华民族的认同、对中华文化的认同、对中国特色社会主义道路的认同。民族区域自治制度是我国的一项基本政治制度,是中国特色解决民族问题的正确道路的重要内容。要坚持统一和自治相结合、民族因素和区域因素相结合,把宪法和民族区域自治法的规定落实好,关键是帮助自治地方发展经济、改善民生。

新形势下,以习近平总书记为核心的党中央坚持和发展中国特色社会主义宗教理论,全面贯彻党的宗教工作基本方针,分析我国宗教工作形势,研究我国宗教工作面临的新情况新问题,全面提高党的宗教工作

水平。其主要观点如下:

1. 宗教问题始终是我们党治国理政必须处理好的重大问题。宗教工作在党和国家工作全局中具有特殊重要性,关系中国特色社会主义事业发展,关系党同人民群众的血肉联系,关系社会和谐、民族团结,关系国家安全和祖国统一。我国宗教工作形势总体是好的,党的宗教工作基本方针得到贯彻,党同宗教界的爱国统一战线不断巩固,宗教工作法治化明显加强,宗教活动总体平稳有序。实践证明,我们党关于宗教问题的理论和方针政策是正确的。

2. 做好宗教工作,必须坚持党的宗教工作基本方针。要全面贯彻党的宗教信仰自由政策,依法管理宗教事务,坚持独立自主自办原则,积极引导宗教与社会主义社会相适应。党的宗教工作基本方针是我们党坚持马克思主义宗教观,从我国国情和宗教具体实际出发,汲取正反两方面经验教训制定出来的。实行宗教信仰自由政策,出发点和落脚点是要最大限度把广大信教和不信教群众团结起来。积极引导宗教与社会主义社会相适应,是要引导信教群众热爱祖国、热爱人民,维护祖国统一,维护中华民族大团结,服从服务于国家最高利益和中华民族整体利益;拥护中国共产党领导、拥护社会主义制度,坚持走中国特色社会主义道路;积极践行社会主义核心价值观,弘扬中华文化,努力把宗教教义同中华文化相融合;遵守国家法律法规,自觉接受国家依法管理;投身改革开放和社会主义现代化建设,为实现中华民族伟大复兴的中国梦贡献力量。

3. 做好新形势下宗教工作,就要坚持用马克思主义立场、观点、方法认识和对待宗教。遵循宗教和宗教工作规律,深入研究和妥善处理宗教领域各种问题,结合我国宗教发展变化和宗教工作实际,不断丰富和发展中国特色社会主义宗教理论,用以更好指导我国宗教工作实践。积极引导宗教与社会主义社会相适应,一个重要的任务就是支持我国宗教坚持中国化方向。要用社会主义核心价值观来引领和教育宗教界人士和信教群众,弘扬中华民族优良传统,用团结进步、和平宽容等观念引导广大信教群众,支持各宗教在保持基本信仰、核心教义、礼仪制度的同时,深入挖掘教义教规中有利于社会和谐、时代进步、健康文明的内容,对教规教义作出符合当代中国发展进步要求、符合中华优秀传统文

第六章　高校国家认同教育中的中华民族认同教育与大学生的民族理论培养

化的阐释。

4. 要构建积极健康的宗教关系。在我国，宗教关系包括党和政府与宗教、社会与宗教、国内不同宗教、我国宗教与外国宗教、信教群众与不信教群众的关系。促进宗教关系和谐，这些关系都要处理好。处理我国宗教关系，必须牢牢把握坚持党的领导、巩固党的执政地位、强化党的执政基础这个根本，必须坚持政教分离，坚持宗教不得干预行政、司法、教育等国家职能实施，坚持政府依法对涉及国家利益和社会公共利益的宗教事务进行管理。要提高宗教工作法治化水平，用法律规范政府管理宗教事务的行为，用法律调节涉及宗教的各种社会关系。要保护广大信教群众合法权益，深入开展法治宣传教育，教育引导广大信教群众正确认识和处理国法和教规的关系，提高法治观念。

5. 做好党的宗教工作，把党的宗教工作基本方针坚持好，关键是要在"导"上想得深、看得透、把得准，做到"导"之有方、"导"之有力、"导"之有效，牢牢掌握宗教工作主动权。

三　马克思主义民族理论教育与人才培养

用马克思主义民族理论教育大学生有着重要理论意义和现实意义。胡锦涛同志在参加第十届全国人大三次会议新疆代表团审议时指出，"构建社会主义和谐社会，要求我们牢固树立马克思主义民族理论、宗教观，全面贯彻党的民族政策和宗教政策，坚持和完善民族区域自治制度，切实做好民族工作和宗教工作，进一步形成各民族干部群众同呼吸、共命运、心连心的社会政治局面"。

（一）马克思主义民族理论教育有利于人才的全面发展

高校马克思主义民族理论教育要坚持历史唯物主义和辩证唯物主义的原则。其一，中国传统文化是以儒家文化为主，儒家文化非常重视人的发展，从"内圣外王"到"格物、致知、诚意、正心、修身、齐家、治国、平天下"，这些优秀的中国传统文化无不体现人才的修养，这些自我修养无不在对于家、国的贡献中体现，人的自我价值却被遏制。随着社会的发展，特别是改革开放以来，中国综合国力不断增强，经济飞速发展，物质文化和精神文化水平取得了巨大的成就，集体层面上个人的修养、发展得到了前所未有的重视，高校在培养人才过程中逐渐开始重视"以人为本""一切为了学生"等教育理念的实施。其二，民族理论的树立需要重视个体在发展过程中的基本诉求。在以和平与发展为主题的时代，只有将民族理论的教育和个人的发展相结合，才能够拥有最坚实的群众基础。高校民族理论教育必须关注每个大学生个体的发展，培养个人的思想政治品质，只有这样，个人才能够在社会中施展才华，实现自我价值。高校民族理论教育既要帮助个人提高认知水平，更要指导个体全面提高综合素质。"百年大计，教育为本。"高校教育在国家和社会发展中占有重要的地位，对人才进行民族理论教育有利于人才的全面发展，关系着国家的长治久安和中华民族的伟大复兴。

（二）马克思主义民族理论教育有利于人才队伍的形成

人才队伍培养是解决民族问题，做好民族工作的关键。其一，人才队伍培养是加快国家发展的需要。科学技术是第一生产力，人才资源是第一资源，发展是第一要务。当今世界，谁拥有人才，谁就是赢家，只有培养高素质的人才，建立高素质的人才队伍，充分发挥人才的积极性、创造性和主动性，才能提升国家核心竞争力，增强国力，从而实现中华民族的伟大复兴。其二，人才队伍培养是振兴民族经济的需要。全国经济的发展离不开人才队伍对民族经济的振兴，人才勇敢、智慧而且勤劳，他们有着改变现状、缩小经济发展差距的强烈愿望，要把握我国社会发展的大好前景，利用有利时机，充分挖掘人才潜力，将民族经济搞得快一些，好一些。只有培养一支德才兼备、强有力的人才队伍，带领各民族群众艰苦奋斗，才能促进生产力的发展，缩小差距，加快民族经济的振兴。其三，人才队伍培养是巩固民族团结的需要。中国特色社会主义事业的重要组成部分是我国民族团结进步事业的发展，民族团结进步事业的发展需要人才队伍的创造，需要人才队伍的引领与推动。加快国家发展、振兴民族经济、巩固民族团结都需要人才队伍的培养。

第四节 大学生马克思主义民族理论教育

面对当前复杂多变的国际局势以及发展任务艰巨的国内形势，大学生确立什么样的民族理论，是中国特色社会主义事业合格建设者和可靠接班人这一目标能否实现的关键。围绕高校大学生这一特殊群体开展中

第六章　高校国家认同教育中的中华民族认同教育与大学生的民族理论培养

华民族认同教育与马克思主义民族理论的培养关系到社会主义事业的兴衰成败，其重要性与紧迫性日益突出，不容忽视。

一　大学生马克思主义民族理论教育的重要意义

对大学生进行马克思主义民族理论教育，是引导大学生了解中华民族发展历史，弘扬民族精神，促进民族团结，激发民族自尊心、自信心和自豪感的关键，是实现中华民族伟大复兴、巩固社会主义民族关系、促进民族发展和国家强盛的关键。因此，开展大学生马克思主义民族理论教育具有非常重要的现实和深远的历史意义。

（一）大学生马克思主义民族理论教育有利于中华民族的伟大复兴

民族理论是民族存在的反映。科学的民族理论，推动与促进民族的进步与发展，愚昧的民族理论，阻碍与制约着民族的进步与发展。民族的进步需要科学的民族理论作为指导，大学生马克思主义民族理论教育的着眼点是引导大学生深刻认识和把握马克思主义民族理论为中华民族实现伟大复兴树立了旗帜，指明了方向。马克思主义民族理论深刻揭示了中华民族伟大复兴的历史任务与基础，指明了中国共产党在实现中华民族伟大复兴中所担任的领导地位和所担负的历史责任。马克思主义民族理论具有很大的凝聚力，对马克思主义民族理论教育可以让大学生认识到：中国56个民族大家庭中的成员都通过马克思主义民族理论聚集在一起，从而为中华民族伟大复兴凝聚力量，反对民族分裂，促进民族团结。马克思主义民族理论教育可以振奋精神，增强大学生的民族自信心与自豪感，如果一个民族没有民族精神，没有精神支柱，就会失去凝聚力，民族的复兴也无从谈起，而马克思主义民族理论高度概括了民族精神，激发了民族自信心与自豪感。所以，马克思主义民族理论教育有利于中华民族伟大复兴的实现。

（二）大学生马克思主义民族理论教育有利于社会主义民族关系的巩固

马克思主义民族理论教育一方面可以提高人们文化知识水平，传播及普及各种技术，另一方面可以对社会关系起到导向作用，学校恰好是做好思想政治教育，对社会关系起导向作用的地方，没有好的社会导向，没有好的学校教育就不能培养出有正确的政治方向和健康的思想意识，更不能培养和建立社会主义的民族关系。对于拥有56个民族的多民族的中国来讲，各民族的平等、团结和共同繁荣是实现和谐社会主义民族关系的关键，马克思主义民族理论教育的重点也在于此。马克思主义民族理论认为，如果没有民族平等，就没有民族友好团结，没有民族的友好团结，民族地区的稳定和发展，就会受到影响，各民族共同繁荣和发展就会成为空谈，影响全国的稳定和发展。江泽民同志指出：没有民族地区的稳定就没有全国的稳定，没有民族地区的小康就没有全国的小康，没有民族地区的现代化就没有全国的现代化。对大学生进行马克思主义民族理论教育，引导大学生树立马克思主义民族理论，对巩固社会主义民族关系具有重要意义。

（三）大学生马克思主义民族理论教育有利于民族的发展和国家的强盛

我国作为一个人口众多的多民族国家，拥有56个民族，其中有50多个少数民族居住在边疆或靠近边疆的地区。我国是统一的多民族、多宗教的国家，各民族在经济、政治、文化、社会和生态等方面能实现又好又快发展，是实现民族团结、各民族共同繁荣、从而增强国家综合国力，维护国家统一、领土完整，促进国家强盛的重要手段。邓小平同志深刻指出，"中国的最高利益就是稳定""稳定压倒一切"。由于历史和国际的因素，我国少数民族地区一直存在不同程度的不稳定因素，国外敌对势力利用网络、手机等新媒介对大学生宣扬民族分裂、破坏民族团结的言论。从国家长远发展的高度来看，以大学校园为主要阵地，教育和引导大学生学习和掌握马克思主义民族理论，树立各民族共同团结进步、共同繁荣发展的思想和观念，对于大学生分清民族分裂势力的丑恶嘴脸和险恶用心，化解民族矛盾，切实做好民族工作，科学地处理民族问题，振奋民族精神，提高各民族的整体素质，促进民族地区各项事业的科学发展，凝聚各民族的力量具有十分重要的作用，是实现民族腾飞和国家强盛的关键。

二 大学生马克思主义民族理论教育的紧迫性

大学生是国家建设的主力军，同时，也极容易融入社会群体性事件中成为弱势群体。高校马克思主义民族理论教育，理应成为大学生思想

第六章　高校国家认同教育中的中华民族认同教育与大学生的民族理论培养

政治教育的重要组成部分，所以要引导大学生清楚地认识到民族问题的重要性，解决民族问题的艰巨性和复杂性，要引导大学生认识到马克思主义民族理论教育是大学生树立民族平等意识的根本途径，同时也是丰富和发展民族精神的主要手段。

（一）马克思主义民族理论教育是正确认识和解决民族问题的关键

自秦汉以来，我国就是一个统一的多民族国家，民族问题一直是国家发展和建设过程中所面临的重大问题。1992年1月14日在中央民族工作会议上，江泽民发表了题为《加强各民族大团结，为建设有中国特色的社会主义携手前进》的重要讲话，强调"国家统一、民族团结，则政通人和、百业兴旺；国家分裂、民族纷争，则丧权辱国、人民遭殃。"当代民族问题是大学生民族理论存在问题的根本原因，其根本性主要体现在"决定性"上，即当代民族问题决定着大学生民族理论的产生、变化和发展。大学生的马克思主义民族理论是一种特殊的社会意识，是在成长过程中通过学习和外在的理论教育培养形成的对民族的认识，不同的民族成员经过长期的学习与教育引导，形成了对本民族的认同与肯定。在我国这个多民族大家庭里，不同民族的大学生对民族理论的认识差异度较大，在民族认同、民族心理上都存在较大的差异。人口较多的汉族大学生民族意识相对比较薄弱，只有在出示其民族身份时才能有民族归属感，而少数民族大学生由于人口较少，则会时刻意识到自己的民族身份，尤其与其他民族交往的过程中显得尤为明显。"人们的观念、观点和概念，一句话，人们的意识，随着人们的生活条件、人们的社会关系、人们的社会存在的改变而改变。"大学生马克思主义民族理论的变化也会随着生活条件、人际关系的变化而变化。面对这种差异与变化，加强大学生的马克思主义民族理论教育是正确认识和解决好我国民族问题的关键。

（二）大学生马克思主义民族理论教育是树立民族平等意识的根本途径

平等，作为一种价值追求，往往是对现实中存在的不平等的一种批判和抗争。民族平等是马克思主义民族理论的核心内容，也是我国民族政策所坚持的基本原则。马克思主义民族平等理论就是以马克思主义的辩证唯物主义与历史唯物主义世界观和方法论在民族问题上的具体运用，是如何科学地认识和正确地处理民族问题的一系列观点、原则和方法的总和。毛泽东在《中国革命和中国共产党》一文明确指出："我们中国现在拥有四亿五千万人口，差不多占了全世界人口的四分之一。在这四亿五千万人口中，十分之九以上为汉人。此外，还有蒙人、回人、藏人、维吾尔人、苗人、彝人、僮人、仲家人、朝鲜人等，共有数十种少数民族，虽然文化发展的程度不同，但是都已有长久的历史。中国是一个由多数民族结合而成的拥有广大人口的国家。"关于中国是一个由多数民族结合而成的国家的观点，为中国共产党确立"我国是各族人民共同缔造的统一的多民族国家"的理论，奠定了坚实的思想基础。"统一国家"，意味着否定以民族为政治单位，这就为反对民族分离主义奠定了政治理论基础；"多民族国家"，则意味着承认和保障各民族在国家政治生活中的地位和权利平等，这就为防止民族同化奠定了思想文化基础。

意识是人脑对于客观外部世界的反映，民族平等意识主要是指尊重和承认各民族在各个方面的平等权利。教育是培养大学生民族平等意识的根本途径，学校作为教育的主渠道，应该通过对大学生的民族理论培养，引导学生学习马克思主义的民族平等理论，学会以马克思主义的民族平等理论观察和分析中国的民族问题，坚持民族平等的原则，反对大汉族主义和地方民族主义。引导各民族的学生了解自己民族和其他民族的优良传统和民族精神，学会欣赏、学会尊重各个民族的历史和文化，这也是高校营造民族平等的校园文化的基础。

（三）马克思主义民族理论教育是进行中华民族精神教育的主要途径

民族精神专指民族意识中引领和促进民族向上的东西，亦即民族意识中的精华。张岱年认为，民族文化积极传统才可称之为民族精神。这是因为"民族精神必须满足两个条件，才可以成为民族精神。一是具有广泛的影响，为大多数人所接受。二是能促进社会的发展，是推动社会前进的精神力量"。"民族精神必然是文化学术中的精粹思想，在历史上曾经具有激励人心的作用，只有这样，才能称之为民族精神。"

关于中华民族精神。顾名思义，中华民族精神就是中华民族的民族精神。关于中华民族，费孝通先生在其晚年提出了一个极富创造性的观

第六章　高校国家认同教育中的中华民族认同教育与大学生的民族理论培养

点,就是中华民族是一个"多元一体"的构成。他说:"中华民族是包括中国境内56个民族的民族实体,并不是把56个民族加在一起的总称,因为这些加在一起的56个民族已结合成相互依存的、统一而不能分割的整体,在这个民族实体里所有归属的成分都已具有高一层次的民族认同意识,即共休戚、共存亡、共荣辱、共命运的感情和道义。这个论点我引申为民族认同意识的多层次论。多元一体格局中,56个民族是基层,中华民族是高层。"① 江泽民同志在党的十六大报告中指出:"在五千多年的发展中,中华民族形成了以爱国主义为核心的团结统一、爱好和平、勤劳勇敢、自强不息的伟大民族精神。"这是对中华民族精神核心内容和基本思想的高度概括,为我们准确把握中华民族精神的深刻内涵提供了新的起点和正确指南。中国优秀文化中整体思维、实事求是的科学精神,克己奉公、舍生取义的牺牲精神,敬老尊贤、重友睦邻的伦理精神,豪放豁达、敬业乐群的处世精神,虚怀若谷、博采众长的学习精神,与时俱进、革故鼎新的创新精神,艰苦奋斗、孜孜不辍的创业精神以及天人合一、厚德载物、刚柔相济、和而不同的和谐宽容、有节有度精神等,都是我们认识和把握中华民族精神丰富内涵的宝贵思想材料。

人不是一个抽象的概念,绝大多数人都既属于某个民族又属于特定的国家,既拥有民族成员的身份,又享有国家公民的权利。也就是说,在人的生存与发展过程中,人必须获得一种文化的和民族的归属感,否则无法形成完整的自我观念。因此,要强化大学生民族理论的培养,必须加强民族精神的培养和弘扬,民族精神是一个民族维系自身凝聚力的基本保证。

总之,中华民族精神就是中华民族五千多年来生生不息的精神动力,就是中国人民在未来的岁月里,薪火相传、继往开来的精神支撑和强大的社会支撑力量。伟大的中华民族精神不仅对于推动精神文明建设有重要意义,而且对于促进物质文明和政治文明建设,增强我国的综合国力,实现中华民族的伟大复兴,都具有重大的意义。

---

① 费孝通:《中华民族多元一体格局》,中央民族大学出版社1999年版,第13页。

三　中华民族认同教育与大学生马克思主义民族理论教育

对中华民族的认同是增强中华民族凝聚力和向心力的基础，也是形成和发展团结、和谐、互助的民族关系的基础。对中华民族认同就是对中华民族形成和发展历史的共识。加强中华民族认同教育与加强大学生马克思主义民族理论教育明确相关。两者对加强各民族的大团结、维护祖国的统一、促进社会和谐稳定与发展，都具有重要的意义。我们可以从以下方面理解这个关系。

（一）加强马克思主义民族理论教育有利于对中华民族认同感的形成

大学生马克思主义民族理论的教育是国家这个共同体获得合法性的思想基础。现代国家作为民族国家，其统治方式凌驾于阶级关系之上，"民族作为跨阶级的集合体，这个集合体内的成员在现实的、想象的以及构建的文化、语言和历史共同体的基础上拥有一种共同的身份感和共同的政治命运，尽管不同的政治共同体的命运可能会遭到冲击和扭曲，但是决定'国家命运'的基础的最合适的场所还是建立在一定领土基础上的政治共同体本身"[①]。这种共同体能够保证国家在最低限度上获得国民的支持与忠诚。马克思主义民族理论的教育可以实现国家认同。不是所有的民族都单独建国，但是不同民族对国家认同可以通过教育实现。马克思主义民族理论强调各个民族在社会经济政治权利上一律平等，这种公民权的保证，从形式上消除了各种种族的界限和差异，使各个民族在文化价值取向上达成了基本共识。格罗斯认为："公民权创造了一种新的认同，一种与族属意识、族籍身份分离的政治认同，它是多元文化的一把政治保护伞，同时也是一种新的政治关系，一种比种族联系和地域联系更加广泛的联系。因而它提供了一种将种族上的亲族认同（文化认同）与和国家相联系的政治认同（国家民族）相分离的方法，一种将政治认同从亲族关系转向政治地域关系的途径。"[②] 马克思主义

[①] [英] 戴维·赫尔德：《全球大变革：全球化时代的政治、经济与文化》，杨雪冬等译，社会科学文献出版社2001年版，第67页。

[②] [美] 菲利克斯·格罗斯：《公民与国家——民族、部族和族属身份》，王建娥等译，新华出版社2003年版，第32页。

第六章　高校国家认同教育中的中华民族认同教育与大学生的民族理论培养

民族理论的教育维护了国家稳定。在现存的以主权原则为基础的国际体系中，一个民族只有组成国家才能成为合法的国际行为体，通过国家使得民族获得对一定地域的主权，国家既是维护其团结的制度形式，也是保护其利益的工具，民族认同有利于国家和民族有机地结合起来。

（二）加强马克思主义民族理论教育有利于中华民族认同教育的多样化

我国是一个统一的多民族国家，56个民族在长期的历史发展中共同创造了辉煌灿烂的中华文明。在这一共同进程中，各少数民族形成了各自发展的、彼此各异的民族心理、性格与思维方式，在时间的长河中逐渐沉淀下来而愈积愈厚，同变化着的生活环境保持着相对的独立性，从而形成了具有本民族特色的传统文化。例如，在边疆民族文化中蕴藏着丰富、厚重的人生智慧与道德，重家庭和睦、讲长幼辈分、守传统、重感情、尊重个体、坚持朴素的社会公平和公正观念等，这些民族文化资源具有强大的生命力和社会整合功能，对协调人们之间的利益分配、重构价值体系、修复失范的社会秩序起着不可或缺的作用，是民族地区增强民族凝聚力、向心力的原动力。加强马克思主义民族理论教育就是要弘扬少数民族传统文化，展示中华民族认同教育的多样化。

（三）加强马克思主义民族理论教育可以形成中华民族认同的共同理论基础

邓小平理论、"三个代表"重要思想和科学发展观是我国必须坚持和贯彻的中国特色社会主义的重大战略思想，是中国特色社会主义理论体系的重要组成部分，加强马克思主义民族理论教育，必须注意与中国特色社会主义理论体系教育相一致，引导大学生深刻认识和理解中国特色社会主义理论体系的科学实质和精神内涵。通过加强马克思主义民族理论教育可以形成对中华民族认同的共同思想基础。

"三个代表"重要思想，作为中国特色社会主义理论体系的重要组成部分，体现了对中国特色社会主义认识的进一步深化，也体现了对邓小平理论的继承和发展，是中国特色社会主义走向成熟的重要标志，也是中国特色社会主义理论体系走向成熟的重要标志。"三个代表"重要思想把执政党的建设与社会主义建设联系起来进行考察，进一步明确了中国特色社会主义建设和执政党建设的一致性，明确了中国特色社会主义的未来走向和当代中国共产党的历史使命。

"三个代表"重要思想提供了开展中华民族认同教育的重要思想基础。我们可以通过马克思主义民族理论的教育,为开展高校中华民族认同教育奠定以"三个代表"重要思想为指导的共同思想基础。只有深刻认识和理解中国特色社会主义的未来走向和当代中国共产党的历史使命,深刻认识和理解"三个代表"重要思想提出的一系列关于中国特色社会主义的发展道路、发展阶段、发展战略、根本目的、根本任务、发展动力、依靠力量、国际战略等重要思想,才能更加自觉树立中华民族认同的意识,自觉维护中华民族的大团结,维护祖国的统一,为祖国的发展作出贡献。"三个代表"重要思想对当前中国正在进行的改革开放和现代化建设事业具有长期的指导意义,对高校的中华民族认同教育也具有长期的指导意义。在高校中华民族认同教育中坚持贯彻"三个代表"重要思想,必须牢牢把握建设中国特色社会主义这个主题,进一步深刻认识和科学回答"什么是社会主义、怎样建设社会主义"这个根本问题,更好地把中国特色社会主义伟大事业推向前进。

科学发展观提供了开展中华民族认同教育的重要思想基础。我们可以通过马克思主义民族理论的教育,为开展高校中华民族认同教育奠定以科学发展观为指导的共同的思想基础。科学发展观第一要义是发展,核心是以人为本,基本要求是全面协调可持续,根本方法是统筹兼顾,指明了我们进一步推动中国经济改革与发展的思路和战略,明确了科学发展观是指导经济社会发展的根本指导思想,标志着中国共产党对于社会主义建设规律、社会发展规律、共产党执政规律的认识达到了新的高度,标志着马克思主义和中国国情相结合达到了新的高度和阶段。科学发展观的提出,解决了中国特色社会主义在发展中面临的新矛盾、新问题,拓展了中国特色社会主义的内涵,推进了中国特色社会主义的伟大事业,形成了以构建社会主义和谐社会、建设社会主义新农村、走新型工业化道路、建设创新型国家、建设社会主义核心价值体系、加强党的执政能力和先进性建设等一系列新的重大思想。科学发展观在理论上和实践上,都是对邓小平理论和"三个代表"重要思想的坚持和发展。马克思主义民族理论的教育必须以科学发展观为统领和主线,必须坚持以科学发展观为指导,注意以人为本,坚持统筹兼顾,持之以恒,常抓

第六章 高校国家认同教育中的中华民族认同教育与大学生的民族理论培养

不懈。

学业压力、求职压力、个人经济状况是大学生面临的三大问题,如何变压力为动力,解决实际问题,除了大学生的自身努力外,党和政府以科学发展观为指导给予了特别关怀与照顾,出台了一系列行之有效的政策和措施。边疆地区的少数大学生面临的实际问题已经引起党和国家的高度重视,国家对这些地区的少数民族大学生一贯实施优惠的照顾政策。这些以科学发展观为指导的政策和措施,不仅加强了马克思主义民族理论的感染力和说服力,而且加强了中华民族认同教育的感染力和说服力,对于形成高校中华民族认同教育的共同思想基础起到了巨大作用。

(四)加强马克思主义民族理论教育有利于形成对中华民族的认同

开展中华民族认同教育与大学生马克思主义民族理论培养,其目标具有一致性,对于非少数民族大学生与少数民族大学生而言,都要树立正确的马克思主义民族理论。正确的马克思主义民族理论就是每个人都认识到自己所在民族都是中华民族的一分子,都为中华民族的繁荣做出了重要贡献,各民族在社会主义大家庭里相互平等、相互尊重、共同团结进步,共同繁荣发展。加强马克思主义民族理论教育可以形成对中华民族认同,通过马克思主义民族理论教育就是要让大学生深刻认识到,我们伟大的祖国自古以来就是一个统一的多民族国家,各民族共同缔造了我们伟大的祖国。强调对中华民族的认同,就是要让大学生深刻认识到,中华民族是我国56个民族相互依存,共同发展凝聚而成的。就是要让大学生深刻认识到,我们伟大的祖国是世界上历史悠久的文明古国,在历史发展的长河中,智慧、勤劳、勇敢的中华民族创造了千古流芳的中华文化,各民族都为创造和发展中华文化作出了贡献。就是要让大学生深刻认识到,坚持社会主义道路,是中国共产党人的坚定信念,是中国历史发展的必然趋势,也是中国各族人民的必然选择。就是要让大学生深刻认识到,中国共产党是中国现代化建设事业的领导核心。在中国共产党领导下,走中国特色社会主义道路,实现中华民族的伟大复兴,已成为各族人民的广泛共识。没有共产党就没有新中国,同样,没有共产党就没有一个强大的新中国、一个傲立于世界之林的新中国。

对中华民族认同是后天形成,并在各个民族互动基础上发展而成。

从未与外族接触过的人是不会在头脑中形成对中华民族的认同。对中华民族的认同是中国作为独立体而存在的象征，它不仅指涉民族成员的政治忠诚，而且也涵盖他们的文化归依。作为指导我国民族工作的重要思想——马克思主义民族理论，在不同的历史时期发挥着不同的作用。在我国民族成分多样，中华文化多元一体格局的情况下，加强马克思主义民族理论教育，不仅可以消除部分大学生在民族问题上存在的诸多模糊问题，促进大学生健康成长，加强高校民族团结，实现校园的和谐，而且有利于增强大学生对中华民族的认同。

第七章　高校国家认同教育中的中华文化认同教育与大学生文化自觉和文化自信培养

党的十八大报告指出:"我们一定要坚持社会主义先进文化前进方向,树立高度的文化自觉和文化自信,向着建设社会主义文化强国宏伟目标阔步前进。"中共中央关于推动文化大发展大繁荣的决定明确指出:社会主义先进文化是马克思主义政党思想精神上的旗帜,文化建设是中国特色社会主义事业总体布局的重要组成部分。没有文化的积极引领,没有人民精神世界的极大丰富,没有全民族精神力量的充分发挥,一个国家、一个民族不可能屹立于世界民族之林。物质贫乏不是社会主义,精神空虚也不是社会主义。没有社会主义文化繁荣发展,就没有社会主义现代化。习近平总书记在庆祝中国共产党成立95周年大会上的讲话中指出:文化自信,是更基础、更广泛、更深厚的自信。在五千多年文明发展中孕育的中华优秀传统文化,在党和人民伟大斗争中孕育的革命文化和社会主义先进文化,积淀着中华民族最深层的精神追求,代表着中华民族独特的精神标识。我们要弘扬社会主义核心价值观,弘扬以爱国主义为核心的民族精神和以改革创新为核心的时代精神,不断增强全党全国各族人民的精神力量。高校的重要职责就是传承中华文化。在文化传承中注意文化的保存与传递、选择与顺应、批判与整合、创新与辐射功能,以此推动文化的发展。因此,高校应该通过中华文化认同教育,培养大学生的文化自觉和文化自信,激发大学生对中华文化的热爱之情和践行之志,形成自觉学习和践行中华文化的良好习惯。

第一节　高校的中华文化认同教育

文化认同教育"一般是指在多民族国家当中,为保障持有多种多样民族文化背景者特别是少数民族和移民等的子女,能享有平等的教育机会并使他们独有的民族文化及其特点受到应有的尊重而实施的教育"[①]。高校担负着对大学生进行文化认同教育的重要职责。加强大学生对中华文化的认同教育,就是要引导大学生认识到,我们伟大的祖国是世界上历史悠久的文明古国,在历史发展的进程中,勤劳、勇敢、智慧的中华民族创造了闻名世界的中华文化,各个民族都为创造和发展中华文化作出了不可磨灭的贡献。古老而灿烂的中华文化,不仅陶冶了中华民族的高尚情操,而且培育了伟大的中华民族精神。以"崇尚统一"为核心价值的中华文化,不仅为维护国家安全统一提供了强有力的精神支撑,而且为中华民族增强政治、经济和文化实力奠定了坚实基础。

一　中华文化认同教育的重要意义

文化是民族的血脉,是人民的精神家园。在我国五千多年文明发展历程中,各族人民紧密团结、自强不息,共同创造出源远流长、博大精深的中华文化,为中华民族发展壮大提供了强大精神力量,为人类文明进步作出了不可磨灭的重大贡献。在当今经济全球化的进程中,文化不仅是各国保持民族生命力、创造力和凝聚力的重要手段,而且越来越成为各个国家综合国力和国际竞争力的重要手段。在这一背景下,高校必须加强对大学生中华文化认同教育,维护好自己的文化疆域。只有这样,才能更好地继承和发扬中华民族优秀传统文化,建设好中国特色社会主义的先进文化。

（一）中华文化认同教育有助于培养大学生成才

党的十八大报告指出:"当今时代,文化越来越成为民族凝聚力和创造力的重要源泉、越来越成为综合国力竞争的重要因素,丰富精神文化生活越来越成为我国人民的热切愿望。要坚持社会主义先进文化前进

---

① 周樊:《和谐文化与中华文化认同》,中国工商出版社2007年版,第77页。

第七章　高校国家认同教育中的中华文化认同教育与大学生文化自觉和文化自信培养

方向，兴起社会主义文化建设新高潮，激发全民族文化创造活力，提高国家文化软实力，使人民基本文化权益得到更好保障，使社会文化生活更加丰富多彩，使人民精神风貌更加昂扬向上。"① 文化认同，对于中华一体、国家统一的民族文化心理的形成，对于我们国家、社会的稳定发展，曾经起了重要的聚合作用。② 高校通过中华文化认同教育整合优秀的中华文化资源，可以增强中华文化的凝聚力，教育大学生通过文化的传承健康成长，是培养大学生成才的重要手段。

（二）中华文化认同教育有助于大学生培育和践行社会主义核心价值观

党的十八大报告明确指出要培育和践行社会主义核心价值观，"倡导富强、民主、文明、和谐，倡导自由、平等、公正、法治，倡导爱国、敬业、诚信、友善，积极培育和践行社会主义核心价值观"，中华文化认同不仅影响人们对国家和民族的态度，而且影响人们对国家和民族的行为。"人们过去的经历中形成的态度类型对未来的政治行为有着重要的强制作用。……态度类型影响政治生活的正在进行中的活动，构成这些活动的基础。"③ 当今时代，越来越多的国家意识到了文化认同的重要性，纷纷采取措施以加强本国的文化认同教育。"文化在世界上的分布反映了权力的分布。……历史上，一个文明权力的扩张通常总是同时伴随着其文化的繁荣，而且这一文化几乎总是运用它的这种权力向其他社会推行其价值观、实践或体制。"④ 美国等一些发达国家总是利用其世界经济霸主地位向其他国家进行文化渗透，国内外分裂势力竭力推行民族极端主义，破坏社会稳定和各民族的团结。在国内，一些领域存在道德失范、诚信缺失，一些社会成员人生观、价值观扭曲。在这种复杂的国内外形势下，高校中华文化认同教育不仅是应对全球化背景下西方文化渗透的必要手段；也是揭露民族分裂分子利用少数民族与中华

---

① 《在中国共产党十八次全国代表大会的报告》，人民出版社2012年版，第3页。
② 同上。
③ [美] 加布里埃尔·A. 阿尔蒙德、小 G. 宾厄姆·鲍威尔：《比较政治学：体系、过程和政策》，曹沛霖、郑世平、公婷等译，上海译文出版社1987年版，第29页。
④ [美] 塞缪尔·亨廷顿：《文明的冲突与世界秩序重建》，周琪等译，新华出版社1999年版，第75页。

文化的差异制造民族仇恨、破坏祖国统一和稳定的罪恶阴谋的要求，是增强综合国力、维护国家文化安全的必然要求，更是满足人民精神文化需求、维护人民文化权益的必然要求。因此，高校中华文化认同教育应该引导大学生在意识形态领域旗帜鲜明、理直气壮地同西方的文化侵略、国内民族极端主义思想作斗争，培养各民族大学生对中华文化的归属感，培育和践行社会主义核心价值观。中华文化认同教育有利于各民族大学生建立正确的价值观，树立中华民族利益高于一切的思想，有利于他们坚定为振兴中华、实现中华民族伟大复兴而奋斗的信念。

（三）中华文化认同教育有助于培养大学生的文化自觉和文化自信

文化自觉和文化自信是社会主义文化大发展大繁荣的思想保证。文化自觉最先是由著名社会学家费孝通1997年在北京大学举办的"第二届社会学人类学高级研讨班"上提出的。他说，"文化自觉表达了当前思想界对经济全球化的反映，是人们希望了解为什么世界各地在多种文化接触中会引起人类心态发生变化的迫切要求。人类发展到现在已开始要知道我们各民族的文化是从哪儿来的，是怎样形成的，它的实质是什么？它将把人类带到哪里去？"他认为，文化的现代化不仅仅是"破旧立新"，而且也是"推陈出新"或"温故知新"。① 而文化自信是我们对自身文化价值的充分肯定和对自身文化发展的坚定信心。大学生文化素养的提升离不开文化自觉和文化自信，从思维能力层面看，人的开拓创新能力、判断能力、善恶辨识能力和审美能力等的提升需要文化自觉和文化自信；从精神境界层面看，人的理想、信念、德行、意志、情感等精神要素的总体发展不能没有文化自觉和文化自信的支撑。② 在社会变迁及全球化的影响下，高校大学生受到各种文化思潮的影响，难免出现迷茫和困惑，高校承担着提高大学生思想道德素质和科学文化素质的重任，致力于培养中国特色社会主义事业的人才。高校作为中华文化传承的重要载体和思想文化创新的重要阵地，应该积极发挥文化育人的作用，注重不断培育大学生崇尚科学、追求真理的思想观念，引导大学生

---

① 转引自周樊《和谐文化与中华文化认同》，中国工商出版社2007年版，第84页。
② 巩刚军、马进：《西北地区高校五个认同教育研究》，民族出版社2013年版，第179页。

第七章　高校国家认同教育中的中华文化认同教育与大学生文化自觉和文化自信培养

树立坚定的文化自觉和文化自信，努力为社会主义先进文化的发展作出贡献。

二　中华文化认同教育的紧迫性

历史地看，中华文化认同教育既有承前启后、一脉相承、一以贯之的活动主线、活动内容，也有不同时期的重点和特色。大学生对中华文化的认同现状是我们进行中华文化认同教育的基础。调查显示，大学生对中华文化认同的现状主流是积极的，是值得肯定的。但是，考察现实，一些影响、制约高校中华文化认同教育的因素也时有出现，这是我们提出开展中华文化认同教育紧迫性这一话题的缘由。

（一）高校中华文化认同教育面临挑战

当前，部分大学生对主流文化情感淡漠。主流文化主要是指在国家意识形态指导下、以国家的意识形态为内核建构、由政府推动的文化内容和文化形式，表达国家意愿与国家根本利益，传达一个国家意识形态和社会道德的基本观念，是一种处于支配地位的主流意识形态。当代中国主流文化的主要表现内容和形式就是社会主义核心价值体系和社会主义核心价值观。部分大学生对主流文化情感淡漠的具体表现为：第一，民族国家归属感和自豪感缺乏。在多元文化场中，随着对外交流机会的增多，许多大学生看到了我国与发达国家的距离，民族自卑心理抬头。认为外国的什么都比中国好，外国的月亮也比中国圆，甚至把出国定居作为毕生追求的目标。第二，责任义务意识淡化。调查显示，大学生对公民权利的呼声很高，可是对公民应该履行的义务和责任却知之甚少，有的就算知道，也缺乏履行义务的自觉性，在权利与义务的对等性认识上存在偏差。第三，国家安危意识减弱。民族独立和国家安全是以国家主权为前提的，没有主权的国家是谈不上经济、政治和文化安全的。部分大学生却放弃了中华民族几千年来的"居安思危"传统，把一切都想得过于美好。他们看不到西方敌对势力的亡我之心不死，更加无视西方国家在"西化""分化"的同时，不断挑拨我国与周边国家的关系，别有用心地散布"中国威胁论"。

与此相适应，大学生价值观呈现多元化趋势。文化认同的核心是对于价值观的认同。价值观的取向、价值观的评判等都将影响到对文化的认同态度。价值观念的考察是考察文化认同的最有效的指标。大学生在价值观方面的问题有：第一，享乐主义、拜金主义影响大。部分大学生在消费主义文化的影响下，只注重日常生活中的感性满足、心理满足和自我满足，强调快乐、满足、宣泄、放松，跟踪流行，追逐欲望，把享受和金钱看作是人生的最大乐趣。据共青团山西省委宣传部的调查表明，认为"个人利益应服从国家总体利益"的同学有75.9%；认为人的一生中"金钱"最重要的学生有86.08%；有93%和85%的学生对"金钱不是万能的，没有金钱是万万不能的"说法持"基本赞同"和"赞同"的态度。第二，在价值取向上表现出一定的功利化特点。一些大学生在观察和处理问题时，更多地采用利益标准而不是是非标准；职业理想和生活理想清晰，可社会理想和道德理想模糊。一些大学生不愿意上那些在找工作时不能直接发挥效用的课程，甚至逃课去学英语、考各种资格证。计算机、网络技术等实用性强的知识成了首选的学习内容，对基础知识往往不愿意学。第三，理想信念缺失。在多元文化的冲击下，和以往的大学生相比，当代大学生的理想主义色彩相对淡化，缺乏对国家和民族的历史使命的深刻理解和执着追求，没有情感上直至理性上的认同，他们更为关注的是他们的自身状态。他们没有20世纪50年代大学生的纯真追求，没有60年代大学生的虔诚热情。在他们心中没有崇拜的英雄人物，没有神圣和庄严的东西，对领导的尊重淡薄了，对父母的权威淡薄了，对思想教育的说教厌烦了。第四，大学生对国家及民族历史文化认知较低。一个不了解国家和民族历史文化的人，是不会认同民族文化的。长时间以来，"台独""疆独""藏独"之所以竭力歪曲和割裂中华民族的历史，千方百计否定各民族与祖国的历史联系，其用心就是要削弱各族民众的历史认同、文化认同和国家认同。大学生是国家未来的建设者，他们是否了解中国的历史，不仅关系到高校历史教育的发展，也关系到大学生对国家的认同。多元文化中崇尚西方个人主义、享乐主义、功利主义的价值观念的扩张，造成了一些大学生的物质世界过分膨胀，在很大程度上排挤了中华民族共同历史记忆的留存空间。同时全球文化的空间流动，也使大学生无法借助固定的空间与场景来进行自我角色的定位与记忆的巩固，使他们在丧失自我认同的同时，隔断了对"连绵的历史"和"民族的传统"之间的联系。

第七章　高校国家认同教育中的中华文化认同教育与大学生文化自觉和文化自信培养

大学生对国家、民族历史和文化疏离的表现：一是民族历史记忆模糊。在现代的大学校园中，部分大学生不再有时间去阅读那些蕴含丰富中华文化内容的传说、神话、历史记载、经典文学，更没有兴趣去参观历史古迹、追溯历史故事。对于中华民族的历史记忆已经越来越模糊，越来越淡化。中华民族历史悠久，文化底蕴深厚，可是一些大学生对于悠久灿烂的民族文化遗产学习了解不够，知之甚少。在全球化市场经济的冲击和西方文化的渗透下，不少大学生偏爱实用学科。重功利主义、轻人文积累的思想使得他们把民族传统看作时代的遗弃物。《河北省高校人力资源现状及未来发展研究》对某重点大学的 86 名学生进行的随机采访，只有极少数的学生想在大学期间读一些经典名著，大半以上的学生没有读过经典名著；一半以上的人正在读的书是考试用书或者对于今后找工作有用的书，比如一些励志书、成功人物传记等。调查显示大学生普遍缺乏基本的人文知识素质。历史文化知识积淀着中华民族优秀的人文思想，文化经典更是博大精深，包含着民族感情、民族风格、民族气节等，传达着中华民族高尚人文精神。缺乏基本的传统文化知识，必然会导致人文精神素养的缺失。一个民族如果缺少人文精神，精神就会迷失，民族就容易腐化。大学生对于中华民族文化知识的缺乏必然会导致其对民族文明的不了解，缺少民族自豪感、民族认同感。二是对中华民族文化符号疏远。中华民族的节日、风俗、仪式等文化符号既缅怀了中华民族历史上重要的"人物"与"事件"，而且"提供了一个重温这些故事，并将过去与现在联系起来的机会"。像中华民族的民间艺术如剪纸、武术、戏剧，中华民族的节日习俗如春节吃饺子，端午节吃粽子、赛龙舟，中秋节赏月、吃月饼，中华民族的庆典仪式如国庆仪式、阅兵仪式等，无不蕴含着中华民族深刻的文化底蕴，活化和维系着集体记忆，塑造着中华民族的群体认同感。然而一些大学生以说洋文、穿洋服、过洋节、吃洋食品为时尚，追求西方的享乐生活方式，热衷于西方的文化节日，如圣诞节、情人节，淡漠和忽视自己的文化传统节日，缺乏"多元""一体"的文化认同意识。

高校中华文化认同教育的主要的社会背景是：各个少数民族文化和汉文化共同存在，相互交织。中华文化认同教育一是要继承和发扬少数民族优秀的文化传统，突出"多元"的文化教育，二是要形成对国家主流文化的积极认同，即"一体"教育，最终达到对中华民族文化的高层次认同。少数民族文化和汉族文化都是中华民族文化的重要组成部分，也是中华文化得以继承和弘扬的重要保证，我们既要认同汉族文化，也要认同少数民族文化，大学生缺乏"多元""一体"的文化意识，开展中华文化认同教育就是要解决好这个问题。

（二）高校中华文化认同教育面临的问题

随着改革开放步伐加快，我国与世界各国交往扩大，与各种文明沟通加深。高校大学生中华文化认同教育面临文化多元挑战。所谓文化的多元实质上是价值观、行为模式的多元。每个人、每个民族都有按照自己的价值判断坚持和选择文化的权利和自由，文化多元是文化发展的一个常态，自从有了民族交往，文化多元化就开始出现。但是在经济全球化语境下，说起文化多元，不是不同文化如何相处的问题，而是面对强势文化的进攻，如何保持本民族文化的独立性和自主性问题，如何实现本民族文化的发展等问题。西方发达国家借其经济、政治和文化的优势，推行其价值观念和意识形态。当前，西方所谓全球价值观与各民族的本土价值观产生矛盾和冲突。高校大学生同样面临西方所谓普世价值观与中华文化特定价值观的冲突。我国社会转型速度加快，主流意识形态发生变化。经过30年的努力探索，我国在经济迅速发展的同时，社会也发生了深刻转型。我国经济基础发生的深刻变革必然影响到上层建筑领域的变化，这种变化必然反映在我国思想意识形态领域。社会转型意味着社会系统内在结构的变迁，意味着人们的生活方式、生产方式、心理结构、价值观念等各方面全面而深刻的革命性变革，造成人们的社会心态、个人行为准则的不同以及思想意识的多样化和价值取向的多元化。目前，我国社会思想意识呈理性和非理性交织，进步与愚昧落后交织的纷繁复杂态势。这些使主流意识形态的主导地位受到挑战。高校在中华文化认同教育方法上创新力度不够，影响了中华文化认同教育的深入开展。高校是对大学生实施中华文化认同教育的一个重要平台。但是在实施的过程中，由于教学方法创新力度不够、不能充分结合中华民族的实际，而没有充分发挥高校这个重要平台的作用。如：高校在思想政治理论课、中国近现代史课程等存在教条化的倾向，课程内容枯燥、抽象、不易理

第七章 高校国家认同教育中的中华文化认同教育与大学生文化自觉和文化自信培养

解；授课教师素质欠佳等问题也对大学生的文化认同产生负面影响。在新时期，面对新的教育环境和教育对象的变化，要求高校中华文化认同教育适应形势发展、改革传统的教育模式，使其更具有针对性和灵活性，新兴媒介的影响不容忽视。近年来随着我国社会和经济的快速发展，手机、互联网、3G 技术等新兴媒介的出现，给传播方式带来了深刻变革，促使各种信息迅速传播、广泛覆盖并且产生深远的影响。互联网言论的绝对自由再加上不是实名制，成为有些人传播谣言、制造混乱的宣泄口，一旦社会出现问题或者有事件发生，官方还没有发出声明，在网络、手机等上面这些问题和事件就已经四处传播，被炒得沸沸扬扬。一些涉及国家安全方面的信息，通过网络或短信被公开甚至被歪曲，往往引起众多群众以跟帖或者以互发短信的方式扩散，引起社会的动荡。新兴媒体传播的海量性所造成的信息选择的多样性和价值取向的多元性，在一定程度上冲击着我国主流意识形态的控制力和导向力，弱化了大学生对社会主义意识形态的权威认同。信息的受众群和影响力的加倍扩大，影响高校大学生在文化认同方面作出正确的判断。

三 中华文化认同教育与大学教育

中华文化认同教育与大学教育的关系可以通过以下两个方面的关系加以认识和理解。

（一）中华文化认同教育与大学教育的基本使命具有内在的一致性

大学教育的主旋律是"育人"，大学的全部工作都是以"育人"为出发点和归宿点，而"育人"的实现途径之一是加强中华文化认同教育。大学作为培养人才和进行学术研究的综合性社会组织，其核心竞争力不仅表现在有形的物质性因素和硬件因素，更重要的表现为无形的精神性、文化性因素和软环境氛围。那么，大学通过什么途径来提升大学的文化精神，从而实现中华文化认同教育的目标呢？大学教育要想实现这一目标应该通过文化传承和文化育人。原教育部部长、教育学家袁贵仁教授认为："从起源说，文化是'人化'，人的主体性或本质力量的对象化；从观念说，文化是'化人'，教化人、熏陶人。

人是文化的创造者,也是文化的创造物。"① 大学的出现就是为了传承文化、传播文化、创造文化,通过文化的传承、传播、创造,促进受教育者的社会化、个性化和文明化,从而使其成为健全的人、完善的人。大学的整个教育过程,实质上是一个有目的、有计划的文化育人过程。

(二)中华文化认同教育与大学教育结合具有内在的一致性

大学教育的主要对象是青年,青年具有很强的可塑性,是祖国的未来和希望,是历史上各个阶级势力的争夺对象。美国新闻署发表文章公开声称:"美国应向中国正在成长的年轻一代灌输美国的价值观念,这比向他们传授科学知识更重要。"对此,邓小平同志早在1992年初就提醒全党:"我们这些老一辈的人在,有分量,敌对势力知道变不了。但我们这些人呜呼哀哉后,谁来保险?所以,要把人民和青年教育好。"在当前,伴随着经济全球化而来的西方文化、美国文化和思维方式、生活方式等将对青年产生巨大深远的影响,潜移默化地影响其价值观、人生观、生活方式和行为模式。青年正处于价值观、世界观、人生观、行为模式的形成阶段,容易受到不良文化的影响和侵蚀,所以大学教育要坚持思想政治教育与专业教育相结合,促进大学生全面成才。尤其是要对大学生"以理想信念为核心、以爱国主义教育为重点、以基本道德规范为基础、以大学生全面发展为目标"进行教育。促进大学生思想道德素质、科学文化素质和健康素质协调发展。这就需要一方面充分发挥高校思想政治理论课的主渠道作用,坚持和巩固马克思主义的指导地位,用马克思主义中国化最新的理论成果培育大学生,从而实现中华文化认同教育的目标,为建设中国特色社会主义事业提供可靠的人力资源保障。在专业教育中,教师要以良好思想、品德、人格给大学生以潜移默化的影响,把文化认同教育融入大学生专业学习的各个环节,使大学生在学习科学文化知识的同时,自觉培养文化认同意识。

---

① 转引自崔文志《新时期高校思想政治教育创新研究》,首都师范大学出版社2007年版,第195页。

第七章　高校国家认同教育中的中华文化认同教育与大学生文化自觉和文化自信培养

第二节　高校人才培养与中国特色社会主义文化观

正确认识和理解高校人才培养与文化观的关系是引导大学生实现中华文化认同的重要途径。

一　文化观概述

要认识和理解文化观，就要认识和理解文化。文化观是文化在人们观念上的表现和反映。

（一）文化的概念

"文化"含义极广，由于其内涵和外延的不确定性，对这一概念所下的定义，历来莫衷一是。"文化"一词在我国的出现，可追溯到西汉。刘向《说苑·指武》认为："圣人之治天一，先文德而后武务。凡武之兴，为不服也，文化不改，然后加诛。"这里所说的"文化"是与"武力"相对的教化，是一种治理社会的方法和主张，与武力征服相对应，又与之相联系。《易·贲卦》（《象传》）中有类似的意思："观乎天文，以察时变；观乎人文，以化成天下。"孔颖达在《周易正义》中解释"人文""化成"认为：一是指典籍；一是指礼仪风俗。"文化"一词在古代的含义，指文治教化、礼乐典章，这一认识一直延续至近代。我们今天使用的"文化"一词，其含义与古代不尽一致，是19世纪末期通过日文转译从西方引进的。当时，人们并没有专门为它下过定义，只是根据自己的需要和理解去使用它。

"文化"一词，英文、法文都写作culture，它是从拉丁文"cultua"中演化来的，指耕作、开发之意。19世纪中叶，一些新的人文学科如人类学、社会学、民族学等在西方兴起，文化的概念从而发生了变化，逐步成为概括以上新兴学科具有现代色彩的重要术语。最早把文化作为专门术语来使用的是被称为"人类学之父"的英国人泰勒（E. B. Tylor），他在1871年发表的《原始文化》一书中给文化下了定义："文化是一个复杂的总体，包括知识、信仰、艺术、道德、法律、风俗，以及人类在社会里所得的一切能力与习惯。"① 自此以后，不少西方学者纷纷给文化下过定义，以致形成了上千种关于文化的定义。

文化虽然看似包罗万象，但大致可归纳出三个方面的含义，即思想观念、精神产品、生活方式。中华民族之所以是一个伟大的民族，最重要的一点就是在改造自然世界、创造物质财富的同时，创造了辉煌灿烂的文化。中华文化为世界人类的进步和发展作出了巨大的贡献，具有世界性的意义和价值。

（二）文化观

第一，广义文化观的完整表述，见之《辞海》。"文化，从广义来说，指人类社会历史实践过程中所创造的物质财富和精神财富的总和。"当代美国社会学家戴维·波普诺认为："文化是一个群体或社会所共同具有的价值观和意义体系，它包括这些价值和意义在物质形态上的具体化。……文化由三个重要因素组成：符号、意义和价值观，规范，物质文化。"苏联文化学者、历史学者从 20 世纪 50—70 年代，对文化概念进行了较长时间的讨论，主要有以下定义：1956 年出版的《现代俄语标准辞典》（多卷本）指出："文化是人类社会生产中、社会生活和精神生活中所取得的成就的总和。物质文化和精神文化。"1956 年出版的《苏联小百科全书》指出："文化是人类创造的物质和精神的有价值的珍品的总和。"

第二，中义文化观。这种文化观的完整表述也同样见之于我国出版的《辞海》中。这种文化观认为，文化是指人类在长期的历史实践过程中所创造的精神财富的总和。具体讲，就是"指社会的意识形态，以及与之相适应的制度和组织机构"。中义文化观注重的是人类创造的精神财富，或曰精神文化，剔除了物质文化作为文化的构成成分和要素。而对精神文化的内涵又分解为两部分，即社会的意识形态、与社会意识形态相适应的制度和组织机构。

第三，狭义文化观。这种文化观认为，文化就是指社会的意识形态，或社会的观念形态。这一观点的最经典的表述是毛泽东同志。毛泽东同志在 1940 年 2 月 15 日延安出版的《中国文化》创刊号上发表

---

① ［英］泰勒：《原始文化》，连树声译，上海文艺出版社 1992 年版，第 121 页。

第七章　高校国家认同教育中的中华文化认同教育与大学生文化自觉和文化自信培养

《新民主主义论》。在这部经典著作中,毛泽东同志提出了"观念形态的文化"概念。毛泽东同志指出:"一定的文化(当作观念形态的文化)是一定社会的政治和经济的反映,又给予伟大影响和作用于一定社会的政治和经济;而经济是基础,政治则是经济的集中表现。这是我们对于文化和政治、经济的关系及政治和经济的关系的基本观点。"[①]在"新民主主义文化"一节中,毛泽东又进一步阐发了这一观点:一定的文化是一定社会的政治和经济在观念形态上的反映。至于新文化,则是在观念形态上反映新政治和新经济的东西,是替新政治新经济服务的。毛泽东同志认为,这一观点坚持了马克思关于人们的社会存在决定人们的社会意识的历史唯物主义基本观点以及列宁关于能动的革命的反映论之基本观点,提醒全党"我们讨论中国文化问题,不能忘记这个基本观点"。毛泽东同志的这一文化观念影响了整整几代中国人的思想,以至于成为今日中国社会占主导地位的文化观念。当人们谈起"文化"这一概念时,很容易认为就是指思想观念等与人的思维相关的东西。

二　中国特色社会主义文化观

中国共产党历来重视文化建设,注意以科学的、民族的、大众的文化观凝聚全体人民群众的力量,推动党的事业发展,建设社会主义现代化国家。党的十七届六中全会审议并通过的《中共中央关于深化文化体制改革、推动社会主义文化大发展大繁荣若干重大问题的决定》指出:"中国共产党从成立之日起,就既是中华优秀传统文化的忠实传承者和弘扬者,又是中国先进文化的积极倡导者和发展者。我们党历来高度重视运用文化引领前进方向、凝聚奋斗力量,团结带领全国各族人民不断以思想文化新觉醒、理论创造新成果、文化建设新成就推动党和人民事业向前发展,文化工作在革命、建设、改革各个历史时期都发挥了不可替代的重大作用。"

在建设中国特色社会主义的伟大实践中,中国共产党形成了自己的文化观。

---

① 《毛泽东选集》第2卷,人民出版社1991年版,第663—664页。

这个文化观强调坚持中国特色社会主义文化发展道路，深化文化体制改革，推动社会主义文化大发展大繁荣。

这个文化观强调高举中国特色社会主义伟大旗帜，以马克思列宁主义、毛泽东思想、邓小平理论和"三个代表"重要思想为指导，深入贯彻落实科学发展观，坚持社会主义先进文化前进方向，以科学发展为主题，以建设社会主义核心价值体系为根本任务，以满足人民精神文化需求为出发点和落脚点，以改革创新为动力，发展面向现代化、面向世界、面向未来的，民族的科学的大众的社会主义文化，培养高度的文化自觉和文化自信，提高全民族文明素质，增强国家文化软实力，弘扬中华文化，努力建设社会主义文化强国。

这个文化观强调建设社会主义核心价值体系。培育和践行社会主义核心价值观，进一步增强社会主义意识形态的吸引力和凝聚力。

这个文化观强调建设全体人民团结进步的和谐文化，培育文明风尚。和谐文化就是要弘扬中华文化，建设中华民族共有精神家园，要推进文化创新，增强文化发展活力。

这个文化观强调建设中国特色社会主义文化就是要发展面向世界、面向未来、面向现代化的民族的科学的大众的社会主义文化。就是要建设具有科学性、时代性、民族性、群众性、开放性、创新性等特点的当代中华先进文化。

这个文化观强调要继续坚持先进文化的前进方向，以与时俱进的精神状态，大力弘扬民族精神，通过文化体制机制改革，推动文化产业发展，以独特的文化品位、文化品牌和文化形象向世界展示中国特色社会主义先进文化的风采，为中华民族伟大复兴做好思想文化方面的准备。

三 中国特色社会主义文化观与人才培养

对待文化的基本观点和基本态度，我们称之为文化观。中国特色社会主义的文化观为大学生成才提供精神动力和智力支持，引导大学生对中华民族文化产生高度认同，对中华民族文化主动自觉继承和发展，培养文化自信和文化自觉的精神。大学生成才从本质上讲是一项开发素质、提高素质的活动，即培养德智体美全面发展的社会主义现代化事业

第七章　高校国家认同教育中的中华文化认同教育与大学生文化自觉和文化自信培养

的建设者和接班人的一项人才资源开发的活动。① 大学生的中国特色社会主义的文化观对当前的文化建设起着举足轻重的作用，对大学生成才至关重要。

（一）中国特色社会主义文化观与高校人才培养的关系

哲学上强调，任何事物都具有两面性，科学的文化观可以促进高校人才培养的实现，消极的文化观阻碍高校人才培养的实现。所以我们要用科学的文化观引导大学生成才的实现，科学的文化观不仅保证大学生正确成才目标的实现，还为大学生成才目标的确立提供精神支柱。

首先，中国特色社会主义的文化观促进高校人才培养的实现。第一，中国特色社会主义的文化观保证大学生正确成才目标的方向。要推动文化大发展大繁荣，人才是关键，而人才的培养不是一朝一夕就能完成的，是要从青年开始。运用马克思主义唯物辩证法、中国特色社会主义的文化观引导大学生树立正确的世界观、人生观和价值观，坚定大学生的马克思主义信仰，让大学生熟知中华文化、了解中国历史，可以为高校培养人才提供正确方向和正确目标。第二，中国特色社会主义的文化观为大学生成才目标的确立提供精神支柱。大学生成才目标的实现，要有一个良好的环境，在提供坚实社会环境的同时，更要有一个坚实的软环境，也就是精神支柱。中国特色社会主义的文化观为大学生成才目标的确立提供了一定的精神力量。

其次，大学生是中国特色社会主义文化观发展的生力军。相应地，社会主义文化的建设任务也离不开青年，尤其是青年学生，他们是年轻一代的佼佼者；他们是中国特色社会主义文化继承和传播的重要承担者。第一，无论从其可塑性还是作为国家兴旺的人才储备来看，大学生都具有极大的年龄优势。从这一点来说，当代大学生是国家的未来和希望；是文化观得以发展的生力军。第二，世界上国与国之间的竞争力实际上也是民族国家间文化的竞争力，文化多元趋势是不可避免的，中华民族文化要在世界文化之林中占据优势地位，必须要有高素质的文化继承者和传播者。他们以什么样的文化观来对待我们的社会主义文化关系到社会主义文化的生死存亡，关系到当前的文化体制改革的成功与否，

---

① 罗洪铁等：《大学生成才理论与实践》，人民出版社2010年版，第14页。

所以，作为有责任心的中国青年学生，他们本身就是文化的载体，更是中华民族文化兴盛的根本动力所在。青年学生都应当以积极的姿态，高度的自信迎接文化建设的挑战，以科学的文化观推动文化大发展大繁荣，从而实现高校人才培养的目标。

（二）中国特色社会主义文化观对高校人才培养的作用

在2003年12月召开的全国人才工作会议上，胡锦涛同志在讲话中提出了衡量人才的新标准，他讲，"坚持德才兼备原则，把品德、知识、能力和业绩作为衡量人才的主要标准，不唯学历，不唯职称，不唯资历，不唯身份"[①]。因此大学生正确文化观的形成，不仅指导大学生树立科学的世界观和人生观，而且提高大学生的文化素养，更为大学生成才提供一定的软实力。大学生正确文化观的树立基于文化认同的教育，旨在培养优秀的人才。

首先，中国特色社会主义的文化观使大学生树立了正确的价值观。文化认同的核心是对于价值观的认同。人生不仅面对怎样看待世界、怎样度过一生的问题，而且面对怎样实现个人的价值，创造实现价值的问题。对于这个问题的回答，正确的价值观提供了积极的指导和帮助。价值观的取向、价值观的评判等都将影响到对某种文化的认同态度。国际政治中能够产生战略影响力的软实力很大一部分来源于一个组织或国家所表达的价值观，而这种价值观体现在它的文化中。实现中华文化的大发展和大繁荣，维护中华民族的文化利益，对全球化时代资本主义的文化扩张形成有效反制，是我国"和平崛起"战略目标下构建文化软实力的重要目标。中国共产党从成立之日起，就既是中华优秀传统文化的忠实传承者和弘扬者，又是中国先进文化的积极倡导者和发展者。我们党历来高度重视运用文化引领前进方向、凝聚奋斗力量，团结带领全国各族人民不断以思想文化新觉醒、理论创造新成果、文化建设新成就推动党和人民事业向前发展，文化工作在革命、建设、改革各个历史时期都发挥了不可替代的重大作用。中国共产党第十七届中央委员会第六次全体会议公报指出，当今世界正处在大发展大变革大调整时期，文化在综合国力竞争中的地位和作用更加凸显，维护国家文化安全任务更加艰

---

① 《胡锦涛在全国人才工作会议上的重要讲话》，《人民日报》2003年12月21日。

第七章　高校国家认同教育中的中华文化认同教育与大学生文化自觉和文化自信培养

巨，增强国家文化软实力、中华文化国际影响力要求更加紧迫。当代大学生应该通过中华文化的认同教育，自觉把个人的价值与祖国、人民和中华民族的价值结合起来，构成超越自我的价值选择标准，形成建设中国特色社会主义的伟大理想，具有为人民幸福、国家昌盛、民族进步而发奋图强、一往无前的民族精神，在实践中创造有价值的人生。

其次，中国特色社会主义的文化观使大学生树立正确的世界观和人生观。中国特色社会主义文化是在中国特色社会主义的实践土壤上生长出来的新文化，代表了先进文化发展方向，用它指导大学生成才，是我们的必然选择。世界观来源于人的生产和生活实践。在实践过程中，人们逐渐形成了对人与人之间的各种社会关系和对世界以及人与世界的关系的看法。引导大学生树立正确的世界观就能够保证文化认同教育取得预期效果，形成正确的文化观。我们知道，文化认同教育说到底是怎样看待世界以及世界中存在的个人与国家、个人与民族、个人与社会的关系。进行认同教育就是要求大学生正确处理这些关系，摆正个人的世界观。对于大学生来说，不仅要做到对中华文化认同，而且要坚决抵制各种错误的认同观的消极影响，抵制拜金主义、享乐主义和极端个人主义等错误人生观。由此可见，正确文化观的培养，还可以引导大学生建立正确的人生观。所以，大学生的中华文化认同的教育不仅仅关系到大学生的正确价值观的建立，而且关系到大学生正确世界观、人生观和荣辱观的建立，是培养具有坚定的中国特色社会主义信念和实现中华民族伟大复兴的需要。

最后，引导大学生反对错误的文化观。一是文化的民族虚无主义。在全面开放的条件下，转型社会中可能会有人持中华文化已不如人的观点，导致彻底否定文化传统，全盘接受西方经济文化、消费文化乃至政治文化。这显然不符合我国的国情和国家的利益。二是文化的狭隘民族主义。文化的民族主义固然可以作为凝聚民族、整合国家、推动经济发展的强大资源。但是，狭隘民族主义的文化就不可取了，这种文化观认为本国文化最优，对外来文化采取排斥的态度，形成偏激的文化民族主义。我们必须注意反对这两种错误的文化观。

第三节　大学生中国特色社会主义文化观培养

高校中华文化认同教育的目的就是培养大学生中国特色社会主义文化观。中国特色社会主义文化观是中华文化认同教育的结果，也是正确处理文化问题的指导思想。

一　大学生中国特色社会主义文化观培养的重要意义

引导大学生培养和树立中国特色社会主义文化观，是迎接文化全球化挑战的需要，是应对西方国家文化侵略的需要，是实施文化体制改革、推动社会主义文化大发展大繁荣的需要。

（一）大学生中国特色社会主义文化观的培养是应对文化全球化挑战的需要

作为全球化的一个重要方面，文化全球化是指各个国家或民族在跨国界的文化交流、交往中，通过文化价值观、文化模式方面的冲突、磨合与整合，而建构起来的新的文化关系、文化模式。它是一把双刃剑，一方面为我国文化建设提供了良好的机遇，拓展了我们的文化视野，为我国文化"走出去"奠定了基础。另一方面，文化全球化也对我国文化建设带来了严峻的挑战。文化全球化在某种程度上是西方发达国家的法律规则、国家制度、政治理念、哲学思想与价值观念在世界各地的推行，对我国传统文化和民族文化以及主流意识形态造成冲击，给我国文化产业发展和文化管理带来巨大挑战。在文化全球化中，如果不能把握主流和方向，任由全球化浪潮袭击，就会失去本民族的文化特色，而成为某些西方国家的复制品。由于青年学生的接受能力是最强的，所以很容易在文化全球化中被"全盘西化"，这就要求大学生坚持正确的文化观，以客观的态度对待文化全球化，因势利导，占据文化发展制高点，在文化交流中显示我国文化的特色和优势，使本民族文化在对外交流中处于主导地位。

（二）大学生中国特色社会主义文化观的培养是应对西方国家文化侵略的需要

文化侵略是一个国家把本民族的文化、价值观念有步骤、有计划地

第七章 高校国家认同教育中的中华文化认同教育与大学生文化自觉和文化自信培养

传播给另一个国家,从而改变这个国家的风俗习惯、意识形态、价值观念,达到淡化这个民族的文化认同的目的,是一种文化上的"同化"。文化侵略往往发生在文化全球化过程中。改革开放以来,国内外文化交流增多,我国的优秀文化不断传播到国外,而国外的文化也不断在国内传播。在传播过程中,西方发达国家尤其是美国,一直试图通过电影、电视以及网络等手段,宣扬他们的价值观念、政治理念、文化理念来改变我们的意识形态,达到从精神上弱化甚至替代马克思主义信仰的目的。尽管在国际交流中我们不应当过于注重意识形态,但是资本主义国家的"亡我之心"不死,在国内,从电视剧到电影,从化妆品到汽车,从饮食到节日,无不体现了外国文化对国内文化的冲击,所以,我们的"防人之心"不可无,应对以美国为首的西方文化侵略。大学生在文化交流中必须要坚持马克思主义,坚守意识形态阵地,以鲜明的旗帜引导他们树立正确的文化观,不断推动中国特色社会主义文化的大发展大繁荣。

(三)大学生中国特色社会主义文化观的培养是推进我国文化体制改革的需要

党的十七届六中全会正式作出了深化文化体制改革的决定,把实现文化大发展大繁荣作为党和国家的重要任务。当前,我国进入了全面建设小康社会的关键时期,深化改革开放、加快转变经济发展模式也进入攻坚阶段,文化作为民族凝聚力和创造力的重要源泉,越来越成为综合国力的重要因素,越来越成为经济社会发展的重要支撑。在经济体制改革和政治体制改革过程中,文化领域正在发生广泛而深刻的变革,文化体制改革被提上议事日程。要推动文化大发展大繁荣,人才是关键,而人才的培养不是一朝一夕就能完成的,是要从青年开始,运用马克思主义唯物辩证法和社会主义荣辱观逐渐引导他们树立正确的世界观、人生观和价值观,坚定马克思主义信仰,把他们培养成社会主义接班人。相应地,社会主义文化的建设任务也离不开青少年,尤其是青年学生,他们是中国特色社会主义文化继承和传播的重要承担者。他们以什么样的文化观来对待我们的社会主义文化关系到社会主义文化的生死存亡,关系到当前的文化体制改革的成功与否,所以,作为有责任心的大学生应当以积极的姿态,高扬的自信迎接文化建设的挑战,以正确的文化观推动文化大发展大繁荣。

（四）大学生中国特色社会主义文化观的培养是增强民族凝聚力的需要

民族凝聚力主要是指建立在共同的理想信念、价值追求、统一意志上的精神凝聚力，以及建立在精神凝聚力基础之上的民族团结的力量。民族凝聚力本质上是民族共同体对其内部成员的内聚力。中华民族凝聚力就是把中华民族的全体成员紧密地团结在一起的强大内在力量。民族凝聚力作为国家软实力，其功能主要表现为促进民族团结、维护社会稳定、保障国家统一。在当代中国，整合、提升民族凝聚力主要是巩固各民族的国家认同，致力于实现中华民族的伟大复兴。

其一，大学生中国特色社会主义文化观培养通过中华文化认同教育方式整合优秀的中华文化，使各民族大学生结合成为一个整体，拧成一股绳。中华文化认同是对中华文化的归属意识，中华文化有着深远的文化渊源，各族人民正是在这种基础上形成了对中华文化的认同。"从这个意义上说，中华民族凝聚力乃是中华民族全体成员对中华民族共同的文化认同，或者说是中华民族文化对中华民族全体成员的吸引力与思想整合力。"其二，培养大学生正确的文化观，有利于各民族大学生认清民族分裂势力的本来面目，一致对外。现今，国内外分裂势力企图割裂少数民族文化和中华文化的联系，割裂少数民族历史与中华民族的历史，蒙骗群众，蒙骗大学生，煽动民族仇恨，大搞民族极端主义，其目的就是要破坏边疆社会稳定和各民族之间的团结。因此，通过中华文化认同教育，有利于在意识形态领域旗帜鲜明、理直气壮地同民族分裂分子作斗争，更好地教育各民族大学生，揭露民族分裂分子利用少数民族与中华文化的差异制造民族仇恨、破坏祖国统一和边疆稳定的罪恶阴谋。其三，培养大学生正确的文化观，有利于各民族大学生和睦相处及校园和谐。作为中华民族的一员，各民族大学生对于中华文化的共同认识，即对中华文化中所包含的价值观、风俗习惯、道德观念的理解与体验程度决定了大学生之间是否能够达成一致，是否能够和谐相处。如果没有对中华文化的认同，大学生们就失去了对中华文化的现实体验，也就不能和睦相处。中华民族大家庭必须以中华文化这个精神纽带，使各民族大学生产生共鸣，有效地维护各民族大学生的团结和校园和谐。

第七章　高校国家认同教育中的中华文化认同教育与大学生文化自觉和文化自信培养

二　大学生中国特色社会主义文化观培养的紧迫性

当今世界，政治多极化趋势不断发展，经济全球化加速推进，社会信息化程度日益增强，多元文化相互激荡。高校要抓住大学生中国特色社会主义文化观培养教育的契机，也要迎接大学生中国特色社会主义文化观的培养教育面临的冲击和挑战。如何使大学生在复杂多变的国内国际形势下，分辨是非，选准方向，培养中国特色社会主义的文化观，树立文化自信，担负起中华民族伟大复兴的历史使命，是高校中国特色社会主义文化观培养教育的重要任务。大学生在文化观方面出现的新问题、新情况值得注意。解决好大学生在中国特色社会主义文化观培养教育方面的问题，是培养大学生中国特色社会主义文化观的基础性工作。当前，大学生在文化观方面存在的问题主要是，对中华传统文化知之不多，认识了解不够深入。对西方文化虽然表现浓厚兴趣，都是缺少分辨、分析和鉴别能力，容易受到影响。大学生喜欢追求文化上的新、奇、美。凡是新的文化形式都想去体验。这就使精英文化、高雅艺术受到相对冷落，而大众文化受到推崇。情人节、圣诞节的流行，除了商家炒作之外，重要原因是青年人喜欢新奇和浪漫而积极参与。随着改革开放的进程加快、国民收入提高，大学生追求生活丰富多彩，追求生活享受，洋快餐和贷款消费首先被青年接受。大学生中不少人追求所谓的小资生活情调，向往高消费。追求恋爱和婚姻浪漫情调，大学生恋爱普遍，赞成同居、试婚的大有人在，对婚前的性行为在一些人看来可以接受，已不是大逆不道。长时间以来，"台独""疆独""藏独"分子，之所以竭力歪曲和割裂中华民族的历史，千方百计否定各民族和祖国的历史联系，其用心就是要削弱各族人民的历史认同、文化认同和国家认同，进而达到分裂国家、破坏民族团结的目的。

一般来说，在世界上具有重要影响的民族和国家通常都是经济实力强大的民族和国家。但经济的繁荣与强盛不是民族和国家强盛的唯一标识，那些社会生产力与经济发展处于领先地位的民族和国家，通常也是创造出灿烂文化并对世界文化的发展起着引领作用的民族和国家。文化是否先进并具有竞争力，对一个民族和国家的崛起与强大具有极其重要的意义，文化不仅为社会经济发展提供精神动力与内在支撑，同时也为社会经济的发展提供价值规范与发展方向，是一个民族和国家不可忽视的重要软实力，文化实力及其竞争力构成国家综合国力。中华民族的崛起与强大，既依赖于经济上的崛起与强大，也依赖于文化上的崛起与强大，建设中国特色社会主义既要将建设经济强国作为奋斗目标，也要将建设文化强国作为奋斗目标，这才是中国特色社会主义的科学内涵和精神实质。

由此可见，加强中华文化认同教育，培养大学生的文化自信、文化自觉已经刻不容缓，成为摆在高校面前的重要任务。

三 中华文化认同教育与大学生中国特色社会主义文化观培养

中国特色社会主义文化观不仅给中华文化认同以生存依据和生机、活力，可以保证中华文化认同的实现，而且可以传播中华文化，孕育、创造新文化，促进文化变迁，使中华文化认同拓展内容，创新形式，进一步向前发展。

中国特色社会主义文化观培养与中华文化认同教育紧密相关。中国特色社会主义文化观是中华文化认同教育的指导思想，中华文化认同教育是中国特色社会主义文化观形成的基础。没有中国特色社会主义文化观的指导，中华文化认同教育就失去社会价值和存在意义，失去生存依据和生机、活力。没有中华文化认同教育，就不能保持中国特色社会主义文化观的延续和稳定，就不能传播中华文化，就不可能孕育、创造新的文化。因此，探讨中国特色社会主义文化观与中华文化认同教育的关系，会拓展我们开展中华文化认同教育的思路和理念。

（一）中国特色社会主义文化观培养是中华文化认同教育的深入

中华文化认同教育是随着社会文化的不断发展、深入，逐步从一般教育中分化出来，成为一种相对独立的教育层次，它与文化，特别是高层次文化有着密不可分的联系。不仅其自身的发展深受中国特色社会主义文化观的制约，而且，社会政治、经济对中华文化认同教育的作用往往要以文化为中介，通过文化的折射作用反映出来。同样，中华文化认同教育对社会政治、经济的作用也要以文化为中介发挥作用。因此"文化及其传统与中华文化认同教育的关系，不同于政治、经济等与中华文化认同教育的关系，既兼有内部关系与外部关系两方面的性质，又

第七章　高校国家认同教育中的中华文化认同教育与大学生文化自觉和文化自信培养

介乎他们之间，起着沟通两种关系的桥梁作用"[1]。

(二) 中国特色社会主义文化观培养是中华文化认同教育的发展

中国特色社会主义文化观影响中华文化认同教育的广度和深度。从广度看，中国特色社会主义的文化观可以引导大学生正确认识和理解中华文化的丰富内涵、科学实质和多样化的表现形式，正确认识和理解中华文化的历史和现状，认识和理解中华文化与各种文化的联系和差异。与此同时，中国特色社会主义文化观引导大学生正确对待和处理中华文化的继承和发展、创新与守成等关系，正确对待和处理与世界各国文化的关系，向着更深的方面发展和繁荣中华文化。中国特色社会主义文化观培养对中华文化认同教育的改革与发展也具有促进或阻碍作用：当中华文化认同教育的改革与中国特色社会主义文化观要求相一致时，文化就会成为一种促进力量，推动高等教育的顺利进行；反之，中华文化认同教育的改革与中国特色社会主义文化观要求相矛盾、相冲突时，文化就会成为一种强劲的阻碍力量，影响中华文化认同教育的进程、成效和预定目标的实现。

(三) 中国特色社会主义文化观培养是中华民族文化认同教育的目的

中华文化认同教育的目的就是培养大学生中国特色社会主义文化观。中国特色社会主义文化观又反过来作用于中华文化认同的形成。两者的辩证关系表明，只有深入持久进行中华文化认同教育，才有可能引导大学生形成中国特色社会主义文化观。中国特色社会主义文化观形成后，才可能使对中华文化的认同持久。"既传播文化知识，又创造文化知识"[2] 就是正确文化观形成的结果，中华文化认同教育与文化观的培养要齐头并进，两者缺一不可，否则就会导致扭曲的文化观的产生，将对中华文化的认同引导到封闭保守之路上。[3]

---

[1]　潘懋元、朱国仁：《高等教育的基本功能：文化选择与创造》，《高等教育研究》1995年第1期。

[2]　刘承波：《高等教育与文化的关系：理论探讨与现实思考》，《青岛化工学院学报》2001年第1期。

[3]　苏德：《多元一体化视野下的中国少数民族高等教育的文化整合功能》，《民族教育研究》2007年第3期。

第八章 高校国家认同教育中的中国特色社会主义道路认同教育与大学生道路自信培养

党的十八大报告明确指出"中国特色社会主义道路,就是在中国共产党领导下,立足基本国情,以经济建设为中心,坚持四项基本原则,坚持改革开放,解放和发展社会生产力,建设社会主义市场经济、社会主义民主政治、社会主义先进文化、社会主义和谐社会、社会主义生态文明,促进人的全面发展,逐步实现全体人民共同富裕,建设富强民主文明和谐的社会主义现代化国家"[1]。

道路关乎党的命脉,关乎国家前途、民族命运、人民幸福。大学生对中国特色社会主义道路认同的具体表现就是认同党的路线、方针、政策以及治国安邦的各项决策。高校要通过对中国特色社会主义道路认同教育,引导大学生充分认识到建设中国特色社会主义的长期性和艰巨性,最终形成坚定的社会主义理想信念,坚持走中国特色社会主义道路。[2]

第一节 中国特色社会主义道路认同教育

中国特色社会主义道路认同教育对大学生来说十分重要,不可缺少,我们可以通过以下方面对中国特色社会主义道路认同教育的重要

---

[1] 胡锦涛:《坚定不移沿着中国特色社会主义道路前进 为全面建成小康社会而奋斗》——在中国共产党第十八次全国代表大会上的报告,人民出版社2012年版,第6页。
[2] 巩刚军、马进:《西北地区高校五个认同教育研究》,民族出版社2013年版,第33页。

第八章　高校国家认同教育中的中国特色社会主义道路认同教育与大学生道路自信培养

性、紧迫性以及与大学教育的关系加以认识和理解。

一　中国特色社会主义道路认同教育的重要意义

习近平总书记在十二届全国人大一次会议闭幕会上的重要讲话指出:"实现中国梦必须走中国道路,这就是中国特色社会主义道路。"中国特色社会主义道路是实现中国梦的唯一正确的道路。大学生作为国家的希望和民族的未来,对于中国特色社会主义道路的认同具有非常重要的意义。

(一) 中国特色社会主义道路认同教育是培养人才的需要

为了保证中国特色社会主义的伟大事业千秋万代永远保持青春的活力,焕发与时俱进的光彩,为了保证高校培养的大学生都能够成为中国特色社会主义事业的接班人和建设者,必须加强中国特色社会主义道路认同教育。中国特色社会主义道路是全面实现小康社会目标、实现中华民族伟大复兴的必由之路,是中国人民实现国泰民富、彻底改变自己命运的必由之路,是大学生实现自己人生价值、建功立业的必由之路。通过对中国特色社会主义道路认同教育,要引导大学生认识中国特色社会主义事业需要长期的艰苦奋斗,需要人才的支撑,需要中国共产党的正确领导,需要中国特色社会主义道路的引领。[1]

大学生确立对中国特色社会主义道路的认同,必须掌握中国特色社会主义的基本原则。掌握中国特色社会主义的基本原则,才能够坚定对中国特色社会主义道路认同的思想基础。中国特色社会主义的基本原则由八个必须构成,即必须以历史唯物主义为理论基础、必须以实现共产主义社会为最高理想、必须以中国共产党为领导核心、必须以解放和发展生产力为根本任务、必须以代表最广大人民的根本利益为党的宗旨、必须以公有制和按劳分配为社会主义社会经济制度的基础、必须以人民当家作主为社会主义民主的本质、必须以改革和完善社会主义制度和体制为执政党的重要使命。[2] 通过中国特色社会主义道路认同教育,引导

---

[1] 高放:《共产党宣言基本原则与中国特色社会主义》,《理论视野》2008年第7期。
[2] 巩刚军、马进:《西北地区高校五个认同教育研究》,民族出版社2013年版,第205页。

大学生认识中国特色社会主义的基本原则，可以进一步坚定大学生的理想信念，培养大学生坚定正确的政治方向，鼓励大学生励志把自己培养成为走中国特色社会主义道路的实践者、传承者和维护者。

（二）中国特色社会主义道路认同教育是培养大学生文化认同的需要

从纵向来看，历史上从来没有哪一条道路，能够像中国特色社会主义道路把全国各族人民紧密团结在一起，同心同德，齐心协力，为祖国和民族的美好明天共同奋斗。只有确立对中国特色社会主义道路的认同，才能谈得上对中国特色社会主义文化的认同。当今世界文化认同的差异，将成为未来世界冲突的主要根源。"在当代世界，'他们'越来越可能是不同文明的人。冷战的结束并未结束冲突，反而产生了基于文明的新认同以及不同文明集团（在最广的层面上不同的文明）之间冲突的模式。"[1] 对中国特色社会主义道路的认同则可以减少大学生在文化认同方面产生的矛盾和困惑，解决大学生文化冲突问题。在对中国特色社会主义道路认同的基础上，就能够引导大学生对中华民族文化的求同存异，在对待和处理各民族文化问题上抱有尊重多样性，允许差异性的正确态度，在建设中国特色社会主义的道路上形成共同团结奋斗，共同繁荣发展的局面，中华民族的大团结就是在建设中国特色社会主义文化共同性和建设中国特色社会主义道路上的大团结，这是为实现中华民族伟大复兴的大团结，也是坚定不移走中国特色社会主义道路的文化自信和文化自觉。

（三）中国特色社会主义道路认同教育是培养大学生道路自信的需要

"道路"所强调的建设中国特色社会主义市场经济、民主政治、先进文化、和谐社会、生态文明等，都是为了更好地实现人民的权益。"道路自信"是大学生对中国特色社会主义道路，实现中华民族伟大复兴坚定不移的信念和信心。中国特色社会主义道路既不走封闭僵化的老路、也不走改旗易帜的邪路，是在人民群众的伟大实践中开创的中国特

---

[1] ［美］塞缪尔·亨廷顿：《文明的冲突与世界秩序的重建》，周琪等译，新华出版社2002年版，第135页。

第八章 高校国家认同教育中的中国特色社会主义道路认同教育与大学生道路自信培养

色社会主义的新路。对中国特色社会主义道路认同教育可以进一步培养大学生的道路自信,增强大学生对中国特色社会主义道路的必要性、正确性和规律性的认同,使大学生坚信中国特色社会主义道路是中国共产党带领中国人民开创的一条发展中国、发展社会主义、发展马克思主义的道路。

通过中国特色社会主义道路认同教育,引导大学生深刻认识和把握中国特色社会主义道路的实质,坚持一切从中国实际出发,实现马克思主义基本原理同中国实际相结合。实践表明,中国特色社会主义道路之所以能够引领中国发展进步,关键就在于这条道路既坚持了科学社会主义的基本原则,又根据和平与发展的时代主题和社会主义初级阶段的实际,赋予中国特色社会主义以鲜明的时代特征和鲜明的中国特色。

通过中国特色社会主义道路认同教育,引导大学生深刻认识和把握中国特色社会主义道路的主题和目标,这就是全面建成小康社会,实现"中国式的现代化"。

通过中国特色社会主义道路认同教育,引导大学生深刻认识和把握中国特色社会主义道路的科学内涵,就是经济、政治、文化、社会、生态文明全面发展。

(四)中国特色社会主义道路认同教育有利于大学生形成和释放正能量

大学生的正能量是团结的能量、和谐的能量、奋发向上的能量。这个正能量的形成和释放离不开中国特色社会主义道路认同教育。通过中国特色社会主义道路认同教育,引导大学生认识中国的民族构成的基本国情,为大学生形成和释放正能量奠定坚实的思想基础。我国的民族构成的基本国情是:我国是统一的多民族国家,各民族共同创造了中华文化,共同建设了我们的祖国。加强大学生中国特色社会主义道路认同教育,引导大学生深刻认识中华民族大家庭团结统一的基本国情,为大学生形成和释放正能量奠定坚实的政治基础。要引导大学生认识中华民族走上团结统一道路的艰辛和不易,认识各民族人民有着生死相依、休戚与共的血肉联系,同心协力、奋发向上的民族力量。各民族只有团结一致,凝聚人心、汇聚力量,才能创造良好和谐的社会环境,推进中国特色社会主义事业不断前进。加强大学生中国特色社会主义道路认同教育，引导大学生深刻认识中华民族具有共同理想的基本国情，为大学生形成和释放正能量奠定坚实的文化基础。中国特色社会主义共同理想是鼓舞和团结各民族大学生转变观念、开拓创新、自觉提升民族文化现代化转型"主体性"能力的巨大精神力量。当前，我国社会矛盾日益凸显，民族和宗教问题影响社会稳定，加强大学生中国特色社会主义道路认同，培养道路自信，不仅是形势发展的要求、培育社会主义事业合格建设者和可靠接班人的要求，而且是大学生在增强中华民族凝聚力中形成和释放自己正能量的要求。

二 大学生中国特色社会主义道路认同的问题及原因

大学生是民族的希望、祖国的未来、人才的资源、中国特色社会主义事业的建设者和接班人。调查显示：当代大学思想状况的主流积极向上，大学生对中国特色社会主义道路的认同不存在大的问题。大学生拥护中国共产党的领导，对中国特色社会主义道路充满信心，认为只有走中国特色社会主义道路才能实现国家繁荣昌盛、社会和谐稳定和人民幸福安康。

同时，我们必须清醒地看到部分大学生对中国特色社会主义道路认同程度较低，[1] 具体表现是：政治理想淡化倾向明显，对政治理论课冷漠，对马克思主义信仰、对社会主义信心和对共产党信任不足。生活上讲究吃穿，追求享受，艰苦奋斗精神淡化。道德理想从注重奉献转向注重实惠、实用和物质享受，提倡合理利己主义，诚信意识淡薄。职业理想偏重经济价值和权利价值，认为社会只是作为个人发展的现实条件存在，社会责任感缺乏，团结协作观念较差，等等。[2] 大学生的中国特色社会主义道路认同教育存在抽象化、表面化和形式化，表现为局限于书本、文件、讲坛、会议室等狭隘范围，脱离现实生活、脱离大学生实际。[3] 加强中国特色社会主义道路认同教育，引导大学生坚定不移走中国特色社会主义道路，培养大学生的道路自信显得尤为重要。大学生出

---

[1] 蔡秀敏：《当代大学生对中国特色社会主义共同理想认同的现状调查及思考》，《湖北社会主义学院学报》2012 年第 1 期。
[2] 赵金飞：《大学生理想信念缺失问题与思考》，《思想教育研究》2006 年第 2 期。
[3] 杜菊辉：《理想信念教育内容抽象化问题剖析》，《思想教育研究》2007 年第 4 期。

第八章　高校国家认同教育中的中国特色社会主义道路认同教育与大学生道路自信培养

现以上的问题，有以下几个方面的缘由：

（一）国内和国际因素影响

从国内情况看，新中国成立后，我国建立了社会主义制度，这是我国社会变革和历史进步的巨大飞跃。但是，在很长一段时间里，我们对什么是社会主义，什么是马克思主义，缺乏科学认识和完整把握，在指导思想上出现了"左"的严重倾向，出现了具体工作的重大失误。这一段历史教训对大学生认同中国特色社会主义道路产生一定影响。党的十一届三中全会以来，我国走上改革开放的道路，国家面貌发生深刻变化，人民生活水平大幅度提高，国家综合实力不断增强。但是，政治生活中存在的腐败问题、精神文明建设中存在的"一手硬、一手软"的问题、民生建设存在两极化等方面的问题都对大学生认同中国特色社会主义道路产生影响。

从国际情况看，国外敌对势力与我国争夺下一代的斗争更加尖锐复杂，西方文化思潮和价值观念大量涌进。某些腐朽没落的生活方式对大学生的影响不可低估。东欧剧变、苏联解体，世界社会主义运动遭受严重的挫折。西方一些学者预言社会主义的历史已经"终结"，社会主义要从世界上灭亡了，21世纪将是资本主义的一统天下。这些国际形势的变化对大学生对中国特色社会主义道路的认同产生一定影响。这种影响不仅仅表现在我国的青年一代身上，而且具有全球性。美国政治学家亨廷顿指出："90年代爆发了全球性的认同危机，人们看到，几乎在每个地方，人们都在问'我们是谁？''我们属于哪儿？'以及'谁跟我们不是一伙？'"[①]

（二）社会因素影响

社会不公正现象的影响。社会公平正义是社会和谐的基本条件，制度是社会公平正义的根本保证。社会公平正义是和谐社会建设的基石。维护和实现社会公平正义，不仅关系到社会的稳定与和谐，关系到人民群众对党和政府的信任与合作，关系到党和国家的长治久安，而且关系到公民的基本权利、社会主义的基本价值、人的全面发展和社会的全面

[①]　［美］塞缪尔·亨廷顿：《文明的冲突与世界秩序的重建》，周琪等译，新华出版社2002年版，第129页。

进步。当前社会不公正现象主要体现在以下几个方面：贫富差距拉升幅度过大、社会再分配力度较弱、社会成员基本权利保障的总体状况偏弱。当前社会不公正问题中危害最大者是贫富悬殊、两极分化、腐败问题。当前社会不公正现象具体表现为：市场经济领域中竞争规则不公正、收入分配不公正，政治生活中权利不公正，社会生活中的机会不均。此外，城乡差距扩大、地区发展差距扩大、基尼系数明显上升的问题造成社会不公正，这些都影响了大学生的中国特色社会主义道路认同。

政治参与不足的影响。党中央提出要健全民主制度，丰富民主形式，拓宽民主渠道，依法实行民主选举、民主决策、民主管理、民主监督，保障人民的知情权、参与权、表达权、监督权。党的十一届三中全会以来，我国的政治民主建设显著加强。人大代表选举制、政治协商制度、基层群众自治制度、职工代表大会制度不断得到完善。但是，实际生活中存在的不按照民主要求进行工作的事情时有发生，离开人民群众监督和参与的政府行为也屡见不鲜。这些都妨碍了大学生的政治表达和政治参与，影响了他们对中国特色社会主义道路的认同。

（三）大学生自身因素影响

我国社会主义市场经济的建立和发展，使得社会生活的很多方面发生了巨大变化。大学生有理想、有抱负，思想开放、思维活跃，容易接受新事物，立志成才的愿望强烈，这些因素有利于大学生树立自强意识、创新意识、成才意识、创业意识。大学生正处在世界观、人生观、价值观的形成时期，人生阅历浅薄，思想不够成熟，马克思主义理论素养不高，政治敏锐性和辨别力较差。一些大学生不同程度地存在政治信仰迷茫、理想信念模糊、价值取向扭曲、诚信意识淡薄、社会责任感缺乏、艰苦奋斗精神淡化、团结协作观念较差、心理素质欠佳等问题。这些大学生自身存在的问题影响了他们对中国特色社会主义道路的认同。

因此，加强中国特色社会主义道路认同教育，培养大学生道路自信，符合社会发展规律，符合大学生的成才实际，应该抓紧进行，抓出效果。

第八章　高校国家认同教育中的中国特色社会主义道路认同教育与大学生道路自信培养

三　中国特色社会主义道路认同教育与大学教育

大学教育主要是由专业人员承担，在专门的机构，进行目的明确、组织严密、系统完善、计划性强的以影响学生身心发展为直接目标的社会实践活动，而中国特色社会主义道路认同教育从本质上属于大学教育的范畴。中国特色社会主义道路认同教育是长期以来，伴随着经济、政治和文化等方面交往和联系的不断紧密，在分布于中华大地各个不同地域和不同民族的人们身上，逐渐形成并客观存在着的一种共同的观念意识，这一观念意识让各地各民族的人们自愿地将自己归属于一个更高层次的大家庭之中，并以这个大家庭中的一员和主人的身份，自然地去参与这个大家庭的相关事宜，维护这个大家庭的整体利益。

（一）中国特色社会主义道路认同教育与大学教育的关系

从理论上讲，对中国特色社会主义道路认同的教育，要注重发挥每一个人的积极性、主动性，形成全社会践行社会主义道路认同的生动局面；从实践上讲，要突出重点，充分发挥青年学子的独特作用，让大学生成为培育和践行社会主义道路的中坚力量，让大学成为中国特色社会主义道路认同教育的重要平台。因为中国特色社会主义道路关乎党的命脉，关乎国家前途、民族命运、人民幸福，九十余年来的中国特色社会主义道路实践奠定了中国梦的坚实基础。在大学教育中增强大学生中国特色社会主义道路的认同教育，就是要大学生深刻认识到，坚持中国特色社会主义道路，是中国共产党人的坚强信念，是中国历史发展的必然趋势，也是中国各族人民的必然选择。在大学进行中国特色社会主义道路认同教育，对于实现国家长治久安、中华民族伟大复兴、人民幸福安康的中国梦非常重要，我们必须处理好中国特色社会主义道路认同教育与大学教育的关系，创新大学生道路认同的实现机制，增进大学生对中国特色社会主义道路的认同。由此可以看出中国特色社会主义道路认同教育与大学教育的基本使命具有内在的一致性，两者是相互促进和相互实现的。

（二）中国特色社会主义道路认同教育与大学教育的结合

中国特色社会主义道路认同教育无论在理论构建还是在实践探索上，都经历了较长的时间。在经济全球化的大背景下，西方资本主义的腐朽思想文化和生活方式趁机而入，并与我国落后的封建主义残余思想结合在一起，侵蚀大学生的思想，误导大学生的行为。在这种情况下，没有正确的理论指导，没有坚定正确的政治方向，"跟着感觉走"难免误入歧途。在社会转型期，基于学校教育这一重要的阵地，开展富有成效的中国特色社会主义道路认同教育，铸造了中华儿女积极向上、团结一致的道路自信。因此在大学进行中国特色社会主义道路认同教育具有极其重要的现实意义，并且只有中国特色社会主义道路认同教育与大学教育互相充分结合起来，才能帮助大学生正确认识我国走中国特色社会主义道路历史和现实背景以及走中国特色社会主义道路所取得的成就，让大学生真正从内心深处认同中国特色社会主义道路的重要性，从而形成正确的政治认知，努力做到"以科学的理论武装人"。

中国特色社会主义道路认同教育与大学教育相结合：一是大学教育要积极发挥高校思想政治理论课的主渠道的作用，使大学生对中国特色社会主义道路产生正确认识；二是大学教育的传授者、教师应该把中国特色社会主义道路认同教学与专业课教学相结合，使大学生在学好专业课的同时，认识到只有社会主义才能救中国，只有中国特色社会主义才能发展中国，中国特色社会主义道路是由我们党的几代中央领导集体团结带领全党全国人民历经千辛万苦、付出各种代价、接力探索取得的，由此使大学生对中国特色社会主义道路产生情感认同，让大学生从内心深处理解和信服中国特色社会主义道路；三是大学教育的形式要理论教学与社会实践相结合，理论教学侧重讲解理论，可以让大学生充分了解中国特色社会主义道路的内涵、形成原因与意义，社会实践教学可以增强思想政治理论课的说服力，又注重引导大学生深入社会、了解社会、服务社会，从而在实践的基础上加强对理论的认知，这两方面的结合必将实现大学生对中国特色社会主义道路的正确认知，这样大学生就会更加认同中国特色社会主义道路；四是大学教育要在教学过程中注重发挥模范典型的榜样感召作用，运用网络和电视舆论宣传社会正能量，运用先进典型的榜样示范作用激发大学生对中国特色社会主义道路的情感。

因此，中国特色社会主义道路认同教育与大学教育是相互补充和相互促进的，共同为构建大学生健康的社会意识形态服务，为大学生成为优秀的人才提供思想保障。

第八章　高校国家认同教育中的中国特色社会主义道路认同教育与大学生道路自信培养

第二节　高校人才培养与中国特色社会主义道路认同

高校人才培养的质量和水平与中国特色社会主义道路认同密切相关。今天的人才的质量和水平不仅仅决定于专业水平、专业能力，还取决于思想政治素质的高低。对中国特色社会主义道路的认同属于思想政治素质的范畴。

一　中国特色社会主义道路认同概述

对中国特色社会主义道路认同的认识可以通过以下两个方面给予说明。

（一）中国特色社会主义道路概述

中国特色社会主义道路的形成，即是中国改革开放和社会主义建设的推进过程。中国特色社会主义道路概念及内涵的提出也随着改革开放和社会主义现代化建设经历了一个历史过程。

1978年党的十一届三中全会的胜利召开，标志着中国社会主义建设进入了改革开放的新时期，揭开了建设中国特色社会主义道路的序幕。1982年邓小平在中共十二大指出，中国的社会主义现代化建设，要从中国实际出发，与马克思主义的普遍真理相结合，走适合中国国情的道路，建设中国特色社会主义。党的十七大首次对中国特色社会主义道路的基本内涵作了科学完整的表述，明确指出："中国特色社会主义道路，就是在中国共产党的领导下，立足基本国情，以经济建设为中心，坚持四项基本原则，坚持改革开放，解放和发展社会生产力，巩固和完善社会主义制度，建设社会主义市场经济、社会主义民主政治、社会主义先进文化、社会主义和谐社会，建设富强民主文明和谐的社会主义现代化国家。"

党的十八大报告指出，我们没有走封闭僵化的老路、也没有走改旗易帜的邪路。经过九十多年奋斗、创造、积累，中国特色社会主义道路、中国特色社会主义理论体系、中国特色社会主义制度已经形成。报告同时对中国特色社会主义道路的内涵进行了说明。包括了"一个中心、两个基本点"和"人民群众根本利益"以及"五位一体"发展新思维的中国特色社会主义发展道路论,从宏观方面对中国的建设发展作出了总体的布局和安排。深刻把握这条道路的科学内涵,掌握其中传递出的中国改革发展的方法论,关键在于深刻把握一个基本路线、一个总体布局和一个发展战略。这三个方面相互联系、相辅相成,是一个有机统一的整体。其中,基本路线是总纲;总体布局,是中国现代化发展的维度;发展战略,是中国现代化事业发展目标的实现方式。并且指出,这条道路是在改革开放的现代化建设过程中形成的,是与中国现实需要相适应的发展道路。它是在坚持社会主义价值目标和基本原则的前提下,以体制改革开始,不断依据中国经济社会发展需要采取相应的发展战略、制定适宜制度规制发展的道路。从时间演进的角度看,走在这条道路上的中国社会主义现代化建设发展呈现出了经济、政治、文化、社会和生态良性互动、经济社会与人全面发展的局面;从空间上看,在这条道路上的不同阶段,根据中国经济社会发展的现实需要,坚持最高纲领与最低纲领的辩证统一,我们不断地调整着我们的发展目标、发展战略,追求社会主义"物质文明""政治文明""精神文明""社会和谐""生态良好"。

一个国家想要取得长久的稳定统治,仅仅依靠权力或推行以暴力为主的权力是不够的,必须把权力转化成权威,要让公民从心理上认同和服从国家的统治秩序。[①] 中国经过30多年的发展,大量的事实告诉民众这条道路的来之不易和它正确的导向性。总结来看中国特色社会主义道路是一条我们自己探索出来的道路,就是把马克思主义普遍真理同中国的具体实际结合起来,走适合中国国情的道路,逐步实现工业、农业、国防和科学技术现代化,把中国建设成为富强、民主、文明、和谐的社会主义现代化国家。一方面要坚持马克思主义的基本原理,走社会主义道路;另一方面必须从中国的实际出发,不照抄、照搬别国经验、模式和道路,而是走具有中国特色的建设和改革道路。[②] 如今,中国正

[①] 曾竞:《国家认同:爱国主义的内核》,《辽宁行政学院学报》2012年第2期。

[②] 巩刚军、马进:《西北地区高校五个认同教育研究》,民族出版社2013年版,第205页。

第八章　高校国家认同教育中的中国特色社会主义道路认同教育与大学生道路自信培养

沿着这条道路顺利前行，在这个过程中，中国改革开放不断深入、中国社会生产力不断发展、体制机制不断完善、人民群众生活水平不断提高、无论从理论还是从实践的角度看，这条道路都是我们必须要坚持走下去的。现阶段，建设中国特色社会主义的主要任务，就是到2020年中国共产党成立100年时实现第一个百年奋斗目标、全面建成小康社会，为进而到21世纪中叶中华人民共和国成立100年时实现第二个百年奋斗目标、建成富强、民主、文明、和谐的社会主义现代化国家打下坚实基础。全面建成小康社会，是我们党向人民、向历史作出的庄严承诺，是13亿多中国人民的共同期盼。为实现这一目标，党的十八大以来，我们党形成并积极推进经济建设、政治建设、文化建设、社会建设、生态文明建设"五位一体"的总体布局，形成并积极推进全面建成小康社会、全面深化改革、全面依法治国、全面从严治党的战略布局。"五位一体"和"四个全面"相互促进、统筹联动，要协调贯彻好，在推动经济发展的基础上，建设社会主义市场经济、民主政治、先进文化、生态文明、和谐社会，协同推进人民富裕、国家强盛、中国美丽。发展是党执政兴国的第一要务，是解决中国所有问题的关键。我国仍处于并将长期处于社会主义初级阶段的基本国情没有变，人民日益增长的物质文化需要同落后的社会生产之间的矛盾这一社会主要矛盾没有变，我国是世界上最大发展中国家的国际地位没有变。这是我们谋划发展的基本依据。面对中国经济发展进入新常态、世界经济发展进入转型期、世界科技发展酝酿新突破的发展格局，我们要坚持以经济建设为中心，坚持以新发展理念引领经济发展新常态，加快转变经济发展方式、调整经济发展结构、提高发展质量和效益，着力推进供给侧结构性改革，推动经济更有效率、更有质量、更加公平、更可持续地发展，加快形成崇尚创新、注重协调、倡导绿色、厚植开放、推进共享的机制和环境，不断壮大我国经济实力和综合国力。

（二）中国特色社会主义道路认同概述

大学生对中国特色社会主义道路的高度认同，就是要深刻地认识到中国特色社会主义道路是中国共产党领导中国人民在长期实践的基础上选择的道路，是实现中华民族伟大复兴的必由之路。

坚持对中国特色社会主义道路的认同，是对中国共产党人的坚定信念，是中国历史发展的必然趋势，也是中国各族人民的必然选择。新中国成立初期，我们党在探索适合中国国情的社会主义建设道路过程中，由于对社会主义主要矛盾认识上出现了偏差，违背了社会主义建设客观规律，出现了"大跃进""人民公社化运动"以及长达十年的"文化大革命"浩劫。十一届三中全会以后，以邓小平同志为核心的党中央拨乱反正，确立了解放思想、实事求是的思想路线，以经济建设为中心，大力发展生产力，走出了一条中国特色的社会主义发展道路，形成了邓小平理论这一科学体系，社会主义建设事业取得了举世瞩目的伟大成就。新时期在以江泽民同志为核心的党中央，把握执政党建设规律，提出"三个代表"重要思想，以胡锦涛同志为核心的党中央创新马克思主义理论，提出了科学发展观，科学地回答了建设什么样的党、怎样建设党，实现什么样的发展、怎样发展等重大理论和实际问题，不断推进马克思主义中国化，坚持并丰富党的基本理论、基本路线、基本纲领、基本经验。社会主义和马克思主义在中国大地上焕发出勃勃生机，给人民带来更多福祉，使中华民族大踏步赶上时代前进潮流、迎来伟大复兴的光明前景。因此，对中国特色社会主义道路的高度认同，就是认同党的社会建设理念、路线、方针、政策、战略、步骤等，要充分认识到建成社会主义的长期性和艰巨性，最终形成坚定的社会主义理想信念，坚持走中国特色社会主义道路。

二　中国特色社会主义道路认同与中国发展

把握治国理政的方向一个很重要的问题是明确坚持什么道路。这个问题起始于改革开放之初，贯穿于改革开放的全过程。回过头去看，围绕道路问题的争议一直没有停止过，各种干扰也始终没有消停过。从国际背景看，东欧、苏联等国家的变向改道，遭致对社会主义道路可行性的质疑；从国内背景看，史无前例的实践改变了社会主义建设的传统理念、方式和路径。坚守什么，摒弃什么？认同什么，否定什么？历史总会提供理性的答案，人民也会掂量合情的道理。习近平指出，"道路问题是关系党的事业兴衰成败第一位的问题，道路就是党的生命""坚持正确的政治路线、政治立场、政治方向、政治道路，是坚持党的领导、坚持社会主义制度的头等大事""无论搞革命、搞建设、搞改革，道路

第八章　高校国家认同教育中的中国特色社会主义道路认同教育与大学生道路自信培养

问题都是最根本的问题""道路决定命运"。这些语气坚定的强调表明，坚持中国特色社会主义道路是党领导国家政治建设、经济建设和文化建设等重大战略中的根本性问题。

（一）中国特色社会主义道路认同与中国经济发展

从历史上来看，1949年中华人民共和国的成立使得国家获得独立，民族获得解放，人民获得民主权利，为中国发展提供了稳定的社会环境。1956年社会主义制度在中国建立后，虽然毛泽东和党中央有过一些中国化实践的探索，但对国家怎样建设和社会怎样发展缺乏认真的思考，道路基本上是从苏联现学过来的，照搬苏联模式最终使得中国没有走出一条自己的路。1978年邓小平领导党中央实施改革开放，是对我国没有走好社会主义建设道路的深刻醒悟后作出的历史选择。用邓小平的话说，是要从死路中走出来。中国人民拥护改革开放，就是确定要走一条新路。实践证明，中国特色社会主义是一条新路。这条新路走得对不对，要不要坚持走下去，能不能顺利走成功，这些问题应该想清楚、弄明白，然后我们才能心中有底，思想有谱，行动有力。

改革开放以来，中国经济发展奇迹的"秘密"，主要在于中国共产党和中国政府始终坚持社会主义道路和为人民服务的宗旨，并根据这一宗旨制定战略目标；还在于强大的战术适应能力，既能适应外部变化的环境，也能够及时发现自身问题，及时调整偏差，从而实现主动的、智慧的战术调适。国家"十二五"规划提出以科学发展为主题，以加快转变经济发展方式为主线，正是坚持中国特色社会主义道路的生动体现。改革开放是当代中国最鲜明的特色，是我们党在新的历史时期最鲜明的旗帜。改革开放是决定当代中国命运的关键抉择，是党和人民事业大踏步赶上时代的重要法宝。改革必须坚持正确方向，既不走封闭僵化的老路、也不走改旗易帜的邪路。我们要把完善和发展中国特色社会主义制度、推进国家治理体系和治理能力现代化作为全面深化改革的总目标，勇于推进理论创新、实践创新、制度创新以及其他各方面创新，让制度更加成熟定型，让发展更有质量，让治理更有水平，让人民更有获得感。我们要坚持以经济体制改革为重点，坚持社会主义市场经济改革方向，全面深化经济体制、政治体制、文化体制、社会体制、生态文明体制和党的建设制度改革。改革往往都是从易到难。我们的改革要更加注重系统性、整体性、协同性，敢于涉深水区、啃硬骨头。我们要以勇于自我革命的气魄、坚忍不拔的毅力推进改革，敢于向积存多年的顽瘤痼疾开刀，敢于触及深层次利益关系和矛盾，坚决冲破思想观念束缚，坚决破除利益固化藩篱，坚决清除妨碍社会生产力发展的体制机制障碍。

改革和法治如鸟之两翼、车之两轮。我们要坚持走中国特色社会主义法治道路，加快构建中国特色社会主义法治体系，建设社会主义法治国家。全面依法治国，核心是坚持党的领导、人民当家作主、依法治国有机统一，关键在于坚持党领导立法、保证执法、支持司法、带头守法。要在全社会牢固树立宪法法律权威，弘扬宪法精神，任何组织和个人都必须在宪法法律范围内活动，都不得有超越宪法法律的特权。

（二）中国特色社会主义道路认同与中国政治发展

生活在国内外形势深刻变动时代的中国人感知到"道路"是否正确，不在于看这条道路在理论上概括了多么丰富的思想内涵，而在于国家发展与社会进步在多大程度上得益于这条道路。从国内发展角度强调，中国特色社会主义道路是一条满足人民对美好生活向往的"共同富裕的道路"；从国际关系角度强调，中国特色社会主义道路是一条把世界的机遇转变为中国的机遇，把中国的机遇转变为世界的机遇的"和平发展道路"。这些定位赋予了中国特色社会主义道路以新的价值内涵，向国内外传递了中国坚持这条道路将追求的政治讯息。道路关乎党、国家、民族的命运，因此是一个政治立场的大是大非问题；道路影响人民利益的实现，因此它又是一个日常生活的实际问题。习近平总书记指出："30多年来，我们能够创造出人类历史上前无古人的发展成就，走出了正确道路是根本原因。"道路选择从来就不是儿戏，社会主义建设走对了路，利国利民；走错了路，政亡人息。拿道路开玩笑就是拿生命开玩笑。中国特色社会主义道路是当代中国在政治选择上的坚守，这种坚守不仅具有科学理论的支撑，更有事实认同的基础和动力。

（三）中国特色社会主义道路认同与中国文化发展

任何理论、任何文化都是时代的产物，都是对时代要求的回应。时代变化，文化也必然要与时俱进，中国作为世界几千年历史上唯一连续的文明体、文化体，正如毛泽东同志所言："中国应当对于人类有较大

第八章　高校国家认同教育中的中国特色社会主义道路认同教育与大学生道路自信培养

的贡献。而这种贡献，在过去一个长时期内，则是太少了。这使我们感到惭愧。"这句话放在今天，针对文化领域，同样适用。一个时期以来，中国在文化教育的国际交流上的赤字状态，与我们在外贸出口方面的盈余之间形成了鲜明的反差。今天，中国为人类作出更大的文化贡献，在很大程度上，也是我们对中国特色社会主义道路认同的结果。邓小平同志曾经说："十年最大的失误是教育，这里我主要是讲思想政治教育，不单纯是对学校、青年学生，是泛指对人民的教育。对于艰苦创业，对于中国是个什么样的国家，将要变成一个什么样的国家，这种教育都很少，这是我们很大的失误。"[1] 如果经济发展了，文化自觉和文化自信反而丧失了，那么我们就丧失了政治发展和经济发展的合法性。如果不能充分地说明中国社会主义道路的正义性和正当性，我们在文化建设上就失败了。

因此，党的十八大提出实现中华民族伟大复兴，必须坚定不移走中国特色社会主义道路。这既是对中国近现代以来曲折发展历史经验的科学总结，也是对中华民族充满希望的未来展望的正确指向。始终坚持并不断发展中国特色社会主义道路，做到"任凭风浪起，稳坐钓鱼船"，中国梦就有了可靠的实现途径。

三　中国特色社会主义道路认同与人才培养

我们必须清醒地认识到，我国仍处于并将长期处于社会主义初级阶段的基本国情没有变，人民日益增长的物质文化需要同落后的社会生产之间的矛盾这一社会主要矛盾没有变，我国是世界最大发展中国家的国际地位没有变。在任何情况下都要牢牢把握社会主义初级阶段这个最大国情，推进任何方面的改革发展都要牢牢立足社会主义初级阶段这个最大实际。党的基本路线是党和国家的生命线，必须坚持把以经济建设为中心同四项基本原则、改革开放这两个基本点统一于中国特色社会主义伟大实践，既不妄自菲薄，也不妄自尊大，扎扎实实夺取中国特色社会主义新胜利。而高校作为传达上述观点的重要平台，作为培养高级人才的摇篮，处理好大学生道路认同和人才培养的关系显得尤为重要。高校

---

[1] 《邓小平文选》第3卷，人民出版社1993年版，第306页。

人才培养是一个复杂的系统工程,也是国家、社会、学校和个人共同承担的一个长期效益工程,对高校大学生进行道路认同教育则有利于高校人才培养的实现。因此我们首先要了解道路认同与高校人才培养的关系,其次要清楚道路认同对高校人才培养所起的作用,只有了解这些才能更好地认识道路认同和人才培养。

(一)中国特色社会主义道路认同与高校人才培养的关系

高校人才培养是指对大学生进行教育、培训的过程。被选拔的人才一般都需经过一系列专业及辅助课程的培训,才能成为社会上各种职业和岗位要求的专门人才。在全球化和社会全面转型的背景下,深入培养大学生的道路自信,注重人才培养的实现,增强年轻一代对国家的认同感、归属感和使命感,是深化德育改革、增强公民意识的基本要求。由此看出道路认同与高校人才培养的关系是相辅相成、相互促进,正确的道路认同促进高校人才培养的实现,当然消极的道路观阻碍高校人才培养的实现,所以我们要用正确的道路认同引导大学生成才的实现。不仅保证大学生正确成才目标的实现,还为大学生成才目标的确立提供精神支柱。

第一,中国特色社会主义道路认同促进高校人才培养的实现。高等学校的根本任务是培养人才,人才培养质量是衡量高等学校办学水平的最重要标准,而人才培养的质量主要是对大学生进行中国特色社会主义道路认同教育来实现的。并且有学者说,高校培养的人才最终都要输送到社会的各个岗位上,因此,高校除了培养学生的基础专业能力外,还应当加强沟通、自我管理、协调等方面能力的职业素养教育,更要加强对中国特色社会主义理论的认识。

所以要切实加强和改进大学生思想政治教育之一的中国特色社会主义道路认同教育。在同学们坚持立德树人,育人为本、德育为先的前提下,将社会主义道路认同融入学生教育管理的全过程,在大学生中广泛开展中国特色社会主义理论主题学习实践活动。加强思想政治教育、形势与政策教育教学的规范化、制度化建设,有效强化思想政治教育课的实践环节,积极探索生动活泼、富有实效的教育教学形式。推动高校普遍设立心理健康教育和咨询机构,开好心理健康教育课程,关心学生心理健康。鼓励建立学生学业发展中心,开展学业指导工作,全面支持学

第八章 高校国家认同教育中的中国特色社会主义道路认同教育与大学生道路自信培养

生学业发展,促进学生自我成长和全面发展。

第二,高校人才是中国特色社会主义道路认同发展的生力军。改革开放 30 多年来,我国经济建设取得了巨大的成绩,社会主义经济的发展对人才的培养提出了更高的要求,高校人才的培养关系到我国社会主义建设事业的成败,所以社会主义道路的建设任务离不开青年,因此,高校制定科学合理的人才培养计划并认真执行,对我国经济社会的发展具有十分重要的意义,高校人才培养的计划制定既关系到学校的长期发展,也关系到人才的培养,同时还关系到中国特色社会主义道路的发展。加强对我国高校人才培养计划的制订和执行研究,对我国道路的发展和人才的培养具有很强的现实意义。首先,无论从其可塑性还是作为国家兴旺的人才储备来看,大学生都具有极大的年龄优势。从这一点来说,当代大学生是国家的未来和希望,是社会主义道路得以发展的生力军;其次,世界上国与国之间的竞争力实际上也是民族国家间方向的竞争力,道路的发展方向分歧是不可避免的,所以,作为有责任心的中国青年学生,他们本身就是中国发展的主要力量,都应当以积极的姿态,高度的自信迎接发展道路上的挑战,以道路自信推动国家大发展大繁荣,从而实现高校人才培养的目标。

(二) 中国特色社会主义道路认同对高校人才培养的作用

大学生道路自信基于道路认同教育,旨在培养优秀人才。"青年兴则国家兴,青年强则国家强。"以大学生成才需要为"本"进行认同教育,就需要寻找到作为党和国家指导思想的意识形态与作为大学生精神支柱的契合点,这一契合点就是在中国特色社会主义道路上实现中华民族的伟大复兴。因为在中国特色社会主义道路上实现中华民族的伟大复兴,体现了党的奋斗目标、民族的历史任务与青年知识分子命运的一致性,既是历史和时代赋予中国共产党的庄严使命,也是当代青年运动的主题。

大学生道路认同教育有利于大学生思想道德素质的提高。在高校人才培养过程中要塑造人才的健全人格,养成良好的思想道德,不仅坚定了大学生社会主义信念,而且还增强了大学生的社会责任感。

大学生道路认同教育有利于大学生理论知识水平的提高。深化大学生对中国特色社会主义道路的理解与认同,教育和引导大学生拓展学习领域，注重知识积累，提高思辨水平，尤其是要加强对中国近现代历史、中共党史、中国社会主义建设历史的学习研究，加强对世界上不同国家不同发展道路、发展模式及发展效果的比较研究，同时通过改革开放以来发展成就和对未来发展前景的感受和展望，使大学生不但能知其然而且要知其所以然；不但能够感受到现实成就，而且对未来充满信心。

大学生道路认同教育有利于大学生能力的提高。其一，训练大学生的理论思维能力，提供科学的理论思维方式。翻开科学史，我们可以发现，大凡伟大的科学家都具有良好的世界观和方法论的素养。中国特色社会主义道路认同为我们提供了一种崭新的科学思维方式——实践的唯物主义和唯物辩证法，它一旦为我们所掌握，就会转化为主体（每个人）的理论思维能力，这对于大学生目前的学习、生活以及未来步入社会，都是一种极为重要的能力。其二，引导大学生确立对实践问题和社会矛盾的科学批判精神。中国道路本性是发展的道路、批判的道路，因此具有强大的批判功能：对人们习以为常的常识信念进行批判，即超越经验，批判性地"澄清"常识，暴露出常识的漏洞和谬误；对具体科学的理论前提进行批判，即对具体科学的理论前提是否可能、何以可能进行思考，这种思考可以为理论的发展提供新思路和契机；对社会矛盾进行批判，即揭示社会在日益走向现代化和全球化的过程中出现的物化和异化现象，揭露其本质和根源，以端正社会发展的价值方向，从而推进人的全面发展和社会的全面进步。其三，帮助大学生思索人生，规划生活，塑造理想人格。在现实生活的舞台中，有多少人在他们生命将尽或垂暮之年，才突然醒悟到他们并未真正地做他们想做的事或真正按照他们自己所设想的那样生活。大学生的人生需要规划，需要对自己、人类、自然界、社会都有所理解，需要具有辨别是非善恶的能力。把"人的自由而全面的发展"作为理想人格的基本内涵，这对于培养自觉的人格具有深刻的导向意义。

第三节 大学生中国特色社会主义道路自信的培养

自信是自尊、自立、自强之本。一个国家、一个民族、一个政党，

第八章 高校国家认同教育中的中国特色社会主义道路认同教育与大学生道路自信培养

如果没有应有的自信，必将失去斗志，松松垮垮，怨天尤人，无所作为；只有树立强大的自信，才能振作精神，奋发图强，从容面对前进道路上的一切艰难险阻，成就一番伟大事业。自信来源于对实践的科学把握。经过 90 多年艰苦奋斗，我们党团结带领全国各族人民，把贫穷落后的旧中国变成日益走向繁荣富强的新中国，中华民族伟大复兴展现出光明前景。尤其是改革开放以来，我国经济总量跃居世界第二位，国家面貌发生新的历史性变化。我们对于中国特色社会主义道路、理论体系、制度的自信不是盲目的，而是具有科学的实践依据的。我们自信地提出要在 2020 年全面建成小康社会、在 21 世纪中叶基本实现社会主义现代化，也是具有科学的实践依据的。自信的根本体现是与时俱进、奋发有为。自信的目的是为了更好地凝聚力量，积极进取，奋力拼搏，不断夺取新的胜利。大学生是我国未来经济和社会发展的中坚力量，因此对大学生进行正确的中国特色社会主义道路认同教育，树立道路自信，显得意义重大。

一 大学生道路自信培养的重要意义

道路关乎党的命脉，关乎国家前途、民族命运、人民幸福。改革开放 30 多年来，我们党高举中国特色社会主义伟大旗帜，"既不走封闭僵化的老路、也不走改旗易帜的邪路"，而是在人民群众的伟大实践中开创中国特色社会主义的新路。培养大学生的道路自信就是要他们深刻认识和把握中国特色社会主义道路的实质，中国特色社会主义道路的主题和目标等。

（一）培养大学生道路自信，可以引导大学生认识和把握中国特色社会主义道路的实质

中国特色社会主义道路的实质就是坚持一切从中国实际出发，实现马克思主义基本原理同中国实际相结合。20 世纪 50 年代，我们党对社会主义建设道路进行了初步探索，形成了正确的指导方针，遗憾的是这一探索未能坚持下去。总结历史教训，邓小平同志提出，解决好走现代化道路的问题，首先必须解放思想，打破僵化观念的束缚和固定模式的羁绊，一切从实际出发，根据中国的实际建设社会主义。我们党对世界格局的新变化作出正确判断，得出和平与发展是当今时代主题的科学结

论；对我国社会主义的历史地位作出正确判断，得出我国正处于并将长期处于社会主义初级阶段的科学结论。这两个正确判断、两个科学结论，成为中国特色社会主义道路的两大理论基石。实践表明，中国特色社会主义道路之所以能够引领中国发展进步，关键就在于既坚持科学社会主义的基本原则，又根据和平与发展的时代主题和社会主义初级阶段的最大实际，赋予其鲜明的时代特征和中国特色。

（二）培养大学生道路自信，可以引导大学生认识和把握中国特色社会主义道路的主题和目标

中国特色社会主义道路的主题和目标就是全面建成小康社会，实现"中国式的现代化"。邓小平同志曾提出"中国式的现代化"的战略思想。在"中国式的现代化"的整体架构和发展过程中，全面建成小康社会是一个具有特殊意义的发展阶段。党的十八大报告明确提出确保到2020年全面建成小康社会的宏伟目标。从"全面建设"到"全面建成"，不仅表达了我们党在坚持中国特色社会主义道路方面的坚定与自信，而且反映了中国特色社会主义道路在实践中的不断拓展。全面建成小康社会的奋斗目标，赋予中国特色社会主义道路更加丰富的内涵和更加明确的任务。

（三）培养大学生道路自信，可以引导大学生认识和把握中国特色社会主义道路的科学内涵

中国特色社会主义道路的科学内涵就是经济、政治、文化、社会、生态文明全面发展。中国特色社会主义道路包括：中国特色社会主义经济发展道路，就是坚持在社会主义条件下发展市场经济，不断解放和发展生产力；其科学内涵和基本特征是，坚持公有制为主体，多种所有制经济共同发展。中国特色社会主义政治发展道路，就是坚持在中国共产党领导下更好地保障和发展人民民主；其科学内涵和基本特征是，坚持共产党领导、人民当家作主、依法治国的有机统一。中国特色社会主义文化发展道路，就是坚持以马克思主义为指导发展社会主义先进文化；其科学内涵和基本特征是，发展面向现代化、面向世界、面向未来的，民族的科学的大众的社会主义文化。中国特色社会主义社会发展道路，就是在坚持以人为本的核心立场基础上创新社会体制，实现社会和谐发展；其科学内涵和基本特征是，加快形成党委领导、政府负责、社会协

第八章　高校国家认同教育中的中国特色社会主义道路认同教育与大学生道路自信培养

同、公众参与、法治保障的社会管理体制，加快形成政府主导、覆盖城乡、可持续的基本公共服务体系，加快形成政社分开、权责明确、依法自治的现代社会组织体制，加快形成源头治理、动态管理、应急处置相结合的社会管理机制。中国特色社会主义生态发展道路，就是在尊重自然、顺应自然、保护自然的理念指导下建设社会主义生态文明；其科学内涵和基本特征是，着力建设资源节约型、环境友好型社会，努力建设美丽中国，实现中华民族永续发展。

二　大学生中国特色社会主义道路自信培养的紧迫性

大学生道路自信培养是高素质人才培养的关键，党的十七大第一次把实施人才强国战略写进党的代表大会报告和党章，把人才工作放在了国家发展战略的突出位置。

在全球化发展时代，一部分大学生对于走社会主义道路的信念不够坚定，出现一些不利于国家发展的观念，敌对势力千方百计利用这一点对大学生进行思想渗透和政治分化，部分调查显示，由于国际国内各种现实因素和大学生自身心理因素的影响，仍然有一些大学生存在不同程度的对中国特色社会主义道路认同问题上的分歧。这充分说明了中国特色社会主义道路认同教育的紧迫性。现在，部分大学生对中国特色社会主义的认识较模糊，在理想信念方面有弱化趋向。[①] 具体表现在：政治理想上政治淡化倾向明显，主张以自我发展的观点来看待政治问题，对政治理论课教育持冷漠态度，存在对马克思主义信仰、对社会主义信心和对共产党信任不足的情绪。生活理想上一味讲究吃穿，追求物质享受，艰苦奋斗精神淡化；择偶理想上标准世俗化；道德理想上从注重奉献的理想主义转向注重实惠、实用和物质享受，提倡合理的利己主义，诚信意识淡薄；职业理想上更偏重经济价值和权利价值，认为社会只是作为个人发展的现实条件存在的，社会责任感缺乏，团结协作观念较差，等等。[②] 有学者单独以大学生理想信念教育内容为切入点，提出当

[①] 蔡秀敏：《当代大学生对中国特色社会主义共同理想认同的现状调查及思考》，《湖北社会主义学院学报》2008年第1期。
[②] 赵金飞：《大学生理想信念缺失问题与思考》，《思想教育研究》2006年第2期。

代大学生理想信念教育内容存在抽象化的问题,即将理想信念教育这一具体教育实践活动抽象化、表面化,表现为单纯局限于书本、文件、讲坛、会议室等狭隘范围,理想信念教育脱离现实生活、脱离实际。[1] 在此情势下,引导当代大学生树立中国特色社会主义共同理想、加强中国特色社会主义道路认同教育,显得尤为重要。因此,新时期大学生对中国特色社会主义道路认同教育非常有必要,可以使大学生更积极主动地参与政治实践,引导大学生牢固树立崇高理想和坚定信念,更好地成长成才。

三 中国特色社会主义道路认同教育与大学生道路自信培养

中国特色社会主义道路认同教育的目的就是培养大学生的道路自信。

(一)大学生道路自信培养的内容

大学生道路自信培养的内容是培养大学生坚信中国特色社会主义道路的正确性,培养大学生真信中国特色社会主义道路的正确性。中国特色社会主义道路与中国发展相适应,在坚持社会主义价值目标和基本原则前提下,以体制改革和现代化发展推动中国社会转型,不断依据经济社会发展需要调整发展战略,是一条既坚持全面发展、共同发展的原则,又始终正确处理了普遍性与特殊性辩证关系的发展道路,是一条不同于西方现代化模式,又学习、借鉴现代化先行国家经验,依据自己国情赋予了现代化模式丰富性和多样性,使经济文化落后的中国通过非资本主义方式实现现代化目标的发展道路,既突破了传统现代化模式,也是对传统社会主义认识的突破。这条道路是人类五分之一人口经过多年乃至上百年的探索才找到的。

中国特色社会主义道路是马克思主义与中国现代化建设实际相结合的产物。既摆脱过时的旧的社会主义模式,又没有照搬西方的现代化模式,既符合时代特征和世界潮流,又符合中国人民需要和适合中国国情的正确道路,其独特性中所蕴含的普遍性意义,对人类文明的发展具有重要价值。中国特色社会主义道路在发展中,所经历的艰难曲折、所取

---

[1] 杜菊辉:《理想信念教育内容抽象化问题剖析》,《思想教育研究》2007年第4期。

第八章　高校国家认同教育中的中国特色社会主义道路认同教育与大学生道路自信培养

得的辉煌成就、所积累的宝贵经验，使中国共产党在面对新的社会矛盾和新的风险挑战时，能在发挥已有优势的同时，通过审时度势，全面审视当今世界和当代中国发展大势，全面把握我国发展新要求和人民群众新期待。培养大学生的制度自信，一方面引导大学生认识中国特色社会主义道路的光明前景和巨大优势，一方面引导大学生认识中国特色社会主义道路是在克服困难、冲破阻力、战胜风险的过程中不断向前发展的。

（二）中国特色社会主义道路自信培养的方式

对社会主义的中国来说，实现中华民族伟大复兴和现代化当然也可以有多种道路、不同选项。但不是什么路都可以走得通的：封闭僵化的路中国走过，失败了。改旗易帜的路，其他国家有过前车之鉴。习近平总书记出访俄罗斯时说的"鞋子论"是道路选择很恰当的比喻，"鞋子合不合脚，自己穿了才知道"，一个国家的发展道路合不合适，只有这个国家的人民才最有发言权。对自己合脚的鞋子不自信，硬要试试别的鞋子，肯定不是最好的选择。当然对道路的自信并不是盲信，选择了一条正确的道路不等于万事大吉。坚持中国特色社会主义道路面临的问题很多，遭遇的困难很重，可能的风险很大。走通中国特色社会主义道路还有待历史的检验，但千万不能走老路和邪路，走老路和邪路最可能的结果是祸国殃民。

高校在中国特色社会主义道路自信的教育中，培养大学生的道路自信，应该处理好两个关系。

一是引导大学生正确处理中国特色社会主义共同理想与个人理想的关系。在党的领导下，走中国特色社会主义道路，实现中华民族伟大复兴，是全民族的共同理想。这一共同理想，把国家发展、民族振兴与个人幸福紧密结合在一起，有着广泛的社会共识。社会理想只有内化为全体社会成员的共同奋斗目标才有生命力。遵循从个人理想到社会理想的路径，引导大学生将个人理想上升为社会理想，将社会理想内化为个人理想，这是时代发展的必然要求，也是大学生成才的内在需要。要以中国特色社会主义共同理想统领大学生的个人理想，引导他们把个人理想融入社会理想之中，自觉地把职业选择与政治选择高度统一起来，在深刻了解社会变化规律和发展趋势的基础上，实现个人发展与社会发展的良性互动。

二是处理好坚持解决思想问题与解决实际问题相结合的关系。引导大学生正确认识社会主义初级阶段的现实问题和社会矛盾,就要教育大学生勇于直面改革开放过程中出现的各种矛盾和问题,学会用马克思主义的立场观点方法分析和研究,相信只要坚定不移地走中国特色社会主义道路,这些矛盾和问题就会被解决克服,最终实现建设社会主义现代化国家的目标。

社会实践和志愿服务是大学生实现社会主义道路认同的重要途径。高校的社会实践和志愿服务不仅是第二课堂活动,而且是人才培养模式的时代转型。要精心设计社会实践活动,建立与专业学习相结合、与服务社会相结合、与创新创业相结合的社会实践新机制,增强大学生对国情、世情的了解与把握,对所面临的现实和困难有较全面深入的体察,树立忧患意识,增强责任意识,培养爱国情怀,激发报效祖国、服务人民的热情。

第九章　高校中国共产党领导执政认同教育与大学生制度自信培养

党的十八大报告中明确提出"中国特色社会主义道路，中国特色社会主义理论体系，中国特色社会主义制度，是党和人民九十多年奋斗、创造、积累的根本成就，必须倍加珍惜、始终坚持、不断发展。全党要坚定这样的道路自信、理论自信、制度自信！"[①] 自信不仅仅是一种姿态、一种风貌，更是一种强大的精神力量。大学生拥有自信、秉持自信并坚守自信，才能真正增强高举旗帜、科学发展的行动自觉，开拓中国特色社会主义更为广阔的前景。通过开展中国共产党领导执政认同教育，培养大学生制度自信，对于高校人才培养工作具有重要意义。

第一节　高校中国共产党领导执政认同教育

对中国共产党领导执政认同教育的目的，就是要引导大学生深刻认识到，中国共产党是中华民族的大救星，中国共产党领导执政是我国各族人民的共同心愿。无数事实证明，民心向背和社会认同决定着一个政党的前途与命运。而一个政党的领导水平和执政能力的增强又不断强化着社会认同。中国共产党之所以成为中国现代化建设事业的领导核心，是中国人民经过长期探索而作出的选择，是各族人民在认同的基础上形成的结论。当前，我国改革开放和现代化建设的巨大成就鼓舞人心，构建和谐社会的目标凝聚人心，坚持科学发展观等重大战略思想，立党为公、执政为民的一系列举措深得人心。在中国共产党领导下，走中国特

[①]《中国共产党第十八次全国代表大会报告》，人民出版社2012年版，第6页。

色社会主义道路，实现中华民族的伟大复兴，已成为各族人民的广泛共识。① 如果没有共产党的坚强领导，这种共识是不可能达成的，中国共产党领导是历史选择、人心所向。

一 中国共产党领导执政认同教育的重要意义

中国共产党把马克思列宁主义与中国实际相结合，带领全国人民相继实现了国家从半殖民地半封建社会到民族独立、人民当家作主新社会的历史性转变、从新民主主义革命到社会主义革命和建设的历史性转变，从高度集中的计划经济体制到充满活力的社会主义市场经济体制，从封闭半封闭到全方位开放的历史性转变，中华民族巍然屹立于世界民族之林。这是中国共产党人认识世界、改造世界的伟大创举，是根本改变中华民族命运、深刻影响人类历史进程的伟大变革。

中国共产党是马克思主义与中国工人运动相结合的产物，是我国各族人民经过长期的实践与探索，在认同基础上的共同选择，是社会主义现代化建设事业的领导核心。坚持中国特色社会主义道路，推进中国社会主义现代化，实现中华民族伟大复兴，必须毫不动摇地坚持中国共产党的领导执政地位。中国共产党领导执政认同教育是我国实现中国特色社会主义事业不断向前发展的客观需要，有着极其重要的理论意义和实践意义。习近平总书记在庆祝中国共产党成立95周年大会上的讲话中对中国共产党的历史性贡献进行了精辟阐述，指出："95年波澜壮阔的历史进程中，中国共产党紧紧依靠人民，跨过一道又一道沟坎，取得一个又一个胜利，为中华民族作出了伟大历史贡献。"这个伟大历史贡献，就是我们党团结带领中国人民进行28年浴血奋战，打败日本帝国主义，推翻国民党反动统治，完成新民主主义革命，建立了中华人民共和国。这一伟大历史贡献的意义在于，彻底结束了旧中国半殖民地半封建社会的历史，彻底结束了旧中国一盘散沙的局面，彻底废除了列强强加给中国的不平等条约和帝国主义在中国的一切特权，实现了中国从几千年封建专制向人民民主的伟大飞跃。这个伟大历史贡献，就是我们党

---

① 董立人：《深化对大学生"五个认同"教育的认识》，《思想教育研究》2009年第10期。

第九章　高校中国共产党领导执政认同教育与大学生制度自信培养

团结带领中国人民完成社会主义革命，确立社会主义基本制度，消灭一切剥削制度，推进了社会主义建设。这一伟大历史贡献的意义在于，完成了中华民族有史以来最为广泛而深刻的社会变革，为当代中国一切发展进步奠定了根本政治前提和制度基础，为中国发展富强、中国人民生活富裕奠定了坚实基础，实现了中华民族由不断衰落到根本扭转命运、持续走向繁荣富强的伟大飞跃。这个伟大历史贡献，就是我们党团结带领中国人民进行改革开放新的伟大革命，极大激发广大人民群众的创造性，极大解放和发展社会生产力，极大增强社会发展活力，人民生活显著改善，综合国力显著增强，国际地位显著提高。这一伟大历史贡献的意义在于，开辟了中国特色社会主义道路，形成了中国特色社会主义理论体系，确立了中国特色社会主义制度，使中国赶上了时代，实现了中国人民从站起来到富起来、强起来的伟大飞跃。

中国共产党领导中国人民取得的伟大胜利，使具有5000多年文明历史的中华民族全面迈向现代化，让中华文明在现代化进程中焕发出新的蓬勃生机；使具有500年历史的社会主义主张在世界上人口最多的国家成功开辟出具有高度现实性和可行性的正确道路，让科学社会主义在21世纪焕发出新的蓬勃生机；使具有60多年历史的新中国建设取得举世瞩目的成就，中国这个世界上最大的发展中国家在短短30多年里摆脱贫困并跃升为世界第二大经济体，创造了人类社会发展史上惊天动地的发展奇迹，使中华民族焕发出新的蓬勃生机。

有利于更好地团结全国各族人民，为社会主义现代化建设服务。2007年6月25日，中共中央总书记、国家主席、中央军委主席胡锦涛在中央党校省部级干部进修班发表重要讲话指出，我们党的根本宗旨是全心全意为人民服务，党的一切奋斗和工作都是为了造福人民，要始终把实现好、维护好、发展好最广大人民的根本利益作为党和国家一切工作的出发点和落脚点，做到发展为了人民、发展依靠人民、发展成果由人民共享。实现社会主义现代化，需要高精的科学技术文化知识、现代生产技术和经营管理经验，全国各族人民凝聚的知识和经验，是我国社会主义现代化建设中不可缺少的宝贵财富。中国共产党执政认同教育可以把全国各族人民的积极性调动起来，加速社会主义现代化事业的发展，加强社会主义精神文明建设。

有利于加强社会主义民主政治建设，巩固安定团结和谐的政治局面。社会主义民主政治的核心，是人民当家作主，真正享有人民权利，享有管理国家和社会事务的权利。毛泽东曾说："一个党同一个人一样，耳边很需要听到不同的声音。大家知道，主要监督共产党的是劳动人民和党员群众。"① 通过中国共产党执政认同教育，可以巩固符合中国国情的社会主义政党制度，加强与民主党派的参与合作，既有利于实现重大决策的民主化和科学化，又拓宽了协商对话、民主监督的各种渠道，增强人民群众的主人翁地位，维护安定团结和谐的政治局面。

有利于促进台湾回归，完成祖国统一大业。中国共产党执政认同教育是对全社会的认同教育，强调中国共产党执政认同教育，不仅对党自身改善和先进性建设意义重大，对民主党派也影响深远。我国各民主党派中，有一部分原国民党军政人员和其他爱国民主人士，他们同港澳台各界同胞、海外侨胞有着各种的社会联系和历史联系。对中国共产党执政认同教育可以通过他们作为桥梁，增进大陆与港澳台地区的相互了解，开展各种交流活动，巩固爱国统一战线，推行"一国两制"，早日实现祖国统一大业。

有利于加强和改进党的建设，保持和发展党的先进性，确保党始终走在时代前列。胡锦涛在《在全国组织工作会议上的讲话》中提出"能不能始终带领人民走在世界前列，能不能始终保持同人民群众的血肉联系，能不能始终成为中国特色社会主义事业的坚强领导核心，是对党的最根本的考验"②。中国共产党作为社会主义事业的领导核心，要求不断学习创新，加强自身建设。加强中国共产党执政认同教育，有助于不断改善党的自身建设，保持党的先进性，提高党的公信力，加强依法行政、依法治国，密切党与人民群众的血肉联系，加强与民主党派的团结合作，促进我国社会主义事业大发展大繁荣。

二 中国共产党领导执政认同教育的紧迫性

目前我们面临着经济体制深刻变革、社会结构深刻变动、利益格局

---

① 《毛泽东著作选读》下册，人民出版社1986年版，第790页。
② 胡锦涛：《在全国组织工作会议上的讲话》（2008年2月18日），《科学发展观重要论述摘编》，中央文献出版社、党建读物出版社2009年版，第12页。

第九章 高校中国共产党领导执政认同教育与大学生制度自信培养

深刻调整、思想观念深刻变化的新形势，面对当今世界各种思想文化相互交织、相互激荡的大潮，人们思想活动的独立性、选择性、多变性、差异性增强，价值取向呈现多样化的趋势。在这种大环境下，要大力建设社会主义核心价值体系，坚持改革开放和中国特色社会主义道路，就必须坚持中国共产党的领导，才能形成全党全国人民高度的思想共识，才能不断增强全党全国人民建设中国特色社会主义的自信心和自豪感，才能毫不动摇地引导全党全国人民走中国特色社会主义道路。

（一）中国共产党领导执政认同教育是走中国特色社会主义道路的必然要求

中国特色社会主义道路，是中国共产党带领中国人民开创的一条发展中国、发展社会主义、发展马克思主义的道路，是中国共产党在逐步深化改革开放的进程中对人类社会发展规律、社会主义建设规律和共产党执政规律的认识。中国共产党在遵循科学社会主义基本原则的前提下，在总结国内外社会主义建设经验的基础上，立足于中国实际，开辟了中国特色社会主义道路。坚持中国特色社会主义道路，必须始终坚持党的领导。中国共产党领导执政认同教育是维系党同人民群众血肉联系的纽带，是推进中国特色社会主义事业科学发展的重要保证。

中国共产党领导执政认同教育始终坚持马克思主义指导思想。马克思主义是我们立党立国的根本指导思想。背离或放弃马克思主义，我们党就会失去灵魂、迷失方向。在坚持马克思主义指导地位这一根本问题上，我们必须坚定不移，任何时候任何情况下都不能有丝毫动摇。指导思想是一个政党的精神旗帜。95年来，中国共产党之所以能够完成近代以来各种政治力量不可能完成的艰巨任务，就在于始终把马克思主义这一科学理论作为自己的行动指南，并坚持在实践中不断丰富和发展马克思主义。这使我们党得以摆脱以往一切政治力量追求自身特殊利益的局限，以唯物辩证的科学精神、无私无畏的博大胸怀领导和推动中国革命、建设、改革，不断坚持真理、修正错误。无论是处于顺境还是逆境，我们党从未动摇对马克思主义的信仰。马克思主义及其在中国的发展，为党和人民事业发展提供了既一脉相承又与时俱进的科学理论指导，为增进全党全国各族人民团结统一提供了坚实思想基础。中国共产党始终以马克思主义为指导思想，坚持"全心全意为人民服务"的根

高校国家认同教育研究

本宗旨,能够真正从最广大人民群众的根本利益出发。中国共产党执政认同善于运用马克思主义的世界观方法论来引导群众观察问题、分析问题、解决问题的教育方式,注重"立党为公、执政为民"的服务宗旨。面对新的时代特点和实践要求,马克思主义面临着进一步中国化、时代化、大众化的问题。马克思主义并没有结束真理,而是开辟了通向真理的道路。恩格斯早就说过:"马克思的整个世界观不是教义,而是方法。它提供的不是现成的教条,而是进一步研究的出发点和供这种研究使用的方法。"时代是思想之母,实践是理论之源。实践发展永无止境,我们认识真理、进行理论创新就永无止境。今天,时代变化和我国发展的广度和深度远远超出了马克思主义经典作家当时的想象。同时,我国社会主义只有几十年实践,还处在初级阶段,事业越发展新情况新问题就越多,也就越需要我们在实践上大胆探索、在理论上不断突破。

第一,中国共产党领导执政认同教育始终坚持马克思主义指导思想。中国共产党始终以马克思主义为指导思想,坚持"全心全意为人民服务"的根本宗旨,能够真正从最广大人民群众的根本利益出发。中国共产党执政认同教育善于运用马克思主义的世界观方法论来引导群众观察问题、分析问题、解决问题,注重"立党为公、执政为民"的服务宗旨。

第二,中国共产党领导执政认同教育始终坚持理论创新。邓小平同志曾说:"要向前看,就要及时地研究新情况和解决新问题,否则我们就不可能顺利前行。"[①] 在坚持以马克思主义为指导的过程中,中国共产党不拘泥于马克思主义的个别结论,正如斯大林所说"把革命气概和实际精神结合起来"[②],善于把马克思主义与中国实际相结合,并在这种结合的过程中不断解放思想、实事求是、与时俱进,推进马克思主义中国化的历史进程。正是在这个意义上,我们说中国共产党执政认同教育是发展马克思主义的认同教育,是发展马克思主义中国化的认同教育。历史表明,社会大变革的时代,一定是哲学社会科学大发展的时

[①] 邓小平:《解放思想,实事求是,团结一致向前看》,《马克思主义经典著作选读》,高等教育出版社1998年版,第404页。

[②] 斯大林:《论列宁主义基础》,人民出版社1979年版,第272—275页。

第九章　高校中国共产党领导执政认同教育与大学生制度自信培养

代。当代中国正经历着我国历史上最为广泛而深刻的社会变革,也正在进行着人类历史上最为宏大而独特的实践创新。这种前无古人的伟大实践,必将给理论创造、学术繁荣提供强大动力和广阔空间。这是一个需要理论而且一定能够产生理论的时代,这是一个需要思想而且一定能够产生思想的时代。我们不能辜负了这个时代。自古以来,我国知识分子就有"为天地立心,为生民立命,为往圣继绝学,为万世开太平"的志向和传统。一切有理想、有抱负的哲学社会科学工作者都应该立时代之潮头、通古今之变化、发思想之先声,积极为党和人民述学立论、建言献策,担负起历史赋予的光荣使命。坚持问题导向是马克思主义的鲜明特点。问题是创新的起点,也是创新的动力源。只有聆听时代的声音,回应时代的呼唤,认真研究解决重大而紧迫的问题,才能真正把握住历史脉络、找到发展规律,推动理论创新。坚持以马克思主义为指导,必须落到研究我国发展和我们党执政面临的重大理论和实践问题上来,落到提出解决问题的正确思路和有效办法上来。要坚持用联系的发展眼光看问题,增强战略性、系统性思维,分清本质和现象、主流和支流,既看存在问题又看其发展趋势,既看局部又看全局,提出的观点、作出的结论要客观准确、经得起检验,在全面客观分析的基础上,努力揭示我国社会发展、人类社会发展的大逻辑大趋势。

第三,中国共产党领导执政认同教育始终坚持"从群众中来,到群众中去"的群众路线和"从实践中来,到实践中去"的工作路线。胡锦涛同志曾说:"改革发展面临的新情况新问题不断出现,只有坚持走群众路线,进行深入细致的调查研究,了解和把握真实情况,我们才能在制定政策、谋划工作、解决问题时做到胸中有数。"[1] 中国共产党始终尊重群众的首创精神,善于发现并及时总结群众在社会主义建设实践过程中的新创造,中国共产党执政认同教育把这种新创造上升到理论高度,用以指导全国的社会主义建设实践,推进中国特色社会主义建设取得伟大的成就。党的根基在人民、党的力量在人民,坚持一切为了人民、一切依靠人民,充分发挥广大人民群众积极性、主动性、创造性,

---

[1] 胡锦涛:《在中央经济工作会议上的讲话》(2007年12月3日),《科学发展观重要论述摘编》,中央文献出版社、党建读物出版社2009年版。

不断把为人民造福事业推向前进。人民立场是中国共产党的根本政治立场，是马克思主义政党区别于其他政党的显著标志。党与人民风雨同舟、生死与共，始终保持血肉联系，是党战胜一切困难和风险的根本保证，正所谓"得众则得国，失众则失国"。习近平总书记在2016年七一讲话中强调：全党同志要把人民放在心中最高位置，坚持全心全意为人民服务的根本宗旨，实现好、维护好、发展好最广大人民根本利益，把人民拥护不拥护、赞成不赞成、高兴不高兴、答应不答应作为衡量一切工作得失的根本标准，使我们党始终拥有不竭的力量源泉。

带领人民创造幸福生活，是我们党始终不渝的奋斗目标。要顺应人民群众对美好生活的向往，坚持以人民为中心的发展思想，以保障和改善民生为重点，发展各项社会事业，加大收入分配调节力度，打赢脱贫攻坚战，保证人民平等参与、平等发展权利，使改革发展成果更多更公平惠及全体人民，朝着实现全体人民共同富裕的目标稳步迈进。尊重人民主体地位，保证人民当家作主，是我们党的一贯主张。我们要毫不动摇走中国特色社会主义政治发展道路，长期坚持、全面贯彻、不断发展人民代表大会制度、中国共产党领导的多党合作和政治协商制度、民族区域自治制度、基层群众自治制度，发展社会主义协商民主，巩固和发展最广泛的爱国统一战线，扩大人民群众有序政治参与，保证人民广泛参加国家治理和社会治理，形成生动活泼、安定团结的政治局面。

我国改革开放和现代化建设的巨大成就鼓舞人心，构建和谐社会的目标凝聚人心，科学发展观等重大战略思想、立党为公、执政为民的一系列举措深得人心。在中国共产党领导下，走中国特色社会主义道路，实现中华民族的伟大复兴，已成为各族人民的广泛共识。如果没有共产党的坚强领导，这种共识是不可能达成的。强化对中国共产党领导执政的认同，就是坚持马克思主义、坚持改革开放，坚持中国特色社会主义道路。综上所述，对中国共产党领导执政的必要性、正确性和规律性的认同是我国走中国特色社会主义道路的必然要求。

（二）中国共产党领导执政认同教育是加强民族团结的重要纽带

中华民族是各个民族共同团结奋斗、共同繁荣发展的共同体。各民族共同为中华民族的繁荣发展作出了不可缺少的重要贡献，各民族中都

第九章　高校中国共产党领导执政认同教育与大学生制度自信培养

涌现出了许多为国家和民族作出杰出贡献的仁人志士,他们的英雄业绩为历史所铭记。民族团结,民族平等和各民族的繁荣发展关系到国家前途命运。毛泽东同志强调指出:"国家的统一,人民的团结,国内各民族的团结,这是我们的事业必定要胜利的基本保证。"[①] 正确地认识和把握我国民族及民族关系的基本特征是中国共产党提出民族理论、制定民族政策和解决国内民族问题的客观依据和根本出发点。

中国有56个民族,少数民族55个,少数民族有一亿多人口,民族自治地区的国土面积占全国总面积的64%。巩固和加强各民族的团结,关系到国家的统一和边疆的稳固,关系到社会主义现代化建设的成败和各民族地区自身的发展。由于一些民族地区地处边远山区,自然条件较为恶劣,自然灾害较多,经济、政治、文化、社会发展相对滞后,造成地区差距、民族差距、行业差距、城乡差距。这些问题不同程度影响了少数民族群众的思想认识。十一届三中全会以后,党中央反复强调指出,重视民族问题就要牢记我们国家的基本国情。建设中国特色社会主义必须依靠各族人民的团结,充分发挥各民族的积极性和创造性,发展平等团结互助的社会主义民族关系。

中国共产党领导执政认同教育是巩固和发展人民民主专政和安定团结的政治局面、不断推进少数民族地区经济发展和社会进步的重要保证,是增强中华民族凝聚力、实现中华民族伟大复兴的必然要求。在大学生中要加强马克思主义的政党观和党的民族政策、宗教政策的教育,大力宣传各族人民在中国共产党的领导下为维护民族团结和祖国统一作出的不懈努力和历史贡献,引导大学生正确认识社会发展规律,认识国家的前途命运,认识自己肩上担负的社会责任,坚定社会主义信念,关注国家、民族命运,树立高度的政治责任感和使命感,自觉树立为国家服务、为人民服务的意识。

（三）中国共产党领导执政认同教育是加强和改进党建工作的内在要求

胡锦涛在党的十八大报告中指出,我们党担负着团结带领人民全面

---

① 《毛泽东文集》(第7卷),人民出版社1999年版,第204页。

建成小康社会、推进社会主义现代化、实现中华民族伟大复兴的重任。形势的发展、事业的开拓、人民的期待，都要求我们以改革创新精神全面推进党的建设新的伟大工程，全面提高党的建设科学化水平。全党必须牢记，只有植根人民、造福人民，党才能始终立于不败之地；只有居安思危、勇于进取，党才能始终走在时代前列。全党要增强紧迫感和责任感，牢牢把握加强党的执政能力建设、先进性和纯洁性建设这条主线，坚持解放思想、改革创新，坚持党要管党、从严治党，全面加强党的思想建设、组织建设、作风建设、反腐倡廉建设、制度建设，增强自我净化、自我完善、自我革新、自我提高能力，建设学习型、服务型、创新型的马克思主义执政党，确保党始终成为中国特色社会主义事业的坚强领导核心。

在认识中国共产党的执政地位是历史选择、人心所向的同时，仍需不断增强忧患意识，居安思危，深刻汲取世界上一些执政党的经验教训，更加自觉地加强执政能力建设，永葆中国共产党的先进性，以赢得各族群众的认同、信赖和拥护。执政党依法执政水平的高低与政党表达民意的程度及政党自身权威性在民众中获得认同的程度成正比。执政党必须体现民意，而民众的意愿又必须通过有序的状态才能得到真正的体现。这就要求中国共产党反映民意必须有规则可循，也就是依法执政。中国共产党需要遵从法律，并通过合法的程序将自己的主张在代表公共权力的国家意志中体现出来。要使这种意志体现得更充分，中国共产党的干部和党员就要带头依法办事，以维护国家意志的权威。

（四）中国共产党领导执政认同教育有利于推进全面从严治党

党的十八大以来，以习近平同志为核心的党中央身体力行、率先垂范，坚定推进全面从严治党，坚持思想建党和制度治党紧密结合，集中整饬党风，严厉惩治腐败，净化党内政治生态，党内政治生活展现新气象，赢得了党心民心，为开创党和国家事业新局面提供了重要保证。办好中国的事情，关键在党，关键在党要管党、从严治党。党要管党必须从党内政治生活管起，从严治党必须从党内政治生活严起。为更好进行具有许多新的历史特点的伟大斗争、推进党的建设新的伟大工程、推进中国特色社会主义伟大事业，经受"四大考验"、克服"四种危险"，有必要制定一部新形势下党内政治生活的准则。新形势下加强和规范党

第九章 高校中国共产党领导执政认同教育与大学生制度自信培养

内政治生活，必须以党章为根本遵循，坚持党的政治路线、思想路线、组织路线、群众路线，着力增强党内政治生活的政治性、时代性、原则性、战斗性，着力增强党的自我净化、自我完善、自我革新、自我提高能力，着力提高党的领导水平和执政水平、增强拒腐防变和抵御风险能力，着力维护党中央权威、保证党的团结统一、保持党的先进性和纯洁性，努力在全党形成又有集中又有民主、又有纪律又有自由、又有统一意志又有个人心情舒畅生动活泼的政治局面。新形势下加强和规范党内政治生活，重点是各级领导机关和领导干部，关键是高级干部特别是中央委员会、中央政治局、中央政治局常务委员会的组成人员。高级干部特别是中央领导层组成人员必须以身作则，模范遵守党章党规，严守党的政治纪律和政治规矩，坚持不忘初心、继续前进，坚持率先垂范、以上率下，为全党全社会作出示范。

共产主义远大理想和中国特色社会主义共同理想，是中国共产党人的精神支柱和政治灵魂，也是保持党的团结统一的思想基础。必须把坚定理想信念作为开展党内政治生活的首要任务。全党同志必须把对马克思主义的信仰、对社会主义和共产主义的信念作为毕生追求，坚定中国特色社会主义的道路自信、理论自信、制度自信、文化自信。领导干部特别是高级干部要以实际行动让党员和群众感受到理想信念的强大力量。全党必须毫不动摇坚持马克思主义指导思想，党的各级组织必须坚持不懈抓好理论武装，广大党员、干部，特别是高级干部必须自觉抓好学习、增强党性修养。

（五）中国共产党领导执政认同教育是培养中国特色社会主义事业合格接班人和建设者的重要保证

胡锦涛在党的十八大报告中明确提出，中国特色社会主义事业是面向未来的事业，需要一代又一代有志青年接续奋斗。全党都要关注青年、关心青年、关爱青年，倾听青年心声，鼓励青年成长，支持青年创业。大学生要积极响应党的号召，树立正确的世界观、人生观、价值观，永远热爱我们伟大的祖国，永远热爱我们伟大的人民，永远热爱我们伟大的中华民族，在投身中国特色社会主义伟大事业中，让青春焕发出绚丽的光彩。

任何一个社会、一个国家都必须以一个共同价值观念、政治观念来维系社会稳定和国家安全。中国共产党领导执政认同教育是培养中国特色社会主义事业合格接班人和建设者的重要保障，是高校人才培养的重要目标。在实现人才培养过程中，加强中国共产党领导执政认同教育，就应该结合大学生思想实际，分析当前大学生存在的认同问题，改革教育体制，改善教育的方式方法，增强教育的实效性，要引导大学生树立正确的世界观、人生观、价值观，使大学生正确认识社会发展规律，认识国家的前途命运，认识自己肩上担负的社会责任。中国共产党执政认同教育为大学生人生提供正确导向，也为大学生成长奠定坚实的思想基础。

三 中国共产党领导执政认同教育与大学教育

国运兴衰，系于教育；三尺讲台，关系未来。中国共产党的教育事业是在新民主主义革命、社会主义革命和建设中，在以毛泽东为代表的老一辈无产阶级革命家的长期探索中创建起来的。1950年毛泽东发出"恢复和发展人民教育是当前重要任务之一"的伟大号召。[①]

（一）中国共产党领导执政认同教育与高校教育目标具有一致性

《礼记》中的《大学》指出："大学之道，在明明德，在亲民，在止于至善。"正确的理想信念是学校的灵魂，思想政治教育是学校的生命线。中国共产党执政认同教育以马列主义、毛泽东思想、邓小平理论、"三个代表"重要思想和科学发展观为教育主线，贯穿于大学思想政治教育全过程，是思想政治教育的重要内容，是大学教育不可或缺的一个重要组成部分。

（二）中国共产党领导执政认同教育与高校教育内容具有一致性

中国共产党的辉煌历史本身就是一部教科书。中国共产党领导执政认同教育和大学教育都要把这个党史党情通过各种教育形式告诉大学生，引导大学生认识中国共产党不愧为伟大、光荣、正确的马克思主义政党，不愧为领导中国人民不断开创事业发展新局面的核心力量。要引导大学生认识90年来，我们取得的一切成就，是一代一代中国共产党人同人民一道顽强拼搏、接续奋斗的结果。以毛泽东同志为核心的党的

---

① 毛泽东1950年5月1日为《人民教育》创刊号题词。

第九章 高校中国共产党领导执政认同教育与大学生制度自信培养

第一代中央领导集体团结带领全党全国各族人民，夺取了新民主主义革命的伟大胜利，确立了社会主义基本制度，为当代中国一切发展进步奠定了根本政治前提和制度基础。以邓小平同志为核心的党的第二代中央领导集体团结带领全党全国各族人民，开启了改革开放的伟大历程，吹响了建设中国特色社会主义的时代号角，开辟了社会主义事业发展新时期。以江泽民同志为核心的党的第三代中央领导集体团结带领全党全国各族人民，坚持改革开放、与时俱进，引领改革开放的航船沿着正确方向破浪前进，成功地把中国特色社会主义伟大事业推向21世纪。党的十六大以来，党中央团结带领全党全国各族人民，以邓小平理论和"三个代表"重要思想为指导，深入贯彻落实科学发展观，着力推动科学发展、促进社会和谐，继续在全面建设小康社会实践中推进中国特色社会主义伟大事业。

（三）中国共产党领导执政认同教育对高校教育的引领作用

进入改革开放新时期，高等院校迎来了空前的发展机遇，以贯彻落实国家教育规划纲要为契机，全面贯彻党的基本路线和教育方针，着力加强学科建设和教师队伍建设，深化教学和管理体制改革，大力提高科学研究水平，促进科研成果的产业化，广泛开展国内外学术交流与多领域合作，努力改善办学条件，使得我国高等院校面貌发生了巨大变化。1998年5月，江泽民同志在庆祝北大建校100周年大会上宣告："为了实现现代化，我国要有若干所具有世界先进水平的一流大学。"

中国共产党是推进民族复兴的领导力量，党的领导是确保高等教育改革发展顺利进行的核心力量。在加快建设世界一流大学、建设高等教育强国的新进程中，必须继续发挥党建和思想政治工作凝聚人心、推动发展的重要作用，不断加强和改进高校党的建设，开创高校党的建设新局面。一是要进一步用马克思主义中国化最新理论成果武装头脑、指导工作。思想理论建设是党的建设的首要任务。高校是各种思想、思潮交锋碰撞的前沿阵地，要坚持以中国特色社会主义理论体系为指导，增强广大师生对中国特色社会主义的政治认同、理论认同、情感认同，巩固马克思主义在高校意识形态领域的指导地位，为做好高校工作提供强有力的思想政治保证。二是要围绕高校中心任务，大力开展建设学习型党组织和创先争优活动。开展建设学习型党组织和创先争优活动，是高校党的建设服务中心工作的着力点。要按照社会主义政治家、教育家的目标和推动科学发展的要求，进一步加强领导班子和党员干部队伍建设，特别是要激励学生党员在推进高校科学发展中加强学习、创先争优。结合学风建设，进一步加强高校党建和思想政治工作，引导大学生在学术创新中发挥先锋模范作用。三是要大力推进社会主义核心价值体系建设，培养中国特色社会主义合格建设者和可靠接班人。立德树人是高校的根本任务。要深入学习宣传社会主义核心价值体系，大力发扬爱国主义精神和改革创新精神，不断加强大学生党建和思想政治教育，鼓励青年学生把文化知识学习和思想品德修养紧密结合起来，把创新思维和社会实践紧密结合起来，把全面发展和个性发展结合起来，努力成为可堪大用、能负重任的栋梁之才。

第二节　高校人才培养与中国特色社会主义制度自信

制度自信是中国共产党在新的历史时期对大学生提出的新的要求。高校的人才培养说到底还是要培养中国特色社会主义事业的建设者和接班人。制度自信作为一个对人才培养的基本政治要求，是大学生成长成才的基础。

一　中国特色社会主义制度自信概述

中国特色社会主义制度是一整套相互衔接、相互联系的制度体系，由根本层面的制度、基本层面的制度、具体层面的制度以及中国特色社会主义法律体系组成，不同层面的制度在中国特色社会主义制度体系中具有不同的地位和作用。

（一）中国特色社会主义制度的概念

一个国家和政党的宏伟目标能否实现，除了看是否有科学的理论指导、切合实际的发展道路，还要看其作出怎样的制度安排，提供什么样的制度保障。因为制度问题更带有根本性、全局性、稳定性和长期性，关系党和国家的前途命运。邓小平意味深长地说，还是制度靠得住些。

第九章　高校中国共产党领导执政认同教育与大学生制度自信培养

中国特色社会主义制度这一概念是胡锦涛在2011年"七一"讲话提出的。胡锦涛同志认为:"我们之所以鲜明地提出这一概念,是因为经过长期的实践,我们已经看清楚了中国特色社会主义制度的优越性,并且对我们的制度充满自信。我们的制度之所以具有强大的生命力,是因为它符合初级阶段的国情,尊重中国的文化传统,同时也吸收了西方资本主义国家创造的人类文明共同成果。"[①] 中国特色社会主义制度是推进中国特色社会主义事业最根本的制度保障,中国特色社会主义制度,坚持把根本政治制度、基本政治制度同基本经济制度以及各方面体制机制等具体制度有机结合起来,坚持把国家层面民主制度同基层民主制度有机结合起来,坚持把党的领导、人民当家作主、依法治国有机结合起来,是中国特色社会主义的制度形态,是中国发展进步的根本制度保障。

(二) 中国特色社会主义制度的内容

中国特色社会主义制度是当代中国发展进步的根本制度保障,集中体现了中国特色社会主义的特点和优势。中国共产党执政60多年来,推进社会主义制度自我完善和自我发展,在经济、政治、文化、社会等各个领域形成一整套相互衔接、相互联系的制度体系。这个制度有三个层次,即根本层面的制度:包括人民代表大会制度的根本制度;基本层面的制度:包括中国共产党领导的多党合作和政治协商制度,民族区域自治制度以及基层群众自治制度等基本政治制度,中国特色社会主义的以公有制为主体、多种所有制经济共同发展的基本经济制度;具体层面的制度:包括建立在根本制度和基本制度上的经济体制、政治体制、文化体制、社会体制等各项具体制度。这些不同层面的制度,从宏观到微观,从框架到细部,基础稳固,建构起中国特色社会主义宏伟大厦,既有鲜明的中国特色,又很好地体现了科学社会主义原则,还吸收借鉴人类制度文明的优秀成果,顺应了和平、发展、合作的时代潮流和经济全球化、世界多极化的发展趋势,符合中国社会主义初级阶段的基本国情,集中展示了中国特色社会主义的特点和优势,是被实践证明了的切

---

① 薛明忠:《道路自信理论自信制度自信具有重大意义——学习十八大心得》,《党史博采:理论版》2012年第11期。

合中国实际的制度设计，具有巨大的优越性和强大的生命力。符合我国国情，顺应时代潮流，有利于保持党和国家活力、调动广大人民群众和社会各方面的积极性、主动性、创造性，有利于解放和发展社会生产力、推动经济社会全面发展。有利于维护和促进社会公平正义、实现全体人民共同富裕。有利于集中力量办大事、有效应对前进道路上的各种风险挑战。有利于维护民族团结、社会稳定、国家统一。[1]

（三）中国特色社会主义制度自信的概念

制度自信源自于制度确立、制度创新和制度自觉，坚持和完善中国特色社会主义制度，与时俱进地发展中国特色社会主义是制度自信的要求。制度自信包括出自"三个自信"，"三个自信"是2012年11月胡锦涛同志在十八大报告中提出的重要理念，即道路自信、理论自信、制度自信。

（四）中国特色社会主义制度自信的意义

制度问题关乎党的方向，关系国家建设、民族团结和人民发展。90多年来，我们党不断探索适合中国具体国情的社会制度，在波澜壮阔的革命、建设和改革历程中，确立并形成了中国特色社会主义制度，始终代表并维护最广大人民的根本利益，有力推进了社会主义建设。特别是改革开放以来，我们党深刻总结了社会主义建设正反两方面经验，开启了改革开放的伟大历程，开启了中国特色社会主义新时代。新世纪新阶段，我们党抓住重要战略机遇，不断推进实践创新、理论创新和制度创新，在经济、政治、文化、社会等各个领域形成一整套相互衔接、相互联系的制度体系，不断完善中国特色社会主义事业总体布局，坚持和发展中国特色社会主义制度。我们要在制度确立和制度创新的基础上，以高度的制度自觉性，不断推进社会主义制度的自我完善和自我发展，与时俱进地发展中国特色社会主义制度。

制度自信是对中国特色社会主义的坚定信念，体现了对我国国情的深刻把握、对民族命运的理性思考，对人民福祉的责任担当。改革开放以来中国的发展进步，所取得的伟大成就，在于增强制度自信。

---

[1] 胡锦涛：《在庆祝中国共产党成立90周年大会上的讲话》，人民出版社2011年版，第21页。

第九章 高校中国共产党领导执政认同教育与大学生制度自信培养

制度自信有利于把全党全国各族人民凝聚在中国特色社会主义伟大旗帜下,有利于全国人民以更加奋发有为的精神状态全面建成小康社会、全面深化改革开放,使中华民族在复杂的世界格局中保持自身特色、开辟发展更加光明的前景。

二 大学生中国特色社会主义制度自信培养

一个国家的社会制度,尤其是政治制度,是经济发展、社会安定的根本保证和决定因素。改革开放以来我们所取得的辉煌成就,归根结底靠的是中国特色社会主义制度。自信来源于对中国特色社会主义制度的自信。新中国成立后,经过60多年的发展与完善,形成了由根本制度、基本制度、具体制度构成的中国特色社会主义制度体系,成为中国发展进步的根本制度保障。中国特色社会主义制度既是历史的产物,也是现实的诉求,是符合我国国情的制度选择。制度自信是对中国特色社会主义建设伟大事业根本保障的自信。制度的生命力、影响力与时代息息相关,中国特色社会主义制度反映了时代发展要求。实践证明,中国特色社会主义制度有利于保持党和国家活力、调动广大人民群众和社会各方面的积极性、主动性、创造性,有利于解放和发展社会生产力、推动经济社会全面发展,有利于维护和促进社会公平正义、实现全体人民共同富裕,有利于集中力量办大事、有效应对前进道路上的各种风险挑战,有利于维护民族团结、社会稳定、国家统一。在应对汶川地震灾害、国际金融危机,成功举办北京奥运会、上海世博会的过程中,中国特色社会主义制度的独特优势得到了充分体现,不仅中国人民深切感受到这种制度的合理性、有效性,而且越来越得到国际社会的关注和认可。

(一)人民代表大会制度是培养大学生制度自信的根本保证

人民代表大会制度是保证人民当家作主的根本政治制度。人民通过全国人民代表大会和地方各级人民代表大会行使国家权力。在中国共产党领导新民主主义革命取得胜利后,确定新中国的国体是人民民主专政,政体是人民代表大会制度。人民代表大会制度从1954年正式建立以后,不断得到了完善和发展。改革开放以来,人民代表大会制度建设不断加强,人民代表大会在国家政治生活中发挥了越来越大的作用,社会主义民主在更大范围和更深层次上得以全面和广泛的体现。党的十八大进一步强调，要善于使党的主张通过法定程序成为国家意志，支持人大及其常委会充分发挥国家权力机关作用，依法行使立法、监督、决定、任免等职权，加强立法工作组织协调，加强对"一府两院"的监督，加强对政府全口径预算决算的审查和监督，等等。实践证明，人民代表大会制度是符合中国国情、体现中国社会主义国家性质、代表广大人民的共同意志和根本利益、能够充分保证中国人民当家作主的根本政治制度。高校要在加强中国共产党执政认同教育中，引导大学生认识人民代表大会制度形成和发展的历史，认识人民代表大会制度在我国现代化建设和改革开放中的作用日益凸显，培养大学生的制度自信。大学生制度自信培养的根本保证就是我国的人民代表大会制度的发展和完善。

（二）中国共产党领导的多党合作和政治协商制度、民族区域自治制度以及基层群众自治制度是培养大学生制度自信的源泉

中国共产党领导的多党合作和政治协商制度既能实现广泛的民主参与，集中各民主党派、各人民团体和各界人士的智慧，促进执政党和各级政府决策的科学化、民主化，又能实现集中统一，统筹兼顾各方面群众的利益要求。既能避免一党执政缺乏监督的弊端，又可避免多党纷争、互相倾轧造成的政治混乱和社会不安定团结。党的十八大强调，要坚持和完善中国共产党领导的多党合作和政治协商制度，充分发挥人民政协作为协商民主重要渠道作用，围绕团结和民主两大主题，推进政治协商、民主监督、参政议政制度建设，更好协调关系、汇聚力量、建言献策、服务大局。加强同民主党派的政治协商，把政治协商纳入决策程序，坚持协商于决策之前和决策之中，增强民主协商时效性。当前，我国正处在全面建成小康社会的决定性阶段。面对改革开放进程中利益格局深刻调整的新形势，面对社会新旧矛盾相互交织的新变化，面对市场经济条件下思想观念多元多样的新情况，面对世界范围内不同政治发展道路竞争博弈的新挑战，加强协商民主建设，有利于扩大公民有序政治参与、更好实现人民当家作主的权利，有利于促进科学民主决策、推进国家治理体系和治理能力现代化，有利于化解矛盾冲突、促进社会和谐稳定，有利于保持党同人民群众的血肉联系、巩固和扩大党的执政基础，有利于发挥我国政治制度优越性，增强中国特色社会主义道路自信、理论自信、制度自信。

第九章　高校中国共产党领导执政认同教育与大学生制度自信培养

民族区域自治制度，是根据我国的历史发展、文化特点、民族关系和民族分布等具体情况作出的用民族区域自治的办法解决民族问题的制度安排，符合各民族人民的共同利益和发展要求。由于成功地实行民族区域自治制度，我国少数民族依法自主管理本民族事务，民主参与国家和社会事务的管理，保证了各民族不论大小都享有平等的经济、政治、社会和文化权利，共同维护国家统一和民族团结，反对分裂国家和破坏民族团结的行为，形成了各民族相互支持、相互帮助、共同团结奋斗、共同繁荣发展的和谐民族关系。

基层群众自治制度是扩大基层民主，以农村村民委员会、城市居民委员会和企业职工代表大会为主要内容的基层民主自治制度体系的基本政治制度，体现了完善发展中国特色社会主义民主政治的必然趋势和重要基础。改革开放以来，我国城乡基层民主不断扩大，公民有序的政治参与渠道增多，民主的实现形式日益丰富。广大人民在城乡基层群众性自治组织中，依法直接行使民主选举、民主决策、民主管理和民主监督权利，对所在基层组织的公共事务和公益事业实行民主自治，已经成为当代中国最直接、最广泛的民主实践。党的十八大要求，健全基层党组织领导的充满活力的基层群众自治制度，以扩大有序参与、推进信息公开、加强议事协商、强化权力监督为重点，拓宽范围和途径，丰富内容和形式，保障人民享有更多更切实的民主权利。

中国共产党领导的多党合作和政治协商制度、民族区域自治制度以及基层群众自治制度之所以是培养大学生制度自信的源泉，是因为这些制度不仅符合我国国情，反映了广大人民群众的愿望和要求，而且这些制度在我国现代化建设和改革开放中发挥了基础性的核心重要作用，有力地推进了中国特色社会主义事业的发展。随着中国特色社会主义事业的不断深入和进一步发展，这些制度的生命力和创造力还将进一步显现。大学生制度自信的培养就是从这些制度中获取养料。这些制度成为培养大学生制度自信的源泉。

（三）公有制为主体、多种所有制经济共同发展的基本经济制度是培养大学生制度自信的基础

党的十八大重申，要毫不动摇巩固和发展公有制经济，推行公有制多种实现形式，推动国有资本更多投向关系国家安全和国民经济命脉的

重要行业和关键领域，不断增强国有经济的活力、控制力、影响力。毫不动摇鼓励、支持、引导非公有制经济发展，保证各种所有制经济依法平等使用生产要素、公平参与市场竞争、同等受到法律保护。这是党的十八大对中国特色社会主义基本经济制度的郑重宣示。我国社会主义市场经济体制改革创新全面推进，以公有制为主体、多种所有制经济共同发展的基本经济制度日臻完善，全方位、宽领域、多层次的对外开放格局基本形成。充满活力的社会主义市场经济体制发展完善，极大地促进了社会生产力、综合国力和人民生活水平的提高，为发展中国特色社会主义提供了强大动力和体制保障。以公有制为主体、多种所有制经济共同发展的基本经济制度之所以是培养大学生制度自信的基础，当然与大家都熟悉的马克思主义基本理论所强调的经济基础的定义密切相关。中国特色社会主义的基本经济制度为中国特色社会主义事业的发展创造了基本的制度支撑。正是在中国特色社会主义基本经济制度的支撑下，中国特色社会主义事业才能不断向前推进，我国的国民经济的整体实力才能不断增强。中国共产党依靠这个基本的经济制度，为政治体制、社会管理体制和其他方面的体制改革与发展奠定了坚实基础。大学生的制度自信的基础也在中国特色社会主义基本经济制度的发展和完善过程中逐步确立。

（四）中国特色社会主义法律体系是培养大学生制度自信的支撑

中国特色社会主义法律体系为我国民主政治建设提供可靠保障。改革开放以来，我国坚持依法治国的基本治国方略，积极推进社会主义法治国家建设。经过长期努力，一个以宪法为核心，由法律、行政法规、地方性法规等多个层次法律规范构成的中国特色社会主义法律体系已经形成，社会政治生活各个领域和立法、司法、执政、行政各个环节均实现了有法可依，人权状况不断改善，人民民主制度有了可靠的法律保障。党的十八大进一步要求，完善中国特色社会主义法律体系，加强重点领域立法，拓展人民有序参与立法途径。推进依法行政，做到严格规范公正文明执法。进一步深化司法体制改革，确保审判机关、检察机关依法独立公正行使审判权、检察权。深入开展法制宣传教育，弘扬社会主义法治精神，树立社会主义法治理念，增强全社会学法尊法守法用法意识。提高领导干部运用法治思维和法治方式深化改革、推动发展、化

第九章　高校中国共产党领导执政认同教育与大学生制度自信培养

解矛盾、维护稳定能力。

中国特色社会主义法律体系是培养大学生制度自信的支撑，这是因为大学生对中国共产党执政认同，不仅来自对中国共产党执政的合法性认同，还要来自对中国共产党执政的依法性认同。合法性是一个执政党与人民群众关系的处理问题。依法性是执政党与人民群众关系的建立问题。对中国共产党执政认同的来源是广大人民群众的认同和支持，对中国共产党执政认同的支持则来自广大人民群众的信心和支持。中国共产党只有把合法性与依法性相结合才能保证人民群众的支持和拥护。通过中国共产党执政认同教育，通过中国共产党的合法性与依法性相结合的实践，引导大学生认识中国共产党对建设法治国家的信心和举措，就可以培养大学生的制度自信。

三　中国特色社会主义制度自信与人才培养

中国特色社会主义时代的大学生应该具有制度自信的素质。对于高校来说，更要认识制度自信培养与人才培养的密切关系，加快做好这方面的工作。

（一）中国特色社会主义制度自信是高校人才培养的方向

培养大学生制度自信，就要引导大学生认识到马克思主义政党先进性的重要标志就是制度的完善和创新。通过制度的完善和创新，中国共产党开辟了中国特色社会主义的光明前景，中华民族走在了伟大复兴的路上。党的十八大提出构建系统完备、科学规范、运行有效的制度体系，使各方面制度更加成熟更加定型的目标任务，对于坚持和发展中国特色社会主义、实现中华民族伟大复兴具有重大意义。对于高校人才培养来说，培养大学生制度自信就要"全面贯彻党的教育方针，坚持育人为本、德育为先，实施素质教育，提高教育现代化水平，培养德智体美全面发展的社会主义建设者和接班人，办好人民满意的教育"。"教育在本质上是一种价值导向的工作，它总是力图选择有益于它的社会的文化，并将它传递给社会成员和下一代。"[1] 高校培养大学生制度自信要在马克思主义指导下，引导大学生认识和理解中国特色社会主义制度

---

[1] 杨雄：《国家战略与青年发展》，《青年研究》2006年第12期。

的优越性,让大学生通过坚定制度自信,看到国家和自己人生的光明前景。这不仅是大学生制度自信培养的方法,也是高校人才培养的方向。

(二)中国特色社会主义制度自信是高校人才培养的必修课

胡锦涛同志在第 23 个教师节优秀教师代表座谈会上指出:中国的未来发展,中华民族的伟大复兴,归根到底靠人才,人才培养的基础在教育。建设和发展中国特色社会主义伟大事业,从根本上说是一个人才培养问题。高校培养大学生的制度自信,是由社会主义教育的性质和目的决定的,是高校人才培养的必修课。高校引导和培养大学生树立正确的世界观、人生观、价值观,确立为建设中国特色社会主义而奋斗的政治方向,就必须培养大学生的制度自信。制度自信关系大学生能不能成为中国特色社会主义事业合格的建设者和接班人。在高校人才培养的过程中,制度自信是一个必须解决好的大问题,所以高校要把制度自信作为人才培养的主要工作,切实抓紧抓好。

(三)中国特色社会主义制度自信是高校人才培养的指导方针

制度自信是对中国特色社会主义制度建设和制度优势的深刻认识和坚定信念。高校要把制度自信作为培养人才的指导方针,坚持以制度自信培养人、教育人,引导大学生从历史发展规律的深邃视野,从当代中国发展进步的深层动因,从社会主义制度变革完善的深刻逻辑中,全方位把握和理解中国特色社会主义制度的优势、价值和生命力。

培养大学生的制度自信的过程,实质上就是运用中国特色社会主义理论武装大学生、引导大学生健康成长的过程。中国特色社会主义理论作为统一大学生思想的理论指南,作为党的路线、纲领、方针、政策的理论基础,是与中国特色社会主义制度的优越性分不开的。依靠中国特色社会主义的制度自信就能够把大学生汇聚在中国特色社会主义的旗帜下、统一到中国特色社会主义伟大事业之中,认同中国共产党执政地位。

(四)中国特色社会主义制度自信有利于引导大学生树立正确的世界观、人生观、价值观

毛泽东同志指出:"代表先进阶级的正确思想,一旦被群众掌握,

第九章　高校中国共产党领导执政认同教育与大学生制度自信培养

就会变成改造社会、改造世界的物质力量。"① 制度自信作为凝聚中国特色社会主义理论、中国特色社会主义道路的载体，不仅在实践中显示了强大的生命力，推动了中国特色社会主义事业的发展，而且有利于引导大学生树立科学的世界观、人生观、价值观。今天的中国正处于急剧变化之中，正在进行规模空前的社会转型。"这种变化从不同角度且相互联系地反映了当代中国社会的深刻变迁。这种巨大的社会转型反映到人们的思想意识上，不可避免地对青年大学生产生了激烈的冲击，青年大学生的意识形态出现了多元、多样、多变的特征。"② 大学生的世界观、人生观、价值观正确不正确取决于制度自信的培养。只有坚信中国共产党的领导执政地位不可动摇，坚信中国共产党的领导核心是中国现代化建设成功的根本保证，大学生才能建立正确的世界观、人生观、价值观。在正确的世界观、人生观、价值观指导下，大学生才能成长成才。

（五）中国特色社会主义制度自信为人才培养注入强大生命力

中国特色社会主义制度是中国共产党和中国人民在改革开放实践中创造的制度性成果，是能够集中力量办大事、能够充分调动各方面的积极性、能够捕捉重要发展机遇并且不断把这些机遇转化为发展动力的制度。既符合我国国情，又顺应时代潮流，具有科学性、时代性和优越性相统一的特点。培养大学生制度自信，就要引导大学生充分肯定中国共产党的领导执政地位、中国特色社会主义制度的优越性。通过制度自信培养，引导大学生认识我国社会主义现代化建设和改革开放的成就日益展现，中国特色社会主义的发展不断显示，可以进一步丰富高校人才培养内容，突出高校人才培养的政治优势，使高校人才培养展现前所未有的生机活力和光明前景。"一切划时代的体系的真正的内容都是由于产生这些体系的那个时期的需要而形成起来的。"③ 当中国特色社会主义制度自信被大学生建立，便会转化为大学生对中国特色社会主义事业的拥护和坚持，表现为大学生献身中国特色社会主义事业的能力和智慧。

---

① 《毛泽东著作选读》下册，人民出版社1986年版，第839页。
② 邓军彪、甘日栋：《大学生接受中国特色社会主义理论体系教育状况》，《传承》2010年第9期。
③ 《马克思恩格斯全集》第3卷，人民出版社1960年版，第544页。

第三节　高校中国共产党执政认同教育与大学生制度自信培养

高校中国共产党执政认同教育的目的是培养大学生的制度自信。培养大学生制度自信，必须提高认识，统一思想，紧跟形势，加快工作步伐。

一　大学生中国特色社会主义制度自信培养的重要意义

大学生中国特色社会主义制度自信培养，关系着造就中国特色社会主义事业建设者和接班人，关系着高校人才培养质量和水平，必须引起高度重视，切实抓紧抓好。

（一）中国特色社会主义制度自信培养是大学生成长的创造性工程

青年是国家的未来、民族的希望。胡锦涛同志指出："一个有远见的民族，总是把关注的目光投向青年；一个有远见的政党，总是把青年看作推动历史发展和社会前进的重要力量。"[①] 加强中国特色社会主义制度认同教育，培养大学生制度自信，对培养中国特色社会主义事业的建设者和接班人具有重大的现实意义和深远的历史意义。这是大学生成长的创造性工程。大学生的制度自信来源于认识和实践两个方面发展和提高。认识方面离不开对中国特色社会主义理论的学习和掌握；实践方面离不开对中国特色社会主义事业的切身感受和切实体会。认识和实践的深入和变革，必然带来思想的变化和发展。随着制度自信的建立，对中国特色社会主义事业的认识和实践也在深化。大学生在这个过程中，不仅具备了理论素养、实践能力，而且培养了创造性的思维能力和社会实践能力。

（二）中国特色社会主义制度自信培养是大学生成长的基础性工程

高等教育阶段是大学生思想观念日趋成熟的阶段，也是大学生世界观、人生观、价值观形成的关键阶段。这个阶段对于大学生来说，理论

---

① 胡锦涛：《迈向新世纪创造新业绩——在共青团第十四次全国代表大会上的祝词》，《光明日报》1998年6月20日。

第九章 高校中国共产党领导执政认同教育与大学生制度自信培养

武装是必修课。马克思明确指出:"理论一经掌握群众,也会变成物质力量。理论只要说服人[ad hominem],就能掌握群众;而理论只要彻底,就能说服人。"① 中国特色社会主义理论为大学生的成长提供了理论指导。大学生对中国特色社会主义制度的认同观,就要在中国特色社会主义理论的指导下形成和建立。通过制度自信培养,大学生可以增强自己的理论分析、理论思维、理论武装能力和水平,可以更深入认识和把握社会发展规律,进行正确的价值衡量、判断和选择,有效避免因各种社会思潮的相互冲撞而导致的精神世界混乱,在多元价值观中树立正确的人生价值追求,健康成长成才。

二 大学生中国特色社会主义制度自信培养的紧迫性

社会嬗变与整合,转型期多元文化的冲击,给大学生制度自信培养带来挑战和机遇。高校应该抓住机遇,迎接挑战,加快培养大学生制度自信。

(一)培养大学生中国特色社会主义制度自信是培养大学生正确世界观、人生观、价值观的需要

"学生们学习马克思主义这门课程,当然要获得马克思主义的基础知识,但更重要的是为了树立正确的世界观、人生观、价值观,确立对真理的信仰,始终能够坚持正确的政治方向和人生目标。"② 部分大学生缺乏对中国特色社会主义制度的认识和理解,与其没有形成完整、正确的世界观、人生观、价值观分不开。他们没有正确的世界观、人生观、价值观指导,无法识别和抵御错误思潮侵袭,缺乏政治辨别力,对社会思潮不是盲目随从就是惊慌失措,无所适从。市场经济利益最大化和等价交换原则的消极方面直接或间接地影响到大学生的世界观、人生观、价值观,表现在人际交往、社会生活中,易出现人际关系商品化、道德交易市场化,导致拜金主义、实用主义泛滥,容易使个人利益、小集团利益得到强化,使个人主义、狭隘的民族主义思潮膨胀,产生损人利己、唯利是图等破坏社会安定和谐的行为。市场竞争优胜劣汰的原则

---

① 《马克思恩格斯选集》第1卷,人民出版社1995年版,第9页。
② 陈志尚:《信仰问题极端重要》,《党政干部学刊》2010年第11期。

容易使大学生产生思想压力和沉重心理负担,而这种压力如不能及时化解,容易造成大学生心理诸多不平衡问题。这些问题会直接影响大学生对中国特色社会主义制度的正确认知,对中国特色社会主义制度失去信心。

(二)培养大学生中国特色社会主义制度自信是抵御西方意识形态渗透的需要

"冷战"以来,以美国为首的西方国家一直致力于将意识形态渗透作为对社会主义中国进行和平演变的重要手段,公然宣称将和平演变的重点对象集中于当代年轻人身上。他们居心叵测地利用宗教民族等问题挑起社会主义国家民众的思想混乱,利用所谓人权民主等问题诋毁社会主义政治体制,利用广播、网络等手段大肆传播西方的价值观和文化理念,利用经济全球化极力推行西方的政治制度和社会模式。① 总的来说,西方国家一方面在全球范围内极力宣扬淡化意识形态,倡导指导思想多元化、普世价值,企图淡化我国的思想政治教育工作,淡化中国特色社会主义共同理想信念;另一方面,西方国家通过文化交流、学术交流、网络媒体、卫星电视等手段,极力鼓吹马克思主义过时、社会主义历史终结,倾销个人主义价值观、自由主义价值观、拜金主义价值观等资本主义思想,大肆宣扬坚持中国共产党领导就是坚持一党独裁专政等错误观点,企图用反马克思主义和反社会主义的思想占领中国意识形态阵地,希望对中国的意识形态渗透不但使主流意识形态边缘化,而且在某种程度上降低人们对中国共产党的信任感,动摇人们对中国特色社会主义道路的信念和实现中华民族伟大复兴的信心,在某种程度上影响了大学生对中国特色社会主义制度的认同。

(三)培养大学生中国特色社会主义制度自信是坚持高校社会主义方向的需要

随着知识经济时代的到来和科学技术的迅猛发展,大众传媒在传递信息上起着极其重要的作用,互联网和新闻媒体逐渐成为大学生获取知识和信息的重要渠道,对他们的思想观念产生了广泛而深远的影响。许

---

① 李昌俊:《坚定共产党人的信仰和信念》,《学校党建与思想教育》2002年第23期。

第九章 高校中国共产党领导执政认同教育与大学生制度自信培养

多大众传媒为了争夺更多的受众，在发布信息时只注重信息的新奇和受关注度，并不对信息本身加以筛选，让人们被动接受了许多不良的信息。同时，由于大众传媒的及时性和隐蔽性等特点，西方敌对势力、"三股势力"与霸权主义文化乘虚而入，在这种情况下，大学生很容易并在纷繁复杂的信息传媒影响下迷失自我。高校坚持社会主义的办学方向的一个重要任务就是对学生进行中国共产党执政认同教育，培养大学生的制度自信。当前，大学生遇到的诸多问题，一而再再而三提醒我们，高校的认同教育只能抓紧，不能放松。大学生的思想阵地，马克思主义不去占领，其他思想必然乘虚而入。我们必须从坚持社会主义办学方向的高度认识和理解认同教育的重要性和深远意义。

三 大学生中国特色社会主义制度自信培养

大学生制度自信培养刻不容缓，应该通过以下工作抓紧进行。

（一）以思想政治理论课教学为核心，培养大学生中国特色社会主义制度自信

高校思想政治理论课是大学生思想政治教育的主渠道、主阵地。大学生制度自信培养作为高校思想政治理论课的重要任务，必须通过思想政治理论课这个主渠道、主阵地进行。《马克思主义基本原理概论》《毛泽东思想和中国特色社会主义理论体系概论》《中国近现代史纲要》《思想道德修养与法律基础》四门课程的教材都有关于中国共产党执政认同教育的丰富内容，都以无可辩驳的事实说明中国共产党执政地位的形成是历史的选择，人民的选择。使大学生自觉认识到我国社会主义制度的优越性，增加我国制度自信心及民族自豪感。高校思想政治理论课完全可以运用教材的成果，进行必要的教学转化，培养大学生的制度自信。

（二）以实践教育为载体，培养大学生中国特色社会主义制度自信

大学生制度自信培养是对党和国家归属感的培养。有了归属，才会产生制度自信。制度自信说到底是对中国特色社会主义制度信心的建立。高校要以丰富多彩、形式多样的实践教育为载体，表现中国特色社会主义制度建立的历史是一部熔铸和弘扬爱国主义传统的光辉历史，是一部把马克思主义基本原理与中国具体实际相结合的历史。通

过大力开展各种社会实践教育活动组织大学生深入基层，深入乡村，深入改革开放的第一线，了解国情、体察民情、认识形势，把握时代发展脉搏，亲身体会和感受认识中国特色社会主义制度的优越性和强大生命力。

（三）以校园文化建设为手段，丰富大学生中国特色社会主义制度自信培养的形式

高等学校校园文化是社会主义先进文化建设的重要组成部分，是培养大学生制度自信的重要基地、示范区和辐射源。教育部、共青团中央发布的《关于加强和改进高等学校校园文化建设的意见》（教社政〔2004〕16号文）指出，高校校园文化的人文环境建设，要以爱国主义为核心的团结统一、爱好和平、勤劳勇敢、自强不息的民族精神为主旋律，以学生的内在成长和养成为目标。校园文化建设不仅要体现不同于第一课堂活动的生动活泼、形式多样的特点，体现时代特征和学校特色，打造高品位文化，还要体现育人功能，有利于培养大学生的制度自信。校园文化建设的"活"，要有利于宣传国家现代化建设和改革开放的成就；校园文化建设的"新"，要有利于展现中国共产党带领全国人民开创中国特色社会主义事业新局面；校园文化建设的"美"，要有利于表现全国人民追求新生活、期盼新生活的新气象，新风貌。

（四）以高素质的人才队伍为依托，提高大学生中国特色社会主义制度自信培养的工作水平

提高高校制度自信培养水平，关键在教师。高等学校思想政治理论课教师是马克思主义理论和党的路线、方针、政策的宣讲者，社会主义意识形态和精神文明的传播者。高校要不断提高他们的马克思主义理论素养，提高他们科研能力和教学水平，引导他们做坚定的马克思主义者，做教书育人的表率，做大学生健康成长的指导者和引路人。高校思想政治理论课教师要以高度负责的态度，率先垂范、言传身教，以良好的思想、道德、品质和人格给大学生以潜移默化的影响。[1]

---

[1] 中共中央、国务院：《关于进一步加强和改进大学生思想政治教育的意见》，（中发〔2004〕16号文）。

第九章　高校中国共产党领导执政认同教育与大学生制度自信培养

青年代表未来，青年创造未来。只有赢得青年，才能赢得未来。高校要通过大学生制度自信培养，引导大学生认同中国共产党执政地位，坚定不移跟党走，增强大学生为中华民族发展和中国特色社会主义事业努力奋斗的使命感和责任感。

第十章 高校中国特色社会主义理论认同教育与大学生理论自信培养

胡锦涛同志指出:"经过长期努力,我们坚持和发展中国特色社会主义取得了重大理论和实践成果,最重要的就是,开辟了中国特色社会主义道路,形成了中国特色社会主义理论体系,确立了中国特色社会主义制度。这是党和人民90多年奋斗、创造、积累的根本成就,必须倍加珍惜、始终坚持、不断发展。"①

中国特色社会主义制度符合我国国情,顺应时代潮流,有利于保持党和国家的活力、调动广大人民群众和社会各方面的积极性、主动性、创造性,有利于推动经济社会全面发展和维护社会公平正义,有利于维护民族团结、社会稳定、国家统一。因此,应该通过对中国特色社会主义理论的认同教育,培养大学生的理论自信。

第一节 中国特色社会主义理论认同教育

在改革开放的背景下,大学生信息获取的渠道多样,大学生的思想受着强烈的冲击,正确的思想和错误的思想、进步的思想和落后的思想经常在大学生头脑中交织碰撞。大学生作为中国特色社会主义事业建设者和接班人,加强对他们的中国特色社会主义理论认同教育,引导大学生坚持走中国特色社会主义道路,确立理论自信,对于大学生的健康成长,成才发展都具有重大的意义。因此,必须把对大学生进行中国特色

---

① 《在中国共产党第十八次大会上的报告》,人民出版社2012年版,第4页。

第十章　高校中国特色社会主义理论认同教育与大学生理论自信培养

社会主义理论认同教育这项工作抓紧抓好，切实抓出成效。

一　中国特色社会主义理论认同教育的重要意义

我们可以通过四个有利于认识中国特色社会主义理论认同教育的重要意义。

（一）有利于巩固和加强马克思主义在高校的指导地位

每一个社会都有反映统治阶级意志的占统治地位的意识形态。[1] 马克思指出："统治阶级的思想在每一时代都是占统治地位的思想。这就是说，一个阶级是社会上占统治地位的物质力量，同时也是社会上占统治地位的精神力量。"[2] 统治阶级的意识形态是统治阶级对于普通民众的理论诉求，如果统治阶级的意识形态反映了广大民众的根本利益，那么这个意识形态的力量就会转化成为促进广大群众参与国家建设的物质力量，成为推动社会发展最强大的精神力量。马克思主义作为社会主义的意识形态，是我们立党立国的指导思想，是中国特色社会主义的理论基础，反映了最广大人民群众的根本利益，代表了无产阶级的愿望和要求，是推动和鼓舞建设中国特色社会主义的强大精神力量。随着经济全球化进程的加快，信息化浪潮排山倒海涌来，外来思想不断涌入，社会意识形态呈现出多样化趋势，由此导致不同的价值观和社会思潮彼此冲撞，这必然会冲击马克思主义在高校的指导地位。在这种情况下，如果不加强中国特色社会主义理论认同教育，就有可能会造成马克思主义远离大学生，缺乏群众基础，影响大学生对马克思主义的认同感。因此，加强中国特色社会主义理论认同教育，能够使马克思主义真正成为大学生内心自觉的思想意识，使大学生真正拥护马克思主义。

（二）有利于推动中国特色社会主义理论的学习

党的十八大报告指出："这个理论体系，坚持和发展了马克思列宁主义、毛泽东思想，凝结了几代中国共产党人带领人民不懈探索实践的智慧和心血，是马克思主义中国化的最新成果，是党最可宝贵的政治和

---

[1] 邵啸鹏：《促进西部民族地区政治心理的稳定和成熟》，《农业科技与信息》2009 年第 21 期。

[2] 《马克思恩格斯选集》第 1 卷，人民出版社 1995 年版，第 98 页。

精神财富，是全国各族人民团结奋斗的共同思想基础。"① 改革开放取得巨大成绩和重大进步的根本原因，是我们党高举中国特色社会主义伟大旗帜，开辟了中国特色社会主义道路，形成了中国特色社会主义理论体系。今天，高举中国特色社会主义伟大旗帜，最根本的就是要坚持这条道路和这个理论体系。高校要通过中国特色社会主义理论的认同教育，推动大学生对中国特色社会主义理论的学习和掌握。能不能学习和掌握中国特色社会主义理论，不仅关系到大学生个人的理论水平、理论素养的提高，而且关系到大学生未来的发展。很难想象，一个对中国特色社会主义理论缺乏学习和掌握的大学生，能够认同并践行这一理论。我们知道，认同是对某些认为与自己有共同之处的事务感到亲切的感情。认同是个体对群体价值取向的承认、接受以及继承，包含鲜明的价值判断与价值期待，具有持久性和根本性。通过学习和掌握中国特色社会主义理论，能够引导大学生按照中国特色社会主义理论的要求培养理论素养，形成马克思主义的世界观和方法论。

（三）有利于马克思主义在高校的大众化

当代中国马克思主义的导向就是通过马克思主义教育，把党和国家的纲领逐步转化为各族群众的普遍认同，转化为他们的意识与动机，并将这种共识转化为促进现代化发展的动力。"马克思主义大众化的过程在某种程度上就是不断提高思想政治教育实效的过程，而思想政治教育实效性的提高也是马克思主义大众化进一步向前发展的客观要求；有效推进马克思主义大众化和促进思想政治教育的实效性，必须运用科学的工作方法，坚定的马克思主义理想信念并全面落实以人为本的科学发展观。"② 当前，增强社会主义意识形态的吸引力和凝聚力，就是增强中国特色社会主义理论体系的吸引力和凝聚力，其实质是马克思主义的大众化。党的十八大报告提出，要增强社会主义意识形态的吸引力和凝聚力，这是具有重大战略意义的深谋远虑。在新世纪、新阶段，高校要通过增强社会主义意识形态的吸引力和凝聚力，提高社会主义意识形态对

---

① 胡锦涛：《高举中国特色社会主义伟大旗帜，为夺取全面建设小康社会新胜利而奋斗》——在中国共产党第十七次全国代表大会上的报告，人民出版社 2007 年版。

② 王浩斌：《马克思主义大众化与思想政治教育的实效性》，《河南广播电视大学学报》2009 年第 4 期。

第十章　高校中国特色社会主义理论认同教育与大学生理论自信培养

各种思想观念和社会思潮的整合能力,以此来团结和凝聚大学生为实现中国特色社会主义共同理想和人民的利益而奋斗,为建设中国特色社会主义提供强大精神动力和思想保证。社会主义意识形态的吸引力和凝聚力"就是广大人民群众对社会主义意识形态所倡导的理想信念、价值规范、策略目标能够发自内心地认同并自觉地遵循和实践,社会主义意识形态团结群众、凝聚人心、鼓舞斗志的功能能够得到充分发挥。"① 高校马克思主义大众化的成效,关键在于大学生是否真正接受马克思主义及其中国化的理论成果。深入开展中国特色社会主义理论认同教育就是要探索大学生接受中国特色社会主义理论体系的机制和有效途径,有效促进马克思主义大众化,最终实现马克思主义意识形态对大学生思想的统领。

（四）有利于高校形成安定团结、和谐健康的校园环境

邓小平指出,稳定是大局,稳定压倒一切。江泽民同志指出,在社会主义现代化建设中要正确处理"改革、发展、稳定"的辩证关系,特别强调"一个社会的稳定,要靠坚强的政治领导,依靠经济的发展,依靠好的制度和法治,同时全体社会成员思想上的稳定也是一个极为重要的条件"。② 高校形成安定团结、和谐健康的校园环境不仅是大学生健康成长的必要保证,而且是全社会稳定的必要保证。高校安定团结、和谐健康的校园环境表现为大学生的认识一致、思想统一。对中国特色社会主义理论的认同就是大学生认识一致、思想统一的具体表现,大学生确立了对中国特色社会主义理论的认同,就能够实现对中华民族的认同、对祖国、对中华文化、对中国特色社会主义道路、对中国共产党执政等诸方面的认同。这是贯穿形成安定团结、和谐健康的校园环境的主旋律。唱响这个主旋律,才能保证校园的和谐稳定,各民族大学生才能团结一致,共同进步。

（五）有利于培养社会主义事业建设者和接班人

大学生是国家宝贵的人才资源。把大学生培养成为中国特色社会主

---

① 李英田:《从利益入手增强社会主义意识形态的吸引力和凝聚力》,《学习与实践》2008年第1期。

② 江泽民:《论"三个代表"》,中央文献出版社2001年版,第123、125、127页。

义事业的合格建设者和可靠接班人,是确保中国特色社会主义事业兴旺发达,后继有人,实现全面建设小康社会和中华民族伟大复兴目标的需要,是提高党的执政能力、巩固党的执政地位,确保党的事业后继有人,也是办人民满意的教育,满足大学生成长成才的需要,是实现好、维护好、发展好最广大人民根本利益的需要。在当今文化多元交融、思想异常活跃的时代,各种社会思潮和文化形态都在影响大学生,我国改革正处于攻坚阶段和关键时期,各种制度尚不完善,各个领域存在大量失范和混乱现象,中华民族的传统观念和价值标准受到冲击,"这种变化从不同角度且相互联系地反映了当代中国社会的深刻变迁。这种巨大的社会转型反映到人们的思想意识上,不可避免地对青年大学生产生了激烈的冲击,青年大学生的意识形态出现了多元、多样、多变的特征,使得青年大学生对中国特色社会主义理论体系的认同面临考验"。[1] 在这种情况下,加强中国特色社会主义理论认同教育,用中国特色社会主义理论体系武装大学生头脑,培养大学生的理论自信,帮助大学生树立中国特色社会主义的理想,秉承民族精神和时代精神,倡导社会主义荣辱观,建立社会主义核心价值观,对把大学生培养成为中国特色社会主义事业的合格建设者和可靠接班人具有至关重要的意义。

二 中国特色社会主义理论认同教育的紧迫性

中国特色社会主义理论体系是新时期党的最新理论创新成果,是我们党的根本纲领和指导思想。对此,党的十八大明确指出要坚持不懈用中国特色社会主义理论体系武装全党、教育人民,积极开展中国特色社会主义理论体系的宣传、教育和普及活动。当前,加强大学生的中国特色社会主义理论认同教育显得尤为紧迫和急切。

(一)加强中国特色社会主义理论认同教育是大学生学习马克思主义理论的需要

党的十七大提出中国特色社会主义理论体系的科学命题,是对我国改革开放以来实践经验的最新、最全的总结与概括,是中国共产党推进

---

[1] 邓军彪、甘日栋:《大学生接受中国特色社会主义理论体系教育状况》,《传承》2010年第9期。

第十章　高校中国特色社会主义理论认同教育与大学生理论自信培养

马克思主义中国化和大众化的伟大创造。在改革开放和社会主义现代化的实践中，我们党始终坚持认识的基本规律，从实践中来，到实践中去，不断进行理论总结和创新，先后形成了邓小平理论、"三个代表"重要思想和科学发展观等战略思想。这是我们党领导全国人民从改革开放初期"摸着石头过河"到今天"中国特色社会主义理论体系"的形成，是实践经验的总结，实现了从感性认识到理性认识的重大飞跃。[1]

中国特色社会主义理论体系作为一个有机统一的整体，是马克思主义中国化的第二次飞跃，对我国的社会主义建设和新时期深化改革提供了科学全面的理论依据和思想指导。它系统地解答了中国特色社会主义建设事业中的三个重大理论问题，即解决了"什么是社会主义、怎么样建设社会主义""建设一个什么样的党、怎么样建设党""实现什么样发展、怎么样发展"的重大理论问题。[2] 大学生通过中国特色社会主义理论认同教育可以系统学习和掌握马克思主义中国化理论，认识马克思主义活的灵魂就是理论联系实际，就是运用马克思主义的世界观和方法论解决中国建设和改革的一系列矛盾和问题。

（二）加强中国特色社会主义理论认同教育是高校国家意识形态建设的需要

马克思、恩格斯明确指出"统治阶级的思想在每一时代都是占统治地位的思想。这就是说，一个阶级是社会上占统治地位的物质力量，同时也是社会上占统治地位的精神力量。支配着物质生产资料的阶级，同时也支配着精神生产资料，因此，那些没有精神生产资料的人的思想，一般地是隶属于这个阶级的。"[3] "意识形态领域，社会主义思想不去占领，资本主义思想就必然去占领。"[4] 所以，进行中国特色社会主义理论认同教育是高校国家意识形态建设的重要途径，是以社会主义的

---

[1] 郎益君：《论中国特色社会主义理论体系形成的历史轨迹及重大意义》，《辽宁师专学报》2008 年第 6 期。
[2] 秦伟峰：《再论中国特色社会主义理论体系的科学内涵和重大意义》，《传承》2009 年第 12 期。
[3] 《马克思恩格斯选集》第 1 卷，人民出版社 1995 年版，第 98 页。
[4] 《江泽民论有中国特色社会主义》（专题摘编），中央文献出版社 2002 年版，第 84 页。

意识形态领导和掌握大学生发展的重要措施。

（三）加强中国特色社会主义理论认同教育是高校思想政治教育创新发展的需要。江泽民指出："面对新形势新情况，思想政治工作必须在内容、形式、方法、手段、机制等方面努力进行创新和改进，特别要增强时代感，加强针对性、实效性、主动性。"党的十七届四中全会指出："不断学习、善于学习，努力掌握和运用一切科学的新思想、新知识、新经验，是党始终走在时代前列引领中国发展进步的决定性因素。"这是高校思想政治教育创新发展的基本原则。当代中国，最新的思想，最新的知识和最新的理论，就是中国特色社会主义理论体系。因此，不断学习、不断掌握中国特色社会主义理论体系，加强中国特色社会主义理论认同教育，是高校思想政治教育的主题主线，是高校思想政治教育创新发展的需要。真正实现用这一理论武装大学生的头脑，真正实现大学生对中国特色社会主义理论的认同，是高校思想政治教育创新发展的基本目的。

（四）加强中国特色社会主义理论认同教育是大学生成长成才的需要

高校思想政治教育的目的是培养、促进和教育大学生全面发展，健康成长。如何抓住学生的成长成才规律，通过积极有效的教育、引导和激励，促进大学生健康成长成才是当前高校思想政治教育亟待解决好的问题。"理论一经掌握群众，也会变成物质力量。"[①] 在大学生中进行中国特色社会主义理论认同教育，用马克思主义中国化的最新成果武装大学生的头脑，帮助大学生形成正确的世界观、人生观和价值观，使广大学生理解并接受中国特色社会主义理论体系，是高校思想政治教育的中心工作，也是大学生成长成才的需要。高校要抓住学生的这个需要，不失时机展开中国特色社会主义理论认同教育，既引导大学生按照中国特色社会主义事业发展需要，促进自身能力的不断提升，最大限度发挥成长成才的积极性和主动性，同时引导大学生将对中国特色社会主义理论的认同转化为对知识与技能学习和掌握的强大动力。

[①] 《马克思恩格斯选集》第 1 卷，人民出版社 1995 年版，第 9 页。

第十章　高校中国特色社会主义理论认同教育与大学生理论自信培养

三　中国特色社会主义理论认同教育与大学教育

中国特色社会主义理论认同教育与大学教育的相同点表现如下。

（一）中国特色社会主义理论认同教育与大学教育培养目的的一致性

高校办得怎么样，我国高等教育事业发展得怎么样，首先要看培养出来的大学生是不是合格，特别是思想政治素质是不是合格。中国特色社会主义理论认同教育与大学教育的培养目标是一致的，都是为了培养和提高大学生的思想政治素质，培养和造就中国特色社会主义事业的建设者和接班人。胡锦涛同志在中央政治局第三十四次集体学习时发表的重要讲话中指出：高校是培养人才的重要基地，"要坚持育人为本、德育为先，把立德树人作为教育的根本任务，努力培养中国特色社会主义事业的建设者和接班人"。[①]《中共中央、国务院关于进一步加强和改进大学生思想政治教育的意见》明确规定："学校教育要坚持以育人为本、德育为先，把人才培养作为根本任务，把思想政治教育摆在首要位置。"[②] 把大学生培养成为中国特色社会主义事业的合格建设者和可靠接班人，不仅要大力提高大学生的科学文化素质，更要大力提高大学生的思想政治素质。高校必须坚持教育育人为本，坚持德智体美教育、德育为先的原则，坚持用中国特色社会主义理论体系武装大学生头脑。

中国特色社会主义理论认同教育是大学教育的重要内容，《〈中共中央宣传部教育部关于进一步加强和改进高等学校思想政治理论课的意见〉实施方案》（教社政正〔2005〕9号）文件对大学的思想政治理论课程内容安排作出了指导性部署。在高校本科阶段，思想政治理论课程设置的四门必修课程着眼于进一步加强青年学生对中国历史和当今国情、世情的认识，掌握并运用马克思主义的世界观和方法论，增强社会主义法制观念和道德观念，掌握毛泽东思想等一系列马克思主义中国化理论成果，坚定走中国特色社会主义道路的理想和信心，自觉投身社

[①]《中共中央政治局集体学习胡锦涛强调优先发展教育》，新华网，2006年8月30日。

[②] 教育部社会科学司：《普通高校思想政治理论课文献选编（1949—2006）》，中国人民大学出版社2007年版，第78页。

主义现代化建设中去，努力成为合格的建设者和接班人。

新时期加强理论教育一定要坚持以人为本的理念，尊重人的多样化需要，理解人的个性化发展，关心人的通俗化求索，爱护人的创新性诉求，把中国特色社会主义理论认同教育潜移默化地渗透到日常生活世界中，通过关注人民群众生活实践中的重大现实问题，积极总结人民群众生活实践的新鲜经验，使中国特色社会主义理论体系成为人民群众的自觉选择①。坚持用中国特色社会主义理论体系武装大学生头脑，是大学生能够真正做到高举中国特色社会主义伟大旗帜，坚持中国特色社会主义道路的根本保证，是实现把大学生真正培养成为中国特色社会主义事业合格建设者和可靠接班人目标的根本保证。

（二）中国特色社会主义理论认同教育与大学教育都重在引导

大学生是"具体的、现实的、活生生的生命个体，是一个有血有肉、充满个体差异的生命体。他们有自己的需要、追求，还有自己作为人的尊严、人格和自由，是一个活灵活现的生命个体"。②作为知识密集型的高素质群体，大学生有明确的价值目标、个人信念和理想追求，对于精神生活也具有追求更高层次的强烈愿望。从根本而言，中国特色社会主义理论体系是大学生的思想导向系统，对于指导大学生树立正确的世界观、人生观、价值观，对大学生自己一生的奋斗和成就能够产生长远而巨大的作用。

"如何真正实现和达到我们所希求的实际效果则是高校思想政治理论课教师和思想政治教育工作者予以首要考虑和重点关注的。必须让学生真正认识和体会到中国特色社会主义理论体系作为当代中国马克思主义最新的理论成果，是解决当代中国社会主义伟大实践的唯一正确理论，逐步使中国特色社会主义理论体系成为当代大学生自觉的精神追求"③。加强大学生中国特色社会主义理论认同教育，与大学教育一样，都重在引导。所谓重在引导就是要在开展中国特色社会主义理论认同教育的过程中，要坚持以理服人、以情感人、平等待人、文明教育。重在

---

① 俞吾金：《新时期意识形态的特性》，《人民日报》2006年6月1日。
② 冯建军：《生命化教育》，教育科学出版社2007年版，第112页。
③ 万美容、杨昕：《在大学生中普及中国特色社会主义理论体系的思考》，《学校党建与思想教育》2008年第3期。

第十章　高校中国特色社会主义理论认同教育与大学生理论自信培养

引导要求高校的中国特色社会主义理论认同教育要尊重人、关心人、理解人、爱护人，以人为本，采用科学的有效的为学生喜闻乐见的教育形式和教育内容，深入细致开展中国特色社会主义理论认同教育。

第二节　高校人才培养与中国特色社会主义理论认同

中国特色社会主义的伟大实践和高校人才培养的需要要求大学生培养和确立对中国特色社会主义的理论认同。这是高校人才培养必须解决好的重大原则问题。

一　中国特色社会主义理论认同概述

理论认同是一个重要的时代课题，其实质就是对理论的信仰。只有在深刻认识中国特色社会主义理论的基础上才能够培养对中国特色社会主义理论认同的自觉性和积极性。

（一）中国特色社会主义理论概述

1. 中国特色社会主义理论的渊源

以胡锦涛同志为总书记的党的领导集体，以科学的态度总结我们党领导社会主义革命、建设和改革的经验，立足时代的高度，以马克思列宁主义为指导，对改革开放以来党的创新理论成果进行理论综合和体系创造，在党的文件中第一次提出了"中国特色社会主义理论体系"这个重要范畴。胡锦涛同志指出："改革开放以来我们取得一切成绩和进步的根本原因，归结起来就是：开辟了中国特色社会主义道路，形成了中国特色社会主义理论体系。高举中国特色社会主义伟大旗帜，最根本的就是要坚持这条道路和这个理论体系。"[1]

"中国特色"表明这一理论体系吸收了中国人民、中国共产党最鲜活的实践成果，深深植根于中国大地，植根于现实的基础之上。这个理论体系的最可贵之处，不是单纯阐述和搬用前人的学说，而是发现了前

---

[1] 胡锦涛：《高举中国特色社会主义伟大旗帜，为夺取全面建设小康社会新胜利而奋斗》——在中国共产党第十七次全国代表大会上的报告，人民出版社2007年版，第55页。

人的理论无法解释和解决的问题，在前人理论精髓的指引下，勇敢地总结人民群众的新实践，然后又在实践的基础上，提出自己的新理论，并用这个新的理论去系统回答中国当前亟须解决的重大问题。

"理论体系"表明这一理论是一个整体。邓小平理论、"三个代表"重要思想、科学发展观紧密相连，相互贯通，是一个有着严密内在逻辑的完整开放的体系。这一理论体系有一个总的依据：社会主义初级阶段；一个总的布局：经济建设、政治建设、文化建设、社会建设、生态文明建设五位一体；一个总的任务：实现社会主义现代化和中华民族伟大复兴；有一个共同的主题：发展；有一以贯之的精髓：解放思想，实事求是，与时俱进，求真务实。同时，它在基本理论、基本路线、基本纲领、基本经验、基本要求上层层推进，一脉相承。邓小平理论第一次比较系统地初步回答了"什么是社会主义、怎样建设社会主义"这个首要的和基本的问题；"三个代表"重要思想回答了"建设什么样的党、怎样建设党"的问题；科学发展观则回答了"实现什么样的发展、怎样发展"的问题。围绕这些重大问题，形成了中国特色社会主义一系列重大理论观点和战略思想。这些理论观点和战略思想既保持根本上的一致性，又在新的起点上不断有新的进展，实现了马克思主义中国化的第二次历史性飞跃。

中国特色社会主义理论体系符合中国这样人口多、底子薄的东方大国的实际，是中国共产党在探索中国特色社会主义道路过程中不断提高对社会主义建设规律认识的独创性理论成果。中国特色社会主义理论体系为破除一切妨碍科学发展的陈旧观念，统一全党思想，凝聚社会共识，促进全面发展提供了有力的理论指导，是全国各族人民团结奋斗的共同思想基础。

2. 中国特色社会主义理论的科学内涵

关于中国特色社会主义理论体系的科学内涵，胡锦涛同志指出："中国特色社会主义理论体系，就是包括邓小平理论、'三个代表'重要思想以及科学发展观等重大战略思想在内的科学理论体系。"[①] 中国

---

① 胡锦涛：《高举中国特色社会主义伟大旗帜，为夺取全面建设小康社会新胜利而奋斗》——在中国共产党第十七次全国代表大会上的报告，人民出版社2007年版，第32页。

第十章 高校中国特色社会主义理论认同教育与大学生理论自信培养

特色社会主义理论体系是马克思主义中国化最新成果,包括邓小平理论、"三个代表"重要思想、科学发展观,同马克思列宁主义、毛泽东思想,是坚持、发展和继承、创新的关系。是中国特色社会主义的理论形态,是我们党最可宝贵的政治和精神财富。

在中国特色社会主义理论体系中,邓小平理论是其基础性部分。所谓基础性,就是说这一理论对中国特色社会主义道路的开创和理论体系的形成作出了创造性的独特贡献,搭起了中国特色社会主义理论体系的基本架构,对于中国特色社会主义理论体系的形成和发展具有根本性、奠基性的作用。"三个代表"重要思想是中国特色社会主义理论体系的开创性部分。所谓开创性,就是说这一重要思想面向新世纪,着眼当代世界的新变化和当代中国的新发展,在邓小平理论的基础上进一步回答了什么是社会主义、怎样建设社会主义的问题,创造性地回答了建设什么样的党、怎样建设党的问题,深化了对共产党执政规律、社会主义建设规律和人类社会发展规律的认识,实现了我们党指导思想的与时俱进。科学发展观等重大战略思想,是对邓小平理论、"三个代表"重要思想的进一步丰富和发展,是中国特色社会主义理论体系的重要组成部分。科学发展观,第一要义是发展,核心是以人为本,基本要求是全面协调可持续,根本方法是统筹兼顾。科学发展观,是马克思主义关于发展的世界观和方法论的集中体现,是我国经济社会发展的重要指导方针,是发展中国特色社会主义必须坚持和贯彻的重大指导思想。中国特色社会主义理论体系,既坚持了科学社会主义的基本原则,又根据我国实际和时代特征赋予其鲜明的"中国特色"。关于中国特色社会主义理论体系的理论基础和实践基础,胡锦涛同志指出,中国特色社会主义理论体系,"坚持和发展了马克思列宁主义、毛泽东思想、凝结了几代中国共产党人带领人民不懈探索实践的智慧和心血。"[1]

3. 中国特色社会主义理论体系的历史地位

关于中国特色社会主义理论体系的历史地位,胡锦涛同志指出,中国特色社会主义理论体系,"是马克思主义中国化最新成果,是党最宝

---

[1] 胡锦涛:《高举中国特色社会主义伟大旗帜,为夺取全面建设小康社会新胜利而奋斗》——在中国共产党第十七次全国代表大会上的报告,人民出版社2007年版,第35页。

贵的政治和精神财富，是全国各族人民团结奋斗的共同思想基础。""在当代中国，坚持中国特色社会主义理论体系，就是真正坚持马克思主义。"[①] 中国特色社会主义理论体系是马克思主义在中国发展新阶段的伟大成果。马克思主义作为我们立党立国的根本指导思想，具有与时俱进的理论品质。把马克思主义基本原理同中国实际和时代特征相结合，实现马克思主义的中国化，是中国共产党人在深刻把握马克思主义理论品质、清醒认识中国国情和时代特征的基础上得出的科学结论。

中国特色社会主义理论体系是全党全国各族人民团结奋斗的共同思想基础。共同思想基础，是一个政党、一个国家、一个民族赖以存在和发展的根本前提。没有共同思想基础，党就要瓦解、国家就要解体、民族就要分裂。新世纪新阶段，面对深刻变化的国际国内环境，面对人们思想观念多元多样多变的新情况，只有坚持用马克思主义中国化的最新成果武装全党、教育人民，用中国特色社会主义的共同理想来凝聚力量，才能真正统一全党全国各族人民的思想，才能最大限度地团结和凝聚不同社会阶层、不同利益群体的人们，为实现我们的伟大目标而共同奋斗。

中国特色社会主义理论体系把社会主义发展与民族复兴的历史任务紧密地联系在一起，把实现社会主义现代化与人民共同富裕紧密地联系在一起，把国家的兴盛和个人的幸福紧密地联系在一起，它使我们获得了引领、激励全党全国各族人民的强大精神力量。中国特色社会主义理论体系，既破除了以往人们对马克思主义教条式的理解、又抵制了当下某些企图离开社会主义的错误主张。它紧密地结合我国社会主义现代化的实际，生动而具体地坚持和发展了马克思列宁主义、毛泽东思想，是与马克思列宁主义、毛泽东思想既一脉相承又与时俱进的科学理论体系。在当代中国，坚持中国特色社会主义理论体系，就是真正坚持马克思主义。只有坚持和丰富中国特色社会主义理论体系，才能更好地坚持和拓展中国特色社会主义道路、坚持和完善中国特色社会主义制度，才是真正高举中国特色社会主义伟大旗帜。

---

① 胡锦涛：《高举中国特色社会主义伟大旗帜，为夺取全面建设小康社会新胜利而奋斗》——在中国共产党第十七次全国代表大会上的报告，人民出版社2007年版，第28页。

第十章　高校中国特色社会主义理论认同教育与大学生理论自信培养

（二）中国特色社会主义理论认同的实质

这就是坚持和发展马克思主义，坚持用发展的、实践的马克思主义教育人民，武装全党。邓小平指出："多年来，存在一个对马克思主义、社会主义的理解问题……马克思去世以后一百多年，究竟发生了什么变化……如何认识和发展马克思主义，没有搞清楚。"[①] 中国特色社会主义理论体系是指导党和人民沿着中国特色社会主义道路前进、实现中华民族伟大复兴的正确理论。中国特色社会主义理论体系是不断发展的开放的理论体系。在当代中国，坚持中国特色社会主义理论体系，就是真正坚持马克思主义。

理论是探照灯，比知识更高一层。理论拨开事物现象而揭示规律，因此在本质上更切合实际。一个理论体系的形成，是这种理论成熟的标志。中国特色社会主义理论体系是党的指导思想，当它写进宪法时就上升为国家意识形态，作为国家意识形态的理论体系，归根到底是要为全体公民所理解、掌握、运用，转变为公民的自觉信仰，才能在公民认识世界和改造世界的实践活动中发挥强大思想理论武器的作用。中国特色社会主义理论认同教育的实质就是在认真回答"什么是马克思主义，怎样坚持和发展马克思主义"的基础之上，实现这一理论体系由国家意识形态向公民意识形态的转化。中国特色社会主义理论认同教育从本质上讲，就是在这个科学理论体系指导下重构我国意识形态，进一步维护我国意识形态的安全，同时使之回到人民群众的实践活动中去，解决我国现代化建设中的重大现实问题和关系人民群众切身利益的直接问题，使全体公民自觉自愿地认同、信仰、践行这一科学理论体系，实现国家意识形态和公民信仰的协调发展，不断巩固党和人民团结奋斗的思想基础；从形式上讲，就是实现观念、体制、机制、方法的创新，在实现党的理论教育由传统向现代的转型后持续发展，提高理论教育的针对性、感召力和实效性。

二　中国特色社会主义理论的形成和发展

中国特色社会主义理论认同教育关系到中国特色社会主义现代化建

[①]《邓小平文选》第 3 卷，人民出版社 1993 年版，第 291 页。

设和改革开放事业后继有人,薪火相传。对中国特色社会主义理论认同教育,从理论上加以系统研究,有利于开创中国特色社会主义理论教育新局面;在学术上层面上加以系统研究,能够推动中国特色社会主义学科体系发展;在理论层面上加以系统研究可以丰富和发展思想政治教育基础理论研究;在应用层面上加以系统研究有利于加强社会主义意识形态建设,推动当代中国马克思主义新发展。

(一) 中国特色社会主义理论体系奠基于改革开放初期

邓小平理论是奠基标志。"文革"结束后,以邓小平同志为核心的党的第二代中央领导集体恢复了解放思想、实事求是的思想路线,冲破"两个凡是"的思想禁锢,科学评价了毛泽东和毛泽东思想,彻底否定了"以阶级斗争为纲"的错误路线,把党和国家的工作中心转移到经济建设上来,在领导党和人民进行改革开放的伟大实践中,邓小平理论应运而生。在邓小平理论指引下,党从社会主义初级阶段的实际出发,制定了社会主义初级阶段党的基本路线,找到了一条中国特色的社会主义现代化建设道路,赋予中国社会主义和民族复兴的伟大事业以新的强大生机和活力。邓小平理论集中回答了"什么是社会主义、怎样建设社会主义"这个时代问题,揭示社会主义的本质是解放生产力,发展生产力,消灭剥削,消除两极分化,最终达到共同富裕,从而把人们对社会主义本质的认识提高到新的科学水平。邓小平理论强调从社会主义初级阶段的国情出发,把社会主义制度的优势与现代市场经济的优势有机结合起来,提出了社会主义市场经济体制理论,为我国改革开放确立了社会主义市场经济体制的前进目标,开创了我国经济体制改革的新局面。邓小平理论第一次比较系统地初步回答了在中国这样一个经济文化比较落后的国家如何建设社会主义、如何巩固和发展社会主义等一系列基本问题,实现了马克思主义同中国实际相结合的伟大飞跃,成为中国特色社会主义理论体系的奠基之作。

(二) 中国特色社会主义理论体系在改革开放发展期进一步丰富和发展

"三个代表"重要思想是其丰富和发展的标志。以江泽民同志为核心的党的第三代中央领导集体,高举毛泽东思想、邓小平理论的伟大旗帜,坚持党在社会主义初级阶段的基本路线,努力加强和改善党的领

第十章　高校中国特色社会主义理论认同教育与大学生理论自信培养

导，提出"中国共产党必须始终代表中国先进生产力的发展要求，代表先进文化的前进方向，代表最广大人民群众根本利益"的"三个代表"重要思想，带领全党全国人民建设和发展了中国特色社会主义宏伟事业，成功地把它推向21世纪。"三个代表"重要思想紧密结合世情、国情和党情发展的新形势，在邓小平理论的基础上，进一步回答了"什么是社会主义，怎样建设社会主义"，创造性地回答了"建设什么样的党，如何建设党"，开拓了中国特色社会主义理论体系发展的新境界。

（三）中国特色社会主义理论体系在改革开放进入关键期确立

科学发展观是其标志。以胡锦涛同志为总书记的党中央从新世纪时代发展和社会主义现代化发展的全局出发，总结我国改革开放发展的实践经验，借鉴国外发展经验，适应新世纪人类社会发展的要求，提出了科学发展观，进一步回答了"实现什么样的发展，如何发展"这个新的时代课题，同时提出了构建社会主义和谐社会，建立创新型国家、加强社会主义核心价值体系建设、建设和谐世界等一系列重大思想，赋予了马克思主义以新的时代内涵和时代特色，进一步丰富和发展了中国特色社会主义理论体系。党的十七大把邓小平理论、"三个代表"重要思想、科学发展观作为中国特色社会主义理论体系的重要内容，党的十八大把科学发展观与邓小平理论、"三个代表"重要思想一起作为党的指导思想，标志着党的指导思想更加成熟和完善。

回顾中国特色社会主义理论体系形成和发展的历史进程，不难发现推动着这个理论体系得以形成和不断发展的不竭动力，是一代又一代的中国共产党人在社会主义建设问题上把马克思主义和中国实际结合起来而进行的坚持不懈和与时俱进的探索。这个理论体系之所以能够引领中国社会的发展进步，关键在于这个理论体系坚持了科学社会主义的基本原则，又赋予它以时代精神和中国特色。实践永无止境，创新永无止境，中国特色社会主义理论体系是一个不断发展的开放的理论体系，在夺取全面建设小康社会新胜利、实现中华民族伟大复兴的实践中，坚持解放思想、与时俱进、勇于变革、勇于创新，继续深化对这个理论体系的宣传教育，努力开创中国特色社会主义更为广阔的发展前景。

中国特色社会主义理论体系是在中国特色社会主义实践基础上，借鉴世界发达国家发展经验,逐步形成和发展起来。今后,随着中国特色社会主义实践的发展还会产生新的理论成果,还会产生新的实践经验。中国特色社会主义理论体系是一个开放的理论体系,需要进一步发展和完善。因此,在中国特色社会主义理论认同教育中,要紧跟时代发展步伐,紧跟中国发展步伐,不断进行教育内容和形式的创新。

三 中国特色社会主义理论认同与人才培养

中国特色社会主义理论认同与人才培养的关系可以从以下方面认识和理解。

(一)中国特色社会主义理论认同是人才的必备素质

中国特色社会主义理论是马克思主义中国化的最新理论成果,是完整的科学理论体系。中国特色社会主义理论基础是马克思主义理论。马克思主义理论是人类社会迄今为止最为科学最为系统的理论。马克思主义的先进性、科学性决定了中国特色社会主义理论体系的先进性、科学性。对中国特色社会主义理论的认同是大学生必备素质。没有或者欠缺这个素质,大学生很难将自己与中国的现代化建设和改革开放相结合,很难在时代的大潮中,努力奋斗,承担历史责任,实现自我的价值。

(二)中国特色社会主义理论认同教育决定人才培养的质量和水平

中国特色社会主义理论是中国共产党人经过艰苦努力、反复实践的结果。来之不易。能不能把这个理论一代接一代继承发展,薪火相传,取决于高校的人才培养的质量和水平。人才培养的质量和水平由对中国特色社会主义理论的认同决定。高质量、高水平的人才肯定具有对中国特色社会主义理论认同的觉悟和能力,肯定愿意为中国特色社会主义的伟大事业作出贡献,建功立业。

第三节 高校中国特色社会主义理论认同教育与大学生理论自信培养

高校中国特色社会主义理论认同教育的目的就是培养大学生的理论自信。要充分认识大学生理论自信培养的重要意义,树立紧迫感,加快

第十章　高校中国特色社会主义理论认同教育与大学生理论自信培养

理论自信培养。

一　大学生中国特色社会主义理论自信培养的重要意义

加强大学生理论自信培养，用中国特色社会主义理论体系武装大学生的头脑，是当前高校思想政治教育的重要任务，必须提高认识，统一思想，加快工作步伐。

（一）培养大学生中国特色社会主义理论自信是当前形势发展的需要

"随着改革开放的深入和市场经济的发展，社会结构日趋复杂，各种思想意识纷纷涌入，传统的道德价值观念和评价标准受到怀疑，人们不再从同一个视角、同一个层次去理解世界，社会主义的理想信念在这样的冲突和怀疑中受到了极大的挑战。"[1] 当前，国外文化思潮通过各种途径和多种形式影响大学生思想发展。社会处于转型阶段的诸多社会问题对大学生的影响加大，大学生思想更为活跃，迷茫困惑也困扰着他们的进步。为此，加强中国特色社会主义理论认同教育，引导大学生树立科学的世界观、人生观、价值观已经成为高校思想政治教育面临的重要任务。

（二）培养大学生中国特色社会主义理论自信是提高大学生思想政治素质的要求

由于种种原因，高校重智育轻德育、重课堂教学轻社会实践、重专业学习、轻理论学习特别是政治理论学习的倾向至今没有根除。部分学生不太重视本身的思想政治素质的提高，放松了对中国特色社会主义理论的学习。因此，培养大学生中国特色社会主义理论自信，对其进行马克思主义中国化最新理论成果的教育，引导他们正确地理解社会主义发展的规律，理性地客观地观察问题、分析问题、解决问题，提高政治鉴别能力和政治批判能力，坚定中国特色社会主义理想信念，把他们培养成为合格的中国特色社会主义事业建设者和接班人，就成为高校的重要任务。

---

[1] 张润枝：《当前广大人民群众接受社会主义意识形态的状况以及对社会主义意识形态建设的新要求》，《当代世界与社会主义》2008年第5期。

（三）培养大学生中国特色社会主义理论自信是大学生思想政治教育创新的需要

中国特色社会主义理论具有宝贵的理论品质——与时俱进。中国特色社会主义理论处于不断的创新发展中。大学生思想政治教育要与时俱进，就要不断创新教育内容和教育形式。"用中国特色社会主义理论体系武装青年学生，应从坚持和发展马克思主义的战略高度，发挥高校哲学社会科学的学科和人才优势，积极推进理论创新，深入回答重大理论问题和实际问题。"① 紧紧抓住中国特色社会主义理论认同教育这个核心内容，培养大学生理论自信，需要高校思想政治教育要研究新情况，解决新问题，更需要高校思想政治教育不断创新理念，敢于创新方式方法，不拘一格做好理论武装工作。

二 大学生中国特色社会主义理论自信培养的紧迫性

高校通过中国特色社会主义道路认同教育，培养大学生理论自信，其紧迫性有如下表现。

（一）大学生的理想信念培养需要中国特色社会主义理论自信支撑

"经济体制深刻变革，社会结构深刻变动，利益格局深刻调整，思想观念深刻变化"②，"一些大学生不同程度地存在政治信仰迷茫、理想信念模糊、价值取向扭曲、诚信意识淡薄、社会责任感缺乏、艰苦奋斗精神淡化、团结协作观念较差、心理素质欠佳等问题。"③ 理论自信是大学生理想信念的支撑。培养大学生的理论自信，可以使大学生正确认识理想与现实的关系，信念与人生进步的关系，自觉培养科学的正确的理想信念。

---

① 朱正昌：《用中国特色社会主义理论体系武装青年学生》，《中国教育》2007年12月17日。
② 《中共中央关于构建社会主义和谐社会若干重大问题的决定》，人民出版社2006年版，第74页。
③ 《中共中央、国务院关于进一步加强和改进大学生思想政治教育的意见，加强和改进大学生思想政治教育重要文献选编》（1978—2008），中国人民大学出版社2008年版，第377页。

第十章　高校中国特色社会主义理论认同教育与大学生理论自信培养

（二）大学生的道德情操培养需要中国特色社会主义理论自信支撑

道德情操是大学生的必备素质，是大学生成长的基础，当前，一部分大学生存在的道德滑坡、修养欠缺等问题，一方面反映了大学生在道德建设方面的问题；一方面反映了大学生在理论自信方面的问题。这就是说大学生欠缺的不仅仅是道德修养、道德觉悟，而且欠缺中国特色社会主义理论对道德实践的指导。培养大学生的理论自信，引导大学生将道德情操的培养与坚持走中国特色社会主义道路理论相结合，将会使大学生将个人的道德情操的培养与中国特色社会主义事业相结合，按照中国特色社会主义的要求培养自己的道德情操。

（三）大学生理论素养的提高需要中国特色社会主义理论自信支撑

大学生存在的轻视理论倾向反映了大学生理论自信不够、理论武装欠缺。对中国特色社会主义理论的自信，首先建立在对这个理论的科学性、正确性认识基础之上。中国特色社会主义理论体系是一个系统的、完整的理论体系，是包括邓小平理论、"三个代表"重要思想以及科学发展观等重大战略思想在内的科学理论体系。它系统回答了在中国这样一个十几亿人口的发展中大国建设什么样的社会主义、怎样建设社会主义；建设什么样的党、怎样建设党；实现什么样的发展、怎样发展等一系列重大问题。培养大学生的理论自信，就要提高大学生的理论素养，解决大学生对中国特色社会主义理论的科学性认识，解决大学生对中国特色社会主义理论实效性认识，解决大学生对中国特色社会主义理论整体性和完整性认识，解决大学生对中国特色社会主义理论的先进性和人民性认识。解决好大学生的这些重大理论是非问题，就能够引导大学生认同中国特色社会主义道路，培养理论自信。

三　大学生中国特色社会主义理论自信培养

大学生的理论自信不可能自发形成，需要积极主动培养。

（一）发挥思想政治理论课的主渠道作用

发挥思想政治理论课在培养大学生理论自信的主渠道作用，就要抓好"进教材、进课堂、进头脑"的"三进"工作。"充分发挥思想政治理论课的主渠道作用，大力推进'三进'工作，加强教材建设，提高理论教育的针对性；改进课堂教学，提高教学效果；提高师资水平，保证教学质量。"① "进教材"，就是将中国特色社会主义理论体系写进高校思想政治理论课教材之中。"进教材"不是简单地将中国特色社会主义理论体系写进教材，更重要的是以教材为抓手，做好理论武装工作，培养大学生的理论自信。"进课堂"就是在"进教材"的基础之上，高校思想政治理论课教师借助讲台，全面深入系统讲解中国特色社会主义理论体系的深刻内涵、科学实质和精神气质。"进头脑"与"进教材""进课堂"紧密相关，互相贯通，是"进教材""进课堂"的结果和检验标准。高校思想政治理论课要通过有效的课堂教学，采用多样化的教学方法，引导大学生认真学习和理解中国特色社会主义理论体系，培养大学生的理论自信。

（二）坚持显性教育和隐性教育相结合

随着社会进步，个体的自主性逐渐增强，这种趋势在大学生身上表现得更为明显。大学生的价值观念、人生选择趋于多样化，表现为强烈的自主性和独立性。"思想政治理论课是大学生的必修课，是帮助大学生树立正确的世界观、人生观、价值观的重要途径。要加强课程建设、教材建设和教师队伍建设，使中国特色社会主义理论体系作为思想政治理论课及哲学社会科学教学的重要内容'进教材、进课堂、进学生头脑'。"② 培养大学生的理论自信，要充分尊重学生，在进行看得见、感受得到的显性教育的同时，注意发挥隐性教育的作用，注意把教育与关心、爱护学生相结合，与解决学生存在的思想压力、学习压力、就业压力相结合，增强教育的感染力和凝聚力，潜移默化地影响和转变学生的思想。有时候，一件具体事情做好了，一个具体问题解决了，往往可以更明显、更直接达到教育的目的。

（三）坚持理论灌输与启发教育相结合

"过去马克思主义教育和传播，过于强调传播者和教育者的主导作用，而把受众、受教育者置于消极被动的地位，没有足够重视其主体地

---

① 朱正昌：《用中国特色社会主义理论体系武装青年学生》，《中国教育》2007年12月17日。

② 万美容、杨昕：《在大学生中普及中国特色社会主义理论体系的思考》，《学校党建与思想教育》2008年第3期。

第十章 高校中国特色社会主义理论认同教育与大学生理论自信培养

位,以致出现过分强调灌输的片面倾向。"① 当前,大众传播媒介发展迅速,知识传播途径多样,大学生能够通过电视、网络、报纸、广播等多种途径获得各种信息资源。我们要改变以往形成的思想政治教育的灌输模式,注意引导大学生开展自我教育,进行自我提高。要相信大学生判断和辨别是非的能力,启发自觉,引导他们运用马克思主义的基本理论分析和对待各种思想和观念,进行正确的人生选择和价值定位。

(四) 坚持课堂教学与校园文化建设相结合

课堂教学是培养大学生理论自信的主渠道,但是,培养大学生的理论自信仅仅依靠课堂教学还不够,还要注意发挥校园文化的育人作用。"校园文化是引导人、鼓舞人、激励人的一种内在动力,是凝聚人心、鼓舞斗志、催人奋进的一面旗帜,它对大学生的思想政治、道德品质、行为规范产生深刻影响"②。校园文化生动活泼的形式和寓教于乐的内容,对大学生具有重要的影响和作用。要不断"挖掘校园文化在中国特色社会主义理论体系武装大学生过程中的作用",要"把校园文化作为中国特色社会主义理论体系教育的方式之一,为改革中国特色社会主义理论体系武装大学生提供新方法。"③ 因此,将中国特色社会主义理论体系教育与校园的文艺活动、社团活动、征文、演讲、辩论活动相结合,营造浓厚的校园文化建设氛围,对于培养大学生理论自信具有重要的意义。

(五) 坚持理论教育与实践教育相结合

培养大学生的理论自信,不仅要重视理论教育,而且要重视实践教育。马克思指出:"人的思维是否具有客观的〔gegenständliche〕真理性,这不是一个理论的问题,而是一个实践的问题"。④ 实践教育的重要性不仅仅在于理论来自实践,更重要的是实践是检验真理的标准。中

---

① 石国亮:《马克思主义在青年中传播的几个前提性问题》,《中国青年政治学院学报》2007 年第 1 期。

② 高洪、田建国、徐艳国:《大力加强高校校园文化建设 全面促进大学生思想政治教育》见 http://news.sina.com.cn/o/2005-09-09/06126898333s.shtml.

③ 张举斌、茚顺苗、李相彬:《用中国特色社会主义理论体系武装大学生的有效方法探索》,《法制与社会》2010 年第 3 期。

④ 《马克思恩格斯选集》第 1 卷,人民出版社 1995 年版,第 55 页。

国特色社会主义理论能不能转化为大学生的理论自信很大程度上取决于能不能将理论教育与实践教育相结合。马克思指出："哲学家们只是用不同的方式解释世界，问题在于改变世界。"[1] 理论教育的目的是为了指导实践，理论教育的意义就是运用正确的思想指导实践。"高校要充分利用社会实践这个载体和平台，对大学生进行中国特色社会主义理论体系教育，做到寓教于乐、寓教于学。在实践中深化对中国特色社会主义理论体系的基本内容和基本精神的把握和了解，通过实践活动进一步增强学习好、宣传好、贯彻好中国特色社会主义理论体系的自觉性和主动性。"[2] 只有通过理论教育与实践教育相结合的方式，才能引导大学生真正认识中国特色社会主义理论的科学性和先进性，自觉培养理论自信。

---

[1] 《马克思恩格斯选集》第1卷，人民出版社1995年版，第56页。
[2] 王建州：《在大学生思想政治教育中加强中国特色社会主义理论体系教育》，《焦作大学学报》2008年第3期。

第十一章 高校国家认同教育应该处理好的三个关系

高校深入开展国家认同教育,就必须处理好国家认同教育与"三观"教育的关系、国家认同教育与社会主义核心价值体系教育的关系、国家认同教育与社会主义核心价值观教育的关系。高校在开展国家认同教育时,一切要从实际出发,坚持实事求是的原则,切实增强国家认同教育的针对性、实效性。

第一节 国家认同教育与"三观"教育的关系

"三观"教育即世界观、人生观和价值观教育。国家认同教育从本质上看属于"三观"教育的范畴。国家认同教育与培养大学生树立正确世界观的关系表现为,引导大学生站在历史潮流和社会发展规律的高度正确认识世界和中国,认识国家认同对国家、民族和个人的深远意义和重要作用。国家认同教育与培养大学生正确人生观的关系表现为,引导大学生把个人命运与祖国、人民和中华民族的命运,与社会主义的命运,与中国共产党的命运紧密结合起来,走与中国特色社会主义伟大实践和人民创造历史相结合的成长道路,振兴中华,实现中华民族的伟大复兴,建设中国特色社会主义。国家认同教育与培养大学生正确价值观的关系表现为,引导大学生处理好个人利益与集体利益、局部利益与中华民族整体利益的关系,顾全大局,富有牺牲和献身国家发展和中华民族进步的精神。

一 国家认同教育与"三观"教育的一致性

江泽民同志在党的十五大报告中提出了要引导人们树立正确的世界观、人生观和价值观,自此"三观"教育成为中国特色社会主义文化建设的重要内容,也是新时期思想道德建设的基本任务。所谓世界观,是指人们对世界的总的看法和根本观点。人的世界观涉及的是整个世界的最普遍的问题。马克思主义的世界观是辩证唯物主义和历史唯物主义在世界观问题上的表现。马克思主义世界观是科学的世界观,也是正确的世界观。所谓人生观,则是人们对人生目的和人生意义的根本看法和态度。所谓价值观,是人们对外界事物能否满足个人或社会需要的评价和判断,是人们关于什么是价值、怎样评判价值、如何创造价值等问题的根本观点。世界观、人生观和价值观是相互影响,相互联系的。世界观是思想基础,对人生观和价值观起到决定作用。世界观决定了人们对人生和价值的判断标准和判断方法。人生观和价值观同时也影响着人们的世界观。人们对人生的看法可能会影响到对整个世界的看法。同时,人生观和价值观又是世界观的具体表现,是世界观教育的切入点。科学的世界观建立在辩证唯物主义和历史唯物主义的基础之上。正确的世界观、人生观和价值观,包含了科学的世界观、人生观和价值观。高校是进行"三观"教育的重要阵地。大学时代正是大学生世界观、人生观和价值观形成发展的关键时期。国家认同教育与世界观、人生观和价值观是相互配合、相互推动,分别从不同方面对大学生的健康成长提供正确的方向、正确的方法和实践的指导。

(一)国家认同教育的"三观"教育都是当前高校思想政治教育的重点

思想政治教育是人类社会实践的一个重要方面,是一种客观存在。在我国现阶段,思想政治教育作为党的工作的一部分,是为实现党的路线方针政策服务的,是党以中国特色社会主义理论体系、社会主义和共产主义信仰教育人民,武装群众,提高人们的思想道德素质,动员人们为建设社会主义、实现共产主义而奋斗的实践活动。加强大学生国家认同教育,使大学生对祖国、对中华民族、对中华文化、对社会主义道路、对中国共产党执政以及对中国特色社会主义理论达成高度的认同,

第十一章 高校国家认同教育应该处理好的三个关系

是思想政治教育的重点。"三观"教育作为思想政治教育要解决的根本问题,历来在思想政治教育中占据重要位置。"三观"教育可以为国家认同教育提供重要的思想基础,也是国家认同教育必须解决好的重点问题。国家认同教育是"三观"教育的具体化、现实化和特色化的表现,是其重要的内容。

(二)国家认同教育与"三观"教育都是为了解决大学生的成长与成才问题

"三观"教育注重用马克思主义理论去武装大学生的头脑,为大学生树立远大的人生理想、坚定社会主义信念、具有高度的政治责任感和强烈的使命感服务。"'三观'教育包含着对知识、智慧的追求,对真理的探索。"[①] 国家认同教育要培养大学生共同的信念、共同的理想、共同的愿望、共同的情感。所以,国家认同教育和"三观"教育都是为了解决大学生的成长与成才问题。大学生在成长过程中,遇到最大、最多的困惑和疑难问题就是红与专、个人与集体、个人与社会、个人与国家的关系。对这些问题的看法和认识,构成大学生的世界观、人生观和价值观的基础,也构成大学生的国家认同的基础。"三观"教育要解决大学生的世界观、人生观和价值观的建立问题,首先要解决好大学生认识和处理各种关系的立场观点和方法问题。国家认同教育注重引导大学生树立正确的国家观、民族观、文化观、政党观、历史观、社会观,强调培养大学生的良好人格,促进人的全面发展,也要解决好立场观点和方法问题。"三观"教育中包含国家认同教育的内容。国家认同教育包含着"三观"教育的内容。两者相互渗透,相互促进。二者在本质上都是在培养人、完善人,实现人的全面发展的教育手段和教育形式。

(三)国家认同教育与"三观"教育都必须遵循三个原则

国家认同教育与"三观"教育都是高校思想政治教育的组成部分。在开展教育活动过程中,必须始终坚持方向性原则、教育性原则、科学性原则。其一,坚持方向性原则。思想政治教育作为中国共产党的优良传统,作为社会主义现代化建设的重要保证,应该具有鲜明的立场和基

---

① 张雷声:《思想政治理论课:"三观"教育的主渠道》,《高校理论战线》2007年第7期。

本任务，即为贯彻、落实党的路线、方针和政策服务。因此，在实施教育的过程中，我们不能偏离这一原则，国家认同教育与"三观"教育，必须引导让大学生明辨是非，分清正确与错误，朝着社会主义、共产主义的目标迈进；其二，坚持教育性原则。只有坚持教育性原则，教育者始终站在教育这样一个战略高度，本着教育的意图，建立科学的教育体系，培养大学生良好的思想政治品德，培养他们强烈的认同意识，培养他们树立正确的世界观、人生观和价值观，才能增强整个教育的实际效果；其三，坚持科学性原则。在实施教育过程中，必须始终用科学的理论、方法做指导，避免主观盲目性；必须对教育的内容设置，教育方式、方法等加以科学的界定，必须结合大学生成长成才的需要，理清他们思想认识上的偏差，用科学的理论引导他们，用科学的内容启迪，用真挚的情感感染他们。

（四）国家认同教育与"三观"教育必须依赖教育队伍的建设

只有拥有一支素质过硬的教育队伍，才能更好地完成历史赋予的教育重任。搞好国家认同教育与"三观"教育必须发挥教育者的主导作用。教育者一方面要宣传党的路线、方针和政策；另一方面要在自己的工作中带头践行党的路线、方针和政策。只有教育队伍具有较高的理论水平和政策水平，才可能在教育过程中始终坚持科学的指导思想。教育队伍建设至关重要，教育者是开展教育活动的主体，是教育活动的组织者、策划者、实施者和调解者。在教育过程中处于主导地位，发挥主导作用。建设一支素质高、信念坚定、业务精湛的教育队伍是开展好教育活动的重要前提。国家认同教育与"三观"教育都离不开拥有一支优秀的教育队伍，教育队伍建设，关系到教育的成败，关系到教育新局面的开拓和教育科学化的实现。

（五）国家认同教育与"三观"教育都必须诉诸文化育人

国家认同教育与"三观"教育本质上是文化育人的形式，具有强烈的人文特征。通过文化的教化和调控功能可以培养大学生积极向上的世界观、人生观和价值观，也可以培养大学生国家认同意识。当前，高校的校园文化活动形式日趋多样，内容不断丰富，大学生可以依自己个性选择不同的活动，在活动中寻找自己的闪光点，通过参加各种校园文化建设活动，锻炼自己、提高自己。校园文化建设在大学

第十一章 高校国家认同教育应该处理好的三个关系

生国家认同教育与"三观"教育中,起到了潜移默化的教育作用,弥补了传统教育的不足。文化作为精神、传统和作风的综合体现,客观地营造了一个育人的环境和氛围,无形地感染着大学生。因此,在实践中不能忽视国家认同教育与"三观"教育在文化育人方面的重要性。

二 国家认同教育与"三观"教育的相互配合

国家认同教育与"三观"教育的相互配合表现在以下三个方面。

（一）在教育内容上相互配合

"三观"教育是我国思想道德建设的核心,"三观"建设直接关系到社会主义精神文明建设的成败和社会主义事业的兴衰。世界观、人生观、价值观,作为思想观念属于上层建筑,它们无不受制于经济基础,又会反过来影响经济基础。生产力发展的阶段和水平、时代的变迁、社会的变革,都会深刻地影响大学生的"三观"教学的质量和水平。国家认同教育恰恰能够补充和完善大学生在树立正确的世界观、人生观和价值观的过程中,对祖国的认同、对中华民族的认同、对中华文化的认同、对中国特色社会主义道路的认同、对中国共产党执政的认同以及对中国特色社会主义理论体系的认同。

（二）在教育形式上的相互补充

"三观"教育形式以讲授法、灌输法、讨论法为主,强调灌输的重要作用。国家认同教育形式则灵活多样,更多地与现代传媒相结合,学生较为喜闻乐见。"三观"教育与国家认同教育在形式上的相互补充表现为可以相互学习借鉴。新形势下,对大学生开展"三观"教育与国家认同教育必须从大学生生活、学习、思想实际出发,探讨适合大学生思想发展规律的教育方式与方法。灌输在"三观"教育与国家认同教育上都是需要的,都是经过实践检验可以采取的教育形式。但是,教育方式上也要与时俱进,还要根据发展变化的形势和日新月异的传媒手段,转变观念,解放思想,博采各种科学的行之有效的教育形式。

（三）在教育要求上相互促进

无论是"三观"教育还是国家认同教育都要求教育对象在改造客观世界的过程中,改造主观世界,实现认识与实践、改造主观世界与改造客观世界的统一。世界观、人生观、价值观三者之间是相互作用、相互影响的,但是三者形成的流程与表现的形态在每个大学生身上是不相同的。其共性是大学生只有真正做到了国家认同,才能树立科学的世界观、人生观和价值观,也正是有了正确的"三观"的树立,大学生也才能真正确立国家认同的意识。

三 以国家认同教育促进"三观"教育

以国家认同教育促进"三观"教育,就必须做到以下三个引导。

（一）加强国家认同教育,引导大学生树立正确的世界观

国家认同教育要在正确的世界观指导下进行。加强国家认同教育,引导大学生树立正确的世界观就能够保证国家认同教育取得预期效果。我们知道,国家认同教育说到底是怎样看待世界以及世界中存在的个人与国家、个人与民族、个人与社会以及理论与实践的关系。进行国家认同教育就是要求大学生正确处理这些关系,摆正个人在国家、社会和民族之中的位置。江泽民同志指出:"我们共产党人的根本政治信仰是社会主义和共产主义,世界观是马克思主义的辩证唯物主义和历史唯物主义,这是任何时候都丝毫不能动摇的。"[①] 当代大学生正处于一个经济、政治、社会生活方式快速变化发展的时代,当多种世界观、多种思想纷至沓来的时候,少数人便感到迷惘和无所适从,甚至认为共产主义渺茫,失去了对远大目标的追求,其根源就在于理想信念的扭曲,在于世界观出了偏差。因此,当代大学生只有牢固树立正确的世界观,才能不迷失方向。

1. 加强国家认同意识,树立科学的世界观,需要努力学习和掌握马列主义、毛泽东思想、邓小平理论和"三个代表"重要思想、科学发展观等中国特色社会主义理论体系内容。"通过科学理论的学习,能够进一步帮助大学生们认清自然、社会、思维发展的普遍规律,认清历史发展的必然趋势,准确把握社会主义和资本主义两大社会制度的去向,辩证地看待资本主义的现实发展,坚定地坚持社会主义方向,并能正确处理和解决现实社会中的各种矛盾,在纷繁复杂的事物面前分清良

[①]《江泽民论"三个代表"学习导读》,学习出版社2001年版,第41页。

第十一章　高校国家认同教育应该处理好的三个关系

荛，坚定建设有中国特色的社会主义信念。"①

2. 加强国家认同意识，树立科学的世界观，需要当代大学生勇于实践，努力改造世界观。当代大学生在不断地学习科学理论的同时，还应积极地投身到改革开放和社会主义现代化建设的伟大实践中去，投身到人民群众建设中国特色社会主义的洪流中去，向实践学习、向群众学习，在实践和学习中克服各种非无产阶级思想和作风，逐步树立社会主义和共产主义世界观，在实践中达到对中国特色社会主义道路及理论体系的认同。新时期更要提倡大学生在改造客观世界的过程中不断地改造主观世界，用适合社会主义建设的正确世界观指导建设中国特色的社会主义实践，坚定中国特色社会主义的信念和社会主义共产主义必胜的信念。

（二）加强国家认同教育，引导大学生树立正确的人生观

树立正确的人生观，首要要解决好为谁服务的问题，对大学生而言，为人民服务的人生观是他们正确的人生观。只有树立了为人民服务的人生观，坚持人民的根本利益高于一切，才能成为一个高尚的人、一个纯粹的人、一个有道德的人、一个脱离了低级趣味的人、一个有益于人民的人。国家认同教育与培养正确的人生观是一致的，引导大学生正确处理个人与国家、个人与社会、个人与民族的关系，以正确的态度对待人生、对待生活，始终对祖国和人民保持深厚的感情和高度责任感，在服务人民、奉献社会中实现自己的人生价值。树立为人民服务的人生观，对于大学生来说，不仅要做到国家认同，而且要坚决抵制各种错误认同观的消极影响，抵制拜金主义、享乐主义和极端个人主义等错误人生观。由此可见，加强国家认同教育，可以引导大学生建立正确的人生观。

1. 国家认同教育要教育大学生"把个人理想和社会理想紧密地联系在一起，要把小我融进大我之中。"② 有的大学生片面强调自我价值的实现，没能把个人理想和社会理想紧密地联系在一起，缺乏社会责任

---

① 江凤兰、王献敏：《贯彻"三个代表"重要思想，做好大学生"三观"教育》，《中共南昌市委党校学报》2003 年第 10 期。

② 同上。

感，造成享受上的物欲化、人际关系冷漠化、心态躁动化，从而由个人奋斗走向消极悲观，更严重的还会造成厌世。因此，当代大学生只有把个人的发展同社会的进步和时代的发展结合起来，把个人的事业同社会主义现代化的伟大事业结合起来，把个人的抱负同全民族的共同理想统一起来，把个人的奋斗融汇到振兴中华的历史洪流中去，才能找到个人发展的历史坐标和正确方向，才能为社会主义现代化建设作出应有的贡献。

2. 国家认同教育要引导大学生在平时的学习生活中自觉培养战胜困难的坚强意志。坚强的意志，是当代大学生不可缺少的心理素质。没有经过痛苦的磨炼很难做到国家认同。现在的大学生，生活、学习的环境比以前好了许多，但锻炼自己的机会也相对少了。大学生一定要在平时从一点一滴做起，把遇到坎坷、遇到困难当成磨炼自己的机会，不怨天尤人，充满乐观主义和豪情壮志。只要有意识地锻炼自己，积累战胜困难的经验，才能够拥有一个乐观主义的、战胜困难的坚忍不拔的意志，也才能确立国家认同的意识。

（三）加强国家认同教育，引导大学生树立正确的价值观

人生不仅要面对怎样看待世界、怎样度过一生的问题，而且要面对怎样实现个人的价值，创造实现自我价值的问题。对于这个问题的回答，正确的价值观提供了积极的指导和帮助。凡是有所成就、对社会作出贡献的人，都建立了正确的价值观，都能够创造对社会、对他人有所助益的人生价值。国家认同教育是大学生人生必然的经历，确立国家认同的意识更是大学生面对的人生选择。为了祖国和人民的幸福，为了实现中华民族的伟大复兴，建设中国特色社会主义，大学生必须建立正确的价值观。人生价值是人的生活实践对于社会和个人所具有的作用和意义。实现和创造人生价值，不仅要正确认识人生价值的内涵和特征，还要认识和把握评价人生价值的客观评价标准。人生价值包含了人生的自我价值和人生的社会价值两个方面。国家认同教育就是要引导大学生自觉把个人的价值与祖国、人民和中华民族的价值结合起来，构成超越自我的价值选择标准，形成建设中国特色社会主义的伟大理想，具有为人民幸福、国家昌盛、民族进步而发奋图强、一往无前的民族精神，在实践中创造有价值的人生。

第十一章　高校国家认同教育应该处理好的三个关系

1. 在国家认同教育的基础上，坚持艰苦创业的教育，反对享乐主义。在当前，艰苦奋斗精神仍是我们民族精神的主旋律。国家越发展，越需要艰苦创业。因为我们国家的经济实力与其他发达国家相比还有很大差距，全面实现小康社会的战略目标还需要当代大学生的艰苦创业。因此，反对享乐主义，坚持对大学生进行艰苦创业、艰苦奋斗教育，提倡不畏艰难、克勤克俭、锐意进取、自强不息的精神，这是培养新时期建设者和接班人的确立国家认同意识的关键。

2. 在国家认同教育的基础上，坚持集体主义教育，反对极端个人主义。目前，我国处于社会主义初级阶段，多种经济成分并存。大学生要按照社会主义核心价值体系要求自己，坚持价值导向的一元化，坚持以反映社会主义经济关系和最广大人民根本利益和集体主义作为其价值观。大学生要强调个人利益服从集体利益，强调个人利益和集体利益的辩证统一，只有当个人的选择和社会的需要相一致时，他们的价值才可能真正得到实现，他们的国家认同的意识才能真正确立。

3. 在国家认同教育的基础上，坚持敬业奉献精神的教育，反对拜金主义。要做一个对社会有价值的人，就必须对社会做出贡献。而在拜金主义思想支配下，有些人认为拥有金钱的多少是评价人生价值的唯一标准，为了追求金钱而不择手段，必然导致贪婪和道德的败坏、人性的扭曲，这是一种极端腐朽的价值观念。以国家认同为核心的价值观要求大学生应提倡敬业奉献精神，增强自觉抵御拜金主义思想侵袭的能力。

4. 在国家认同教育的基础上，坚持原则性和目标性相结合教育。"实用主义认为存在就是有用，一切以'有用性'为标准，否定事物发展的客观规律，否定人生应有原则和理想价值目标。"[①] 在"实用主义"思想的支配下，人生的目的就是顺从个人或狭隘集团的利益欲求，人生的价值就在于现实的利益。只要对个人生活方便、有用，一切手段都可以使用，甚至人生就是冒险、投机。以国家认同为核心的价值观要求大学生应该具有艰苦奋斗、脚踏实地的实干精神，坚持人生的基本原则，追求远大的理想目标，保持健康的精神状态。

5. 在国家认同教育的基础上，承担社会责任，反对虚无主义。虚

---

① 罗国杰：《伦理学》，人民出版社1997年版，第323页。

无主义人生观把自我想象、个人情感作为行动的根据和生活的标准，这种人生观无条件地否定一切既定社会法则和道德规范，甚至否定一切事物和人生活动的价值。虚无主义人生观常常会过分夸大个人的地位和作用，认为人生就是摆脱一切社会责任和义务，以国家认同为核心的价值观要求大学生树立强烈的社会责任感，敢于担当，敢于奉献，为中国特色社会主义事业的胜利作出贡献。

6. 在国家认同教育的基础上，坚持乐观主义精神，反对悲观厌世主义。悲观主义人生观常常从不满现实开始，表现为厌世，尤其是在遭受挫折时，更容易产生此类心理。悲观厌世者一般都会对自己的能力和生活失去信心和兴趣，为了逃避现实、解脱痛苦，悲观主义者往往轻生自杀，或者得过且过，敷衍岁月。以国家认同为核心的价值观要求大学生一定要在实践中培养自己的耐挫折能力，树立乐观的人生态度，正确处理顺境与逆境的关系，积极地面对一切挫折和困难。

综上所述，加强国家认同教育和"三观"教育意义深远。国家认同教育和"三观"教育从不同着眼点、不同立足点强调对大学生的思想政治教育，强调人才培养。可以这么说，国家认同教育是"三观"教育的核心，"三观"教育是国家认同教育的目标。

第二节 国家认同教育与社会主义核心价值体系教育的关系

社会主义核心价值体系是一个完整而严密的整体，博大精深，内涵丰富。马克思主义指导思想决定社会主义核心价值体系的性质和方向；中国特色社会主义共同理想是社会主义核心价值体系的主题和目标；以爱国主义为核心的民族精神和以改革创新为核心的时代精神是社会主义核心价值体系的动力；社会主义荣辱观是社会主义核心价值体系的基础。社会主义核心价值体系体现了先进性与广泛性的统一，适应社会主义初级阶段条件下不同群体和阶层的多方面需求。从作用上看，这个体系把我们党倡导并着力推进的主导价值理念提升到一个完整的科学体系层面，既深刻反映了社会主义的制度性质、目标任务和发展道路，又更好地作用于经济、政治、文化、社会等各个方面。既有鲜明的导向作

第十一章 高校国家认同教育应该处理好的三个关系

用,又尊重差异、包容多样,可以最大限度地促进和形成全社会的共识。大力开展国家认同教育,培育以社会主义核心价值观为主导的共同文化,反对狭隘民族主义,增强中华民族整体意识,增强中华民族的向心力、凝聚力,为构建和谐社会创造良好的文化生态和人文环境,为各族人民提供美好的精神归宿。

国家认同教育与社会主义核心价值体系教育所要解决的问题,存在一致性和共同点。在实践中必须正确认识和处理好国家认同教育与社会主义核心价值体系教育的关系。

一 国家认同教育与社会主义核心价值体系教育的一致性

国家认同教育与社会主义核心价值体系教育的一致性表现如下。

（一）在总体目标上的一致性

国家认同教育既是当代中国对公民教育的需要,更是维护祖国统一、反对民族分裂,保持社会稳定的现实需要。国家认同教育从总体目标来看,强调统一的思想基础和共同的理想信念。社会主义核心价值体系是社会主义制度的内在精神之魂,是社会主义制度在价值层面的本质规定,是社会主义意识形态大厦的基石,是社会主义文化建设的根本。没有社会主义核心价值体系的引领,中国特色社会主义的事业就会失去共同的思想基础。只有努力构建具有广泛感召力和先进性的社会主义核心价值体系,才能引领和整合多样化的思想观念和社会思潮,才能在尊重差异,包容多样的基础上保持全社会共同的理想信念和道德规范的一致性,形成全民族奋发向上的精神力量和团结和睦的精神纽带,打牢全党全国各族人民团结奋斗的思想基础。因此,国家认同教育与社会主义核心价值体系教育在总体目标上具有一致性,都是为了加强公民整体素质,都是为了引领公民树立共同的理想信念和道德规范,并在此基础上,团结一心,为实现中华民族伟大复兴而共同努力。国家认同教育和社会主义核心价值体系教育内容各有侧重,在总体目标上是一致的。

（二）在思想基础上的一致性

国家认同教育与社会主义核心价值体系教育的思想基础是一致的,这就是以马克思主义和中国特色社会主义理论体系是其共同的思想基础。国家认同教育与社会主义核心价值体系教育都是为了巩固全党全国人民团结奋斗的共同思想基础。共同的思想基础是一个党、一个国家、一个民族赖以存在和发展的根本保证。没有共同的思想基础，党就会瓦解、社会就会动荡、国家就会分裂。对于大学生来说，这个共同的思想基础尤为重要。大学生是民族的未来、祖国的希望，对他们进行国家认同教育与社会主义核心价值体系教育都是为了引导和培养他们具有中国特色社会主义合格建设者和接班人的良好政治素质、高尚的道德品质和规范的遵守法律和纪律的行为，筑牢他们成长成才的思想基础。

（三）在道德基础上的一致性

马克思主义指导思想、中国特色社会主义共同理想、以爱国主义为核心的民族精神和以改革开放为核心的时代精神，都是从宏观角度和精神形态来体现社会主义核心价值体系的要求，而社会主义荣辱观，则侧重于从微观层面和实践层面提出对每一个人践行社会主义核心价值体系的要求。国家认同教育中的道德基础同样建立在社会主义荣辱观基础之上。学习和践行社会主义荣辱观，做一个有道德的人、做一个爱国的人既是社会主义核心价值体系教育对大学生的要求和期望，也是国家认同教育对大学生的要求和期望。

（四）在实践基础上的一致性

建设有中国特色社会主义，实现全面建设小康社会的目标是现阶段中国人民从事的伟大实践活动。国家认同教育与社会主义核心价值体系教育都是这一伟大实践活动的产物。这个伟大的实践活动极大改变了中国的面貌，改变了中华民族的面貌。国家认同教育与社会主义核心价值体系教育顺应这个伟大的实践活动，产生于这个伟大的实践活动，服务于这个伟大的实践活动。

二 国家认同教育与社会主义核心价值体系教育的配合关系

社会主义核心价值体系教育在多样性的基础上强调统一性和规范性。国家认同教育在共同性的基础上突出强调一致性和规范性。对祖国、中华民族、中华文化、中国特色社会主义道路、中国共产党领导执政以及中国特色社会主义理论认同是社会主义核心价值体系教育的着眼点和落脚点。马克思主义的指导地位、中国特色社会主义共同理想、以爱国主义为核心的民族精神和以改革创新为核心的时代精神、社会主义

第十一章　高校国家认同教育应该处理好的三个关系

荣辱观是国家认同教育的着眼点和落脚点。因此，在坚持社会主义核心价值体系教育对国家认同教育指导的同时，国家认同教育与社会主义核心价值体系教育应该相互配合，相互渗透。

（一）国家认同教育以社会主义核心价值体系教育为基础

社会主义核心价值体系是社会主义意识形态的本质体现，是全党全国各族人民团结奋斗的共同思想基础。坚持社会主义核心价值体系的核心地位就必须巩固马克思主义的指导地位，坚持不懈地用马克思主义中国化的最新理论成果武装全党、教育人民，用中国特色社会主义共同理想凝聚力量，用以爱国主义为核心的民族精神和以改革创新为核心的时代精神鼓舞斗志，用社会主义荣辱观引领风尚，进一步巩固全党全国各族人民团结奋斗的共同思想基础。国家认同教育在社会主义核心价值体系教育的基础上，可以更深入、更全面、更具体地进行。马克思主义指导地位的确立为认同中国共产党的执政地位奠定良好基础；中国特色社会主义共同理想的确立为认同中国特色社会主义道路、认同祖国奠定良好基础；以爱国主义为核心的民族精神和以改革创新为核心的时代精神、社会主义荣辱观为认同中华民族、中华文化奠定良好基础。

（二）国家认同教育以社会主义核心价值体系教育为引领

社会主义核心价值体系作为中国特色社会主义的基本价值原则，对国家认同教育具有重要的引领作用，坚持用社会主义核心价值体系教育引领国家认同教育，进行体现社会主义核心价值体系教育本质要求的国家认同教育，才能把国家认同教育与培养人才结合起来，增强教育效果，提高教育质量。离开社会主义核心价值体系教育的国家认同教育，势必失去方向，丧失基础。

（三）国家认同教育以社会主义核心价值体系教育进一步丰富和充实

国家认同教育所强调的六个方面的认同是由社会主义核心价值体系教育的内容决定的。国家认同教育是在社会主义核心价值体系教育引领之下形成的。国家认同教育所涉及的六个方面的认同都是社会主义核心价值体系教育的进一步展开和细化。国家认同教育的内容和方方面面都不能离开社会主义核心价值体系教育的引领和指导，都需要社会主义核心价值体系教育进一步丰富和充实。只有把社会主义核心价值体系教育很好开展起来，才能保证国家认同教育的效果。

三 以国家认同教育促进社会主义核心价值体系教育

社会主义核心价值体系教育与国家认同教育的关系，是引领与被引领、指导与被指导的关系。国家认同教育要取得预期成果，达到预期目的，必须坚持社会主义核心价值体系教育的引领和指导。以国家认同教育促进社会主义核心价值体系教育就必须做到以下几点：

（一）国家认同教育必须坚持马克思主义指导

马克思主义是我们立党立国的根本指导思想。在我国社会主义核心价值体系建设中马克思主义提供了正确的世界观和方法论，提供了正确认识世界和改造世界的强大思想武器。只有用马克思主义的立场、观点、方法来正确认识经济社会发展趋势，正确认识社会思想意识中的主流与支流、本质与非本质，才能在错综复杂的社会现象中不迷失方向。在长期的革命斗争和社会主义建设实践当中，中国共产党依靠马克思主义的正确指导，取得了中国革命、建设、改革和发展的巨大历史性成就。马克思主义在党和国家生活的指导地位，决定了它是社会主义核心价值体系的根本指导思想。马克思主义指导思想是社会主义核心价值体系的灵魂。

在国家认同教育中，马克思主义指导的重要作用突出表现为大学生确立国家认同的世界观和方法论掌握的必要性方面。国家认同教育的每一个方面都涉及怎样认识和分析本质与非本质、主流与支流、主观与客观等矛盾问题。没有马克思主义的指导，要想把这些问题分析和解决好，要想从中受益，是绝对不可能的。我们强调马克思主义的指导重要性的根本原因就在于此。

（二）国家认同教育必须坚持中国特色社会主义共同理想

建设中国特色社会主义，实现中华民族伟大复兴是现阶段中国各族人民的共同理想。理想是一个民族、一个社会的灵魂。马克思主义对理想问题作了科学阐述，把理想问题与人类历史发展规律联系起来，使人们对理想问题有了更为科学地把握和自觉地认识。以马克思主义为指导的中国共产党人，始终坚持崇高的理想，坚持理想主义与现实主义相结合，使崇高理想成为我们党、我们民族精神生活中不可或缺的一部分。

第十一章 高校国家认同教育应该处理好的三个关系

对于共产党人来说,最高理想是实现共产主义。在现阶段,建设中国特色社会主义是全社会的共同理想。进行国家认同教育,应该用中国特色社会主义共同理想来统一思想、鼓舞人心、凝聚力量。要说明在中国特色社会主义共同理想的鼓舞下,中国特色社会主义事业的蓬勃发展,中国人民长期追求的崇高理想一步步走向现实,中国建设和发展的道路和方向更加清楚。坚持中国特色社会主义共同理想是国家认同教育的主题,是当代大学生正确认识社会发展规律、正确认识国家的前途命运、正确认识自己的社会责任,树立为祖国繁荣富强贡献青春力量的重要思想基础。

(三)国家认同教育必须贯穿以爱国主义为核心的民族精神和以改革创新为核心的时代精神

民族精神和时代精神是一个民族赖以生存和发展的精神支撑。"民族精神与时代精神紧密相连,时代精神是民族精神的时代性体现,民族精神是时代精神形成的重要基础和依托,两者的有机统一,构成了社会主义核心价值体系的重要内容。"① 中华民族形成了以爱国主义为核心的团结统一、爱好和平、勤劳勇敢、自强不息的伟大民族精神。在改革开放新时期,中华民族又形成了勇于改革、敢于创新、大胆实践、追赶世界潮流的时代精神。在全面建设小康社会、加快推进社会主义现代化的进程中,民族精神和时代精神对于中华民族的凝聚力、激励作用越来越突出,已深深熔铸在民族的生命力、创造力之中,成为社会主义核心价值体系中不可或缺的一部分。

坚持以爱国主义为核心的民族精神和以改革创新为核心的时代精神是国家认同教育的精髓。中华民族的民族和时代精神博大精深、源远流长,是中华民族生命力、凝聚力、创造力的不竭源泉,是社会主义核心价值体系的重要组成部分。只有把这个精神贯穿在国家认同教育的全过程中,才能引导大学生正确认识祖国几千年的灿烂文明历史,正确对待中华民族的民族关系,坚持走中国特色社会主义道路,自觉团结在中国共产党周围,形成团结统一、爱好和平、勤劳勇敢、自强不息、敢想敢干的伟大民族精神和时代精神。

---

① 《思想道德修养与法律基础》,高等教育出版社2006年版,第32页。

改革创新是时代精神的核心,是进一步解放和发展生产力的必然要求,是建设社会主义创新型国家的迫切需要,更是落实科学发展观、构建社会主义和谐社会的重要条件。国家认同教育必须强调对大学生时代精神的培养。弘扬以改革创新为核心的时代精神,必须大力推进理论创新、制度创新、科技创新、文化创新以及其他各方面的创新。创新的希望在青年。树立以改革创新为核心的时代精神,是对当代大学生成长成才的基本要求,也是大学生必备的品质。鼓励大学生积极投身社会实践、深入实际、深入群众,从广阔的社会实践中提炼研究课题,在深入了解社会的基础上提出真知灼见。当代大学生有较为丰富的科学文化知识和较高的科学素质,思维比较敏捷、最具创新潜力,高等学校应该为大学生提供展示他们才能的平台,从制度、资金、师资等方面加以保证,开展丰富多彩的校园文化建设活动以及科技创新活动。

(四)国家认同教育必须与树立社会主义荣辱观相结合

以"八荣八耻"为主要内容的社会主义荣辱观是社会主义核心价值体系的重要组成部分。2006年3月4日,胡锦涛同志在看望政协委员发表关于树立社会主义荣辱观的讲话时指出:"在我们的社会主义社会里,是非、善恶、美丑的界限绝对不能混淆,坚持什么、反对什么,倡导什么、抵制什么,都必须旗帜鲜明"。[①] 荣辱观是世界观、人生观、价值观的重要内容,树立正确的荣辱观是形成良好社会风气的重要基础。以"八荣八耻"为主要内容的社会主义荣辱观,明确了当代社会最基本的价值取向和行为准则,体现了社会主义基本道德规范,体现了中华民族传统美德、优秀革命道德与时代精神的完美结合。社会主义荣辱观作为社会主义核心价值体系的重要组成部分,已经成为并将继续成为引领社会风尚的一面旗帜。坚持社会主义荣辱观是社会主义核心价值体系的基础。

社会主义荣辱观要为当代大学生所认同,成为大学生比较稳定的价值取向,就必须与国家认同教育相结合。社会主义的荣辱观是国家认同教育推进的重要思想基础,是衡量国家认同教育成效的重要尺度。大学

---

① 《人民日报:"八荣八耻"是非明》。载于http://xcb.upc.edu.cn/contents/5/286.html。资料来源:中国石油大学党委宣传部,2006年3月15日。

第十一章 高校国家认同教育应该处理好的三个关系

生要能够在国家认同教育中有所收获,首先要有辨别美丑、是非和善恶的基本能力。如果缺乏这个能力,就很难做到国家认同。国家认同都是关系大学生成长的大是大非、大美大丑、大善大恶的问题,都与社会主义荣辱观相关联。确立国家认同,首先应该确立社会主义荣辱观。

总之,国家认同教育与社会主义核心价值体系教育相互联系,相互贯通,相互促进,彼此之间有着紧密的逻辑关联。二者都根植于建设中国特色社会主义的伟大实践,都回答了当前迫切需要解决的理论与现实问题。社会主义核心价值体系的回答高屋建瓴,从大处着眼,具有全局性和宏观特色。国家认同的回答聚焦大学生的心理和思想归属,从局部入手,具有鲜明的时代和民族特色。面对新形势新问题,国家认同教育与社会主义核心价值体系教育都要以理想信念教育为核心,以爱国主义教育为重点,以思想道德建设为基础,以大学生全面发展为目标,解放思想、实事求是、与时俱进,坚持德育为先的原则,贴近实际、贴近生活、贴近学生,不断提高教育的针对性、实效性和吸引力、感染力,努力培养德智体美全面发展的社会主义事业接班人。

第三节 国家认同教育与社会主义核心价值观教育的关系

2012年11月,党的十八大报告首次以12个词、24个字,分别从国家、社会、公民三个层面,概括了社会主义核心价值观:倡导富强、民主、文明、和谐,倡导自由、平等、公正、法治,倡导爱国、敬业、诚信、友善。党的十八大凝练概括的社会主义核心价值观,体现了政治理想、社会导向、行为准则的统一,实现了马克思主义价值观与中国传统价值观的融合,符合时代要求,顺应人民愿望。

"所谓核心价值观,是指在多种价值观中居于最关键和最基础地位,起决定和支配作用,具有影响力和决定性的价值观。"[①] 社会主义核心价值观支配和决定着国家、社会和民族的思想观念、价值取向

---

① 郑承军:《理想信念的引领与建构——当代大学生的社会主义核心价值观研究》,清华大学出版社2010年版,第64页。

和精神世界,是凝聚人心、汇聚力量、统一思想的强大精神力量和思想源泉。社会主义核心价值观是社会主义核心价值体系中最本原、最中心、最具决定意义的价值观。"核心价值观,就是反映一种社会制度、一个时代本质的价值观,每个时代、每个社会形态、每个民族,都有自己的核心价值观念。"① 社会主义核心价值观反映了人们对社会主义价值的总体认识和基本看法,主要解决人们对社会主义道路、社会主义制度和社会主义理论的价值判断、价值评估和价值取向问题。这是社会主义核心价值观能够被人们认识、理解和接受的前提和基础。

一 国家认同教育与社会主义核心价值观教育的一致性

国家认同教育与社会主义核心价值观教育的一致性表现如下:

(一)在实践基础上具有一致性

国家认同教育与社会主义核心价值观教育都是中国特色社会主义伟大实践的产物,都是为中国特色社会主义伟大实践服务的。产生于中国特色社会主义伟大实践的国家认同教育与社会主义核心价值观教育反映了时代发展进步对人们在思想观念、价值取向方面的要求。只有努力学习和积极培育、践行国家认同与社会主义核心价值观,大学生才能与时俱进,跟上时代步伐,为社会进步和发展作出应有的贡献。马克思主义的基本原理告诉我们,一个国家、一个民族、一个人离不开思想的指导、价值的导向,在正确的思想指导下,在正确的价值判断、评估和取向中,一个国家、一个民族、一个人才能发展进步,才能有所作为。

(二)在中华文化的传承上具有一致性

国家认同教育与社会主义核心价值观教育的目的都是为了传承中华文化。中华文化是历史与现实的结合,是人民性与先进性的汇集。国家认同教育与社会主义核心价值观教育不仅要传承作为历史遗产的中华文化,而且要传承中国特色社会主义的先进文化。在建设中国特色社会主义的伟大实践中,不仅需要中华文化优良传统的继承和发扬,而且需要

---

① 高慧珠:《社会主义核心价值观的构建与认同》,上海人民出版社2007年版,第25页。

第十一章 高校国家认同教育应该处理好的三个关系

先进的反映社会发展规律的社会主义文化的指导和引领。只有把两者结合起来，才能真正使文化动员、鼓舞、激励人们不断奋进，为祖国和民族的强盛作出贡献。

（三）在爱国主义精神上具有一致性

国家认同教育与社会主义核心价值观教育都强调爱国主义精神的认同和认知。热爱祖国、建设祖国是中华民族最宝贵的精神。《爱国主义教育纲要》明确指出："在当代中国，爱国主义与社会主义本质上是一致的，建设中国特色社会主义是新时期爱国主义的主题。"大学生是祖国的栋梁、社会主义事业的接班人，肩负着建设中国特色社会主义事业的伟大历史使命。国家认同教育与社会主义核心价值观教育始终贯穿着一条红线，那就是社会主义的爱国主义。社会主义的爱国主义对大学生来说，其基本方面就是热爱中华民族、热爱社会主义祖国、热爱中国共产党、建设中国特色社会主义、为中华民族的伟大复兴贡献自己的智慧和才华。

（四）在理想信念上具有一致性

"在人类的精神生活中，核心价值观引领着精神方向，而在价值观的世界里，理想信念是起支配、统摄作用的价值观，是价值观的集中体现和本质反映，是人生的坚强精神支柱。"[①] 国家认同教育与社会主义核心价值观教育都体现了建设中国特色社会主义的理想信念的力量。国家认同教育与社会主义核心价值观教育都要解决建设中国特色社会主义的理想信念问题，建设中国特色社会主义的理想信念是一面具有强大感召力的旗帜，凸显了中华民族改天换地、气壮山河的伟大精神气概，反映了中华民族为之奋斗的理想信念的崇高性和坚定性。高校应该通过国家认同教育与社会主义核心价值观教育引导大学生坚定中国特色社会主义的理想信念。

（五）在教育目的上具有一致性

促进人的全面发展是国家认同教育与社会主义核心价值观教育的目的。马克思主义将人的全面发展当作社会主义的最高目标。国家认

[①] 郑承军：《理想信念的引领与建构——当代大学生的社会主义核心价值观研究》，清华大学出版社2010年版，第134页。

同教育与社会主义核心价值观教育体现了马克思主义的这个思想，其目的都是为了促进人的全面发展。今天的社会，人们具有不同的职业、不同的岗位、不同的领域，但是，这样的分工并不妨碍人们通过学习和交流，突破职业、岗位和工作的限制，追求完善全面发展的人生境界。国家认同教育与社会主义核心价值观教育适应了社会发展给大学生带来的美好生活期盼，对大学生的全面发展，健康成长，将产生重大作用。对于高校来说，要实现育人目标，就必须深入开展国家认同教育与社会主义核心价值观教育，引导学生正确对待个人利益与社会利益、个人利益与国家利益的关系，引导大学生注意发展的全面性、均衡性和丰富性，注意培养自身道德修养，树立崇高理想信念。

（六）在思想政治教育环境优化上具有一致性

大学时代是大学生思想不断成熟，人格日趋完善的重要阶段。当代大学生思想政治教育环境的优劣直接影响大学生的世界观、人生观和价值观的建立。现在，社会环境、社区环境、家庭环境、校园环境、同辈群体环境和大众传媒环境对大学生的思想、行为产生的影响和作用越来越大。因此，优化大学生思想政治教育环境，已成为国家认同教育与社会主义核心价值观教育能否取得良好效果的重要因素。如果大学生所处的思想政治教育环境好，国家认同教育与社会主义核心价值观教育的效果就会进一步得到增强，如果大学生所处的思想政治教育环境不好，国家认同教育与社会主义核心价值观教育的效果就会被削弱。因此，思想政治教育环境的优化问题已经被提到国家认同教育与社会主义核心价值观教育议事日程了。

二 国家认同教育与社会主义核心价值观教育的配合

在社会主义核心价值观中，富强、民主、文明、和谐体现了社会主义核心价值观在发展目标上的定位，是立足国家层面的价值观要求；自由、平等、公正、法治体现了社会主义核心价值观在价值导向上的定位，是立足社会层面的价值观要求；爱国、敬业、诚信、友善体现了社会主义核心价值观在道德准则上的定位，是立足公民个人层面的价值观要求。这三个层次的价值观相互联系、相互贯通，实现了政治理想、社会导向、行为准则的统一，实现了国家、集体、个人在价值目标上的统

第十一章 高校国家认同教育应该处理好的三个关系

一,兼顾了国家、社会、个人三者的价值愿望和追求。这一表述反映了我国社会主义制度的本质规定,体现了中国特色社会主义事业的发展要求,昭示了中国共产党长期奋斗的一贯主张,继承了中华传统文化精华,汲取了人类文明优秀成果,既坚持了马克思主义的共性又涵盖了中国特色社会主义的个性;既坚守了国家社会的目标又张扬了人的主体性;既有深厚的传统底蕴又有鲜明的时代特征,符合历史、合乎实践,贴近民情、顺乎民意,能够发挥广泛的感召力、强大的凝聚力和持久的引导力。

(一)国家认同教育为社会主义核心价值观教育夯实了基础

通过开展国家认同教育,实现大学生对祖国的认同、对中华民族的认同、对中华文化的认同、对中国特色社会主义道路的认同、对中国共产党执政的认同以及对中国特色社会主义理论的认同,可以为社会主义核心价值观教育打下坚实的基础。只有夯实了大学生的国家认同基础,才能确立大学生的社会主义核心价值观。国家认同教育与社会主义核心价值观教育要解决"培养什么人,怎样培养人"的重大问题,解决好大学生的国家认同就可以引导大学生在社会主义道路、社会主义制度和社会主义理论的价值判断、价值选择和价值取向等重大理论是非、思想是非问题上,统一思想,达成共识。

(二)社会主义核心价值观教育进一步深化了国家认同教育

国家认同教育与社会主义核心价值观教育的关系表明,社会主义核心价值观教育对国家认同教育起到了进一步深化的作用。对祖国的认同、对中国共产党执政的认同就是对社会主义核心价值观的富强、民主、文明、和谐的认同。对中国特色社会主义道路的认同、对中国特色社会主义理论的认同就是对自由、平等、公正、法治的认同。对中华民族的认同、对中华文化的认同就是对社会主义核心价值观的爱国、敬业、诚信、友善认同。国家认同的每个认同都包含了社会主义核心价值观,社会主义核心价值观的每个方面都与国家认同密切相关。

(三)国家认同教育与社会主义核心价值观教育相辅相成、相互促进

国家认同教育与社会主义核心价值观教育都是当前高校思想政治教育的重点。国家认同教育与社会主义核心价值观教育各有侧重,又

互相联系、紧密相关，共同统一于中国特色社会主义的伟大实践。国家认同教育与社会主义核心价值观教育要相互结合，开展国家认同教育应该注意结合社会主义核心价值观教育，共同进行。开展社会主义核心价值观教育也应该结合国家认同教育同时开展。

三　以国家认同教育促进社会主义核心价值观教育

以国家认同教育促进社会主义核心价值观教育应该注意抓好以下几个方面的教育工作：

（一）以国家认同教育促进形成国家层面的社会主义核心价值观

国家层面的价值观是富强、民主、文明、和谐。对祖国的认同、对中华民族的认同、对中华文化的认同、对中国特色社会主义道路的认同、对中国共产党执政的认同以及对中国特色社会主义理论的认同就是对国家层面的社会主义核心价值观的认同。

在社会主义核心价值观中，这个层面价值观的形成与国家认同教育不可分割。凡是确立国家认同的大学生，一定会培育和践行国家层面的社会主义核心价值观。国家层面的社会主义核心价值观着重解决对国家的理论、制度、道路的价值判断、价值选择和价值取向问题，当国家认同确立后，这些对国家的理论、制度、道路的价值判断、价值选择和价值取向问题也就迎刃而解了。

（二）以国家认同教育，促进形成社会层面的社会主义核心价值观

社会层面的社会主义核心价值观是：自由、平等、公正、法治。对祖国的认同、对中华民族的认同、对中华文化的认同、对中国特色社会主义道路的认同、对中国共产党执政的认同以及对中国特色社会主义理论的认同就是对社会层面的社会主义核心价值观的认同。从表述看，党的十七大报告提出了"树立社会主义民主法治、自由平等、公平正义理念"，党的十八大报告进一步提出了"倡导自由、平等、公正、法治"，两者一脉相承而又更加凝练。对中华民族的认同、对中华文化的认同、对中国特色社会主义道路的认同、对中国共产党执政的认同以及对中国特色社会主义理论的认同实质上就是对社会层面的社会主义核心价值观的认同。

（三）以国家认同教育，促进形成个人层面的社会主义核心价值观

第十一章 高校国家认同教育应该处理好的三个关系

个人层面的社会主义核心价值观是爱国、敬业、诚信、友善。对祖国的认同、对中华民族的认同、对中华文化的认同、对中国特色社会主义道路的认同、对中国共产党执政的认同以及对中国特色社会主义理论的认同就是对个人层面的社会主义核心价值观的认同。这个层面的价值观涵盖了社会公德、职业道德、家庭美德、个人品德各方面，集成了中华民族传统美德、中国共产党人革命道德和社会主义新时期道德的精华，为提升广大人民群众道德修养达到更高境界提供了最核心的价值导向。

真理必须以有效的表现形式显现出其魅力。国家认同教育与社会主义核心价值观教育必须通过大学生容易理解的话语方式开展起来，这样才能够被大学生接受和认可。国家认同教育与社会主义核心价值观教育应该用民族的、大众的、为学生所喜闻乐见的语言，感召大学生，增强教育的凝聚力、感染力和说服力。当我们说到国家认同教育与社会主义核心价值观教育的教育形式的时候，最重要的创新就是语言的创新。因为国家认同教育与社会主义核心价值观教育首先通过语言影响大学生。如果语言缺少感染力，教育效果就无法保证。所以，一切有志于国家认同教育与社会主义核心价值观教育的思想政治工作者都应该学习掌握语言的艺术，培养运用语言的基本功，锤炼和形成中国气派、中国风格的话语。

第十二章 道德与民族认同、国家认同

本章分析和阐述道德与民族认同、国家认同的关系，通过分析和阐述道德在民族认同和国家认同中的重要作用，进一步说明道德是民族认同和国家认同的必备条件。

第一节 道德释义

要认识道德作为民族认同、国家认同的必备条件，首先必须认识道德体现了人的本质、道德与其他社会规范不同。

一 道德的含义

道德一词来自拉丁文的 moralis，原意是传统或者方法。道德一词是古罗马西塞罗所创立。在西方，道德一词反映的是人类的关系，代表了人类存在的价值。在中文中，道的原意是道路，引申为原则、原理、规律、规范等，具有做人之道的意思，即人之所以为人所应有的根本原则，德和得的意思相似，指修道有得，即人遵循为人之道所引致的收获、体验。东汉的许慎在《说文解字》中说："德，外得于人，内得于己也。"外得于人，就是"以善德施与他人，使众人得益"，内得于己，就是"以善念存诸心中，使身心互得其宜"。道德合用首推荀子。荀子在《劝学》篇中说："故学至乎礼而止也，夫是之谓道德之极。"由此可见，荀子已经赋予道德以明确的含义，指确定的道德品质、道德境界和调整人和人之间的道德规范。

道德可以表述为：人类社会特有的社会现象，由社会经济关系决定，以善恶为标准，依靠社会舆论、传统习惯和内心信念所维系的、调整人与人之间，以及人与自然之间关系的原则和规范、心理意识和行为活动的总和。从道德的词义看，道德是对主体的规范；从道德与政治、法律的关系来看，道德是一种非强制性的规范；从道德与宗教的关系来看，道德调节的是现实世界的社会关系；从道德的调节层次来看，道德就是调节各种社会性关系的规范形式。故可将道德定义为：道德即是非强制地调节社会性关系的规范。

二　道德的本质

关于道德的本质问题，在马克思主义诞生以前有几种不同的见解：

（一）把道德的本质归之为人的先天固有善良或邪恶的意志，这是主观唯心主义的道德观。代表性观点有孔子、孟子"人之初，性本善"的"性善说"，荀子的"人之初，性本恶"的"性恶说"等。

（二）把道德的本质归之为"神的启示"，这是客观唯心主义的道德观。代表人物有董仲舒"王道之三纲可求于天""道之大源出于天"之说。

（三）把道德的本质归之为抽象的人性，这是旧唯物主义的道德观。旧唯物主义反对从神出发，而从人出发，反对神道主义，主张人道主义，认为道德的本质是人性的自然表现，是人的真实的、健康的"本性"，而恶行、罪过只不过是人性的歪曲。它将道德从虚幻的天国拉回到了世俗的人间，但他们所说的人的"本性"是抽象的人性，脱离了社会关系的永恒的人性，因而最终与唯心主义殊途同归。

（四）把道德的本质归之为社会关系的产物和反映，这是马克思主义的道德观。马克思主义认为，道德的本质是社会经济基础决定的一种社会意识形态，是社会经济关系的产物和反映。社会经济基础的性质决定了道德的历史类型和性质，决定道德的基本原则和主要规范。经济基础的变化和发展迟早会引起道德的相应变化与发展。道德除了受经济基础决定外，还受到其他社会因素的制约和影响。这些社会因素有科学技术的发展，政治、法律、教育、文化、艺术、宗教等其他上层建筑的因素，道德还受到人们的生活方式、社会心理以及民族传统习惯的影响。

综上所述，道德体现了人的本质和人的基本特征，所以，人不能没有道德，人如果没有道德，按照英国学者巴克劳（Barcalow）的观点，其结果是人首先丧失道德意识，颠倒是非，混淆美丑，不辨善恶，误把耻辱当作光荣、正确当作错误，同时，丧失道德良心，没有同情心和羞愧感，胡作非为，无法无天，禽兽不如①。伦理学的重要性就在于可以培养人的道德意识、道德良心，可以把道德与人的认识能力、心理发生机制、文化生存背景等重要的因素结合起来，帮助我们深刻理解道德存在的必然性和深刻的社会价值，促进个人和社会的完善。

三　道德对社会的作用

（一）道德促进社会和谐发展

这是由两方面因素决定的。一方面，道德通过法律和习俗无法代替的特殊机制对社会上的各种关系、各种行为进行调节。作为关系和行为规范，道德通过特定的观念、情感、意志、信念等意识形式而存在，主要靠内心信念的力量来维持。其内容既有消极的、禁止性要求；也有积极的、鼓励性要求，因而它更容易让人亲近和接受。而且，道德诉诸个人的认识和情感，采取非强制的手段来调节关系和行为，通过行为主体的自觉、自省、自为而起作用，较之于法律更易被人们所接受、容纳，并变成自觉需要。

另一方面，道德总是把既有利于个人也有利于他人和社会作为衡量行为价值的尺度。个人的需要和利益，是人们行为的内在动力和社会发展的源泉，但是，不受约束地追求个人利益的活动，却会给社会造成极大危害。正是道德，在人们受本能的驱动而无休止地满足自我需要的过程中，提醒人们把自身利益与他人和社会利益联系起来。无论何种社会，其主流道德都表现出维护社会利益的诉求。普列汉诺夫指出："实际上，道德的基本问题不是对个人幸福的追求，而是对整体幸福，即对部落、民族、阶级、人类幸福的追求。"② 当然，注重他人利益和社会利益，推动行为者去做有利于他人和社会的事情，并不意味着道德要以抹杀行为者的个人利益为代价。

---

① J. M. Shafr itz: Introducing Public Administration. America (1998): Longman. p. 32.
② 《普列汉诺夫选集》第 1 卷，生活·读书·新知三联书店 1962 年版，第 551 页。

第十二章 道德与民族认同、国家认同

(二) 道德是社会控制和管理的重要手段

由于社会的和谐发展有赖于道德的调节,一个社会的道德状况关系到该社会的兴衰,因此,道德不仅表现为文化现象,而且成为社会控制和社会管理的一个重要手段。社会之所以在惯例、法律和审慎之外,还需要道德这样一个体系来指导人们的行为,是由于如果不这样,生活在群体中的人们就不能取得一种令人满意的生存条件,人们将或者生活在自然状态中,过一种如霍布斯所说的"荒凉的、可怜的、龌龊的、野蛮的和匮乏的"生活,或者将处于一种超乎我们想象的极端专制的文明状态,在那种状态下,法律将干涉生活的各个方面,个人一切可能的偏离都将被一种有效的强力威胁所制止。英国哲学家罗素对文艺复兴时期意大利变迁的论述,也反证了道德对于社会和谐发展的保障作用。他写道:"在希腊的伟大时代里出现过的事,再一次出现于文艺复兴的意大利。从羁绊中获得的解放,使得个人精力旺盛而富于创造力,从而便产生了极其罕见的天才的奔放。但是由于道德败坏而不可避免地造成的无政府状态与阴谋诡计,却使得意大利人在集体方面成为无能的了。于是他们也像希腊人一样,倒在了别的远不如他们文明,但不像他们那样缺乏社会团结力的民族的统治之下了。"①

(三) 重视道德的社会作用是中国文化的传统

中国思想家一直非常重视道德在促进社会和谐发展中的作用,甚至提出了"德治""德刑相辅"的主张,认为道德不仅对人群、人际的协调发挥积极影响,而且在国家治理、社会治安等方面都有不可替代的地位。《左传·昭公十九年》云:"抚民者,节用于内,而树德于外,民乐其性(生),而无寇仇。"② 这就是说,立国之基是用道德来安抚民心、和顺民意。孔子在回答子贡问政时指出,"足食、足兵、足信"是治国安邦的三件大事,其中"足信"是最重要的,当条件不允许,不能同时做到时,"食"和"兵"都可去掉,而"信"万万不可少,因为"民无信不立"。(《论语·颜渊》)

中国古代思想家不只是将道德视为精神现象或意识活动,而且是理

---

① [英] 罗素:《西方哲学史》上卷,商务印书馆1963年版,第18—19页。
② 《左传》,中华书局2001年版,第511页。

解为对天的模仿,是天道的体现,所以"天之本质为道德,其见于事物也,为秩序。……以天道之秩序,而应用于人类之社会,则凡不合秩序者,皆不得为道德。"① 这就使得中国社会、中国文化打上了道德化色彩,因此道德理论在中国思想史中占有重要地位,普通中国人比世上其他任何民族更真切、更实际地感受着道德的无处不在和无所不及。

四 道德与法律

道德与法律的联系。它们都属于上层建筑,都是为一定的经济基础服务的。它们是两种重要的社会调控手段,自人类进入文明社会以来,任何社会在建立与维持秩序时,都不能不同时借助于这两种手段,只不过有所偏重罢了。两者是相辅相成、相互促进、相互推动的。

(一)道德与法律的关系

1. 法律是传播道德的有效手段。道德可分为两类:第一类是社会有序化要求的道德,即社会要维系下去所必不可少的"最低限度的道德",如不得暴力伤害他人、不得用欺诈手段谋取利益、不得危害公共安全等;第二类包括那些有助于提高生活质量、增进人与人之间紧密关系的原则,如博爱、无私等。其中,第一类道德通常上升为法律,通过制裁或奖励的方法得以推行。而第二类道德是较高要求的道德,一般不宜转化为法律,否则就会混淆法律与道德,结果是"法将不法,德将不德"。法律的实施,本身就是一个惩恶扬善的过程,不但有助于人们法律意识的形成,还有助于人们道德的培养。因为法律作为一种国家评价,对于提倡什么、反对什么,有一个统一的标准;而法律所包含的评价标准与大多数公民最基本的道德信念是一致或接近的,故法律的实施对社会道德的形成和普及起了重大作用。

2. 道德是法律的评价标准和推动力量,是法律的有益补充。法律应包含最低限度的道德。没有道德基础的法律,是一种"恶法",是无法获得人们尊重和自觉遵守的;道德对法律的实施有保障作用,"徒善不足以为政,徒法不足以自行"。执法者的职业道德的提高,守法者的法律意识、道德观念的加强,都对法律的实施起着积极的作用;道德对

---

① 蔡元培:《中国伦理思想史》,商务印书馆1987年版,第11页。

第十二章　道德与民族认同、国家认同

法律有补充作用，有些不宜由法律调整的，或本应由法律调整但因立法的滞后而尚"无法可依"的，道德调整就起了补充作用。

3. 道德和法律在某些情况下会相互转化。一些道德，随社会的发展逐渐凸现出来，被认为对社会是非常重要的并有被经常违反的危险，立法者就有可能将之纳入法律的范畴。反之，某些过去曾被视为不道德的因而需用法律加以禁止的行为，则有可能退出法律领域而转为道德调整。

（二）道德与法律的区别

道德与法律是两种不同行为规范，它们的产生原因、调整对象、调整范围、表现形式、调整机制、评价标准等方面各有不同。

1. 道德与法律产生的条件与消亡各不相同。根据马克思主义关于国家与法的学说，国家是阶级矛盾不可调和的产物。因此，法律的产生以国家的形成为前提条件，法律是由国家制定或认可的、以国家强制力为后盾的行为规范。没有国家就没有法律，国家的性质决定了法律的性质。而道德则不以国家的产生为前提，早在原始社会就已经有了道德的存在。在一种社会形态之内通常只可能存在一种同一性质的法律，却可能存在几种不同性质的道德。如在社会主义国家产生以前，少数先进人物与革命导师就已经具备了社会主义的道德理念和道德品质。法律既然随着国家的产生而产生，也必然随着国家的消亡而消亡。在法律消亡之后，道德依然存在。

2. 道德与法律调整的对象与范围有所不同。在现代国家，法律调整的对象仅限于人们的外在行为，单纯的思想或动机不是法律所调整的对象，例如，在法官判断一种行为是否要受到法律制裁以及该行为如何受到法律的制裁时，行为人的心理动机也是法官考虑的一个因素。在古代社会曾经存在过"腹诽""莫须有"等以思想定罪的荒谬案件，这种情形与现代国家的法治原则是格格不入的。而道德所调整的不仅仅是人们的外在行为，它还规范人们的心理动机。即使在调整人们外在行为的问题上，道德所调整的范围也比法律要广泛。例如，婚姻关系是法律与道德共同调整的对象，但是爱情关系、友谊关系通常只受道德的调整而不受法律的调整。

3. 道德与法律的表现形式与调整机制各不相同。许多道德规范表

现为一种抽象的原则与信念，违反道德规范的后果是行为人要受到社会舆论的谴责，以及行为人自身的自责、内疚、忏悔。而法律是以国家强制力为后盾的行为规范。在现代国家，法律规范则必须规定明确、具体的行为模式与行为后果。违反法律规范的后果，是由相应的国家机关追究行为人的法律责任。

4. 道德与法律的评价标准各不相同。道德评价具有"扬善惩恶"的特点，其评价对象包括了"善行"与"恶行"，而法律评价所针对的主要是违法犯罪行为。在通常情况下，违反法律的行为必定违反道德，而违反道德行为未必都违反法律，道德评价的标准比法律的评价标准更高。

5. 制裁者和制裁方式不同。政府是执法单位，违法受到政府权力的有形制裁，道德则诉诸良心，违反道德不受政府权力制裁，而受社会大众舆论的无形谴责。法律对行为虽然有规范作用，但是，法律不能取代道德，法律最多是将一些严重缺失的道德订为条文，借以强制社会成员不得违反，不能将所有不道德行为都加以制裁。

第二节 社会公德建设背景下法德结合的参与型建设者

建设社会主义先进道德文化，解决当前突出存在的社会公德缺失问题的关键是造就法德结合的参与型建设者。法德结合的参与型建设者对法律和道德高度认知，具有健全的法治心态和健全的德治心态，能够体现法德结合的公民精神、法德结合的叠加效应、法德配合合宜得体。法德结合的参与型建设者最可贵之处是将法德视为一生信仰，无怨无悔，终身追求，勇敢实践。他们是建设中国特色社会公德所需的最重要、最宝贵的人力资源。

进入21世纪以来，中国社会公德建设在社会主义核心价值观的引领下向着法治和德治相结合的方向阔步前进。但是，由于以自私为中心的个人主义、以不择手段获利为中心的拜金主义和以自我满足为中心的极端功利主义的泛滥和影响，社会公德失范势头不仅没有被有效遏制，反而愈演愈烈，继续蔓延，事件频发，不仅腐蚀和瓦解了社会主义核心

第十二章 道德与民族认同、国家认同

价值观的培育和践行,而且造成各阶层、各年龄段人群的道德波动,成为大众新闻媒介、公众街谈巷议的热门话题。社会公德失范最突出的表现是各种欺诈行为屡禁不绝、诚信缺失严重,一些老人"碰瓷"问题时有发生、公共交通为座位引起的争执愈演愈烈。这些问题将几代人都卷入公共道德的纷争里,公共场所、公共交往、公共活动等凡是"姓公"的地方都呼唤着公共道德的到位。人们在惊叹社会公德缺失之余,也提出各种解决方案,但是,各执己见,观点争鸣,众说纷纭,难有定论。与此同时,对法德结合的社会治理模式,学界的认识则渐趋一致,这对如何建设社会公德具有很大的启发。比较有代表性的观点如下:"法德结合是适合我国国情的治国方略。"[1] "既依法办事,又以德论事,不断提高法德素养水平。"[2] "依法治校和以德治校相结合,是实现学校全面发展的根本途径。"[3] "人格诚信与制度诚信的法德结合是传统诚信文化有效转化的现实路径。"[4] 现代道德往往是古代道德的延续和发展。古人对这个问题精辟的见解也值得注意和借鉴。清代思想家戴震认为:"人之不尽其才,患二,曰私,曰蔽。"[5] 戴震说的这个"私"就是道德规范缺乏所致的利己,戴震说的这个"蔽"就是法治理念缺乏所致的愚昧。本书认为道德的主体是人,道德的实施者也是人。与其说公共道德是中国社会最为需要的,不如说承载公共道德的人是中国社会最为需要的。人的道德公德化乃是解决中国社会公德缺失的关键。人的道德公德化的关键点就是培育法德结合的参与型建设者。本文的法德结合的参与型建设者是指承担社会法律责任与道德责任的社会主义先进道德文化建设的热心参与者、支持者和建设者。法德结合的参与型建设者具有"旁观"和"参与"两个特点,正因为"旁观",才能头脑冷静,理性至上,能够明断是非曲直,监督道德和法律的实施;正因为"参与"才表现了对法律和道德的信仰和推动。法律和道德的结合所体现的公民

---

[1] 傅强、陈澜:《法德结合是适合我国国情的治国方略》,《重庆社会主义学院学报》2004年第6期。
[2] 郝志学:《法德共进的实践与思考》,《中国司法》2015年第3期。
[3] 张文清:《法德结合推进学校全面发展》,《山西教育(管理)》2014年第10期。
[4] 武林杰:《中国传统诚信文化的现代性转化》,《伦理学研究》2016年第3期。
[5] 梁启超:《论中国文化》,商务印书馆2012年版,第272页。

精神、叠加效应和合宜得体可以有效医治中国社会公德缺失。法德结合的参与型建设者这个体现今天时代鲜明特色的新人群正是建设中国特色社会公德所需要大力培育的最宝贵的人力资源。

一 法德结合的参与型建设者与道德旁观者

法德结合的参与型建设者以法律和道德结合为其重要特征。法德结合的参与型建设者把法律和道德置于至高无上的地位，奉法律和道德为一切行为之指南，终生信仰，矢志不渝实行。他们坚守在这个信仰中，相信法德结合可以解救今天中国的道德之难。这些人看起来是"傻"，但是，正因为有这些"傻人"，中国社会公德建设才有希望有前途，才不至于被那些缺德的"聪明人"所毁灭。法德结合的参与型旁观者这个概念源于道德旁观者。认识法德结合的参与型建设者还要认识道德旁观者。

（一）道德旁观者

1. 道德旁观者的产生和发展。道德旁观者这个概念最早由英国哲学家休谟提出，但是，休谟没有对这个命题作出进一步阐述，仅仅提出作为那个时代进行道德建设的一个倡议。休谟笔下的道德旁观者不是经验意义上的冷眼旁观者，而是能够理性地明断道德是非的人。英国哲学家、经济学家亚当·斯密对道德旁观者的确切含义、产生原因、主要特征及其社会作用进行了最为深入和全面的阐述，认为道德旁观者不仅是理性的明断是非的人，而且是主动积极参加社会道德建设的人。德国哲学家康德则以自由意志这个对道德特征进行概括的新命题补充和丰富了道德旁观者的内涵。黑格尔为道德旁观者补充了个人道德和国家道德相结合而产生的伦理精神，认为道德旁观者乃是国家观念的个人化。

纵观上述西方思想家对道德旁观者的论述，可以将其对道德旁观者的论述概括为在理性之光照耀之下和在同情之情导引下，以社会正义和个人自由选择的方式构建资本主义道德的人。

2. 道德旁观者产生的历史背景、理论基础。西方思想家之所以热衷道德旁观者的宣扬，就其历史背景而言，是想为资本主义社会取代封建社会之后找到一条道德建设的道路。就其理论基础而言，是想为资本主义社会寻找道德的根基，促进与资本主义社会相匹配的道德文化的发展。早期资本主义社会阶级矛盾尖锐,社会问题丛生。西方思想家看到推动资本主义发展仅仅依靠市场这只看不见的手,还不能解决社会建设问题,更不能解决资本主义社会的阶级对立和阶级冲突问题。解决资本主义社会的人与人之间关系冷漠、社会被金钱腐蚀等社会道德缺失问题需要另辟蹊径,希望通过为资本主义时代构建以道德旁观者这样一种体现新的时代精神的人群的道德建设之路,解决资本主义社会面临的文化危机问题,以维护资本主义秩序,推动资本主义的进步和发展。

3. 道德旁观者的特征。上述西方思想家独到之处就在于他们以敏锐的眼光看到了每一个时代都需要不同类型的人承担道德重任,每个时代道德的不同主要表现为道德意识和道德情感表现形式的不同。他们花费很多笔墨描绘的资本主义社会道德旁观者的道德意识和道德感情最突出的特征就是具有超越阶级、超越民族的带有普遍性和广泛性的理性的自由选择的同情之情,这与亚里士多德和柏拉图笔下的奴隶主对奴隶的恻隐之情和主次分明的阶层固化,奥古斯丁笔下的上帝对人类苦难的关心和拯救的永恒之理和普遍的同情之情都有着明显区别。这个理性的自由选择的同情之情是用来缓和阶级矛盾、调整阶级关系、建立与资本主义文明相适应的生存方式和行为方式的万能之理和万能之情,承载着西方思想家心目中社会理想的全部重担。

(二) 法德结合的参与型建设者

法德结合的参与型建设者不同于西方语境中的道德旁观者,但却是对西方语境中的道德旁观者的借鉴,又是中国社会公德建设语境下的产物。相比之下,法德结合的参与型建设者道德内涵更加丰富,而中国特色、中国风格和中国气派更加明显。

既然是借鉴,就不可能将两者完全割裂。与西方语境中的道德旁观者相似的一面是,法德结合的参与型建设者也具备了个人的美德修养。西方思想家对其所钟爱的道德旁观者赋予很多绅士的美德,例如,亚当·斯密指出道德旁观者确立了"温柔、有礼、和蔼可亲的美德;确立了公正、谦让和宽容仁慈的美德。"[1] 确立了"崇高、庄重、令人尊敬的美德、自我克制、自我控制、控制各种激情——它使我们出乎一切

---

[1] [英]亚当·斯密:《道德情操论》,商务印书馆2006年版,第4页。

本性的活动服从自己的尊严、荣誉和我们的行为所需要的一切准则——的美德。"① 这些美德修养也是法德结合的参与型建设者所必备的。除此之外，法德结合的参与型建设者与西方思想家笔下的道德旁观者还有如下区别：

1. 理想信念和社会建设目标追求不一样。法德结合的参与型建设者与西方思想家笔下的道德旁观者不同的一面，除了时代不一样以外，在理想信念、社会建设目标的追求方面也不一样。法德结合的参与型建设者要树立中国特色社会主义的理想信念，追求实现中华民族伟大复兴中国梦的社会理想，致力于形成各民族团结友爱、互相尊重理解的团结平等互助和谐的关系。与西方思想家构建的道德旁观者的完善和发展资本主义制度的理想信念、追求资本主义绅士阶层的完美个性、致力于形成表面上人人讲道德、讲礼貌、讲平等的社会关系而实际上贫富悬殊、民族不平等有着明显不同。法德结合的参与型建设者更加注重社会真实的人际关系的建立，注重人际关系的实质内容，与道德旁观者注重维持表面的温情脉脉的人际关系，注重人际关系的形式特点形成鲜明对照。法德结合的参与型建设者着眼的是社会主义制度人际关系的完善，道德旁观者着眼的是维持既成的资本主义社会秩序。

2. 社会责任不一样。法德结合的参与型建设者以社会公德建设为己任，将对法律的敬畏之心和对道德的敬畏之心表现在社会生活之中，言行中规中矩，建设国家的重任在肩，对他人进行法德结合的监督，热心助人。更为可贵的是这样的人敢怒敢言，敢于拍案而起，以无私无畏的精神，去建设社会公德。这与深受西方个人主义传统影响的西方思想家笔下的道德旁观者着眼的是个人美德的培养和完善，与独善其身的个人品德的形成和发展截然不同。法德结合的参与型建设者所着眼的是社会责任感的形成和发展，是人和社会紧密结合关系的形成和发展。法德结合的参与型建设者不仅要改造自己，还要改造社会，让个人发展和完善、个人的自我提高和自我净化与社会和他人发展和完善、自我提高和自我净化同步进行。

---

① [英]亚当·斯密：《道德情操论》，商务印书馆2006年版，第4页。

第十二章　道德与民族认同、国家认同

3. 行动和实践不一样。法德结合的参与型建设者相信行动和实践是改造中国、移风易俗的第一动力源，不仅自己不去违法乱纪，破坏法律和道德，而且对法律和道德，衷心信仰，言行一致，说到做到，诚实守信，身体力行。这与道德旁观者的理性化特征鲜明，说教多，做得少，以社会和他人道德教师自居形成鲜明对照。法德结合的参与型建设者上承儒家君子的美德，所谓"彬彬有礼，然后君子"，下接今天建设中国特色社会主义的法治和德治国家的需要，成为加强社会公德建设的关键力量。法德结合的参与型建设者越多，中国社会实现法治和德治的可能性就越大。

二　法德结合的参与型建设者的法律和道德特征

法德结合的参与型建设者在法律和道德方面的总的特征就是认知法律和道德，奉法律和道德为信仰，矢志不渝地实践法律道德的要求，终生坚守法律和道德的要求。

（一）法德结合的参与型建设者的法律特征

就法律方面的特征而言，法德结合的参与型建设者对法律认知，具备健全的法治心态。

1. 对法律认知。对法律的认知指对法律的信任和信赖程度。对法律认知就是信仰法律、信赖法律、以法律作为行动指南。对法律认知不仅仅是承认法律的价值和作用，而且对法律要求身体力行，努力实践，为人楷模。对法律认知是对法的信仰、心悦诚服所表现出来的心无旁骛的坚定立场。

2. 健全的法治心态。所谓健全的法治心态指的是对法律的认知心态。对法律的信任和信赖程度决定了对法律处于什么样的状态，如果全心全意信任和信赖法律，健全的法治心态也会随之而形成。如果不信任和不信赖法律，不健全的法治心态也会随之形成。拥有健全法治心态的人，一般来说，都具有正确的法治理念和法治思维，言行通常限制在法律范围内，"从心所欲不逾矩"。拥有不健全法治心态的人则缺乏正确的法治理念和法治思维，不按照法律要求活动，不讲规则。因为今天中国社会的很多人没有建立健全的法治心态，所以，随意超越做人底线，无法拿起法律武器自律，行为失范严重。

（二）法德结合的参与型建设者的道德特征

就道德特征方面而言，法德结合的参与型建设者对道德认知，具备健全的德治心态。

1. 对道德认知。对道德认知就是信仰道德，信赖道德，以道德作为行动指南。除此而外，对道德的认知表现在对个人修养的重视和提高，对妨碍道德建立的私心杂念给予排除和批判。

2. 健全的德治心态的含义。所谓健全的德治心态指的是对道德的认知心态。一个具有健全德治心态的人，可以不知道道德的概念、道德的渊源为何物，但是，无论面对什么社会问题，这样的人都会拿自己对道德的社会认知这把尺子衡量一番，凡是符合道德的事情就坚决去做，凡是不符合道德的事情就坚决拒绝。健全的德治心态是一个人、一个社会的道德良心。

（三）法德结合的参与型建设者理性的仁爱之情

西方思想家把理性的同情之情看作道德旁观者的特征。法德结合的参与型建设者也有理性的同情之情，表现为理性的仁爱之情。笔者认为为了不与西方思想家的语言重复，中国化语境下的同情之情应该表述为仁爱之情更为可取。

1. 理性的仁爱之情。法德结合的参与型建设者理性的仁爱之情表现为对遭受违法行为损害的受害者、不幸者的同情之情，对社会不公正行为的深恶痛绝，他们不是不辨是非的泛爱主义者，他们能够明辨是非，知道什么人应该救助，什么人不应该救助。

同情之情虽然是亚当·斯密最早提出，但是，不仅仅为亚当·斯密所专有，我国古代典籍不约而同涉及同情之情，只是没有以同情之情这一明确的词语表述而已。明代理学家罗钦顺指出经典中对仁情之情的称呼不同，但是都指同爱之情。同爱之情源于人性："礼记所举欲与好恶，大学所举亲爱、贱恶、畏敬、哀矜，中庸所举喜怒哀乐，孟子所举恻隐、羞恶、恭敬、是非等是人情，但名言不同耳。凡情之发，皆根于性。"[①] 孟子认为包含同情之情的人情和人性都是人与生俱来的，"恻隐之心，仁也；羞恶之心，义也；恭敬之心，礼也；是非之心，智也。仁

[①] （明）罗钦顺：《困知记》，中华书局2013年版，第5页。

第十二章　道德与民族认同、国家认同

义礼智非由外铄我也，我固有之也。"①孟子从两个方面证明了先天的仁爱之情的存在。一是当与自己没有任何关系的孩子落入水井，人们禁不住产生哀怜之感，这就是仁情之情的表现；二是"嫂溺，援之以手，权也。"孟子认为救自己落水的嫂子，虽然是礼法的变通，但是，究其根源，依然是仁爱之情的表现。所以，法德结合的参与型建设者的仁爱之情既是对中华民族传统美德的继承和发扬光大，也是对西方思想家理性的同情之情的呼应。

2. 仁爱之情是法德结合的参与型建设者最基本的人性。"同情这个词，就其最恰当、最初的意义来说，是指我们同情别人的痛苦而不是别人的欢乐。因此，正是这种多同情别人、少同情自己的感情构成尽善尽美的人性。"②亚当·斯密甚至认为最大的恶棍，极其严重违反法律的人，也不会全然丧失同情之情③，仁爱之情之所以是法德结合的参与型建设者最基本的人性，就在于在中国特色社会主义时代的各民族团结互助、友爱和睦的大家庭里，人人都是社会的主人，每个人都和其他人处于平等地位，各民族彼此之间共同和基本的人性是你同情我、我同情你的互相之间谁也离不开谁的仁爱之情。这个共同和基本的人性体现了中国特色社会主义时代人与人关系的本质不可能是资本主义时代赤裸裸的金钱关系，而是温暖的祖国大家庭的互相关心、互相爱护、互相尊重、团结一心的一家人仁爱之情的关系。

3. 理性的仁爱之情是法德结合的参与型建设者承载的公平正义的法则。"只有较好遵守社会正义法则，社会才能存在……正义犹如支撑整个大厦的主要支柱，如果这根柱子松动的话，那么，人类社会这个雄伟巨大的建筑物必然会在顷刻之间土崩瓦解。"④法德结合的参与型建设者的仁爱之情，不仅承载着这个时代的真善美的人性，也承载着这个时代的公平正义法则。公平正义法则与平等待人、平等处事紧密相关。平等待人、平等处事的基本条件是公正无私。法德结合的参与型建设者之所以可以成为亚当·斯密所指出的"公正的建设者""公正的法官"，

---

① 杨伯峻、杨逢彬译注：《孟子译注》，山东人民出版社2009年版，第11页。
② ［英］亚当·斯密：《道德情操论》，商务印书馆2006年版，第106页。
③ 同上书，第24页。
④ ［美］伯尔曼：《法律与道德》，梁治平译，商务印书馆2012年版，第14页。

就在于他们能够承载公平正义的法则，公正无私地参与社会公德建设，事事处以公心，一心为公，不谋私利。

4. 理性的仁爱之情是法德结合的参与型建设者对社会和他人进行法律和道德监督和管理的基础。法德结合的参与型建设者所以能够以法德之尺对社会和他人进行法律和道德监督，其基础就是把理性的仁爱之情转化为立人之道，仁与义的理念、"己欲立而立人，己欲达而达人"的仁爱之情。这个特点类似宋明理学家提出的君子的"道心人心"概念，即法德结合的参与型建设者通过道心之礼表现人心之情。

通过上述分析，我们可以把法德结合的参与型旁观者概括为法和德的觉醒之人。法德结合的参与型建设者把法律作为底线伦理，把道德作为上线伦理，表现为对法律的敬畏之心、敬畏之情与对道德的敬畏之心、敬畏之情的密切结合。这种人可以称作法律觉醒、道德觉醒之人。中国共产党的先驱陈独秀曾经断言，中国人之真觉醒，不是其他方面的觉醒，而是道德和法律的觉醒。建设中国特色的社会公德，就人的素质方面看，法律觉醒、道德觉醒乃是必备的条件。

当法德结合成为中国人的信仰，中国人才能真正觉醒。因为法使人走正路，道德使人做正事。法律的觉醒是外在的觉醒，道德的觉醒是内在的觉醒。一个法律觉醒的民族，充其量只能认识什么是应该做的，什么是不应该做的，这个民族只能依靠看得见的立法、司法和执法构成法治社会提高国民素质。一个兼备法律觉醒和道德觉醒的民族不仅能够认识什么应该做，什么不应该做，而且能够法德结合，互相促进，将外在的法律和内在的道德作为提高素质的途径和方法，既具有法律的约束，又具有道德的自觉，软实力和硬实力兼备，以此推动社会发展，引领社会进步。

法律觉醒和道德觉醒的价值和意义不仅使法德结合的参与型建设者具有了对法律和道德的敬畏之心、敬畏之情，建立了规则意识，而且使法德结合的参与型建设者具有了精神活动的自主性和独立性，能够自己给自己立法。国家和社会立法是他律的强迫和外在的控制，法德结合的参与型建设者在这种压迫和控制之下，尚处于被奴役状态。自己给自己立法则使法德结合的参与型建设者处于自我解放状态，成为真正意义上的社会主人。法律的觉醒由对秩序的、对法律条文的认识促成。道德的

第十二章 道德与民族认同、国家认同

觉醒由文化自信、文化自觉促成。

三 法德结合的参与型建设者的三个方面特点

中国特色社会公德建设背景下法德结合的参与型建设者是把中国建成法治和德治相结合的现代国家必不可少的最重要、最宝贵的人力资源,更是解决中国社会公德建设问题的关键。在现实生活中,法德结合的参与型建设者应该体现以下三个方面特点,以加强和推动自身建设,加强和推动中国的社会公德建设。

(一)体现法德结合的公民精神

要体现法德结合的公民精神,就要克服对法律和道德的一个理解误区,这就是仅仅把法律理解为外在的具有强迫性和惩罚性的他律规则,仅仅把道德理解为内在的具有引导性和启发性的自律规则。如果这样理解法律与道德,对于课堂学习没有什么影响,对于现实生活就可能产生消极影响。以此理解法律和道德的人不会做坏事,也不会主动做好事,不过是一些谨小慎微、明哲保身的君子而已。这样的人注重自我的独善其身,不注重社会改造的兼济天下。法律在这种理解之下关注的是怎样不被强迫和惩罚,道德在这样的理解之下关注的是怎样不被别人把自己的名声搞坏。这种理解法律和道德的弊端就在于认定法律与道德仅仅是一些专门用来约束和控制人的条文,而不是体现丰富的公民精神的载体。还有一个心理定式认为:法律是对付犯罪的手段,道德是处理与陌生人关系的手段。无论法律还是道德,都与己关系不大。因为自己不会犯罪,也不与陌生人交往。美国法学家伯尔曼最早看到了这个问题。他在1973年出版的《法律与宗教》一书中指出:"法律不只是一套规则,它是人们进行立法、裁判、执法和谈判的活动。它是分配权力与义务,并据以解决纷争、创造合作关系活生生的程序。"[①] 伯尔曼认为人们只有参与立法、审判和践行法律等活动,当面解决纷争,才能创造互相之间团结合作的关系,感受法律的活力,理解法律条文包含的人文关怀精

---

① [美]伯尔曼:《法律与宗教》,梁治平译,商务印书馆2012年版,第14页。

神，认识"亲密的人际关系之中的终极和崇高的价值。"① 伯尔曼的结论是法律必须被信仰，才能体现公民精神。亚里士多德是最早认识到道德和法律是公民精神的人。他认为道德和法律必须被信仰，才能创造幸福，有益人生，美化生活。这正是人们对法律和道德缺乏尊重和信仰的一般原因。什么时候，人们把法律认为是我们自己给自己确立的底线伦理；什么时候，人们才能够尊重和信仰法律；什么时候，人们认为道德是我们每个人的人性中不可缺少的修养，人们才能够尊重和信仰道德。

法德结合的参与型建设者的公民精神表现在以下三方面：

1. 把行为限定在文明之内，做文明之人。法律规定了人的伦理底线，道德规定了人的伦理上线。法律以不伤害他人的侵权和保护自我的权利不被伤害的维权为伦理基础。法律底线伦理引导人们学会尊重他人，尊重自我，学会正确处理权利与义务、自由与责任的关系，学会对人对己在法律面前一视同仁。道德上线伦理以尊重人帮助人爱护人理解人关心人为伦理的实现，引导人学会正确处理个人与集体、社会与自我的关系，为了社会整体利益，个人要勇于承担风险和作出牺牲。法德结合的参与型建设者文明的慎重一面被法律表现，文明的高尚一面被道德表现。现代法律和道德都有一个明显的特点，这就是在文明的起点上对每个人应该做什么、不应该做什么提出要求。达到这个要求就是文明之人，否则就掉到文明之外。一个人文明不文明就在于是否遵纪守法，是否具备道德修养。懂法之人在是非、善恶、美丑方面，爱憎分明，立场坚定，行动果断。

2. 把行为限定在法律和道德之内，做文化之人。从英国人类学家泰勒以来的各种对文化的定义中各家基本认同"文化是人们作为社会成员习得的复杂整体"。② 构成文化这个习得复杂整体的关键要素就是法律和道德。法律对人的行为具有强制性、惩罚性和约束性。在法律面前人人平等的基础就是由强制性、惩罚性和约束性构成。法德结合的参与型建设者都必须遵守法律，这是文化中互相平等原则的体现。

---

① ［美］康拉得·菲利普·利塔克：《文化人类学》，陈云水译，中国人民大学出版社2012年版，第28页。

② ［瑞士］皮亚杰：《发生认识论原理》，商务印书馆2011年版，第16页。

第十二章 道德与民族认同、国家认同

道德也表现了鲜明的强迫性、惩罚性和约束性特征。但是，与法律相比，法德结合的参与型建设者对道德的遵守和执行，更多地建立在自愿自觉的基础之上。法德结合的参与型建设者遵循还是不遵循道德不取决于强迫性、惩罚性和约束性的推动，而是取决于思想觉悟、精神境界和自我修养的自觉。道德自觉表现了文化中自由的原则。皮亚杰正是在这个意义上把法律和道德理解为人的自由精神的不断建构。他认为道德和法律"既不能看作是在主体内部结构中预先决定了的——它们起因于有效的和不断的建构，也不能看作是客体的预先决定了的，因为客体只是通过这些内部结构的中介作用才被认识的……"[①] 法德结合的参与型建设者坚持平等原则和自由原则，体现文化自觉、文化自信和文化立身。

3. 把行为限制在公共行为之中，做公共之人。法德结合的参与型建设者公共行为从本质上看就是法治和德治的结合。公共行为的最大特点就是行为被限制在法治和德治的边界里，言行以法治和德治为转移。这就是说，法德结合的参与型建设者从来不怕公开申明自己的道德观点，也从来不怕在公共场合表现自己的道德行为。他们是公共的人，他们的行为是公共行为。

（二）体现法德结合的叠加效应

1. 法德结合的叠加。法德结合的叠加效应指法德结合后产生的效应，这个效应是法律或者道德一个方面都产生不出来的效应。这是功能主义思想在法德结合中的体现。功能主义认为无论多么好的东西，如果其效应不能充分体现，这个东西无异于废物。最好的效应就是两个以上的东西互相结合。法律和道德结合的叠加效应就是法律被作为道德遵守，法律就是道德，道德被当作法律遵守，道德就是法律。尊重法律就要把法律当作道德遵守，尊重道德就要把道德当作法律遵守。

2. 法德结合叠加效应的体现。把法律看作道德，把道德看作法律就可以体现法德结合的叠加效应。如果一个人以道德之心去行法律之实，把法律的遵守看作是对道德的遵守，这个人肯定就会形成尊重和信

---

① [英]鲍桑奎：《个体的价值与命运》，商务印书馆2012年版，第10页。

仰法律的强烈意识，增强遵守法律的自觉性和主动性。所以，法德结合的叠加效应就表现为将道德是自己给自己立法、法律是他人给自己立法这两个方面紧密结合起来，把法律当作道德，就等于把法律从他人给自己立法转变为自己给自己立法，守法意识、遵法的自觉性、爱法的主动性就会在这个转换中形成。与此同时，把道德当作法律遵守，以道德作为约束自己行为的一丝不苟的准则，就不把道德看作是一些条文和规则的简单堆积，而是看作做人离不开的基本原则和基本规范。遵守道德要求，就会不仅仅在道德规定方面与之一致，不相互冲突。坚守道德和法律的要求所产生的叠加效应就会一方面不违法、不违反道德的规定和要求；一方面可以依靠法和道德自我提高、自我净化、自我发展、自我完善，理论促进实践，实践丰富理论，知行合一。

（三）体现法德配合合宜的得体

1. 法德配合的合宜。这就是既不能以德代法，也不能以法代德。法律与道德界限应该清晰和明确。法律作为底线伦理规定了人的行为底线，道德规定了人的行为上线。从法律的底线到道德的上线，是一个人成长需要走过的人生历程。在这个人生成长历程里，一个人往往能够"通过意志的奇迹实现自我的创造"[1]。法德结合的参与型建设者通过法律的底线，培养公平正义的意识，通过道德的上线，培养礼仪礼节的意识。公平公正的意识和礼仪礼节的意识的形成都是人的社会化的必经之路。通过公平公正才能在社会中建立良性互动关系的基础，通过礼仪礼节才能在社会中建立良性互动关系的长效机制。

2. 法德配合合宜的得体表现，即在应该表现法律行为的场合要表现法律行为，在应该表现道德的地方表现道德。亚当·斯密指出："我们对行为合宜性的感觉起源于某种我将称为对行为者的感情和动机表示直接同情的东西……我们对其优点的感觉起源于某种我将称为对受行为影响者感激表示间接同情的东西。"[2] 法律的主要功能是维权。公民权被侵犯，个人利益被损害，就要勇敢拿起法律武器维权，这时候坚持法律至上的原则丝毫不动摇。道德的主要功能是助人。当国家和人民利益

---

[1] ［英］亚当·斯密：《道德情操论》，商务印书馆2006年版，第122页。
[2] 同上书，第105页。

第十二章 道德与民族认同、国家认同

受损,他人需要救援,就要坚持道德至上的理念,奋不顾身,挺身而出,见义勇为,无所畏惧。这时候就不能患得患失,畏首畏尾,更不能临阵脱逃。

法德配合合宜的得体表现在感情表达上也有要求,即在应该表达法律的感情之时就要表现法律的感情,在应该表现道德的感情之时就要表现道德的感情。这是法德结合的力量所在、作用所在。仅仅具有对法律的感情,只能具备痛恨之情,不具备爱惜之情,只能具备仇恨之心,不具备友好之心。仅仅具备道德之情,只能具备怜悯之情,不具备疾恶如仇之情,仅仅具备友好之心,不具备痛心疾首之心。"意识到行为不合时宜产生羞耻心,意识到行为的后果产生悲痛之情,对受到自己损害的那些人怀有怜悯之情,以及意识到每个有理性的人正当地激起愤恨而产生的对惩罚的畏惧和害怕……"[1] 法律和道德都可以通过爱憎之心表现为憎恶之情和同情之情。正因为如此,法德配合合宜的得体表现在感情上就是憎恶那些伤天害理的违法乱纪的人和事,同情那些遭遇不幸的人的苦难和不幸,表达对社会和他人的帮助和关心之情,传递人间的真爱,温暖社会。

法德结合的参与型建设者这个代表了社会有序发展、社会和谐进步未来的新人群,是今天建设法德结合的现代化国家,建设中国特色社会公德、实现中华民族伟大复兴中国梦不可缺少的极为宝贵的人力资源。法德结合的参与型建设者的最可贵之处是能够发挥法律和道德两个方面的作用,培育和践行法治和德治两种精神,形成健全的法治心态和健全的德治心态这样两种心态。他们将法德视为一生的信仰,无怨无悔,终生追求,勇敢实践。今天中国特色的社会公德建设乃至整个中华民族的社会主义先进道德文化建设都热切呼唤和急切需要涌现成千上万法德结合的参与型建设者,在中华大地上大显身手。我们经常听到一个议论:今天的中国什么都不缺,就缺少社会责任和做人底线。法德结合的参与型建设者就是对国家、社会和人民勇于负责、敢于担当、具有做人底线、乐于奉献、助人为乐的责任和担当群体。这个群体如同初升之旭日,终将普照大地,改变和创造中国社会的公

---

[1] [英]亚当·斯密:《道德情操论》,商务印书馆2006年版,第122页。

德。

第三节 道德对民族认同、国家认同的表现

道德与民族认同、国家认同的关系表现为道德支持民族认同和国家认同，表现民族认同和国家认同。

一 道德支持民族认同

通常意义上的民族认同和国家认同离不开道德的支持。"民族认同主要指一国内各个民族的内部认同，即通常所说的族群认同。"[①] 民族认同就是对"我是谁"这个看起来十分简单问题的回答。就人的本性来说，"我是谁"涉及的是一个人的原始归属问题。人的原始归属首先就是感情的归属，人的工具归属才是认知的归属。人首先出生在一个特定的民族环境中，面对这个环境的土地、山川、河流和风俗习惯、传统礼仪、语言文字的影响，久而久之，这些环境因素就成为这个人生活不可缺少的组成部分。这个人就会对这些环境因素产生道德的要求。每个人对所喜欢对象的归属表现了人性最本质、最深处的特点，这就是爱自己所爱，恨自己所恨。至于爱得对不对，爱的结果是什么，恨得对不对，恨的结果是什么，往往决定于这个人的道德水平和程度。民族认同就是这样通过道德产生和发展。澳大利亚社会心理学家迈克尔·A.豪格和英国社会心理学家多米尼克·阿布拉姆斯在1987年出版的《社会认同过程》是研究社会认同理论的经典之作。该书提出的社会认同理论对于我们研究道德与民族认同、国家认同具有重要参考价值。

二 道德支持国家认同

"每个人都一定属于某个民族，从而形成自己的民族认同，而国内各民族的整体认同，可以称其为国家认同。"[②] 国家认同就是在回答了

[①] 贺金瑞：《中国民族发展：概念、途径和理论体系》，社会科学文献出版社2012年版，第160页。

[②] 同上。

第十二章 道德与民族认同、国家认同

第一个"我是谁"之后,还要继续回答的第二个"我们是谁"。第一个"我是谁"是对民族认同的回答,第二个"我们是谁"是对国家认同的回答。"我是谁"是个体对归属的回答,"我们是谁"是民族共同体对归属的回答。这就是说,中国少数民族有两个根,一个根是自己的民族,一个根是自己的国家。民族和国家就是中国各民族的归属。仅仅归属自己的民族还不够,还要归属自己的国家。仅仅有民族的归属,仅仅是个人归属,还必须有第二个归属,这就是民族共同体归属产生的国家认同。民族认同是个人的归属,国家认同是民族共同体的归属。由此看来,一个人是否实现从民族认同向国家认同的转变,绝不是可有可无的小事情,而是关系每个人道德的大事情。在道德的支持下,每个人胸怀祖国,顾全大局,以热爱祖国为荣,以服务人民为荣,就可以加快从民族认同向国家认同的转变。

(一)道德支持民族认同和国家认同中的自我描述和自我评价

民族认同和国家认同都是对个人身份的认同。民族认同和国家认同不仅包括对个人的国家、种族、性别、职业归属等身份的认同,还包括自我描述和自我评价。自我描述和自我评价构成个人的道德。一个人对自我描述和自我评价是否恰如其分,是否符合事实,决定于这个人的道德修养。道德修养好的人谦虚谨慎,戒骄戒躁。道德修养差的人狂妄自大,总是喜欢抬高自己,贬低别人。

所以,就每个人的归属而言,主要指道德的归属。在论及每个人的民族归属时,民族身份通常被优先强调,因为这个民族身份似乎是比其他任何要素重要得多的要素。如果就归属本身看,世世代代遗传和积淀的道德是一种更具有实质性的强大力量。道德可以促进个人的民族认同向国家认同转变。

(二)民族认同和国家认同离不开道德

1. 道德是民族认同和国家认同的动力因

每个人对民族认同和国家认同的感情体验决定了这个人民族认同和国家认同的动力因一定是道德。马克思、恩格斯在其经典著作《德意志意识形态》中指出:"全部历史的第一个前提就是有生命的个人存在。有生命的个人存在是作为有感情的生命体的存在,是需要体验更高层次、更丰富的精神生活的生命存在。"这个精神生活就

个人狭小的生活圈子来看,是无法提供的,所以,个人必须通过道德才能体验更有意义、更有价值的民族认同和国家认同的丰富内涵感情。

2. 民族认同和国家认同以道德为支点

马克思、恩格斯特别强调:"我们的出发点是从事实际活动的人,而且从他们的现实生活的过程中还可以描绘出这一生活过程在意识形态上的反射和反响的发展。"[①] 马克思、恩格斯所说的"生活过程在意识形态上的反射和反响"就是本书提及的民族认同和国家认同的道德问题。这就是说意识形态中的道德不仅构成人的民族认同和国家认同的认知需求,还构成人的民族认同和国家认同的感情需求。道德是个人民族认同和国家认同的支点。

三 道德对民族认同的表现

道德从四个方面表现民族认同:

(一)表现为对民族族源的心理认同

所谓对民族族源的心理认同指对这个民族起源的认同,包括对这个民族起源的地理环境、居住环境和生活环境的认同。道德通过心口相传的思想观念和行为规范将每个人对民族族源心理认同相结合,促进民族自豪感和自尊心的产生、形成和发展。

(二)表现为对民族族体的感情认同

所谓民族族体指这个民族形成后作为一个民族的整体存在和发展情况,包括这个民族的发展程度、发展水平和发展规模。民族族体的标志是民族形象和民族定位,由这个民族的经济、政治、文化和社会建设的水平和现状构成。道德通过文化传承、历史记忆和各种仪式将每个人对民族族体的感情认同相结合,引导人们产生建设和发展本民族历史、文化和现实的强烈愿望。

(三)表现为对族际的边界认同

所谓族际就是这个民族在与别的民族相处的关系中的位置。一个民

---

① 余培源、吴晓明主编:《马克思主义哲学经典文本导读》,高等教育出版社2005年版,第158页。

族的族际就是民族之间的边界,是民族与民族互相区别的重要符号。道德通过传承、继承和发扬本民族优秀文化传统、文化遗产表现一个民族对族际的边界认同。

(四) 表现为对族神的尊崇认同

所谓族神就是这个民族的宗教信仰。信仰什么和不信仰什么对于各个民族来说绝不是可有可无的小事。宗教信仰对民族的生存、发展具有重要影响。一般认为,宗教具有五大功能:宗教的心理调节功能、宗教的社会调节功能、宗教的社会整合功能、宗教的社会控制功能、宗教的社会教化功能。宗教就是通过这五个功能维系民族共同体的生存和发展。道德通过维护民族的宗教信仰,特别是要求人们在行为中尊崇这个宗教信仰使各个民族共同体产生凝聚力和吸引力。

四 道德对国家认同的表现

道德与国家认同的关系表现在以下四个方面:

(一) 道德表现为对国家历史的认同

追溯国家的历史,我们不仅为其悠久和漫长而自豪,而且为其拥有众多人物和事件而心爱。道德通过对国家历史的维系表现对国家历史的认同。

(二) 道德表现为对国家疆域的认同

国家境域有多大,对国家疆域的认同就有多大。去过国与国相接的边境的人都有这样的感受,当你回望祖国的疆域,你的认同是一个样子,你眺望另一个国家的疆域,认同又是另一个样子。这种源于国家疆域的认同就是道德原则在人的内心世界的表现。一个人热爱什么,厌恶什么,是由这个人的道德原则决定。这种善恶、是非、美丑的辨别之理、取舍之情就是道德的基本要求。

(三) 道德表现为对国家文化的认同

文化,按照梁启超的定义,"文化者,人类心能所开积出来之有价值的共业也。"[①] 梁启超以佛教的共业指称文化是很有见地的表现。文化作为共业就意味着像佛教的业力一样将每一代创造的精华薪火相传。

---

① 梁启超:《梁启超论中国文化》,商务印书馆2012年版,第1页。

道德的本质是对善恶、是非、美丑的辨别和取舍，对国家文化的感情认同就是对祖先的创造、传统的积淀、精品的形成所产生的由衷赞美和喜爱。这种对国家文化认同通过道德表现。

（四）道德表现为对国家核心价值观的认同

每一个时代都有表现该时代精神的核心价值观。这个核心价值观不仅要表现国家意识形态的本质和要求，而且也要反映这个国家人民群众的共同愿望和一致要求。只有这样的集时代性、大众性和人民性为一体的核心价值观才能被人民群众认同。对国家核心价值观的感情认同表现为具有积极培育和努力践行这个价值观的愿望和要求。对国家的核心价值观要通过道德确定。道德可以引导一个人对自己的国家产生和形成深厚的感情，引导这个人自觉自愿培育和践行这个国家所倡导的核心价值观，进一步产生国家认同的意识。如果缺乏道德的支持就会出现"相对剥夺"的现象。美国社会心理学家斯托佛在1949年提出了"相对剥夺理论"。"相对剥夺理论"，一方面指"个人相对剥夺"，即个人与另一个与他条件相似之人比较产生被剥夺感；另一方面指"集体相对剥夺"，即个人与另一个与他条件不相似之人比较产生所在集体被剥夺感。相对剥夺感情的产生将会导致对他民族、他国的仇视之情，形成狭隘的民族主义，造成民族关系的紧张和疏离。由此可见，克服相对剥夺的矛盾，必须依靠道德。因为无论"个人相对剥夺"还是"集体相对剥夺"，对一个人来说是不可避免的问题。如果一个人具备较高的道德修养，不去计较个人的得失，坚持国家利益至上，顾全大局，就可以解决好"个人相对剥夺"和"集体相对剥夺"的矛盾。

第三节　道德对民族认同和国家认同的构建

为什么道德能够对民族认同和国家认同进行构建，本节将回答这个问题。

一　道德对民族认同和国家认同的构建原因

道德之所以能够对民族认同和国家认同进行构建，最重要的原因是

第十二章　道德与民族认同、国家认同

道德可以产生以感情连带、感情能量为核心的感情动力因。

（一）感情连带和感情能量

所谓感情连带就是感情的移情作用。所谓感情能量就是不断积累起来的感情所产生的认同力量。没有感情连带，就不会产生从民族认同到国家认同的移情。个人很可能只是对所在民族感情深厚，对国家认同则缺乏相应的感情。没有足够的感情能量，个人缺乏从民族认同到国家认同过渡的感情动力因，依旧无法进入国家认同阶段。

（二）感情动力因的表现

如果个人的感情动力因只是表现在民族认同方面，就会导致狭隘的民族主义，如果个人的感情动力因只是表现在国家认同方面而没有表现在民族认同方面，就会产生国家认同缺乏差异性、包容性的问题，容易产生民族歧视和民族压迫。个人的感情动力因与民族认同、国家认同的关系表现在三个方面，即个人民族认同、国家认同历程开启的动力因；个人民族认同、国家认同个人感情需求同时开启的动力因；个人按照民族认同、国家认同要求开启个人完善的动力因。

二　道德构建民族认同、国家认同的条件

这个条件就是道德提供的感情动力因的分配必须均等和一致。所谓均等就是感情动力因中的感情连带在民族认同、国家认同两个方面互相移情，同时起作用。所谓互相移情，就是个人既热爱自己的民族，认同自己的民族，也热爱自己的国家，认同自己的国家。与此同时，感情动力因中的感情能量也互相配合，共同起作用。所谓互相配合，指个人的民族认同、国家认同是一致的，不互相冲突。其具体表现是个人同时开启民族认同、国家认同的感情历程，将认同本民族与认同国家相统一。从情感方面看，对本民族的感情动力因与对国家的感情动力因的一致性体现了一般与个别的结合、特殊与具体的结合。这就是说，一个人只有热爱自己的民族才能热爱自己的国家，同样的道理，一个人只有热爱自己的国家才能热爱自己的民族。这个哲学上的基本道理在民族认同、国家认同的关系上表现为感情动力因的感情连带、感情能量相辅相成、互相依托，形成美国社会学家米德提出的主观行为与客观行为的不可分割性。他写道："人们必须坚持的是，可以客观地观察的行为在个体内部

得到表达，其含义并非指它存在于另一个世界、一个主观世界，而是指借行为的开端表现出来。"① 个人之所以能够同时开启民族认同、国家认同的历程，就感情动力因来看，就在于移情作用和感情能量作用。个人所以能够移情，是个人感情能量推动的结果，感情能量之所以能够推动移情，就在于个人不仅仅认识了民族的重要性，也认识了国家的重要性。这就是说，个人既能够构建正确的民族观，也能够构建正确的国家观。凡是具有民族认同、国家认同的个人，都是以国家、民族利益为己任的个人，都是国家、民族利益至上的个人。

三　道德构建民族认同、国家认同的感情

（一）道德构建民族认同、国家认同的感情阶段

道德构建民族认同、国家认同的感情阶段分为分类、比较、归属三个阶段。分类就是对民族和国家进行感情识别，以便区别自己所在的民族和国家与他人所在的民族和国家。如果个人的感情动力因仅仅限制在民族认同的范围内，不向国家认同分布，就会出现下列现象，即对自己所在的民族情有独钟，赞誉有加，不知不觉之间抬高自己所在的民族，看低别人所在的民族。更有甚者，就会导致狭隘民族主义意识，甚至走向民族分裂的极端。比较就是比较自己所在民族和国家与他人所在民族和国家的情况，产生所谓的"内群"和"外群"的感情区别，即自己所在的民族和国家是内群，自己之外的民族和国家是外群。通过对自己所在民族和所在国家的各方面比较，可以强化"内群"和"外群"的感情能量，开始个人向所在民族和所在国家的连带感情归属。

每个人从民族认同到国家认同的感情特点是"个人感情"向"国家感情"发展。这本是英国哲学家艾耶尔提出的个人感情健全的方法。我们借助这个方法可以揭示个人感情动力因的表现。

（二）道德构建的个人感情需求

个人首先开始民族认同。通过民族认同蓄积感情能量，产生感情连带，逐渐到达国家认同。从民族认同到国家认同，个人必须构建自我对民族认同、国家认同的感情需求。这个感情需求的动力因由道德提供。

---

① 《米德文选》，丁东红等译，社会科学文献出版社2009年版，第76页。

第十二章　道德与民族认同、国家认同

道德通过激发个人对民族和国家的爱的感情实现这个目标。"个人感情"需求的动力因来自认同蓄积和产生的感情能量，表现为感情连带。这就是说，当个人认同自己所在民族的时候，所产生的感情连带就会同时认同自己的国家。感情连带的产生来自感情能量。感情能量则是个人认识了民族、国家的重要性，认识了民族、国家在个人心目中的位置而蓄积和产生出来的感情强度。个人仅仅认识了民族的重要性，找到个人在民族的位置，感情能量还不足以产生感情连带。个人只有同时认识了民族、国家的重要性，既找到民族在个人心目中的位置，又找到国家在个人心目中的位置，感情能量才能得到有效蓄积，产生感情连带。感情连带像一条纽带，将民族认同与国家认同相连接。感情连带的产生依赖感情能量强度的高低。感情能量强度低，个人缺乏热情，缺乏活力，无法发展出来连接从民族认同到国家认同的感情连带。感情强度高，才能保证个人充满热情，富有活力，蓄积从民族认同向国家认同发展的感情能量。

（三）道德构建民族认同、国家认同感情需求的一致性

这个一致性就是美国社会学家米德提出的"主我""客我"的统一。没有这个统一，个人很难产生民族认同向国家认同过渡的感情能量和感情连带。按照米德的看法，"主我"是"对个体态度的反应"[①]。"客我""是社会群体的成员，因而代表该群体的价值观。"[②] 个人民族认同、国家认同个人感情开启的动力因是"主我"与"客我"相统一积累起来的感情能量。感情能量偏低，不足以产生民族认同、国家认同开启的个人感情动力因。感情能量偏高，可能导致"主我"与"客我"的关系失调。"主我"压倒"客我"，个人的民族认同就会压倒个人的国家认同，个人感情就会压倒社会感情，容易产生偏激的民族情绪，也容易漠视国家的存在。"客我"压倒"主我"，个人的国家认同就会压倒个人认同，社会感情就会压倒个人感情，以国家认同代替民族认同。这两种倾向都是应该避免的，避免的最好方法就是注意"主我"与"客我"的统一，把个人的感情能量与民族认同、国家认同相结合，在

[①] 《米德文选》，丁东红等译，社会科学文献出版社2009年版，第6页。

[②] 同上。

个人感情需求开启的动力因中增强感情能量的蓄积，就可以保证感情连带能够连接个人从民族认同到国家认同进程的连续性。

四 道德构建民族认同、国家认同要求的个人完善

（一）道德提供个人感情动力因

这就是借助道德提供的感情反应机制发挥作用。这个感情反应机制的核心是"关注机制"的形成和建立。"关注机制"就是感情能量的蓄积，也是感情连带产生的条件。美国社会学家柯林斯首次提出"关注机制"，认为"关注机制""形成了一种瞬间的关注现实，因而会形成群体团结和群体成员性的符号。"①

（二）道德提供的社会关注是个人完善的基本条件

个人要按照民族认同、国家认同的要求进行个人完善，被"社会关注"是基本条件。道德提供了这个意义上的"社会关注"。道德意义上的社会关注对个人的关注方式是多种多样的，这个关注可能是一次友好的谈话，也可能是一次聚会，甚至可能是被邂逅的注意。道德意义上的社会关注通常是人与人之间的互相尊重爱护和谐友善的交流和沟通。每一次这样的交流和沟通都是在道德引导下进行的，都会激发个人对民族和国家爱的感情，引起个人对民族和国家的热情和热爱，这就会造成个人感情能量的蓄积。当个人认识了这种交流和沟通所包含的国家意识、民族意识的地位和作用，个人就会形成以国家、民族为中心的感情能量蓄积，个人的感情连带也会通过国家、民族的意识产生在民族认同、国家认同之间互相过渡，互相移情。个人在这种过渡和移情中进一步蓄积感情能量，形成完善个人的要求、愿望和不断发展的能力。道德的"关注机制"通过把"个人关注"与"社会关注"统一起来，一方面促进个人的民族认同、国家认同的结合，另一方面促进个人按照民族认同、国家认同的标准完善自己，形成民族认同、国家认同所要求的品格和素质。这就是说，在社会关注的条件下，在道德的要求下，个人完善不是一种完全的、纯粹的个人行为，是按照民族认同、国家认同要求

---

① ［英］兰德尔·柯林斯：《互动仪式链》，林聚任、王鹏、宋丽君译，商务印书馆2009年版，第469页。

第十二章　道德与民族认同、国家认同

形成的道德行为。

综上所述，道德以感情反应机制的方式，通过感情动力因、感情能量、感情连带构建每个人的民族认同和国家认同。感情连带的移情作用通过感情能量蓄积而产生。个人能不能把感情能量蓄积起来，不仅取决于个人对所在民族的道德，更重要的是取决于个人对所在国家的道德。对自己国家的道德是大道德，对自己民族的道德是小道德。个人的感情能量就是道德的大和小的结合。仅仅具有小道德，没有大道德，个人的感情能量不足以推动自我形成国家认同。仅仅具有大道德，而没有小道德，也不会促进自我形成真正意义的国家认同。这种国家认同容易产生霸权主义、沙文主义、民族歧视和民族不平等。道德提供的感情连带通过感情能量的作用连接了个人从民族认同到国家认同的历程，保证了个人从民族认同向国家认同的发展。

第十三章　在国家认同教育中积极培育和践行社会主义核心价值观

本章围绕在国家认同教育中积极培育和践行社会主义核心价值观这个主题，分析和阐述社会主义文化强国建设与社会主义核心价值观的关系、社会主义核心价值体系与社会主义核心价值观的关系、全面提高公民道德素质与社会主义核心价值观的关系三个重大理论和现实问题。

党的十八大提出，扎实推进社会主义文化强国建设，积极培育和践行社会主义核心价值观。全面建成小康社会，实现中华民族伟大复兴，必须提高国家文化软实力，发挥文化引领风尚、教育人民、服务社会、推动发展的作用。建设社会主义核心价值观，是社会主义文化强国建设的重要内容，是凝聚人心，鼓舞斗志，推动发展，促进和谐的巨大精神力量。深入认识和全面把握社会主义核心价值观在文化强国建设方面的重要地位和积极作用，积极培育和践行社会主义核心价值观，对于全面建成小康社会，实现中华民族伟大复兴，提高国家文化软实力，具有重大而深远的现实意义和历史意义。

扎实推进社会主义文化强国建设，积极培育和践行社会主义核心价值观是新时期中国共产党人和中国人民的伟大理想和热切期盼，反映了中国特色社会主义伟大实践的本质要求，代表了历史发展和社会进步的正确方向，表达了正在蓬勃发展的中华民族的宏伟志向。任何一个国家如果不是文化强国，就难以成为世界强国。中华民族要站在世界前列，中国特色社会主义伟大事业要由理想变为现实，就必须注意提高国家的文化软实力，努力建设社会主义文化强国。社会主义文化强国建设是今天中国发展的客观要求，是顺应世界潮流的重要部署，是改变我国发展方式、实现科学发展、实现中华民族伟大复兴的必然选择。当前，文化

第十三章　在国家认同教育中积极培育和践行社会主义核心价值观

越来越成为民族凝聚力和创造力的重要源泉,越来越成为综合国力竞争的重要因素,越来越成为经济社会发展的重要支撑,丰富精神文化生活越来越成为我国人民的热切愿望。"国民之魂,文以化之;国家之神,文以铸之。"扎实推进社会主义文化强国建设,积极培育和践行社会主义核心价值观,可以使我国的文化软实力与经济硬实力相互配合,互相促进,形成和谐发展、科学发展的良性格局。可以让中国特色社会主义的先进文化迈向世界,促进中华文化与世界其他国家、民族的文化互相交流,取长补短,共同进步的新局面,可以完整展示中国文化的魅力和价值,使社会主义中国在世界民族之林中成为受人尊重、令人敬仰的名副其实的经济文化大国、强国。

第一节　社会主义文化强国建设与社会主义核心价值观

本节分析和阐述社会主义文化强国建设与社会主义核心价值观的关系。

社会主义核心价值观是兴国之魂,是社会主义先进文化的精髓,决定着中国特色社会主义发展方向。党的十八大报告明确将社会主义核心价值观表述为"三个倡导",包括12个词、24个字,简明易记,内涵丰富。即倡导富强、民主、文明、和谐,倡导自由、平等、公正、法治,倡导爱国、敬业、诚信、友善。建设社会主义文化强国就必须积极培育和践行社会主义核心价值观。这是由我国社会主义国家的性质、我国文化建设的规律和我国国情决定的。

一　文化强国建设需要提炼社会主义核心价值观

文化强国建设涉及国家建设的各个方面,覆盖全社会的每一个角落,关系每个人的切身利益。社会主义核心价值观是文化强国建设的核心和基础。文化强国建设需要在社会主义文化旗帜引领下提炼社会主义核心价值观。

（一）关于文化

1871年英国人类学家爱德华·泰勒在《原始文化》一书中首次提

出对文化经典定义,认为文化是一个包括知识、信仰、艺术、道德、法律、习俗组成的由社会成员习得的包括能力和习惯在内的复杂整体。从泰勒以后,对文化的定义虽然呈现不同时代、不同阶段、不同学科的特色,但是,在文化的基本含义方面,人们已经达成共识,即文化是一种社会现象,是人们长期创造形成的产物。同时又是一种历史现象,是社会历史的积淀物。概而言之,文化是指一个国家或民族的历史、地理、风土人情、传统习俗、生活方式、文学艺术、行为规范、思维方式、价值观念等。文化分为广义和狭义。广义文化,着眼于人与自然的本质区分,认为文化是人类在社会历史发展过程中所创造的物质财富和精神财富的总和。狭义文化指人类普遍具有的社会习惯,如衣食住行、风俗习惯、生活方式、行为规范等。

(二)社会主义核心价值观的特点

社会主义核心价值观是国家层面、社会层面、制度层面的价值取向,规定着国家和社会精神文明建设和社会发展的基本方向。社会主义核心价值观的一个显著特点就是体现国家、社会与个体各方面利益的内在统一。社会主义核心价值观是国家制度、社会发展模式赖以立足和演进的价值导向,通过塑造国家形象、彰显制度精神来获得人们的认同,并用以引导、规范社会成员的行为,凝聚不同阶层、不同认识水平的人们向着共同的目标迈进。社会主义核心价值观为国家建设和社会发展提供先进的、根本的价值导向和理想信念,提供明确的、稳定的价值依据和评判标准,从而影响经济、政治、文化和社会生活的方方面面,引领各个领域、各个层次的具体价值观念,在中国特色社会主义事业中发挥灵魂和统帅作用。

1. 普遍性

社会主义核心价值观是社会主义中国和中华民族价值体系中最本质、最具决定作用的部分,它支撑和影响着所有价值判断、价值评估和价值取向,是对整个人类发展历史和未来走向的总概括。社会主义的核心价值观揭示了社会主义最本质的永恒的精神要素,不仅为短期目标服务,而且同时观照时代和人民大众的现实需求。

2. 民族性

社会主义核心价值观建立于民族优秀文化传统之上。坚持马克思主

第十三章 在国家认同教育中积极培育和践行社会主义核心价值观

义的科学方法和态度,反对价值观上的历史虚无主义和民粹主义两种风险和两种错误,努力建设与传统美德相承接的价值观。

3. 崇高性

社会主义核心价值观反映社会和人类的长远利益和未来发展方向,描绘了中国特色社会主义的伟大理想,具有崇高的价值取向。社会主义核心价值观,是在社会主义文化强国建设、先进文化建设和弘扬民族精神基础上提出来的,本质上既属于社会主义文化强国建设、先进文化建设的有机环节,又是社会主义文化强国建设、先进文化建设的伟大工程和目标指向。

社会主义核心价值观广泛借鉴世界文明成果,符合人类最美好的价值追求,具有人类共性和自身个性的双重特征。社会主义核心价值观体现并保持其独特的个性,具有中国气派、中国风格和中国特色,自觉追求与人类文明进步方向的一致性。

(三) 社会主义核心价值观的性质

我们建设的文化强国是社会主义文化强国。社会主义文化强国最鲜明的特征就是具有社会主义的先进文化。社会主义先进文化的性质是由社会主义核心价值观的性质决定的。

1. 社会主义核心价值观是社会主义先进文化的特征

社会主义的先进文化是马克思主义政党思想精神上的旗帜,是区别于其他类型文化的显著标志。这就是说社会主义先进文化建设是中国特色社会主义事业总体布局的重要组成部分,是文化强国建设的重要内容。我们不仅要建设社会主义先进的经济、政治、社会和生态等不同的文明形态,而且要建设社会主义先进的文化文明形态。马克思主义有一条基本原理,就是社会主义不仅应该创造出比资本主义更高的生产力,而且应该创造出比资本主义更先进的文化形态。建设社会主义先进文化的根本要求就是以社会主义文化为旗帜提炼社会主义核心价值观、社会主义核心价值观是社会主义先进文化的重要特征。我们判断社会主义文化是否先进就要看社会主义是否提炼出社会主义核心价值观。

2. 社会主义核心价值观是社会主义先进文化的导向

社会主义作为人类社会的一个发展形态,与其他社会形态相比有着自身的本质属性。社会主义核心价值观必须是这种本质属性在价值层面的集中反映。社会主义核心价值观,是在马克思主义理论指导下形成的价值观,凝聚了人们对社会主义的认识和理解,代表了社会主义的前进方向。由于社会主义核心价值观在与封建主义社会、资本主义社会等其他社会形态的对比中抓住了最关键、最根本、最核心的精要,凝聚了人类思想精华,代表了人类追求美好未来的理想,具有无与伦比的价值导向作用,可以激励、鼓舞和鞭策人们为了人类的未来和前途、为了中华民族的未来和前途而努力奋斗。

3. 社会主义核心价值观是社会主义先进文化的实践

社会主义价值观是一个历史范畴,是一个不断生成的概念,本质是实践的。社会主义核心价值观以马克思主义指导思想为灵魂、以中国特色社会主义共同理想为主题、以民族精神和时代精神为精髓、以社会主义荣辱观为基础,具有实践社会主义先进文化的历史意义和现实意义,是最能够表现社会主义价值的实践成果。

（四）以社会主义文化为旗帜提炼社会主义核心价值观

社会主义核心价值观是社会主义的,是姓社的价值观。因此,必须以社会主义文化为旗帜提炼社会主义核心价值观。通过这样的提炼,可以做到三个表明:

1. 表明社会主义核心价值观的性质

社会主义核心价值观表明,建设社会主义文化强国,必须走中国特色社会主义文化发展道路,坚持为人民服务、为社会主义服务的方向,坚持百花齐放、百家争鸣的方针,坚持贴近实际、贴近生活、贴近群众的原则,推动社会主义精神文明和物质文明全面发展,建设面向现代化、面向世界、面向未来的,民族的科学的大众的社会主义文化。社会主义核心价值观在性质上区别于我国的传统文化和西方文化。我国的传统文化和西方文化,都是良莠并存、糟粕与精华同在的统一体。在学习、引用、借鉴时,既要看到在社会意识形态属性上的本质差别,在时代、历史和阶级上的局限性。更要看到传统文化和西方文化本质上精华与糟粕并存,需不断地扬弃、改造、更新和发展,加进时代特色和营养。社会主义核心价值观在提炼及表述时走出了复古、西化的误区。

2. 表明社会主义核心价值观的功能

社会主义核心价值观表明,建设社会主义文化强国,关键是增强全

第十三章 在国家认同教育中积极培育和践行社会主义核心价值观

民族的文化创造活力。增强全民族的文化创造活力就要深化文化体制改革,解放和发展文化生产力,发扬学术民主、艺术民主,为人民提供广阔文化舞台,让一切文化创造源泉充分涌流,开创全民族文化创造活力持续迸发、社会文化生活更加丰富多彩、人民基本文化权益得到更好保障、人民思想道德素质和科学文化素质全面提高、中华文化国际影响力不断增强的新局面。社会主义核心价值观在功能方面必须注意增强全民族文化创造活力。

3. 表明社会主义核心价值观的作用

社会主义核心价值观表明,必须把科学发展观贯彻到我国现代化建设全过程、体现到党的建设的各方面。社会主义核心价值观要求全党必须更加自觉地把推动经济社会发展作为深入贯彻落实科学发展观的第一要义,牢牢抓住经济建设这个中心,坚持聚精会神搞建设、一心一意谋发展,着力把握发展规律、创新发展理念、破解发展难题,深入实施科教兴国战略、人才强国战略、可持续发展战略,加快形成符合科学发展要求的发展方式和体制机制,不断解放和发展社会生产力,不断实现科学发展、和谐发展、和平发展,为坚持和发展中国特色社会主义打下牢固基础。

社会主义核心价值观必须自觉地把以人为本作为深入贯彻落实科学发展观的核心立场,始终把实现好、维护好、发展好最广大人民根本利益作为出发点和落脚点,尊重人民首创精神,保障人民各项权益,在实现发展成果由人民共享、促进人的全面发展上起到重要保证作用。

二 文化强国建设需要凝练社会主义核心价值观

党的十八大指出:全面落实经济建设、政治建设、文化建设、社会建设、生态文明建设"五位一体"总体布局,促进现代化建设各方面相协调,促进生产关系与生产力、上层建筑与经济基础相协调,不断开拓生产发展、生活富裕、生态良好的文明发展道路。为了完成党的十八大提出的战略任务,必须更加自觉地把统筹兼顾作为深入贯彻落实科学发展观的根本方法,坚持一切从实际出发,正确认识和妥善处理中国特色社会主义事业中的重大关系,统筹改革发展稳定、内政外交国防、治党治国治军各方面工作,统筹城乡发展、区域发展、经济社会发展、人与自然和谐发展、国内发展和对外开放，统筹各方面利益关系。社会主义核心价值观可以充分调动各方面积极性，努力形成全体人民各尽其能、各得其所而又和谐相处的局面，保证党的十八大提出的宏伟目标的实现。"五位一体"总体布局需要凝练社会主义核心价值观，文化强国建设更需要凝练社会主义核心价值观。

（一）价值观与核心价值观

价值是人们在实践中形成的对于价值、价值关系的一般看法和根本观点，是处理各种价值问题时所持有的比较稳定的立场、观点和态度的总和。核心价值观是一个社会中居统治地位、起支配作用的核心理念，也是一个社会必须长期普遍遵循的基本价值准则，具有相对稳定的特点。社会主义价值观是对社会主义社会价值总的看法和最根本观点。社会主义核心价值观，是指那些在社会主义价值体系中居统治地位、起指导作用的价值观。这个价值观从最深层次、最高意义上科学回答"什么是社会主义""怎样建设社会主义"这一根本问题。

（二）社会主义核心价值观的丰富内涵

社会主义核心价值观从国家层面看，是富强、民主、文明、和谐；从社会层面看，是自由、平等、公正、法治；从公民个人层面看，是爱国、敬业、诚信、友善。

1. "富强、民主、文明、和谐"的内涵

富强、民主、文明、和谐是我国在社会主义初级阶段的奋斗目标，是国家层面的核心价值观要求。"富强"，即富足强盛，其实质是建设社会主义市场经济，以经济建设为中心，进一步解放和发展生产力，把我国经济发展活力和竞争力提高到新的水平。"民主"，即人民当家作主，其实质是建设社会主义民主政治，保证人民依法实行民主选举、民主决策、民主管理、民主监督。"文明"，即先进文化，其实质是建设社会主义文化强国，"文明"的社会主义文化强国指公民文明素质和社会文明程度高，文化软实力强，能够为人类文明进步作出更大贡献。"和谐"，即和睦协调，其实质是建设社会主义和谐社会、生态文明，实现人与人、人与社会、人与自然和谐共生。"富强、民主、文明、和谐"分别强调了经济建设、政治建设、文化建设、社会建设和生态文明建设，是社会主义的本质属性和优越性的体现，为中国特色社会主

第十三章　在国家认同教育中积极培育和践行社会主义核心价值观

事业不断发展壮大提供了最核心的价值导向。"富强"是基础,"民主"是保障,"文明"是灵魂,"和谐"是目标,四者有机联系,共同构成一个整体。

2. "自由、平等、公正、法治"的内涵

党的十七大报告提出了"树立社会主义民主法治、自由平等、公平正义理念",党的十八大报告进一步提出了"倡导自由、平等、公正、法治",两者一脉相承而又更加凝练。"自由、平等、公正、法治",体现了社会主义社会的基本属性,是社会层面的核心价值观要求。"自由",即由自己作主,其实质是在法律允许范围内保障人民群众的充分自由和个性化发展,激发人民群众的创造活力。"平等",即人们在经济、政治、文化、社会、生态五大权益方面享有相等地位和待遇,其实质是公民在法律面前一律平等,尊重和保障人权,保证人民平等参与、平等发展的权利。"公正",即公平正义,其实质是要建立以权利公平、机会公平、规则公平为主要内容的社会公平保障体系,努力营造公平正义的社会环境。"法治",即落实依法治国方略,其实质是要坚持科学立法、严格执法、公正司法,全社会学法、尊法、守法、用法,坚决防止以言代法、以权代法。"自由、平等、公正、法治"是社会主义核心价值体系诉诸社会管理实践而形成的基本价值导向,充分体现了我们党对人类社会发展规律的认识达到了新高度和新境界。

3. "爱国、敬业、诚信、友善"的内涵

2001年党中央印发的《公民道德建设实施纲要》提出了"爱国守信,明礼诚信,团结友善,勤俭自强,敬业奉献"的公民基本道德规范。党的十八大在此基础上凝练为"爱国、敬业、诚信、友善"八个字,体现了公民个人层面的核心价值观要求,提出了每个公民对国家、对工作、对社会、对他人应持的态度和应尽的责任。"爱国",即热爱祖国,要求人们自觉维护祖国的独立、统一、尊严、荣誉和利益,关注祖国的前途和命运,时刻听从祖国的召唤,具有强烈的民族自尊心和自豪感,热爱祖国的历史文化和民族优良传统。"敬业",即严格遵守职业道德的工作态度,要求人们树立正确的职业理想,干一行、爱一行,忠于职守、认真负责,提高技能、精益求精,敢闯敢干、开拓创新。"诚信",即诚实守信,是一个人处理人与人、人与社会、人与国家的道德准则,要求做老实人、说老实话、办老实事,以信立业,以质取胜,讲信誉、重合同、守诺言,坚决杜绝责任缺失、见利忘义、制假售假、隐瞒欺诈等行为。"友善",即友好善良,要求人们修身律己,从好心出发,与人为善,尊老爱幼、互谅互让、扶危济困、助人为乐,推动形成我为人人、人人为我的社会氛围。"爱国、敬业、诚信、友善"涵盖了社会公德、职业道德、家庭美德、个人品德各方面,集成了中华民族传统美德、中国共产党人革命道德和社会主义新时期道德的精华,为提升广大人民群众道德修养达到更高境界提供了最核心的价值导向。

(三)社会主义核心价值观解决的根本问题

社会主义核心价值观与任何一种价值观一样,绝不是空穴来风,随意产生,具有强烈的现实性、解决问题的针对性。

1. 解决对社会主义道路的价值判断、价值评估和价值取向

这是社会主义核心价值观的三个倡导能够被人们认识、理解和接受的前提和基础。只有把社会主义道路问题解决了,人们才能自觉、自愿培育和践行社会主义核心价值观。党的十八大报告指出:回首近代以来中国波澜壮阔的历史,展望中华民族充满希望的未来,我们得出一个坚定的结论:全面建成小康社会,加快推进社会主义现代化,实现中华民族伟大复兴,必须坚定不移走中国特色社会主义道路。道路关乎党的命脉,关乎国家前途、民族命运、人民幸福。在中国这样一个经济文化十分落后的国家探索民族复兴道路,是极为艰巨的任务。九十多年来,我们党紧紧依靠人民,把马克思主义基本原理同中国实际和时代特征结合起来,独立自主走自己的路,历经千辛万苦,付出各种代价,取得革命建设改革伟大胜利,开创和发展了中国特色社会主义,从根本上改变了中国人民和中华民族的前途命运。社会主义核心价值观就是要凝聚人民群众对中国特色社会主义道路的共识,引导人民群众坚定不移走中国特色社会主义的道路,努力为中国特色社会主义伟大事业而奋斗,实现中华民族的伟大复兴。

2. 解决价值观的科学、开放与人民性的统一

党的十八大凝练概括的社会主义核心价值观,体现了政治理想、社会导向、行为准则的统一,实现了马克思主义价值观与中国传统价值观

第十三章　在国家认同教育中积极培育和践行社会主义核心价值观

的融合，符合时代要求，顺应人民愿望。这个核心价值观是科学的，坚持以邓小平理论、"三个代表"重要思想、科学发展观为指导，以社会主义核心价值体系为基础，体现了国家、集体、个人三个层次，各个内涵既相对独立又相互促进，形成为一个科学系统的整体。这个核心价值观是开放的，积淀着中华民族最深层的精神追求和行为准则，植根于当代中国特色社会主义的伟大实践，充分吸收世界各国优秀思想文化成果。这个核心价值观是人民的，表述覆盖全国各方面意见、反映了现阶段全国人民最大公约数，来自于人民、发展于人民、服务于人民，有利于人民群众内化于心、外化于行。

3. 解决价值观的普及问题

由于社会主义核心价值观的群众性、人民性和时代性特点，使其具备了普及的潜在条件和良好历史时机。一是中国正处于工业化高速发展进程中，这可以消除狭隘的地域身份限制，并有助于人们接受社会主义核心价值观；二是中国市场经济需要统一的公共价值观。这为社会主义核心价值观发挥主导作用创造了条件；三是九年义务教育制的普及和高等教育的大众化，有助于塑造社会主义核心价值观。四是大众媒体和政治民主的发展，使国家政治文化和公共文化得到迅速传播，这也有利于促进社会主义核心价值观的形成。我们必须抓住目前工业化、市场化和义务教育普及以及高等教育大众化的时机，通过公民教育引导人民群众树立社会主义核心价值观。

三　文化强国建设离不开社会主义核心价值观的作用

社会主义核心价值观在文化强国建设中的重要作用表现如下。

（一）在文化强国建设中的引领作用

社会主义核心价值观坚持马克思主义指导思想，坚持中国特色社会主义共同理想，坚持以爱国主义为核心的民族精神和以改革创新为核心的时代精神，对文化强国建设具有引领作用。

1. 方向的引领

社会主义核心价值观是民族之魂，兴国之魄，引领着中国特色社会主义发展方向，是建设全面小康社会，推动社会主义文化大发展大繁荣，实现民族伟大复兴的思想基础和精神指导。

2. 思想观念的引领

一个社会的核心价值观对每个社会成员的世界观、人生观、价值观都有着巨大深刻的影响。社会主义核心价值观对保持全社会共同的理想信念，保持党和人民的血肉联系，巩固共同的思想道德基础有重要的现实意义和深远的历史意义。社会思想观念越是多样化，就越是需要坚持和巩固社会主义核心价值观的地位，发挥社会主义核心价值观的引领作用。

3. 尊重差异、包容多样的引领

复杂的、多样化的社会思潮是改革时代的显著特点，是中国社会对外开放的必然结果。面对多样化的社会思潮，只有善于做到"尊重"和"包容"，才能扩大社会认同，增进思想共识。社会主义核心价值观具有对差异性和多样性的尊重和包容，坚持战略与策略的统一，理想与现实的统一，先进和层次的统一，普遍与特殊的统一，主流与多样的统一。

（二）是文化强国建设之"魂"

积极培育和践行社会主义核心价值观之所以是文化强国建设之"魂"，有以下三个原因：

1. 解决文化发展繁荣问题离不开社会主义核心价值观

推动社会主义文化大发展大繁荣，建设社会主义文化强国，就要以积极培育和践行社会主义核心价值观为根本任务。在文化建设中，增加资金投入、加强文化基础设施建设和各种文化工程项目的建设是完全必要的，舍此社会主义文化的价值就不能充分地表现和发挥作用。但是这种建设还只是文化载体的建设，仅仅是文化建设的硬件，还必须在文化载体建设中，加强社会主义核心价值观建设，积极培育和践行社会主义核心价值观，才能软硬结合，双管齐下，真正提高社会主义国家的文化软实力，建设社会主义文化强国。所以，文化强国建设必须把文化的载体建设和文化的价值观建设有机地统一起来。

2. 解决文化问题离不开社会主义核心价值观

当前，我国存在着经济增长与文化发展失衡的问题。这种失衡，不仅仅表现在资金投入、基础设施建设与文化建设投资的失衡方面，更重要的是表现在人们的物质生活与精神生活的失衡。信仰缺乏、道德失

第十三章　在国家认同教育中积极培育和践行社会主义核心价值观

范、诚信下降已成为一种较为普遍的社会现象。这种状况更说明了社会主义核心价值观建设的极端重要性和紧迫性，不认真解决这方面问题，我们就不可能建设社会主义文化强国，促进社会主义文化大发展大繁荣。

3. 文化软实力离不开社会主义核心价值观

文化强国是与经济强国相对应的概念。与经济硬实力相比，文化是一个国家的软实力。文化强国指的是一个国家具有与经济硬实力相对应的文化软实力。这个软实力不像经济硬实力那样容易表达和阐释，与一个国家的历史文化、风俗习惯、社会风尚、精神气质紧密结合，较为隐蔽又无处不在。这个文化软实力是科学发展的软实力，表现在三个方面：一是指一个国家长期积累下来源远流长、历史悠久的精神财富；二是指与物质文明相对的精神文明建设达到的水平，表现为社会和个人文明水平；三是指文化艺术活动的结构和层次。这三个方面的整合和配合离不开科学发展观的指导，离不开培育和践行社会主义核心价值观。

（三）是建设文化强国的当务之急

文化强国建设必须按照党的十八大的要求，坚持中国特色社会主义理论的指导，落实科学发展观，转变观念、解放思想，形成勇于实践、勇于变革、勇于创新的思想氛围。

1. 社会主义核心价值观引领文化强国建设的观念创新

党的十八大报告指出：实践发展永无止境，认识真理永无止境，理论创新永无止境。全党一定要勇于实践、勇于变革、勇于创新，把握时代发展要求，顺应人民共同愿望，不懈探索和把握中国特色社会主义规律，永葆党的生机活力，永葆国家发展动力，在党和人民创造性实践中奋力开拓中国特色社会主义更为广阔的发展前景。

2. 社会主义核心价值观引领文化强国建设的思想解放

解放思想、实事求是、与时俱进、求真务实，是科学发展观最鲜明的精神实质，也是社会主义核心价值观的基本要求。现在妨碍文化强国建设的阻力和困难很多，但是，最主要的阻力和困难来自于与科学发展相抵触的旧思想、旧观念。科学发展问题说到底是一个思想观念转变和解放的问题。只有大胆破除与科学发展不符合、相抵触的旧思想、旧观念，才能开创文化强国建设的新局面。因此，必须以社会主义核心价值观引领思想解放，贯彻落实科学发展观。

3. 社会主义核心价值观引领文化强国建设的精神归属

文化强国建设的最终目的是为了人，是为了提升人的精神境界和精神品位，给人一个精神家园。每个人都需要为自己的精神寻找一个安身之所，每个民族、每个国家也要确立一个精神上的归属之所，这是社会稳定、社会和谐和国家具有凝聚力、人民具有创造力的根本条件。确立一种精神归属，应当看作是社会主义文化强国建设的重中之重。社会主义核心价值观不仅是强国之魂，而且是人民的精神归属。只有在文化强国建设中，积极培育和践行社会主义核心价值观，建设中华民族的精神家园，才能使人民精神有归属，思想有依托、发展有动力。

第二节　社会主义核心价值体系与社会主义核心价值观

本节分析和阐述社会主义核心价值体系与社会主义核心价值观的关系。

社会主义核心价值观是中国共产党、中华民族、社会主义中国的精神旗帜的直接展现、发展道路的重要标志、文化自觉和文化自信的表现。社会主义核心价值观是社会主义核心价值体系的凝练和概括，充分体现党的十八大提出的用社会主义核心价值体系引领社会思潮、凝聚社会共识的精神。

一　社会主义核心价值体系与社会主义核心价值观的关系

社会主义核心价值观必须依托社会主义核心价值体系，反映其精神内核和根本原则。社会主义核心价值观，是社会主义核心价值体系的精神内核及其遵循的根本原则，是这个体系的精髓。培育社会主义核心价值观是建设社会主义核心价值体系的重要举措，两者相辅相成、有机统一。随着中国特色社会主义事业的深入发展，随着各项宣传教育活动的不断深入，社会主义核心价值体系已为广大人民群众广泛接受，在实践中显示了强大的生命力。社会主义核心价值观，紧扣社会主义核心价值体系的四个方面内容，简洁、凝练地反映了这个体系的本质，必将成为

第十三章 在国家认同教育中积极培育和践行社会主义核心价值观

鼓舞、激励和带动全国人民的重要精神力量。

（一）社会主义核心价值体系

社会主义核心价值体系涉及经济、政治、文化、思想和社会等方方面面，集中体现了社会主义意识形态的性质和方向，是社会主义制度的精神之魂，在所有社会主义价值目标中处于统摄和支配的地位。

1. 社会主义核心价值体系的提出

党的十六届六中全会通过的《中共中央关于构建社会主义和谐社会若干重大问题的决定》明确提出了社会主义核心价值体系的重大命题。党的十七大、十八大在此基础上对社会主义核心价值体系进一步阐述，揭示了社会主义核心价值体系的基本内容、科学实质和基本精神。一是马克思主义指导思想是体系的灵魂；二是中国特色社会主义共同理想是体系的主题；三是民族精神和时代精神是体系的精髓；四是社会主义荣辱观是体系的基础。社会主义核心价值体系四个方面，相互联系、相互贯通、有机统一，共同构成了一个完整的价值体系。社会主义核心价值体系的规范和成熟表述，不仅表明我们党对中国特色社会主义理论和实践的认识达到新水平，进入新境界，而且也充分显示了我们党对中国特色社会主义的理论自信、道路自信和制度自信。这是中国共产党在思想理论方面成熟的表现，是中国特色社会主义必将胜利的保证。

2. 社会主义核心价值观与社会主义核心价值体系的关系

社会主义，无论从社会理想、社会运动还是社会制度来说，都表征着一种与无产阶级和广大劳动人民息息相关的价值诉求。社会主义的理论和实践，表达了人类对更人道、更平等、更自由的合理社会制度和人类伟大理想的价值追求。社会主义经历从空想到科学的理论演进，从理论到实践的重大飞跃都是人类社会发展规律在价值领域的重大收获。对社会主义的经济、政治、文化和社会现实进行反映的社会主义核心价值体系是融汇了理想与现实、核心价值与基本价值的有机整体，是一个包含丰富内容的多层次体系，既有其核心价值，又有其基本价值、具体价值。其中，核心价值以基本价值、具体价值为基础，是对基本价值和具体价值的高度概括，对基本价值、具体价值起着统领和支配作用，并蕴涵在基本价值、具体价值之中，通过基本价值、具体价值表现出来。基本价值、具体价值又体现着核心价值，以核心价值为指导和灵魂。社会主义价值体系既包含着理想性的价值诉求，又体现着现实性的价值要求；既有感召人们不断递升的先进性价值理念，又有为大多数人可以接受并实践的广泛性价值体现。

3. 两者紧密联系，互相贯通

核心价值观是核心价值体系的内核，决定核心价值体系的根本性质、基本方向和基本特征。核心价值体系是核心价值观的存在基础和重要载体。核心价值观内蕴于核心价值体系之中，通过核心价值体系表现出来。没有核心价值体系，核心价值观也就无所体现。可见，社会主义核心价值观与社会主义核心价值体系两者在本质上是一致、统一的，是中国特色社会主义不可或缺的重要内容和组成部分。

社会主义核心价值体系指的是社会主义意识形态中那些反映社会主义经济、政治和文化制度要求，体现社会发展趋势的核心思想意识、价值观念的总和，是一个内容全面系统、内涵丰富深刻的科学体系，在所有社会主义价值目标中处于主导地位。社会主义核心价值观紧扣社会主义核心价值体系四个方面内容，高度概括、简洁凝练地反映出这个体系的本质，是对社会主义核心价值体系基本要求的提炼和升华，是社会主义核心价值体系的精髓。

（二）以社会主义核心价值体系引领培育和践行社会主义核心价值观

党的十八大报告强调"要深入开展社会主义核心价值体系学习教育，用社会主义核心价值体系引领社会思潮、凝聚社会共识"。培育和践行社会主义核心价值观不能离开社会主义核心价值体系的引领。只有在社会主义核心价值体系的引领之下才能正确培育和践行社会主义核心价值观。以社会主义核心价值体系引领培育和践行社会主义核心价值观具有以下优势：

1. 引领产生社会主义核心价值观的先进的"核心性"

社会主义核心价值体系提出了社会主义核心价值的体系，必须进一步凝练出指向更加明确、表述更加清楚、文字更加简练的社会主义核心价值观，这样可以凸显主导价值观先进的"核心性"，占领思想领域的制高点，掌握话语权。社会主义核心价值观正是按照这样的思路和原则凝练而成。所以，社会主义核心价值观可以凝聚人心、振作精神、引领

第十三章 在国家认同教育中积极培育和践行社会主义核心价值观

方向,具有强大的精神感召力。社会主义核心价值观是代表历史前进方向和具有指导意义的价值观,可以吸引全体人民的认同和向往。是基本的、持久的价值而不能是次生性和短暂性的价值。

2. 引领产生民族的大众的时代的话语

中国特色社会主义核心价值观必须通过中国人民容易理解的话语方式表达出来,这样才容易被广大人民群众接受和认同,从而发挥对多样化的社会思潮的引领作用。社会主义核心价值体系引领产生的社会主义核心价值观在表达上产生了民族的大众的时代的话语,简洁明快、朗朗上口,易于为人们所理解、接受、铭记,是民族的、大众的语言表达,体现了贴近实际、贴近生活、贴近群众的历史唯物主义特色,能够真正感召人民群众,为人民群众普遍理解和认同。

3. 引领产生心理疏导和人文关怀

社会主义核心价值体系引领凝练的社会主义核心价值观要为人民群众认识、理解和接受,还要注意心理疏导和人文关怀。在社会主义核心价值观的培育和践行中,要注意做好情感疏导工作。培养人们正确的爱憎感情、强烈的自尊心、正确的荣誉感和成熟的义务感与责任感,形成健康的国民心态。同时要尊重个性差异,把先进性要求和广泛性要求结合起来,既要鼓励先进,又应照顾多数,对不同层次的人们提出不同的要求,采取科学、合理、循序、包容的引领对策,不断增强社会主义核心价值观的说服力和感召力,把全民族的智慧和力量凝聚到建设中国特色社会主义的伟大事业中来。

二 积极培育和践行社会主义核心价值观的四个有利于

积极培育和践行社会主义核心价值观,是坚持和发展中国特色社会主义、巩固全党全国人民团结奋斗共同思想基础的需要。因此,培育和践行社会主义核心价值观能够做到四个有利于。

(一)有利于明确和保证中国特色社会主义的前进方向

社会主义核心价值观是中国特色社会主义的灵魂。没有社会主义核心价值观的支撑,中国特色社会主义将迷失前进方向、人民也将失去赖以生存的精神根基。中国古代"三纲五常"的核心价值观,维系了封建社会两千多年的社会结构稳定。西方的"人权、自由、平等、博爱"

等价值观念，对巩固资本主义制度发挥了重要作用。社会主义核心价值观，有利于进一步明确和保证中国特色社会主义的前进方向，坚定人民的道路自信、理论自信、制度自信。

（二）有利于提升和发展国家文化软实力

社会主义核心价值观是国家文化软实力的表现，是国家文化软实力的特征，是中国特色社会主义的真正优势。社会主义制度优越性的确立、社会主义同资本主义的较量，都与社会主义核心价值观的培育和践行密切相关。确立社会主义核心价值观的主导地位，形成中华民族的共同价值追求，有利于应对资本主义价值观的冲击和挑战，切实维护我国的文化安全，推动中华文化大发展大繁荣，提升和发展我国文化软实力和国际竞争力。

（三）有利于加强社会主义核心价值体系建设

党的十六大以来，我们党适应思想文化领域的新特征新变化，提出了建设社会主义核心价值体系的重大命题，以之引领社会思潮、凝聚社会共识，有力巩固了全党全国各族人民团结奋斗的共同思想基础。社会主义核心价值体系内容全面系统、内涵丰富深刻，思想理论性很强，但在实践中也有部分群众反映不好懂不易记，不利于宣传普及。因此，总结提炼出科学准确、简明凝练的社会主义核心价值观，有利于揭示社会主义核心价值体系的精神内核和根本原则，推进社会主义核心价值体系通俗化、大众化和中国化，更加贴近群众，更容易为人民所理解掌握。

（四）有利于顺应人民群众精神文化新期待

社会主义核心价值观是社会思想意识的集中体现，深刻影响着人民群众的精神状态、道德操守。当前，社会思潮更加多元、多样、多变，各种观念相互交织、碰撞、影响，一些消极、颓废的观念有所滋长，一些人思想困惑、信仰淡漠，一些领域诚信缺失、道德失范。人们迫切呼唤主流价值观念的引领，期待新风正气的形成。确立社会主义核心价值观，有利于在多元中立主导、多样中谋共识、多变中找到正确方向，引导人们自觉抵制错误观念的侵蚀，准确把握是非善恶美丑的价值标尺，形成崇德向善的良好社会风尚。

第十三章　在国家认同教育中积极培育和践行社会主义核心价值观

三　培育和践行社会主义核心价值观应注意的问题

社会主义核心价值观的培育和践行，是长期的实践过程，不可能是朝夕之功。从历史上看，封建社会核心价值观的发育成熟用了上千年，资本主义社会核心价值观从提出到确立用了几百年，社会主义核心价值观要赢得亿万群众并且在实践中发挥巨大作用也需要一个长期艰苦的过程。培育和践行社会主义核心价值观必须立足当前、着眼长远，从现在做起、从点滴做起。为此，我们应注意下面几个问题：

（一）切实把培育和践行社会主义核心价值观的工作摆上重要位置

培育和践行社会主义核心价值观是一项基础工程、灵魂工程，是全党全社会的共同责任。各级党政组织要充分认识这一工作的重大意义，把它作为巩固马克思主义指导地位、巩固党的执政地位的战略举措，作为关系社会和谐稳定、关系国家长治久安的千秋基业，作为坚持和发展中国特色社会主义的战略任务，扎扎实实加以推进。要把培育和践行社会主义核心价值观摆在各级党政组织的重要工作中，认真安排，精心部署，狠抓落实。要将这项工作作为一把手工程，制定考核措施和具体指标，作为衡量一个地区、一个部门科学发展的业绩。要广泛开展调查研究，全面掌握不同群体、不同阶层人们的价值期盼。要制定科学合理的工作规划，将长远目标与阶段性要求结合起来，精心组织、分步实施，脚踏实地地加以推进。

（二）充分发挥人民群众的创造精神

培育和践行社会主义核心价值观，既是促进社会全面进步的需要，也是实现人的全面发展的需要。人民是真正的英雄，人民群众中蕴藏着无穷的智慧和力量。必须坚持以人为本，尊重人民群众的主体地位，善于发现人民群众中蕴藏的积极向上的思想精神，引导群众自我教育、自我提高。要利用各种时机和场合，搭建弘扬社会主义核心价值观的平台，形成有利于培育和践行社会主义核心价值观的生活情景和社会氛围。要尊重广大群众在思想意识、价值观念上的差异性，既鼓励先进，又照顾多数，多用典型示范、交流疏导、说服教育、民主讨论的方法，有针对性地解决人民群众的思想疑虑和困惑。要密切关注社会思想变化，因势利导、顺势而为，在尊重差异中扩大社会认同，在包容多样中形成思想共识。从理论上讲清楚价值观,从来都是具体的、现实的和富有国家民族特色的,抽象的适用于所有国家和民族的价值观是空中楼阁,海市蜃楼,是不存在的。

(三) 积极探索培育和践行社会主义核心价值观的方法途径

培育和践行社会主义核心价值观,既是一个理论课题,也是一个实践课题;既需要在理论上不断深化拓展,也需要在实践中不断探索创新。近年来,在一些地方和行业共同推动下,开展了各具特色的核心价值观教育实践活动,如北京提出"爱国、创新、包容、厚德"的北京精神,上海提出"海纳百川、追求卓越"的上海精神,解放军提出"忠诚于党、热爱人民、报效国家、献身使命、崇尚荣誉"的当代军人核心价值观等,在社会上产生了良好反响。这既是充分发扬民主、广泛听取民意的过程,也是深入进行社会主义核心价值观教育、进一步统一思想认识的过程。要鼓励不同地区、各行各业结合实际提炼自己的行业精神、地区精神,为最终形成统一的社会主义核心价值观积累经验。要以适当方式组织对社会主义核心价值观基本范畴进行讨论,吸引专家学者、实际工作者和人民群众广泛参与,整合多样化思想意识,推动形成社会共识。

第三节 全面提高公民道德素质与社会主义核心价值观

本节分析和阐述全面提高公民道德素质与社会主义核心价值观的关系。

党的十八大报告把全面提高公民道德素质作为文化强国建设的重要任务提出来,表明了党的一贯思想,即坚持依法治国和以德治国相结合。因此,培育和践行社会主义核心价值观,要有利于全面提高公民道德素质。公民道德建设的过程,是社会主义核心价值观与公民道德建设实践相结合的过程。每个公民既是道德建设过程的参与者,也是道德建设成果的受益者,要坚持在各种类型的群众性精神文明创建活动中突出社会主义核心价值观的思想内涵,强化道德要求,使人们在自觉参与中思想感情得到熏陶,精神生活得到充实,道德境界得到升华。

第十三章　在国家认同教育中积极培育和践行社会主义核心价值观

一　社会主义核心价值观与公民道德建设的关系

社会主义核心价值观是社会主义意识形态的本质体现，是一个包括思想理论、理想信念、道德准则、精神气质和社会风尚等在内的价值认同整体。公民道德是全体公民长期形成、共同认可并遵守的心理、习俗、习惯、风尚以及行为规范等方面的总和。公民道德建设的实质就是要将社会主义核心价值观和公民道德规范内化为公民自身的行为准则和价值目标，以提高公民道德素质。因此，加强公民道德建设也是培育和践行社会主义核心价值观，增强社会主义意识形态的吸引力和凝聚力的需要。

（一）社会主义核心价值观是公民道德建设的内在支撑

社会主义核心价值观对公民道德建设的内在支撑表现如下：

1. 公民道德建设离不开社会主义核心价值观的支撑

根据党在社会主义初级阶段的历史任务，当前和今后一个时期，我国公民道德建设的指导思想是：以马克思列宁主义、毛泽东思想、邓小平理论、"三个代表"重要思想、科学发展观为指导，坚持党的基本路线、基本纲领，重在建设以人为本，在全民族牢固树立建设中国特色社会主义的共同理想和正确的世界观、人生观、价值观。公民道德建设的指导思想与社会主义核心价值观的要求是一致的。公民道德建设要求在全社会大力倡导"爱国守法、明礼诚信、团结友善、勤俭自强、敬业奉献"的基本道德规范，与社会主义核心价值观三个倡导完全一致。公民道德建设与社会主义核心价值观都是为了努力提高公民道德素质，促进人的全面发展，培养一代又一代有理想、有道德、有文化、有纪律的社会主义公民。

社会主义核心价值观不仅是文化强国建设、先进文化建设的重要内容，而且是公民道德建设的重要内容。在21世纪全面建设小康社会，加快改革开放和现代化建设步伐，顺利实现第三步战略目标，必须在加强社会主义法制建设、依法治国的同时，切实加强社会主义道德建设、以德治国，同时，还要积极培育和践行社会主义核心价值观，把法制建设与道德建设、依法治国与以德治国、与在全社会形成统一的价值观紧密结合起来，通过公民道德建设的不断深化和拓展，通过在全体人民中培育和践行社会主义核心价值观，逐步形成与发展社会主义市场经济相适应的社会主义道德体系、逐步形成与发展社会主义核心价值观占主导地位的价值体系。

2. 公民道德建设的主体离不开社会主义核心价值观的支撑

现阶段，社会主义核心价值观就是以人民为主体，以人民的利益为标准，在全社会实现平等、公平、正义的价值观。公民道德是全体公民长期形成、共同认可并遵守的心理、习俗、习惯、风尚以及行为规范等方面的总和。公民道德建设的核心就是将社会普遍认可的，对增长人民利益有利，对实现社会公平有利的价值观念内化成每个公民自身的行为准则和价值标准。而这种社会普遍认可的价值观即是核心价值观，因此社会主义核心价值观是公民道德建设的内在支撑，失去了社会主义核心价值观的支撑，公民道德建设就成了无本之木了。

3. 公民道德建设的认同离不开社会主义核心价值观的支撑

社会主义核心价值观反映了人们对中国特色社会主义理论、道路和制度的价值认同，涵盖了中国特色社会主义的理想信念、精神风貌和价值规范。公民道德建设深刻地反映中国人民对中国特色社会主义的普遍认同，反映出中国特色社会主义制度下人与人、人与社会、人与国家的团结互助、和谐友善的关系，具有鲜明的时代特色、民族特色和国家特色。积极培育和践行社会主义核心价值观，是全体社会成员的道德修养和思想素质提升和进步的强大精神力量和不竭的精神源泉。

（二）社会主义核心价值观是公民道德建设的导向

公民道德建设以社会主义核心价值观为导向，就必须体现科学发展观的要求。党的十八大报告在总结十年奋斗历程的基础上指出，最重要的就是我们坚持以马克思列宁主义、毛泽东思想、邓小平理论、"三个代表"重要思想为指导，勇于推进实践基础上的理论创新，围绕坚持和发展中国特色社会主义提出一系列紧密相连、相互贯通的新思想、新观点、新论断，形成和贯彻了科学发展观。科学发展观是马克思主义同当代中国实际和时代特征相结合的产物，是马克思主义关于发展的世界观和方法论的集中体现，对新形势下实现什么样的发展、怎样发展等重大问题作出了新的科学回答，把我们对中国特色社会主义规律的认识提高到新的水平，开辟了当代中国马克思主义发展新境界。科学发展观是

第十三章　在国家认同教育中积极培育和践行社会主义核心价值观

中国特色社会主义理论体系最新成果，是中国共产党集体智慧的结晶，是指导党和国家全部工作的强大思想武器。科学发展观同马克思列宁主义、毛泽东思想、邓小平理论、"三个代表"重要思想一道，是党必须长期坚持的指导思想。在公民道德建设中，培育和践行社会主义核心价值观就要注意在科学发展观的指导下做好以下工作：

1. 坚持社会主义道德建设与社会主义市场经济相适应

要充分发挥社会主义市场经济机制的积极作用，不断增强人们的自立意识、竞争意识、效率意识、民主法制意识和开拓创新精神。正确运用物质利益原则，反对只讲金钱、不讲道德的错误倾向，在实践中确立与社会主义市场经济相适应的道德观念和道德规范，为改革开放和现代化建设提供强大的精神动力与思想保证。

2. 坚持继承优良传统与弘扬时代精神相结合

要继承中华民族几千年形成的传统美德，发扬我们党领导人民在长期革命斗争与建设实践中形成的优良传统道德，积极借鉴世界各国道德建设的成功经验和先进文明成果，在全社会大力宣传和弘扬解放思想、实事求是，与时俱进、勇于创新，知难而进、一往无前，艰苦奋斗、务求实效，淡泊名利、无私奉献的时代精神，使公民道德建设既体现优良传统，又反映时代特点，始终充满生机与活力。

3. 坚持尊重个人合法权益与承担社会责任相统一

要保障公民依法享有政治、经济、文化、社会生活等各方面的民主权利，鼓励人们通过诚实劳动和合法经营获取正当物质利益。引导每个公民自觉履行宪法和法律规定的各项义务，积极承担自己应尽的社会责任。把权利与义务结合起来，树立把国家和人民利益放在首位而又充分尊重公民个人合法利益的社会主义义利观。

4. 坚持注重效率与维护社会公平相协调

要把效率与公平的统一作为社会主义道德建设的重要目标，在全社会形成注重效率、维护公平的价值观念。把效率与公平结合起来，使每个公民既有平等参与机会又能充分发挥自身潜力，促进经济发展，保持社会稳定。

5. 坚持把先进性要求与广泛性要求结合起来

要从实际出发，区分层次，着眼多数，鼓励先进，循序渐进。积极鼓励一切有利于国家统一、民族团结、经济发展、社会进步的思想道德，大力倡导共产党员和各级干部带头实践社会主义、共产主义道德，引导人们在遵守基本道德规范的基础上，不断追求更高层次的道德目标。

6. 坚持道德教育与社会管理相配合

要广泛进行道德教育，普及道德知识和道德规范，帮助人们加强道德修养。建立健全有关法律法规和制度，把公民道德建设融于科学有效的社会管理之中。逐步完善道德教育与社会管理、自律与他律相互补充和促进的运行机制，综合运用教育、法律、行政、舆论等手段，更有效地引导人们的思想，规范人们的行为。

（三）公民道德建设和社会主义核心价值观的配合和联系

公民道德建设和社会主义核心价值观建设只有互相配合，紧密联系，才能共同发挥在文化强国建设中的重要作用。

1. 公民道德建设问题需要两者共同解决

党的十一届三中全会以来，随着改革开放和现代化建设事业的深入发展，社会主义精神文明建设呈现出积极健康向上的良好态势，公民道德建设迈出了新的步伐。爱国主义、集体主义、社会主义思想日益深入人心，为人民服务精神不断发扬光大，崇尚先进、学习先进蔚然成风，追求科学、文明、健康生活方式已成为人民群众的自觉行动，社会道德风尚发生了可喜变化，中华民族的传统美德与体现时代要求的新的道德观念相融合，成为我国公民道德建设发展的主流。但是，我国公民道德建设方面仍然存在着不少问题。社会的一些领域和一些地方道德失范，是非、善恶、美丑界限混淆，拜金主义、享乐主义、极端个人主义有所滋长，见利忘义、损公肥私行为时有发生，不讲信用、欺骗欺诈成为社会公害，以权谋私、腐化堕落现象严重存在。这些问题如果得不到及时有效解决，必然损害正常的经济和社会秩序，损害改革发展稳定的大局。这些公民道德建设过程中的问题不仅需要通过公民道德建设加以解决，而且需要通过培育和践行社会主义核心价值观加以解决。

2. 提高公民道德建设水平需要两者配合

加强公民道德建设是一项长期而紧迫的任务。面对社会经济成分、组织形式、就业方式、利益关系和分配方式多样化的趋势，面对全面建

第十三章　在国家认同教育中积极培育和践行社会主义核心价值观

成小康社会,人民群众的精神文化需求不断增长,面对世界范围各种思想文化的相互激荡,道德建设有许多新情况、新问题和新矛盾需要研究解决。必须适应形势发展的要求,抓住有利时机,巩固已有成果,加强薄弱环节,积极探索新形势下道德建设的特点和规律,在内容、形式、方法、手段、机制等方面努力改进和创新,把公民道德建设提高到一个新的水平。

社会主义核心价值观和社会主义公民道德建设都是中国特色社会主义文化强国建设的重要内容。社会主义核心价值观指导公民道德建设,公民道德建设促进社会主义核心价值观的落实和拓展。在公民道德建设中,加强公民的世界观、人生观、价值观、政治观、道德观、法纪观等建设,实质上就是培育和践行社会主义核心价值观。在社会主义文化强国建设中,倡导富强、民主、文明、和谐,倡导自由、平等、公正、法治,倡导爱国、敬业、诚信、友善,积极培育和践行社会主义核心价值观,也是公民道德建设的重要组成部分。

3. 公民道德建设与社会主义核心价值观互相促进

社会主义核心价值观是全党全国各族人民团结奋斗的共同思想基础,建设社会主义核心价值观有利于整合社会各种力量和纷繁复杂的思想观念,规范人们的言行,最大限度地形成思想共识,为公民道德建设的展开铺平道路。

社会主义核心价值观以公民道德建设的共同价值为追求,起到了动员全社会各种力量争相投身到公民道德建设,推动科学发展,促进社会和谐的作用。社会主义道德建设是发展先进文化、建设社会主义文化强国的重要内容。在21世纪全面建设小康社会,加快改革开放和现代化建设步伐,顺利实现第三步战略目标,必须在加强社会主义法制建设、依法治国的同时,切实加强社会主义道德建设、以德治国,把法制建设与道德建设、依法治国与以德治国紧密结合起来,通过公民道德建设的不断深化和拓展,逐步形成与发展社会主义市场经济相适应的社会主义道德体系。这是提高全民族素质的一项基础性工程,对弘扬民族精神和时代精神,形成良好的社会道德风尚,促进物质文明与精神文明协调发展,全面推进建设中国特色社会主义伟大事业,具有十分重要的意义。

二 公民道德建设必须倡导社会主义核心价值观

公民道德建设必须倡导社会主义核心价值观，注意贯彻落实社会主义核心价值观包含的三个倡导，即倡导富强、民主、文明、和谐，倡导自由、平等、公正、法治，倡导爱国、敬业、诚信、友善。这就是说，从我国历史和现实的国情出发，社会主义道德建设要坚持以为人民服务为核心，以集体主义为原则，以爱祖国、爱人民、爱劳动、爱科学、爱社会主义为基本要求，以社会公德、职业道德、家庭美德为着力点。在公民道德建设中，应当把这些主要内容通过社会主义核心价值观进一步具体化、规范化，使之成为全体公民普遍认同和自觉遵守的行为准则。

（一）公民道德建设必须倡导富强、民主、文明、和谐

党的十八大报告指出：只要我们胸怀理想、坚定信念，不动摇、不懈怠、不折腾，顽强奋斗、艰苦奋斗、不懈奋斗，就一定能在中国共产党成立一百年时全面建成小康社会，就一定能在新中国成立一百年时建成富强民主文明和谐的社会主义现代化国家。社会主义核心价值观体现了这样的道路自信、理论自信、制度自信，表现为公民道德建设必须倡导富强、民主、文明、和谐。

1. 公民道德建设必须遵循富强、民主、文明、和谐的要求

社会主义核心价值观倡导的富强、民主、文明、和谐的要求理所当然是我们应当遵循和倡导的价值准则。这是因为，社会主义核心价值观反映了建设富强民主文明和谐的社会主义现代化国家的内在要求，体现了全党全国各族人民建成富强民主文明和谐的社会主义现代化国家的共同愿望。富强、民主、文明、和谐囊括了社会生活的基本领域，涵盖了经济、政治、文化、社会四大层面，既体现了共产主义的远大理想和社会主义的最高价值，又反映了现阶段我国社会主义现代化建设的宏伟目标和总体布局，体现了党的最高纲领和最低纲领的统一，体现了社会主义物质文明、政治文明、精神文明、社会文明和生态文明的有机统一。理所当然是我们应当遵循和倡导的价值准则。以"富强、民主、文明、和谐"为基本内容的社会主义核心价值观，体现了公民道德建设的本质特征，指导公民道德建设的奋斗目标和前进方向，贯穿并渗透于以马

第十三章　在国家认同教育中积极培育和践行社会主义核心价值观

克思主义理论为指导的公民道德建设的伟大实践之全过程，是公民道德建设的内核和灵魂。抓住了社会主义核心价值观这个根本，就抓住了公民道德建设的价值需求、价值创造、价值体系、价值实现的前提和关键。

2. 社会主义核心价值观倡导的"富强、民主、文明、和谐"与为人民服务的道德观是相通的

两者都是公民道德建设的核心，是社会主义道德区别和优越于其他社会形态道德的显著标志。它不仅是对共产党员和领导干部的要求，也是对广大群众的要求。每个公民不论社会分工如何、能力大小，都能够在本职岗位，通过不同形式做到为人民服务。在新的形势下，必须继续大张旗鼓地倡导为人民服务的道德观、价值观，把为人民服务的思想贯穿于各种具体道德规范之中。要引导人们在为人民服务的道德观、价值观的指引下正确处理个人与社会、竞争与协作、先富与共富、经济效益与社会效益等关系，提倡尊重人、理解人、关心人，发扬社会主义人道主义精神，为人民为社会多做好事，反对拜金主义、享乐主义和极端个人主义，形成体现社会主义制度优越性、促进社会主义市场经济健康有序发展的良好道德风尚。

3. 社会主义核心价值观倡导的"富强、民主、文明、和谐"与集体主义都是公民道德建设的原则

富强、民主、文明、和谐是社会主义经济、政治和文化建设的必然要求。在社会主义社会，人民当家作主，国家利益、集体利益和个人利益根本上的一致，使集体主义成为调节三者利益关系的重要原则。要把集体主义精神渗入社会生产和生活的各个层面，引导人们正确认识和处理国家、集体、个人的利益关系，提倡个人利益服从集体利益、局部利益服从整体利益、当前利益服从长远利益，反对小团体主义、本位主义和损公肥私、损人利己，把个人的理想与奋斗融入广大人民的共同理想和奋斗之中。

（二）公民道德建设必须倡导自由、平等、公正、法治

社会主义核心价值观立足中国特色社会主义伟大实践，符合广大人民群众对国家发展、社会进步和个人提高的期待。公民道德建设同样立足中国特色社会主义伟大实践，符合广大人民群众对国家发展、

社会进步和个人提高的期待。自由、平等、公正、法治与爱祖国、爱人民、爱劳动、爱科学、爱社会主义都是公民道德建设的基本要求，都是每个公民应当承担的法律义务和道德责任，都是中国特色社会主义伟大实践对每一位公民的基本要求。必须把这些基本要求与具体道德规范融为一体，贯穿公民道德建设的全过程。在社会主义核心价值观的引导下，人们才能发扬爱国主义精神，提高民族自尊心、自信心和自豪感，以热爱祖国为荣、以危害祖国为耻，以服务人民为荣、以背离人民为耻，以崇尚科学为荣、以愚昧无知为耻，以辛勤劳动为荣、以好逸恶劳为耻，以团结互助为荣、以损人利己为耻，以诚实守信为荣、以见利忘义为耻，以遵纪守法为荣、以违法乱纪为耻，以艰苦奋斗为荣、以骄奢淫逸为耻，亦即"八荣八耻"积极投身于建设有中国特色社会主义的伟大事业。

（三）公民道德建设必须倡导爱国、敬业、诚信、友善

社会主义核心价值观所倡导的爱国、敬业、诚信、友善是中国特色社会主义条件下对每一位公民提出的基本要求，与公民道德建设强调的内容和要求相一致。这既是社会主义核心价值观的基本要求、基本内容和根本任务，也是公民道德建设的基本要求、基本内容和根本任务。

1. 爱国、敬业、诚信、友善是社会公德的要求

社会公德是全体公民在社会交往和公共生活中应该遵循的行为准则，涵盖了人与人、人与社会、人与自然之间的关系。在现代社会，公共生活领域不断扩大，人们相互交往日益频繁，社会公德在维护公众利益、公共秩序，保持社会稳定方面的作用更加突出，成为公民个人道德修养和社会文明程度的重要表现。要大力倡导以文明礼貌、助人为乐、爱护公物、保护环境、遵纪守法为主要内容的社会公德，鼓励人们在社会上做一个好公民就必须积极培育和践行社会主义核心价值观倡导的爱国、敬业、诚信、友善。

2. 爱国、敬业、诚信、友善是职业道德的要求

职业道德是所有从业人员在职业活动中应该遵循的行为准则，涵盖了从业人员与服务对象、职业与职工、职业与职业之间的关系。随着现代社会分工的发展和专业化程度的增强，市场竞争日趋激烈，整个社会对从业人员职业观念、职业态度、职业技能、职业纪律和职业作风的要

第十三章　在国家认同教育中积极培育和践行社会主义核心价值观

求越来越高。要大力倡导以爱岗敬业、诚实守信、办事公道、服务群众、奉献社会为主要内容的职业道德，鼓励人们在工作中做一个好建设者就必须积极培育和践行社会主义核心价值观倡导的爱国、敬业、诚信、友善。

3. 爱国、敬业、诚信、友善是家庭美德的要求

家庭美德是每个公民在家庭生活中应该遵循的行为准则，涵盖了夫妻、长幼、邻里之间的关系。家庭生活与社会生活有着密切的联系，正确对待和处理家庭问题，共同培养和发展夫妻爱情、长幼亲情、邻里友情，不仅关系到每个家庭的美满幸福，也有利于社会的安定和谐。要大力倡导以尊老爱幼、男女平等、夫妻和睦、勤俭持家、邻里团结为主要内容的家庭美德，鼓励人们在家庭里做一个好成员就必须积极培育和践行社会主义核心价值观倡导的爱国、敬业、诚信、友善。

三　公民道德建设与社会主义核心价值观的一致性

在中国特色社会主义基础上公民道德建设与倡导社会主义核心价值观的一致性具体表现如下：

（一）社会实践和群众认同的一致性

社会实践是社会主义核心价值观和公民道德建设生成发展的基础，群众认同是社会主义核心价值观和公民道德建设落地生根的关键。鲜明的实践性和广泛的认同性不仅是社会主义核心价值观的重要特色，而且是公民道德建设的重要特色。在建设中国特色社会主义的历史背景下，只有立足于中国特色社会主义伟大实践、回答实践提出的理论和现实问题的社会主义核心价值观和公民道德建设，才会有合理的现实基础，才会被人们普遍接受。社会主义核心价值观和公民道德建设，以我们正在做的事情为中心，紧扣中国社会发展进步的主题，结合社会主义现代化建设的经验，反映了人民群众的道德诉求和价值追求，必然得到广大人民群众的认同。

（二）方向和目标的一致性

公民道德建设的大发展大繁荣与积极培育和践行社会主义核心价值观在方向和目标上具有一致性。社会主义核心价值观和公民道德建设前进方向和目标都是为了社会主义文化强国的建设和社会主义先进文化的

发展和繁荣。离开了社会主义核心价值观的培养和践行,公民道德建设也必将失去正确的价值导向。社会主义核心价值观是社会主义意识形态的本质体现,是公民道德建设的核心,具有增强公民道德建设的吸引力、凝聚力、辐射力的巨大作用。社会主义核心价值观对公民道德建设的导向和引领作用表现在明确公民道德建设的主要方向和基本任务,引导公民道德建设朝着既合社会发展规律又合社会发展目的的方向科学发展。

(三)基本要求的一致性

社会主义核心价值观与公民道德要求的一致性表现为都是为了培养合格的社会公民,都是为了推动社会主义时代的人的自由全面进步和发展,都是为了提高全民族思想道德素质。此外,社会主义核心价值观与公民道德要求的一致性表现为针对问题的一致性。

加强公民道德建设是一项长期而紧迫的任务。面对社会经济成分、组织形式、就业方式、利益关系和分配方式多样化的趋势,面对全面建设小康社会,人民群众的精神文化需求不断增长,面对世界范围各种思想文化的相互激荡,道德建设有许多新情况、新问题和新矛盾需要研究解决。社会主义核心价值观与公民道德要求的一致性则是解决这些问题的有效手段和有效方法。通过社会主义核心价值观与公民道德要求的一致性,积极探索新形势下道德建设的特点和规律,在内容、形式、方法、手段、机制等方面就可以努力改进和创新,就可以把公民道德建设提高到一个新的水平。

我们应该认真学习,深刻领会,认真落实。党的十八大指出,我们一定要坚持社会主义先进文化前进方向,树立高度的文化自觉和文化自信,向着建设社会主义文化强国宏伟目标阔步前进。扎实推进社会主义文化强国建设,积极培育和践行社会主义核心价值观。从根本上讲,是一个树立高度的文化自觉和文化自信过程,也是一个树立高度的理论自信、道路自信、制度自信的过程。扎实推进社会主义文化强国建设,积极培育和践行社会主义核心价值观,关系实现全面建设小康社会奋斗目标,关系坚持和发展中国特色社会主义,关系实现中华民族伟大复兴。我们要准确把握我国经济社会发展新要求;准确把握当今时代文化发展新趋势;准确把握各族人民精神文化生活新期待,增强责任感和紧迫

第十三章　在国家认同教育中积极培育和践行社会主义核心价值观

感,解放思想,转变观念,抓住机遇,乘势而上,在全面建设小康社会进程中、在科学发展道路上奋力开创社会主义文化强国建设,积极培育和践行社会主义核心价值观的新局面。

后　记

　　通过内容丰富、形式多样、为学生所喜闻乐见的国家认同教育，可以把对大学生的教育同我国发展的现实目标和未来方向紧密联系在一起，使高校的思想政治教育更好地为人民服务，为中国共产党治国理政服务，为巩固和发展中国特色社会主义制度服务，为改革开放和社会主义现代化建设服务。在高校开展国家认同教育对于坚持以马克思主义为指导，全面贯彻党的教育方针，坚持不懈传播马克思主义科学理论，坚持不懈培育和弘扬社会主义核心价值观，引导广大师生做社会主义核心价值观的坚定信仰者、积极传播者、模范践行者，对于高校学科体系、学术体系、话语体系建设都具有重要的意义。

　　为此，我们积长期的理论研究、教育教学实践和学习积累，历经数载寒暑，数易其稿，反复推敲琢磨，终于撰写完成了这部凝聚着我们为大学生成长做学问、为国家和人民服务的理念的著作，赵国军同志撰写了本书14万字左右的内容。国家认同教育是高校的大局、大事。如何搞好这项教育，还需要各方面进一步研究和探索。我们这部著作算是抛砖引玉之作。动机和效果之间总是有差距和矛盾。由于我们的水平和能力的限制，这部著作的缺点和问题肯定在所难免，希望专家学者读者不吝赐教。令我们感动的是，著名学者、甘肃省社科联党组书记、甘肃省社科联副主席冯湖教授在百忙之中抽暇为本书撰写了序言，中国社会科学出版社田文编辑为本书出版付出了辛勤的劳动和汗水，在此鞠躬表示衷心感谢和崇高敬意。

作者

2017年4月30日